LOTHAR HÖBELT

1848
Österreich und die deutsche Revolution

Mit 18 Abbildungen
und Karten

AMALTHEA

Bildnachweis

Alle Abbildungen aus den Archiven
der Buchverlage Langen Müller Herbig,
außer S. 17 und 57: Sammlung C. Weber

© 1998 by Amalthea
in der F. A. Herbig Verlagsbuchhandlung GmbH,
Wien · München
Alle Rechte vorbehalten
Umschlaggestaltung: Wolfgang Heinzel
Umschlagbild: Eröffnung des Reichstages durch
Erzherzog Johann. Kolorierte Lithographie
(Bildarchiv Österreichische Nationalbibliothek)
Herstellung und Satz: VerlagsService Dr. Helmut Neuberger
& Karl Schaumann GmbH, Heimstetten
Gesetzt aus der 10,5/13 Punkt Times Ten Roman
auf Apple Macintosh in QuarkXPress
Druck und Binden: Wiener Verlag, Himberg
Printed in Austria
ISBN 3-85002-413-X

Meinem Vater Ernst Höbelt
(1923-97)

»Was ist des Deutschen Vaterland?
So nenne mir das große Land!
Gewiß, es ist das Österreich,
an Ehren und an Siegen reich?
O nein, o nein!
Sein Vaterland muß größer sein ...
...
Das ganze Deutschland soll es sein!
O Gott vom Himmel sieh darein
Und gib uns rechten, deutschen
Mut,
daß wir es lieben treu und gut!«

Ernst Moritz Arndt, 1813

Inhalt

Vorbemerkung

Leugnen wäre zwecklos. Leugnen nämlich, daß dieses Buch sein Entstehen dem Anstoß eines Jubiläumsjahres verdankt. Damit dürfte es heuer auch keineswegs alleine dastehen. Es ist aber vielleicht doch nicht so ganz überflüssig wie es scheint, denn über den speziellen Aspekt, der im Mittelpunkt dieses Buches steht, werden offenbar auch 1998 keine weiteren Titel folgen. Dabei ist das Thema ein für unsere Geschichte zentrales: Der »Ausschluß« der Führungsmacht Österreich aus Deutschland, der 1866 Wirklichkeit wurde, kündigte sich 1848/49 erstmals an. Die Wahlen zur deutschen Nationalversammlung im Frühjahr 1848 waren die ersten Wahlen, an denen Österreicher in nennenswerter Zahl teilnahmen. Die wesentlichen Vertreter des deutsch-österreichischen Liberalismus absolvierten ihre parlamentarische Lehrzeit in der Frankfurter Paulskirche. Umrisse einer politischen Landschaft waren dort erstmals schemenhaft wahrnehmbar.

Der Verfasser hält es nicht mit der These, man solle im Vorwort bereits all das ankündigen, was man im Schlußkapitel wiederholen wird. Daher bloß noch eine einzige Vorbemerkung: Gerade die Geschichte des Revolutionsjahres lehrt, daß Unentschlossenheit noch nicht Unparteilichkeit oder gar Objektivität verbürgt. Der Verfasser muß dennoch das Geständnis ablegen, daß sein Buch keine ausgesprochenen »Helden« hat – oder besser: Helden auf allen Seiten, Helden, die ihren Status ihrer Formulierungskunst oder ihrem Geschick verdanken, nicht ihren Überzeugungen.

»Unsere besten Historiker«, so empörte sich der Geschichtsschreiber und Politiker Gustav Droysen im März 1848, »bringen es dahin, das Heldenleben Friedrichs II. zu verwässern und zu parfümieren.« Dieser Gefahr sind zweifellos auch ihre weniger begabten Nachfahren ausgesetzt. Ihr zu entgehen habe ich mich bemüht, der Scylla des revolutionären Pathos ebenso auszuweichen wie der Charybdis des süßlichen Kitschs, der »Austriaca« so gerne umgibt. Welche anderen Navigationsfehler mir dabei unterlaufen sind, überlasse ich der Beurteilung des geneigten Lesers.

Wer sich mit unserem Thema beschäftigt, wird zwangsläufig auch daran erinnert, welchen Einschnitt das Jahr 1914 für das europäische Geistesleben bedeutet hat: Die Dichte und Qualität der Fachliteratur, die in den Jahren unmittelbar vor dem 1. Weltkrieg erschienen ist, sprechen hier eine deutliche Sprache. Wer sich heute mit dem Thema beschäftigt, sieht sich dafür in besonderer Weise Heinrich Best und Wilhelm Weese verpflichtet, die mit dem Biographischen Handbuch der Mitglieder der deutschen Nationalversammlung 1996 ein unentbehrliches Nachschlagewerk geschaffen haben.

Neben dem Fleiß der Kollegen, die im Literaturverzeichnis genannt werden, verdankt der Autor wichtige Hinweise Baronin DI Maria Czedik, Mag. Helga Ermacora und Dkfm. Mag. Irmgard Heigl, Univ.-Prof. Dr. Alfred Ableitinger und Univ.-Prof. Dr. Wolfgang Häusler, Univ.-Doz. Dr. Christian Neschwara, Dr. Holger Afflerbach und Mag. Peter Meier-Bergfeld. Für die Genehmigung zur Benützung des Archivs Meran danke ich Dr. Franz Graf Harnoncourt-Unverzagt, für die Gastfreundschaft im Schloßarchiv Weitra Prinz Johannes Fürstenberg und Dr. Arno Strohmayer. Dr. Elisabeth Springer, Dr. Georg Heilingsetzer, Robert Luft, Dr. Anton Mally und Dr. Gernot Obersteiner waren unentbehrliche Helfer und Ratgeber in den Archiven und Bibliotheken.

Wien, im Januar 1998   *Lothar Höbelt*

WIEN

Volkes Stimme in Wien:
Barrikade auf dem Michaelerplatz

Der »Fürst von Mitternacht« oder: Das System, das keines war

> »Helfen können sich nicht
> regierte Länder nur selbst, auf
> dem großen Umwege einer
> Revolution.«
>
> *Klemens Wenzel Fürst von*
> *Metternich 11. Juli 1843*
>
> »Herrschsucht ist das grassieren-
> de Übel in der Büreaukratie,
> aber viel schädlicher sind ihre
> Paroxysmen.«
>
> *Graf Wilhelm Wurmbrand, nicht*
> *gehaltene Rede im böhmischen*
> *Landtag, 1844* [1]

Eine Revolution, oder doch zumindest einen Umbruch später, nach dem Fall des seither vielgelästerten sogenannten »Zweiten« Reiches, des prunkvollen, ein wenig protzigen wilhelminischen Imperiums erschien das Buch eines Kenners und Vertrauten, dessen Titel die Suggestivfrage enthielt: »Regierte der Kaiser wirklich?«

Wir wollen dieselbe Frage für die Zeit vor 1848 stellen. Wie es sich für eine Suggestivfrage gehört, ist die Antwort nicht schwer zu erraten. Natürlich regierte der Kaiser nicht wirklich: Freilich saß der Kaiser auch noch ganz woanders. Das lokalpatriotisch gefärbte Lied »Es gibt nur eine Kaiserstadt, es gibt nur ein Wien« hatte im Frühjahr 1848 noch seine Berechtigung, zumindest wenn man vom Zaren absah, der sich zwar auch gern Imperator titulieren ließ, den seine europäischen Herrscherkollegen aber lieber als eine Spezies sui generis ansahen. An der Seine saß gerade kein Empereur, weder von Gottes noch von der Franzosen Gnaden, die letzte Hannoveranerin Viktoria war noch nicht Kaiserin von Indien, und in Preußen regierte ein König, der Rangerhöhungen vorderhand standhaft ablehnte.

Kaiser waren also immer noch bloß die Habsburger. Freilich mit nicht mehr ganz so universalem Anspruch wie noch vor kurzem, als sie Kaiser des Heiligen Römischen Reiches Deutscher Nation gewesen waren. Diese Würde war ihnen während der Napoleonischen Kriege entglitten. Allerdings hatten sie sich vorsorglich einen Ersatztitel zugelegt, den eines Kaisers von Österreich. Das Territorium, auf das sich diese Würde bezog, war nicht ganz klar. »Österreich«, so formulierte es mit Viktor von Andrian-Werburg einer seiner prominenten Kritiker, der ein Buch über seine Zukunft schrieb, »ist ein imaginärer Name, ... eine konventionelle Benennung für einen Komplex von unter sich scharf abgesonderten Nationalitäten.«[2] Österreich, das waren die Erzherzogtümer an der Donau; Österreich, das war auch das Haus, die Dynastie selber, die Casa d'Austria. Ob sich die Ungarn, die Böhmen, die Bewohner von Galizien und Lodomerien als Teil des Kaisertums Österreichs empfanden, dieser staatsrechtlichen Kopfgeburt, die ihnen 1804 plötzlich übergestülpt worden war, mußte offenbleiben; es war zunächst auch nicht sehr wesentlich, weil die Empfindsamkeit der Untertanen für die Obrigkeit noch kein Gegenstand der Sorge war. Diese Obrigkeit aber, der österreich-erbländische Beamtenapparat, wie ihn die fromme Maria Theresia geschaffen und ihre Nachfolger perfektioniert hatten, verfügte sehr wohl über Realpräsenz – zumindest außerhalb Ungarns, wo die adelige Lokalverwaltung der Bürokratie ein Eindringen erschwerte, ja wo in den Komitaten für den Landtag doch tatsächlich Wahlen abgehalten wurden. (Schwärmerisch schrieb ein aus Wien vertriebener Schriftsteller über Ungarn: »Ein Land, wo sich keine Polizei fühlbar machte, von einem Paß keine Rede war, überhaupt all die kleinlichen Seccaturen des Polizeistaates, die den ehrlichen Menschen wund reiben, nicht zu erdulden waren.«)[3]

Der Kaiser dieses Ersatz-Kaiserreiches Österreich hatte 1815 keine Rückkehr zum Alten Reich beantragt. »Wollen predigen und sprechen vom Heil'gen Deutschen Reich«, so hieß es in einem Lied der Befreiungskriege, dem noch eine stürmische Wirkungsgeschichte bevorstand. Aber bei derlei verbalen Liebesbezeugungen blieb es denn auch. Das Alte Reich lebte nicht wieder auf – und ein neues ließ auf sich warten. An seine Stelle trat der Deutsche Bund, eine nüchterne Neuauflage des Föderativsystems. Die Sieger von 1815 behielten die revolutionären Errungenschaften zumindest der ersten Jahre bei; von den über 300 reichsunmittelbaren Herrschaften überlebte bloß ein gutes Zehntel; der Bund war gegenüber dem Fleckenteppich des Ancien Régime schon stark bereinigt und kommassiert; seine 39 Mitglieder umfaßten zumal die Kriegsgewinnler der Napoleonischen Zeit.

Erschien es dem Bürger des zwanzigsten Jahrhunderts schon als ein ausreichender Milderungsgrund, daß diese »Zaunkönige« wenigstens keine Kriege angefangen hätten, so fiel den Steuerzahlern des neunzehnten vor allem auf, daß ihre standesgemäße Erhaltung und Repräsentationsspesen teuer kamen, insbesondere wenn es Schwierigkeiten mit den Lady Milfords des Souveräns gab, wie z. B. in Kurhessen oder in Baden. (Über die Großherzöge von Baden hat ein Landeshistoriker unlängst geurteilt: Sie nahmen im Vormärz »den Platz ein, den heute die Windsors ausfüllen – den der europäischen Skandaldynastie.«)[4] Ein guter Teil der Konflikte in den Miniaturstaaten nahm seinen Ausgang von der ganzen simplen und konkreten Frage: Waren die Domänen, die »Krongüter«, Staatseigentum, oder gehörten sie der fürstlichen Familie?

Mochte die Polemik gegen die Duodezfürstentümer und ihre biedermeierliche Beschaulichkeit (oder rückblickend auch wiederum die Sehnsucht nach ihr) noch so weitverbreitet sein, tatsächlich lebten vier Fünftel der Deutschen (1840:

14

32 von 40 Millionen) in einem halben Dutzend Königreichen. Bloß in Thüringen und am Rande der preußischen Rheinprovinz überlebten einige der klassischen Duodezfürstentümer, von Liechtenstein und Luxemburg einmal abgesehen. Für eine allfällige Einigung Deutschlands stellten sie das geringste Hindernis dar.

Präsidialmacht des Deutschen Bundes aber war Österreich, eine Stellung, die an Glanz eingebüßt hatte, wenn auch nicht unbedingt an Einfluß. An Einfluß vielleicht nur insofern, als viele der kleinen,»mindermächtigen« Reichsstände, die hilfesuchend und protektionsheischend zum Kaiser geblickt hatten, nicht mehr waren. Aus den Reihen dieser ehemals Reichsunmittelbaren und nunmehrigen Standesherren gingen nicht nur eine Unzahl standesgemäßer Heiratskandidaten für gekrönte Häupter hervor, sondern auch eine Anzahl von Kritikern der nach-revolutionären Ordnung. Sie stellten mit Schadenfreude in den Raum, es sei nicht unvorstellbar, daß Großherzöge und sonstige Potentaten zugunsten eines einheitlichen Reiches demnächst einmal ein ähnliches Schicksal erleiden könnten wie sie.

Im hohen Adel aus Preußen und Österreich, in den Schwarzenbergs und Lichnowskys, fanden die Duodezfürsten zuallerletzt einen Verteidiger. Ein Standesherr wie Alfred Fürst von Windisch-Graetz wurde in Verachtung der »Kleinkönige« erzogen, in seinem Fall des Württembergers, mit dem er jahrzehntelang prozessierte; für den Fürsten Karl Leiningen, den Reichsministerpräsidenten von 1848, wiederum waren die Badenser der Reibebaum. Schließlich: Auch die Metternichs waren reichischer Adel, wenn auch nie reichsunmittelbar, oder, besser gesagt, immer nur dann, wenn einer von ihnen die Spitze des geistlichen Kurfürstentums Trier erklomm. Metternichs Karriere umfaßte immerhin auch eine Episode als Gesandter des westfälischen Grafenkollegiums. Sein Vater hatte noch großen Wert auf die Wiederherstellung dieses kongenialen Biotops gelegt. Doch der Sohn war nüchterner, weniger romantisch und rückwärtsgewandt. Stabilität ging in diesem Fall vor Legitimität.

Eine mitreißende Identifikationsfigur für allfällige reichische Ambitionen hatte das Haus Österreich momentan freilich nicht zu bieten, und das war keine unwichtige Voraussetzung für die Schwierigkeiten des Jahres 1848. Dem »guten Kaiser Franz«, in seinen persönlichen Lebensformen jeder Zoll ein Bürgerkaiser, weit mehr als sein suspekter Kollege in Paris, war sein Sohn gefolgt, dem man seine Regierungsunfähigkeit nicht erst nach einem Vierteljahrhundert bescheinigte (wie es seinen preußischen und bayerischen Kollegen noch bevorstand), sondern vorsorglich gleich bei Regierungsantritt. Die Fama umgibt die Figur des euphemistisch »Ferdinand der Gütige« genannten Eben-nicht-Selbstherrschers bis heute mit einer Unzahl volkstümlicher Anekdoten, die von Trottelei bis Bauernschläue reichen. In Wahrheit war Ferdinand nicht debil, sondern Epileptiker. Wie immer das medizinische Urteil aber auch ausfallen mochte, der Befund ließ die Frage akut werden: Wer regierte dann?

Für den Bereich des Deutschen Bundes, dem Österreich präsidierte, war diese Frage schnell beantwortet: Der österreichische Bundestagsgesandte erhielt seine Weisungen vom Fürsten Metternich, dem österreichischen Staatskanzler für gut vierzig Jahre. Und wie man munkelte, nicht nur er. Der Staatskanzler ließ sich den Titel »Kutscher Europas« gerne gefallen, auch die Schmeicheleien des Zaren, der ihm bei einer der Konferenzen gestand, er sei gekommen, um von ihm zu lernen. Seit dem großen Wiener Historiker Heinrich von Srbik, der wohl nicht zuletzt unter dem Eindruck des Umsturzes von 1918 zu einer viel verständnisvolleren Beurteilung Metternichs gelangte als bis dahin üblich, hat niemand mehr zur Ehrenrettung Metternichs getan als Henry Kissinger, ein anderer Exulant, der in der Fremde zu großen Ehren aufstieg. Es ist auch keineswegs unpassend, daß Kissingers Buch auf deutsch unter dem Titel »Großmacht Diplomatie« erschienen ist. Denn Metternich war auf Diplomatie angewiesen, nicht auf die inhärente Stärke der habsburgischen Hausmacht, oder, wie er selbst es gern formulierte, auf die »moralische Kraft«, nicht die physische.

16

Der alte Fürst und die junge Photographie:
Metternich kurz vor seinem Tode

Dieser Deutsche Bund hatte wenige Jahre nach seinem Entstehen eine reaktionäre Wende durchgemacht. Die Karlsbader Beschlüsse 1819/20 waren mit dem Namen Metternichs verknüpft. Zum Unterschied von Italien, wo österreichische Truppen im folgenden Jahr intervenierten, war das jedoch keine Folge militärischer Strafaktionen oder auch nur entsprechender Drohungen. Es war gelungene Manipulation, »Bevormundungspolitik« beschreibt es vielleicht nicht schlecht. In der deutschen Frage war Metternich auch kein Befürworter des Diktats der Großmächte, ihm genügte das Forum der Bundesversammlung, wo Wien und Berlin nur zwei von siebzehn Stimmen zustanden, nicht mehr als beispielsweise auch den beiden Hessen, Darmstadt und Kassel zusammen.

Natürlich: Wenn die beiden Großmächte Österreich und Preußen zusammenarbeiteten, konnten sie dem Bund trotz alledem ihren Willen aufzwingen. Es fehlte nicht an Stimmen, hüben wie drüben, die unverblümt diese Doppelherrschaft forderten. Und es fehlte umgekehrt auch nicht an Stimmen, die aus eben diesem Grund beide nicht als deutsche Mächte anerkennen wollten, sondern das »dritte Deutschland« als das eigentliche ansahen, das sich vom Diktat der Großmächte zu emanzipieren habe. Diese Gefahr war dem Rheinländer Metternich stets bewußt: Er versuchte deshalb von Anfang an, Balance zu halten zwischen Preußen und dem dritten Deutschland. Die Logik der alten kaiserlichen Stellung im Reich war noch nicht völlig verlorengegangen. Die kleinen Fürsten mochten suspekt sein, weil sie schwach waren, schwach gegenüber revolutionären Umtrieben; aber eben deshalb auch wieder anlehnungsbedürftig. Wenn Metternich auf seinem Johannisberg weilte, betreute er die umliegenden Duodezfürsten, seinen Landesherrn, den Nassauer, und den Nachbarn, den Landgrafen von Hessen-Kassel, der anachronistischerweise den Titel eines Kurfürsten führte und als Nachfahre eines kämpferisch calvinistischen Hauses sogar seine Sympathien für den »neu-römischen« Katholizismus entdeckte ...

Der Ruf Metternichs als heimlicher Herrscher Deutschlands, wenn schon nicht Europas, als die Spinne im Netz (Charles Sealsfield) war zweischneidig. Der Vormärz galt als das Metternichsche System. Metternich, der stolz war auf seine vermeintlich unüberwindliche Logik, empfand das als schmeichelhaft. Wie in staatenbündischen Systemen üblich, gab der große Bruder in Wien dabei auch einen bequemen Sündenbock ab.

Die subtile, augenzwinkernde Heuchelei, die im Föderalismus so gut gedeiht, läßt sich hier an einem frühen Beispiel beobachten. Man machte auf Liberalität – im sicheren Bewußtsein, daß Österreich allen weitergehenden Reform-

18

vorhaben schon die Zähne ziehen würde. Gegen eine Einschränkung ihrer Souveränitätsrechte durch eine Wiederkehr des ständischen Dualismus hatten sich gerade die Rheinbundkönige als erste gewehrt. Die Verfassungen, auf die sie sich jetzt beriefen, waren ihrem Ursprung nach »eine Krankheit der Besiegten«. Sie waren ihnen als Strafe für ihre Kollaboration mit Napoleon und als Wiedergutmachung für den mediatisierten Reichsadel zwischen 1814 und 1818 vom Freiherrn vom Stein und anderen Vertretern der Sieger- und »Besatzungsmächte« aufgezwungen worden.[5] Inzwischen hatten sie gelernt, das Beste aus der Situation zu machen: Sie spielten ihre Parlamente gerne gegen die Bundesversammlung aus und vice versa. Diverse deutsche Regierungen benützten das Stirnrunzeln aus Wien als Vorwand für Maßnahmen, die ihnen notwendig erschienen, für die sie nun aber nicht die volle Verantwortung übernehmen mußten.

Für Österreichs Stellung in Deutschland war diese Position ein zweifelhafter Gewinn. Sie verschaffte ihm Respekt, machte es aber alles andere als beliebt. Der lebenslustige und elegante Fürst von Metternich aber galt als allgegenwärtiges Symbol der Reaktion, als der »Fürst von Mitternacht«.

Der Topos vom Metternichschen System verleitet zu der Annahme, zumindest die österreichische Politik sei in allen ihren Äußerungen vom Willen des Fürsten abhängig gewesen. Hier kommen wir an das eigentliche Problem dieses angeblichen Systems: War schon das System im Bund kein so durchgängiges, wie es nach außen den Anschein hatte, sondern ein Produkt ständiger Wachsamkeit, ständiger diplomatisch-taktischer Geplänkel gegen wirkliche oder eingebildete Gefahren, so entsprach Österreich im Inneren noch viel weniger dem Ideal des Metternichschen Systems. Es hieß daher nicht nur »Regierte der Kaiser wirklich«, sondern auch »Regierte Metternich wirklich?« Er tat es genausowenig. Sein bekanntester »ghostwriter«, der wendige Publizist Friedrich von Gentz, formulierte es einmal so: »Zu Hause ist er leider stets am schwächsten. Er kann eher ein paar Königreiche vertauschen als einen schlechten Gesandten abberufen oder das Baroniats-Diplom für Rothschild ausfertigen lassen.«[6] Das war 1822. Inzwischen waren die Rothschilds doch noch Freiherren geworden; aber an den Machtverhältnissen im Inneren hatte sich nichts geändert. Die innere Verwaltung, der eigentliche Herrschaftsapparat, unterstand Metternich nicht.

Dieser Apparat, und das sollte noch wesentlich werden, erstreckte seine Tätigkeit nur auf die Erblande, die österreichisch-böhmischen Kernländer der Monarchie, nicht auf Ungarn und ursprünglich auch nicht auf Galizien oder die italienischen Besitzungen der Habsburger. Dieser Apparat war ein Produkt des aufgeklärten Absolutismus, entstanden in Rivalität und Nachahmung des preußischen Vorbilds, mit fortschrittlich-reformerischen Intentionen. Aber er erwies sich als vielseitig verwendbar: Viele der Bewunderer Josephs II. legten und legen es seinen Epigonen als Verrat aus, daß sie in den 1790er Jahren den Feind von links genauso bekämpften wie bisher von rechts. Nicht ideologische, sondern institutionelle Dynamik war das wesentliche Kennzeichen: die Bürokratie zog Kompetenzen an sich. Das gab ihr eine egalitäre Stoßrichtung, weil sie alle intermediären Gewalten (wie Adel und Kirche) zu kontrollieren und zu instrumentalisieren versuchte. Sie war konservativ, wenn es um Law & Order ging; zugleich ein Motor der Gesellschaftsveränderung und ein Vehikel des sozialen Aufstiegs.

Der Bruder des guten Kaiser Franz, Erzherzog Johann, betrachtete diese Entwicklung mit Sorge: »Ein Heer von Beamten, in großer Zahl übermütig, Halbwisser, eigennützig, meist aus allen Classen gemischt, alles hemmend, Willkür ausübend, überschwemmt den Staat. Liegt nicht in diesen der Stoff jener, welche in Frankeich die Revolution bewirkten, sich hineinwarfen, fielen oder eine Rolle spielten?« Aber sogar er fand das Prinzip ganz richtig, das darin lag und sehr weise schon von Maria Theresia aufgestellt worden sei, nämlich »die Gewalt der höheren Aristokratie durch bürgerliche Talente zu contrabalanciren«.[7]

Was Metternich tatsächlich unterstand, war über den loyalen, pflichtbewußten, aber geradezu enttäuschend wenig hintergründigen, sondern unsagbar pedantischen Grafen Sedlnitzky die sagenumwitterte Geheimpolizei mit ihrem Spitzeldienst. Man wurde nach der Revolution nicht müde, liebevoll am schlechten Ruf, freilich auch am Ruf ihrer beeindruckenden Allgegenwart zu basteln. Der Band mit den Berichten vom Wiener Kongreß, der pünktlich Nachrichten lieferte, von den jüngsten Affären des Zaren bis zum Auftritt des unbekleideten Obersthofmeisters auf einem sogenannten »Adamitenball«, scheint davon Zeugnis abzulegen. Mit dieser Allgegenwart verträgt sich schlecht das Zeugnis des Revolutionsjahres, als die entlassenen Spitzel der Polizeihofstelle demütig um eine Unterstützung einkamen, und zwar ganze 27 an der Zahl. Vielleicht hatten einige bis dahin schon anderweitig ein Unterkommen gefunden; durchaus plausibel auch, daß die Fama ihre Gefährlichkeit vorher beträchtlich übertrieben hatte.[8]

Ausreichend Material für die chronique scandaleuse zur Hand zu haben war freilich noch nicht gleichbedeutend mit der Ausübung von Macht. Die Geheimpolizei war in erster Linie Nachrichtendienst; es mag übertrieben, ja um es mit einem Lieblingswort der p. c. von heute zu sagen, »verharmlosend« klingen, in ihren Berichten die embryonale Form der Meinungsforschung zu erblicken, doch es ist nicht aus der Luft gegriffen. Ein solcher Nachrichtendienst, der als Frühwarnsystem dienen sollte, zählt automatisch zu den strukturellen Kritikern der Verwaltung, da er überall Gefahren lauern und Nachlässigkeit einreißen sieht. Sein Verhältnis zur zivilen Bürokratie war daher auch notwendigerweise spannungsgeladen.

Der zweite Bereich, der allerdings in die Befugnisse Metternichs und der Polizeihofstelle fiel, war die Zensur. Auch diese Zensur war aufgeklärten Ursprungs. Sie war flächendeckend überhaupt erst notwendig in einer Gesellschaft, die einigermaßen alphabetisiert war. Sie war bürokratisch und schwerfällig, willkürlich und widersprüchlich; die Eseleien der Zensur waren ein beliebtes Thema des Tratsches und der

Samisdat-Schriften. Der Mangel eines Ironiezeichens in der deutschen Orthographie führte z. B. dazu, daß die österreichischen Zensoren die antireligiösen Traktate Bruno Bauers als Erbauungsbüchlein mißverstanden und zum Verkauf freigaben.[9] Berühmt-berüchtigt waren auch die Happy-End-Fassungen der Klassiker, die nach den Weisungen der Zensoren aufgeführt werden mußten: Hollywood läßt grüßen …

Wie dieses Harmoniebedürfnis überhaupt ein durchaus modern anmutender Zug des vormärzlichen Polizeistaates war: Alle Aufregung sollte vermieden, keinerlei Zwietracht gesät, niemand beim Namen genannt werden. Der Lustspieldichter und Volksschauspieler Johann Nepomuk Nestroy z. B. wurde ein einziges Mal eingesperrt, nicht etwa wegen oppositioneller Ex-Tempores, sondern weil er auf offener Bühne einen Theaterkritiker persifliert hatte. Die Zensoren, deren Namen man nicht kannte, waren oft Kollegen des Autors, ein Faktum, das nach allen Erfahrungen nicht erstaunt. Dabei war es keine Schande, ein Werk eingereicht zu haben, das nicht freigegeben werden konnte – ein Schicksal, das viele Beamte traf (man denke z. B. an Franz Grillparzer), ihrer Karriere aber auch nicht weiter schadete.

Es spricht für Metternichs Ehrlichkeit oder auch seine sture Rechthaberei, daß er die Notwendigkeit der Zensur mit dem Hinweis auf gute Sitte und Anstand verteidigte, ohne sich vor dem intellektuellen Publikum, das ohnehin seine Mittel und Wege hatte, an die verbotenen Bücher zu gelangen, achselzuckend und augenzwinkernd auf die Borniertheit untergeordneter Instanzen herauszureden, wie es bis hinauf zum Kaiser selbst gang und gäbe war. Nur jedes vierte Buch fand Gnade in den Augen der Zensoren, was – wie kaum verwunderlich – nicht verhinderte, daß verbotene Publikationen in der gehobenen Gesellschaft erst recht zum Tagesgespräch wurden. Die Zensur behinderte die Gesetzestreuen und verschaffte dem Schmuggel Nervenkitzel und Gewinnspannen; als sie am Tag nach Metternichs Sturz plötzlich aufgehoben wurde, boten die Wiener Buchhandlungen ohne lange Bestellfristen die verbotenen Werke zum Verkauf an.

Die Kaiserstadt Wien und die »Beamtenfabriken« der österreichischen Universitäten verloren unter diesen Voraussetzungen jeden Anspruch auf eine geistige Führungsrolle in Deutschland. Aufklärer der alten Schule mochten ihnen dafür konzedieren, daß sie sich wenigstens von den Schwarmgeistern der Romantik freihielten. Der Studienwechsel über die Grenzen hinweg war seit den zwanziger Jahren in beide Richtungen untersagt. »Die einzige öffentliche Sprache war damals die Musik«, seufzte ein kunstsinniger Vertrauter Metternichs. Die Literaten beklagten sich über die Begeisterung fürs Ballett und Fanny Elsler. Die Straußschen Walzer mochten tonangebend sein, aber auf literarischem Gebiet dominierten Leipzig, das »damalige Eldorado junger Österreicher«[10], und vielleicht auch Stuttgart, die Heimat des schwäbischen Dichterkreises. In Leipzig gab der gebürtige Prager Ignaz Kuranda die »Grenzboten« heraus, grüne Hefte, in denen sich Oppositionelle aller Schattierungen ein Stelldichein gaben; in Stuttgart veröffentlichte Adolf Wiesner 1847 seine »Denkwürdigkeiten der österreichischen Zensur«, ein historischer Leitfaden mit bemerkenswert unpolemischer Tendenz. Wir werden beiden noch als Abgeordneten der Frankfurter Nationalversammlung begegnen.

Findige Kritiker bezifferten den kommerziellen Schaden, den Österreich durch seine erzwungene Absenz auf dem deutschen Buchmarkt erlitt, auf eine Million Gulden im Jahr. Den immateriellen Schaden charakterisierte Kuranda mit Bezug auf die Presse: »Wer würde ihnen glauben, wenn sie ihre Stimme für Östreich erhöben, da sie nie gegen dasselbe sprechen dürfen.«[11] Ein Dilemma, dem zu entkommen Propaganda und Volksaufklärung im einen wie im anderen Regime bis heute schwerfällt. Dieser geistige Mauerbau Metternichs blieb erfolglos, was den Import gefährlicher Ideen betrifft. Er war in einer gewissen Beziehung aber wiederum erfolgreicher als ihm vielleicht selbst lieb sein konnte, weil er auf lange Sicht die Chancen für ein wirksames Auftreten Österreichs in Deutschland untergrub. Er verschaffte Österreich den Ruf als »deutsches China«, nicht wegen seines Mandarinats, sondern

– im Jahrzehnt nach der Landnahme Hongkongs lag dieser Vergleich nahe – wegen seiner Abschließungstendenzen gegen das geistige Opium, das über seine Grenzen drang.

»Opium für das Volk« – bekannt geworden ist dieser Slogan freilich in einem anderen Zusammenhang. Und hier brach Metternich mit dem josephinischen Herkommen, blieb den fürsterzbischöflichen Traditionen seiner Familie treu: Der Staatskanzler betrieb die Rückkehr der Jesuiten und protegierte die Vertreter der katholischen Romantik, den Hofbauer-Kreis und die Redemptoristen, die ein Josephiner wie der Hofkanzler Graf Saurau am liebsten gleich in einem Aufwasch mit anderen Unruhestiftern und Schwarmgeistern des Landes verwiesen hätte. Das Bündnis von Thron und Altar erschien Metternich nach den Erfahrungen der revolutionären Epoche eine politische Notwendigkeit. Damit gewann er Verbündete in Deutschland, im Münchner Görres-Kreis und darüber hinaus, verband sich mit einer Partei, die um ihren Rückhalt im Volk auf lange Sicht keineswegs bangte; sein Mitarbeiter Jarcke, einer in der langen Reihe norddeutscher Konvertiten, denen der politische Katholizismus in Österreich so viel verdankt, gehörte zu den Begründern der »Historisch-Politischen Blätter«.

Es war eine Allianz, die auf dem stillschweigenden Übereinkommen beruhte, über das Trennende hinwegzusehen: Metternich waren die Spätromantiker recht als Hilfstruppe gegen die Revolution und ihre geistigen Wegbereiter. Dem organischen Staatsmodell der katholischen Romantik, ihrer Feindschaft gegen stehende Heere und Finanzkapital, vermochte der Staatskanzler wohl wenig abzugewinnen. Mit den aufgeklärten Geistern der Habsburgermonarchie verdarb sich's Metternich damit erst recht. (Die Polemik gegen die »Liguorianer«, wie die Redemptoristen genannt wurden, nahm noch in Nestroys »Freiheit in Krähwinkel« einen prominenten Platz ein.) Eine Ausnahme bildete da bloß Tirol, das »heilige Land«, wo das reichsfreie Bistum Brixen die Kirche vor den Folgen des Josephinismus abgeschirmt hatte.

Mit den eigentlichen Leitern der inneren Verwaltung, zuerst Saurau, dann Kolowrat, stand Metternich stets auf Kriegsfuß. Allerdings: Hinter dieser gleichbleibenden Fassade institutioneller Rivalität verbarg sich eine anfangs kaum merkliche Verschiebung der Fronten. Gerade als Außenseiter war Metternich beeindruckt von der Vielgestaltigkeit der Monarchie; er hielt Ungarn für ihr Kernland. Eine behutsame Föderalisierung fand in ihm anfangs einen Fürsprecher. Metternich war angetreten als ein Skeptiker der zentralistischen Regierungsmaschinerie. Ihm war das Problem bewußt, welche Eigendynamik ein solcher Apparat gewinnen konnte, wie sehr er andererseits in bürokratischem Kleinkram zu ersticken und der Blick für politische Entscheidungen im administrativen Wildwuchs verloren zu gehen drohte. Das Resultat war eine Staatsmaschinerie, wobei »das Wort Maschine nur durch die Kompliziertheit des Apparats, nicht aber durch die Leistung berechtigt ist«.[12]

Und doch: Diese ursprüngliche Haltung verblaßte mehr und mehr. Metternich setzte schließlich die Furcht vor der Revolution nicht bloß manipulativ ein, um schwankenden Duodezfürsten mit dem Krampus der Burschenschaften zu drohen. Er wurde tatsächlich von Revolutionsfurcht gepeinigt und witterte hinter jeder Unmutsäußerung den Umsturz. Je größer die Angst wurde, umso mehr verließ er sich selbst auf die zentralen Kontrollinstanzen und umso weniger war er bereit, intermediären Gewalten zu vertrauen, die mehr als bloß ausführende Organe der Regierung waren. Nicht 1820, aber in den vierziger Jahren wurde er wirklich zum »Don Quijote der Legitimität«, als den Grillparzer ihn verewigt hat. Seine gegenrevolutionäre Wachsamkeit rückte ihn näher und näher an die Bürokraten, die sich jede Kompetenz vorbehalten und jede Kritik verbeten haben wollten. Graf Franz Hartig, einer der Protegés seines alten Rivalen Saurau, entwickelte sich vor und nach 1848 zum entschiedensten Verbündeten und Verteidiger Metternichs. Ähnlich erging es dem Paradebeispiel eines bürgerlichen Aufsteigers, dem Iglauer Schneiderssohn und Hofkammerpräsidenten Baron

Kübeck, der seinen ständischen Kritikern vorwarf, sie hätten sich mit ihrer Polemik gegen die »Bureau-Kratie« bloß ein künstliches »französisch-griechisches« Feindbild gezimmert.

Von den Sympathien für ständische Gewalten, die Metternich als einem Abkömmling des stiftischen Adels, der Symbiose von Adel und Kirche, gut anstand, war in seinen letzten Jahren praktisch kaum etwas übriggeblieben. Die liberalisierenden Tendenzen der Ständeversammlungen, das Sich-in-Szene-setzen und Posieren vor der Öffentlichkeit in den Jahren vor der Revolution, verachtete er. Dem ungarischen Komitatsadel setzte er als Vizegespanne beamtete Administratoren vor die Nase; die italienischen Nobili schalt er die »entartete Brut einer herabgekommenen Aristokratie«; den »Polonismus« der Szlachta in Galizien hielt er für »ein Shibboleth der Revolution« und für eine Filiale Frankreichs. Auch näher daheim, in Böhmen, wo die Metternichs seit dem Dreißigjährigen Krieg in der Nähe von Marienbad über einige Tausend Hektar Land verfügten und Metternich Schloß Königswart in den dreißiger Jahren im klassizistischen Stil renovieren ließ, sah sich der Staatskanzler von seinen Standesgenossen mißverstanden.[13]

Die böhmischen Grandseigneurs scheinen den Rheinländer nie ganz als einen der ihren akzeptiert zu haben. Am ehesten machten da noch diejenigen Chefs großer Familien eine Ausnahme, die im Heer dienten, wie Graf Clam (der 1841 verstorbene Hofkriegsratspräsident) oder Fürst Windisch-Graetz. Es mochte Zufall sein, war es aber wahrscheinlich doch nicht, daß unter Metternichs Getreuen auffallend viele Sprößlinge von Familien waren, die selbst vor einer Revolution geflohen und in den Dienst der Habsburger getreten waren, ohne über den Rückhalt ausgedehnter Besitzungen zu verfügen, wie z. B. die Grafen Ficquelmont und Taaffe. Der Adel führt mit dem Fürsten in den höflichsten Formen gesellschaftlichen Krieg, kolportierte Sealsfield schon zwanzig Jahre vor der Revolution. Auf alle Fälle lief dem Kanzler sein Rivale Kolowrat als langjähriger Oberstburggraf von Böhmen auf diesem Terrain mit Leichtigkeit den Rang ab.

Kolowrat war kein Liberaler, oder besser gesagt: er war ein Liberaler allenfalls in dem Sinne, in dem der Begriff in Österreich immer noch fälschlich gebraucht wird: ein inkonsequenter Konservativer; einer, der es nicht so genau nahm; ein Mann, der über persönliche Beziehungen vieles möglich machte, auch nichts dabei fand, dem Zeitgeist nach dem Mund zu reden, wenn das seine Gesprächspartner glücklich machte. Vielleicht war Kolowrat damit sogar der eigentliche Konservative, der Pragmatiker, der an keine Schablone, an kein universell anwendbares System und an keinen Kampf der Prinzipien glaubte, sondern von Fall zu Fall entschied und gelegentlich ein Ventil zu öffnen verstand. Vor allem die Zensur war ein beliebtes Feld für individuelle Gnadenerweise: So ermöglichte Kolowrat die private Aufführung der Satire »Großjährig« oder verschaffte Wiesner eine Anstellung und dem jungen Böhmerwälder Literaten (und späteren Paulskirchen-Abgeordneten) Josef Rank einen Paß nach Leipzig.[14] Nach außen hin aber entstand die paradoxe Situation, daß der tatsächliche Leiter der Verwaltung, dem man eine »ungewöhnliche Beherrschung des ›Apparates‹« nachsagte, sein unverdientes Image als frustrierter Reformer und Krypto-Liberaler kultivierte und sich hinter seinem schärfsten Kritiker versteckte; Metternich aber galt als Verkörperung des Systems, wurde für allmächtig gehalten und war zu eitel, das Mißverständnis aufzudecken.

Die »Prinzen vom Geblüt«, insbesondere die jüngeren Brüder von Franz, gehörten nicht zu den Bewunderern des leitenden Ministers, der sie von der Macht tunlichst fernhielt: Allen voran der Erzherzog Karl, der Sieger von Aspern (und darüber hinaus einer der reichsten Herrschaftsbesitzer der Monarchie), der es angeblich »unter seiner Würde« fand, mit Metternich gut zu sein; Josef, der ungarische Palatin, der sich von der Wiener Bürokratie nicht vereinnahmen lassen wollte, und Rainer, der sich vergeblich um die Sympathien der Italiener bewarb. Gegen alle filmisch aufbereiteten Legenden zählte Johann, der steirische Prinz mit seiner unstandesgemäßen Heirat und seinen bürgerlichen Aktivitäten, nicht zu den Scharfmachern. Er wolle kein »Partey-Haupt« sein und: »Ich bin dem Fürsten mehr Freund als man glaubt.« Noch rückblickend hielt er Metternich für »den einzigen, wo sich noch etwas reden ließ, die anderen – unter aller Kritik«.[15]

Von der Geisteshaltung her war Metternich die Personifikation des konservativen Prinzips, das für ihn der einzig mögliche Garant gesellschaftlicher Ordnung war. Doch wie stand es mit der Realität? Da wurde die Sache zweifelhaft. War es konservativ, um bei einem Beispiel zu bleiben, wenn die Kreishauptleute die adelige Patrimonialverwaltung untergruben ohne sie zu beseitigen, ihr Aufgaben aufbürdeten und dafür Befugnisse entzogen? Von adeliger Willkür konnte kaum mehr die Rede sein. Die »Justitiäre« der Grundherrschaften hatten staatlich geprüft und approbiert zu sein; statt Sporteln warf dieser Zweig der »Feudalordnung« nur noch Spesen ab. Gefängnisse und Gemeindekotter konnten kaum gewinnbringend geführt werden; es wurde Brauch, Missetäter nach dem St. Florians-Prinzip einfach abzuschieben.

Die »alteuropäische Ordnung« auf dem Lande, die von allen Konservativen gerühmte wechselseitige Bindung und weise Beschränkung, die angeblich ohne materialistische Auswüchse und kapitalistisches Profitstreben auskam, krankte ja nicht am revolutionären Geist der Hintersassen und auch nicht an der Gier der in vielen Gegenden immer mehr »verbürgerlichten« Herrschaftsbesitzer, sondern sie wurde durch die Bevölkerungsexplosion unwiderruflich gesprengt: Seit der Zeit Maria Theresias hatte sich die Bevölkerung gut verdoppelt. Diese Masse von »indigents«, ländlichem Proletariat ohne jede Chance, einmal einen Hof zu übernehmen, fand im Rahmen der althergebrachten Wirtschaftsordnung keine Nahrung mehr. Die Fabrikarbeiter, deren hartes Los so gern mit der bukolischen Idylle verglichen wurde, die sie verlassen hatten, traten ihre »Landflucht« ja nicht aus Übermut an, sondern weil sie in der Industrie immer noch regelmäßigeren und besser bezahlten Verdienst fanden als auf dem Lande. (Kritiker der frühen Industrialisierung vergaßen überdies gerne darauf, daß es viel größere Manufakturbetriebe – mit einem mindestens so hohen Grade an »Entfremdung« und durchaus militärischer Disziplin – schon gut ein Jahrhundert zuvor gegeben hatte.)

Zum ersten Mal in der europäischen Geschichte hatte ein solcher Bevölkerungsanstieg nicht in einer Hungerkatastrophe geendet. Eine nach rationalen Prinzipien geleitete »physiokratische« Gutswirtschaft und verbesserte Transportbedingungen schon vor der Erfindung der Dampfmaschine hatten das ermöglicht. Aber die Bevölkerungsexplosion erforderte zu ihrer Bewältigung eine weitergehende Produktivitätssteigerung der Landwirtschaft. Geteiltes Eigentum, das wenig Anreize für Investitionen schuf und keine Möglichkeit für Kreditbesicherung, war der schlechteste Weg dazu. (Der moderne Mieterschutz mit seinem sich ins Gegenteil verkehrenden »Schutz« der Wohnungssuchenden ist in seinen langfristigen Auswirkungen hier durchaus vergleichbar!)

Joseph II. wollte eine Regelung der Agrarverhältnisse zugunsten der Bauern herbeiführen und mußte sie auf seinem Totenbett zurücknehmen; Preußen hatte in der Reformzeit eine zugunsten der Junker durchgeführt (nicht ohne dabei auch bei ihnen auf Widerstand zu stoßen). Das vormärzliche Österreich tat gar nichts. Im Gegenteil: In subtiler Weise hat es den klaren Schnitt, die Grundablöse und das Ende des Feudalsystems zugunsten eines einheitlichen Grundbesitzerstandes, immer wieder hinausgezögert und den Ständen allenfalls Prügel vor die Füße geworfen, wenn sie sich aus dieser Schlinge zu befreien versuchten. In Mähren und in Niederösterreich hätten die Stände z. B. gerne die freiwillige Grundablöse mit Hilfe einer ständischen Hypothekenbank vorangetrieben, fürchteten die Weitblickenderen unter den Herrschaftsbesitzern doch, eines unschönen Tages entschädigungslos auf ihre Rechte verzichten zu müssen, wenn man die Sache zu lange hinausschob. Der als Hofkammerpräsident für die kaiserlichen Finanzen verantwortliche Musterbürokrat Kübeck hat offen zugegeben, derlei Gründungen hintertrieben zu haben, weil sie ja doch nur ein Machtinstrument in den Händen des Adels gewesen wären und für den Staat überdies eine Konkurrenz auf dem Kapitalmarkt darstellten.[16] Derlei Halbheiten konnten bloß zur Diskreditierung eines überlebten Systems führen.

Man kann dem vormärzlichen Regime jede Menge 08/15 Vorwürfe machen, wie sie zum alltäglichen Beschwerdekatalog gehören: von zu wenig Mitbestimmung bis zu unsozialer Steuerpolitik, Vorwürfe, wie sie gegen das Ancien Régime an der Tagesordnung waren. Jede politische Ordnung hat ihre Nutznießer und ihre Benachteiligten. Das war nicht das eigentliche Problem. Das Problem war, daß sich das Regime auch und gerade von den vermeintlichen Nutznießern des Systems immer mehr entfernte. Wie sollte man eine Ordnung schützen, deren vermeintliche Vertreter keinen Wert mehr auf sie legten? Wie konnte man als Konservativer gegen die natürlichen Konservativen regieren, gegen die, die etwas zu verlieren hatten? In dieser Beziehung bewies Kolowrat bei all seiner Perfidie und Selbstinszenierung mehr »Gespür« als Metternich.

Das seither immer wieder gebrauchte ideologiekritische Totschlagargument gegen die Regungen der Unzufriedenheit selbst in den »besseren Kreisen« war schon Metternich bewußt. »Die Freiheitsprediger«, so schrieb er am Beispiel des polnischen Adels, »sind zu Hause meist Bauernschinder«.[17] Das war ein treffliches, in vielen Fällen vermutlich unwiderlegliches Argument und nährte das populäre Vorurteil, »die anderen« seien »auch keine guten«. Für Demokraten, die nicht bloß Konstitution und Preßfreiheit wollten, sondern tiefgreifende soziale Reformen, war das ein schlagendes Argument, dem Liberalismus ihrer zeitweiligen Gönner zu mißtrauen. Aber was war für Konservative damit gewonnen? Wenn Metternich nicht einmal Bauernschinder von der Vortrefflichkeit seiner Regierungsmaximen überzeugen konnte, wen dann? Wenn die oberen Schichten dekadent und heuchlerisch waren und an dem Ast sägten, auf dem sie saßen, mußte die Monarchie sich dann auf das Volk stützen, das brav war und bieder, zwar von schikanösen Beamten traktiert wurde, aber zu seinem Kaiser aufsah?

Freilich: Man konnte daraus die Schlußfolgerung ableiten,

der Linken auf dem Wege der sozialen Reform den Rang abzulaufen. Das begann nicht erst mit der christlichen Soziallehre in der zweiten Hälfte des Jahrhunderts. Es gab auch schon im Anhang Metternichs Leute, die mit der Gegenrevolution der Revolution den Wind aus den Segeln nehmen wollten; gesellschaftliche Reformen durchpeitschen, um politische zu vermeiden, so wie es der aufgeklärte Absolutismus immer schon praktiziert hatte. Aber konservativ im eigentlichen Sinne war das wohl nicht, es war allenfalls bonapartistisch. Wenn die Josephiner dazu gezwungen wurden, waren sie durchaus in der Lage, sich mit den Bauern gegen den Adel zu verbünden. Aber waren sie auch in der Lage, sich mit den Arbeitern gegen die Fabrikanten zu verbünden? Konnte die Erfüllung der Reichsidee die »Monarchie der Arbeiter und Bauern« sein? Sozialromantiker – eine gerade unter gläubigen Monarchisten nicht seltene Spezies – mögen das für eine Lösung halten, oder sich sogar einreden, so wäre es ohnehin gewesen. Für Metternich stellte es keine verlockende Perspektive dar.

Man konnte diese gewisse Ratlosigkeit, die fehlende Bodenhaftung und drohende politische Isolation der Regierenden, ins Positive wenden und als Kompliment daraus ableiten: Die Bürokratie hatte sich von Klasseninteressen emanzipiert, später dann auch von nationalen Voreingenommenheiten, als eine Verkörperung der österreichischen Idee, des sozialen Königtums gar. Das war in dieser Form natürlich eine schöne Legende. Die Bürokratie fungierte immer wieder als Handlanger diverser Interessen, und sie war – wenn es auf ihre Führungsschicht ankam – natürlich deutsch. Aber es war in einem weiteren Sinne wahr: Der Staat konnte einmal so und einmal so regieren; hier so und dort anders. In Italien und in Polen, wo man den Signori und der Szlachta mißtraute, war man stolz auf seine Bauernschutzpolitik; in Böhmen konnte man dafür den Adel stützen. Oder aber: die Italiener in Triest bekämpfen und in Dalmatien fördern. Unter einem solchen System, mit seinen von einer übergeordneten Warte diktierten Frontwechseln und Wechselbädern, war es dann freilich auch nicht leicht, zu jener so geschätzten Kategorie der »Gutgesinnten« zu zählen: Der Gutgesinnte mußte schon über politische Eunuchenqualitäten verfügen, in letzter Konsequenz vielleicht am besten überhaupt nicht gesinnt sein.

Darin lag ein Programm des divide et impera, das sich immer weiterspinnen ließ. Die habsburgische Verwaltung rang sich im Verlauf des Jahrhunderts immer mehr zu einer kühlen Souveränität im Umgang mit ihren Schutzbefohlenen durch, von denen sich keiner je allzu sicher sein konnte, die allerhöchste Gunst auf Dauer gepachtet zu haben. Man spielte Nationen, Parteien und Klassen mit Virtuosität gegeneinander aus, immer eingedenk der Maxime des (jüngeren) Grafen Taaffe, des Ministerpräsidenten von 1879 bis 1893, die Völker in wohltemperierter Unzufriedenheit zu halten, und das hieß auch: niemand je völlig auszugrenzen, und sei er noch so radikal. Neben der Spezies der k.k. Sozialdemokratie gab es de facto sehr wohl auch die k.k. Irredentisten. Doch das war Zukunftsmusik. Für diese zynische Abgeklärtheit, eine völlig un-visionäre, »geschäftsmäßige« Fortwurstelei von hohen Graden, benötigte es noch der Erfahrungen eines weiteren halben Jahrhunderts, bis sie in den Jahren vor dem 1. Weltkrieg ihre Vollendung erreichte. Zunächst einmal mangelte es nicht bloß an der nötigen Erkenntnis, sondern vor allem an Spielraum und Bewegungsfreiheit. Das Instrument stand bereit, aber auf diesem Klavier konnte nur spielen, wer spielen konnte.

Das vormärzliche Regime konnte es zuallerletzt. Dem Vorwurf, daß es in Galizien sehr wohl ein böses Spiel getrieben und die Bauern gegen ihre Herren aufgehetzt habe, antwortete Jarcke mit mehr als einem Anschein von Plausibilität. Die Staatskonferenz könne eine derart abscheuliche Entscheidung nicht gefällt haben – nicht, weil sie abscheulich sei, sondern weil es eine Entscheidung sei. Der gute Kaiser Franz, dem es bei aller Biederkeit nicht an Raffinement mangelte, »der eben so sehr an Gerechtigkeitssinn und Gemüt überschätzt, als sein Verstand und seine List unterschätzt« wurde, »sah einen Zwiespalt seiner Minister nicht ungern, indem er darin ein Mittel gegen Täuschung zu finden glaubte und durch sein Dazwischentreten den Streit zu beenden wußte«.[18] Solange Franz lebte, kam das einer absolutistischen Logik der Gewaltenteilung nahe. In einer Monarchie ohne Monarchen geriet das Patt von Metternich und Kolowrat, das sich auf den Ebenen darunter fortsetzte, zur dauernden Selbstblockade. Kontroll- und Leitungsmechanismen wie der Staatsrat wurden nur Quelle endloser Verzögerung. Die Grenzboten machten sich über die »kontrollierende Kontrolle der kontrollierenden Kontrolle« lustig. Der oft zitierten Instruktion des Kaisers an seinen regierungsunfähigen Sohn, nichts zu verändern, hätte es da gar nicht mehr bedurft. Die Erzherzogin Sophie, die Frau des Thronfolgers und Mutter Franz Josephs, sprach von diesen Jahren im Rückblick ironisch – und doch ernstgemeint – von der »schrecklichen, der kaiserlosen Zeit«.[19]

Der dritte im Bunde der Staatskonferenz war der jüngste Bruder von Franz, Erzherzog Ludwig, nicht Karl, der Sieger von Aspern, und nicht der volkstümliche Johann, auch nicht der nächste Thronerbe, ihr Neffe Franz Karl, der Vater Franz Josephs. Ludwig verkörperte zwischen dem manipulativen Konterrevolutionär Metternich und dem nervösen Pseudo-Reformer Kolowrat den Ruhepol, oder besser gesagt: die schiere Inertia. Er sorgte für die Aufrechterhaltung des Gleichgewichts, weil er in der Regel gegen jede Veränderung den Ausschlag gab. Dabei war die kaiserliche Hoheit den Staatsdienern, die beide im Ruf mangelnder Gründlichkeit standen, im Aktenfleiß überlegen. In den letzten Tagen seines Regimes sollte gerade Ludwig sich als Scharfmacher erweisen, der zumindest konsequent handelte, aber bei niemandem Rückhalt fand.

Unter diesen Umständen waren alle Anläufe, die Selbstblockade zu durchbrechen, gescheitert. Die persönlichen Eitelkeiten des alten Diplomaten, der seine Kollegen mit weitschweifigen Erörterungen zur Verzweiflung brachte, machten alles nur noch schlimmer. »Metternich kommt zu nichts, weil er zuviel spricht, und Erzherzog Ludwig traut sich nicht, dieses Geschwätz zu unterbrechen.«[20] Kolowrat, wie Metternich ein Meister der Selbstinszenierung, war weniger geduldig: Um der »Verbalanästhesie« seines Rivalen zu entgehen, zog er sich zuweilen beleidigt-pikiert auf seine Güter zurück, so daß sich zu guter Letzt der Entscheidungsfindungsprozeß selbst im innersten Kreis notgedrungen auf schriftlichem Wege abspielte. Er war im entscheidenden Moment aber stets zurück, um Schachzüge seines Konkurrenten zu konterkarieren.

Die Frustration des »Es muß etwas gschehen, sonst g'schiecht was« schien geradezu auf einen Anstoß von außen zu warten, der den Stein ins Rollen brachte. Die Bewegungsunfähigkeit im Inneren machte verwundbar. »Die Welt steht auf kein Fall mehr lang«, sang Nestroy in seinen Couplets, mit Betonung auf dem ersten Wort, und gegen Betonung konnten Zensurorgane schwer einschreiten. Metternich selbst formulierte im Rückblick eine Theorie von der Revolution als gesunkenem Kulturgut der Verwaltung. »Das Hauptübel lag im ›Nicht-Regieren‹. Die nicht benützte Gewalt sinkt alsdann von der höchsten Schichte in die unteren herab und dort bildet sie sich in Umsturz aus.« Das freimütige Urteil sollte suggerieren, daß er daran unschuldig war, oder, wie es einer seiner Vertrauten formulierte: »Der Fürst will immer schon alles vorausgesehen haben, Platzregen und Erdbeben miteingeschlossen«.[21]

Das, was sich 1848 in Wien und in Österreich abspielte, war daher eine politische Revolution im engeren Sinn: Keine gesellschaftliche Umwälzung, kein Aufeinanderprall von tektonischen Schichten. Der Dritte Stand setzte nicht zum Sturm auf die Bastion des Adels an. Wer die Ständedeputation vom 13. März auf ihrem Weg zur Hofburg beobachtete, mochte sogar das Gegenteil annehmen: Hier formierten sich die Raubritterssöhne zum Sturm auf das Regime der bürgerlichen Aufsteiger. Freilich bestanden die Stände nicht nur aus Adel, schon gar nicht aus exklusiv alten Familien. Städtische Obrigkeiten und Geistlichkeit waren traditionell ebenfalls vertreten, spielten aber eine untergeordnete Rolle und gingen meist mit der Regierung. Im böhmischen Landtag schleuderte ein Grandseigneur einem bürgerlichen Verteidiger der Regierung entgegen, er sei eben von Geburt aus servil. Der Klerus machte sich zusätzlich durch Kornwucher und als entschiedener Gegner der Grundablöse unbeliebt.[22]

Aber auch diese Gleichung vom oppositionellen Adel und dem Bürgertum, das in Gestalt der Bürokratie längst zur Macht gekommen war, geht nicht auf; diese Frontstellung war zu grobschlächtig. Denn natürlich war auch der Adel gespalten. Er bestand nicht bloß aus Landedelleuten, sondern war auch in den Reihen ihrer Nemesis vertreten. Die Spitzen der Bürokratie, gegen die ihre Standesgenossen polemisierten, waren selbst Hochadelige. Fazit: Die Revolution war keine von »denen da unten« gegen »die da oben«. Worum es ging, war vielmehr »die draußen gegen die drinnen«. Die Basis, auf der die Oligarchie fußte, war zu eng geworden.

Das war es ja, was der Schlachtruf nach einer Verfassung, einer Konstitution ausdrücken sollte. Konservative wie Jarcke pflegten sich über die Theorie vom »contrat social« dergestalt lustig zu machen, es hätten sich wohl kaum 38 Millionen Österreicher auf einem großen Blachfeld versammelt, »um nach erfolgter Abstimmung einen Abkömmling des Hauses Habsburg zu ihrem Geschäftsführer und Güterdirektor zu bestellen«.[23] Der Vergleich ist passender, als Jarcke annahm. Die Großaktionäre hatten das Vertrauen in das Management verloren, sie verlangten Kontrolle und waren unzufrieden mit dem System wechselseitiger Ernennungen im kleinen Kreis der Direktoren. Das Management aber wehrte sich gegen die Übernahme von außen, sah überall nur Demagogie und Unverstand am Werk.

1789 mochte eine Revolution gegen den höfischen Absolutismus gewesen sein, gegen eine Monarchie, die seit den Zeiten des Sonnenkönigs nicht mehr generalüberholt worden war und ein Jahrhundert lang von einem seltsamen Günstlingsregiment beherrscht wurde; gegen eine ständische Ordnung, die ihrer Funktion beraubt war, aber nicht ihrer Privilegien. Diese, die große Französische Revolution, blieb trotz gelegentlicher klammheimlicher Sympathien ein Einzelfall, ein Einzelfall mit Sprengkraft und Strahlkraft, doch immer noch ein Einzelfall, der allenfalls in Italien ein gewisses Gefühl der Nostalgie zurückließ. Die aufgeklärten Monarchen Deutschlands wurden von Napoleon mit ihren eigenen Waffen geschlagen; sie mußten militärische Schlappen en gros einstecken; ihre inneren Strukturen jedoch erwiesen sich als überlebens- und reformfähig.

1848 hingegen verkörperte die Revolution gegen genau dieses Erbe des aufgeklärten Absolutismus, gegen den Obrigkeits- und Verwaltungsstaat, durchaus auch den modernen oder modernisierungswilligen. Das macht vielleicht auch ihren universellen Charakter aus. Die sozialen und wirtschaftlichen Voraussetzungen in Frankreich, in Italien, in Deutschland waren höchst unterschiedlich. Allein die Lage der Bauern, immer noch die überwiegende Mehrheit der Bevölkerung, spiegelte jede nur mögliche Variante wider, vom freien Grundeigentum bis zum abhängigen Parzellenbesitzer. Dem Korsett des Verwaltungsstaates standen jedoch alle gegenüber.

1848 war eine nationale Revolution und doch die einzige übernationale, europaweite, die Regime ganz unterschiedlicher Observanz gleichermaßen umfaßte. Es war keine Revolution mehr gegen die alteuropäische Ordnung und noch keine gegen die »bürgerliche Klassenherrschaft«. Beides, Bauernunmut und Arbeiterrevolten, spielte eine Rolle, als Begleitmusik und als Katalysator, das Wesentliche aber war die Revolution gegen die politische Klasse des Obrigkeitsstaates, gegen das staatlich legitimierte Establishment.

Der Riß, der sich durch die Gesellschaft zog, ging auch quer durch die Ideologien. Es war üblich, »Reaktionäre« und »Fortschrittliche« zu unterscheiden. Nur war bei näherer Betrachtung nicht immer so klar, wer wo stand. Die Verfechter liberaler Verfassungen und Gewaltenteilung kannten auch ständischen Dünkel und Privilegienwirtschaft; die Obrigkeit hingegen war auf ihre Weise egalitär und freihändlerisch. (Metternich wollte deshalb auch zum Zollverein. Vor dem

Import materieller Güter war ihm nicht bange. Doch er wurde von einflußreichen Protektionisten unter den Fabrikanten gestoppt.)

Beide, Stände und Bürokratie, hatten ihre Tentakel und Verbindungen zur Mittelschicht, zum Bürgertum, dem tatsächlichen oder vermeintlichen Träger dieser Revolution: Die adeligen Montan- und Gutsbesitzer fanden sich in den Gewerbevereinen mit der Bourgeoisie zusammen, nicht bloß in der Steiermark unter dem Patronat des Erzherzogs Johann, sondern auch anderswo. Die Bürokratie rekrutierte aufstiegsbereite Akademiker, die wie Grillparzer oder Kübeck vor Ressentiments gegen die Kastenherrschaft der böhmischen Nepoten überquollen. Wer war hier fortschrittlich, wer reaktionär?

Die bürgerliche Revolution

»Was der philosophischen Speculation vom Staat verweigert
wird, das ringt ihm die finanzielle
Speculation mit mächtigen Händen ab.«

Ignaz Kuranda, 1846

»Wolkig. Revolution.«

*Tagebuch Graf Franz Hartig,
13. 3. 1848* [24]

Metternich führte seit einiger Zeit Rückzugsgefechte. In
Preußen begab sich der König mit der Berufung des
Vereinigten Landtags auf gefährliche Abwege. Auch in der
engeren Heimat wurden die Stände aufmüpfiger. Viktor von
Andrian-Werburg, der Autor von »Österreich und dessen
Zukunft«, als Beamter deshalb 1847 entlassen, koordinierte
die Aktionen der niederösterreichischen, der böhmischen und
– was besonders wichtig war – auch der ungarischen Stände.
Mochte die Phantasie auch mit ihm durchgehen, wenn Andrian sich schon als »unterirdischen Gegenkönig« sah, eine Art
unterirdischer vereinigter Landtag bereitete sich zweifellos
vor. [25]

Dann kam die Krise von außen. Eine Krise, die befürchtet,
vielleicht auch herbeigesehnt worden war als Ausweg. Eine
auswärtige Krise fiel in Metternichs Ressort und wurde ihm
folglich auch mit einigem Recht zur Last gelegt. In einem seiner Exkurse hatte der Staatskanzler doziert, Frankreich und
Westdeutschland könnten liberale Verfassungen aushalten,

Preußen, Österreich und Italien jedoch nicht. Gerade in Italien aber zeichnete sich eine Krise ab, ausgelöst – was für Metternich schmerzlich war – durch einen Papst: Pius IX., »Pio Nono«, der sich als Idol der Nationalbewegung mißbrauchen ließ und als Regent des Kirchenstaates konstitutionelle Allüren zeigte.

Gefördert wurde die Krisenstimmung – wie überall in Europa – durch den Konjunktureinbruch der Jahre 1846/47, eine Mischung aus Mißernten und industrieller Absatzkrise. Die Teuerung war beträchtlich: Inflation diesmal nicht als wirtschaftspolitisches Übersteuerungsphänomen, sondern als Naturereignis, ausgelöst von Kartoffelfäule und Tiefdruckzonen. Im Frühjahr 1847 betrug der Weizenpreis in Wien das Doppelte des Vorjahrs, das Dreifache von 1845. Kritiker hatten oft gemeint, das Regime versuche, die Bevölkerung zu einer Phäakenexistenz zu erziehen und mit materiellem Wohlleben abzufinden. Diese Strategie (wenn es denn eine war) geriet an ihre Grenzen.

Dieses Rumoren im Untergrund hatte zweifelsohne seinen Anteil an den Geschehnissen des Jahres 1848, doch eine Hungerrevolte der Descamisados war die Revolution zuallerletzt. Die bevorzugte Form des Protests gegen die österreichische Herrschaft in Italien waren patriotische Bankette durchaus opulenten Zuschnitts, die einen Spötter zu der Beobachtung veranlaßten, daß vor den Austriaci allemal noch die Rebhühner daran glauben mußten. Für Regierungen, die sich nicht sicher fühlten, waren die ersteren ein geeigneter Blitzableiter nach außen. Freilich, wenn ein Demonstrant dem König von Sardinien frohgemut zurief:»Sire, überschreiten Sie den Ticino und wir sind alle mit Ihnen«, beinhaltete die Aufmunterung die verhaltene Drohung, daß seine Untertanen andernfalls eben nicht mit ihm sein würden.[26]

In den ersten Wochen des Jahres 1848 gaben landauf, landab in Italien die Regierungen nach. Am 12. Januar brach die Revolution in Palermo aus. Ein genereller Linksruck zeichnete sich ab. Verfassungen wurden in Aussicht gestellt (in Neapel und in Sardinien-Piemont) oder, wo schon vorhanden (wie in der Toskana), reformiert; Ministerien wurden entlassen oder gewechselt. Die Flucht nach vorne mochte vor der Ventilfunktion eines populären Befreiungskrieges gegen die Österreicher nicht Halt machen. Vielleicht würden die auch von selber dem Spuk ein Ende bereiten. Allerdings verweigerte ihnen der neue Papst diesmal den Durchmarsch!

Es wäre nicht die erste Intervention gewesen, die von den Weißröcken auf der Apenninhalbinsel vorgenommen wurde: Praktisch jedes Jahrzehnt stapften neuerlich Kolonnen von tedeschi durchs Land, wo die Zitronen blühen. (Auch wenn die tedeschi tatsächlich Polen oder Ungarn waren.) Die Regimenter Radetzkys standen auch diesmal schon wieder jenseits des Po in Ferrara und in Parma, wo Marie Louise, die lebenslustige Witwe des großen Korsen, eben zu Grabe getragen worden war. Die Armee Radetzkys war zu einer Intervention militärisch zwar in der Lage, doch wie stand es um den nervus rerum, das Geld, Geld und noch einmal Geld, das zum Kriegführen (oder auch für bloße militärische Drohgebärden) nun einmal unerläßlich war?

Im Vormärz machte bei internationalen Krisen das geflügelte Wort die Runde, Mama Rothschild habe beruhigt, heuer gäbe es keinen Krieg in Europa, denn: »Meine Söhne geben kein Geld.« Auf dieses Geld war niemand so angewiesen wie Österreich, das immer noch schwer an den Schulden der Revolutionskriege trug. Die ständische Opposition war stark genug zu hinhaltendem Widerstand gegen Steuererhöhungen, aber nicht stark genug, um Spargesinnung umzusetzen. Der König von Preußen berief den Vereinigten Landtag ein, um Anleihen zum Eisenbahnbau genehmigen zu lassen; in Österreich stützte man damit bloß die Kurse schon bestehender Gesellschaften. Auch das hörte ab September 1847 auf. Unmittelbarer Rüstungsaufwand hatte wiederum absolute Priorität.

Der Ausweg hieß entweder Inflation oder weitere Anleihen. Die Stände – in deren Reihen Millionenschuldner nicht gerade selten waren – hatten eine gottgewollte Präferenz für das erstere; Metternich stand für letzteres und ging damit zum

40

Schmied, nicht zum Schmiedl. Seine engen Beziehungen zum Haus Rothschild waren sprichwörtlich. »Die Könige der Nordbahn sind auch die unseren«, unkten die »Grenzboten«. Die Stimmung wurde nicht gerade besser durch Gerüchte, daß Rothschilds Konjunkturtiefs benützten, um sich lästiger Konkurrenten zu entledigen. Der schreibfreudige Fabrikantensohn Friedrich Engels kommentierte aus der Ferne, noch eine Krise, und Rothschild werde die ganze Monarchie eingekauft haben.[27] Da überschätzte der Theoretiker freilich den Appetit der gewitzten Bankiers, die sich 1847 gerade ein wenig an einer anderen Monarchie den Magen verdorben hatten, als sie die Verantwortung für eine große französische Staatsanleihe übernommen hatten.

Es ist daher wenig wahrscheinlich, daß sie über die nächste Krise froh waren, als nämlich die oppositionelle Schmauserei in Westeuropa ohne große Vorwarnung in blutigen Ernst überging und die sogenannte »Julimonarchie« binnen achtundvierzig Stunden von der Landkarte verschwand. Der Sturz des französischen Bürgerkönigs Louis Philippe war die krönende Ironie der Vorgeschichte von 1848. Ideologisch war die Februarrevolution in Paris ein Lehrstück aus dem Metternichschen Gruselkabinett, finanziell der Todesstoß. Der Bürgerkönig hatte all das getan, was der Zeitgeist vorschrieb. Er hatte Handel und Wandel gefördert und ein Parlament wählen lassen, mit eingeschränktem Wahlrecht zwar, aber viel repräsentativer war schließlich selbst das vielgepriesene britische nicht. Zum Zeitpunkt des Pariser Aufstands hatte sein Ministerium immer noch eine parlamentarische Mehrheit hinter sich. Genützt hatte es ihm nichts. Erzherzog Johann war schockiert: Bei einem plötzlichen Tode des Königs hätte man mit so etwas gerechnet, sonst aber nicht. Metternich hingegen sah sich bestätigt. Auch der Constitutionalimus schützt nicht vor der Revolution, resümierte nicht ohne eine gewisse Schadenfreude die Witwe seines alten Mitstreiters Clam. Ein anderer gar: »Nur die Einfältigen können noch an das constitutionelle System glauben; dessen Zeit ist abgelaufen.«[28]

Eine beinahe schon rote Revolution am Horizont war ein

probates Mittel, um die furchtsame Mitte vor ein Entweder-Oder zu stellen. Die Revolution war eine Bedrohung. Sie war auch eine Bestätigung für Metternichs These, daß es letzten Endes nur die Kräfte des Umsturzes gab oder die der Erhaltung – keine geschmäcklerischen Mitte-Positionen, kein juste milieu und kein aggiornamento. »Die Revolution in Paris hat die letzten Aussichten der liberalen Phantasmagorie, die dem Radicalismus zum Schleier diente, zerstreut und vernichtet«, diktierte der Staatskanzler am 12. März in seine letzten Depeschen. Ein Vorwurf gegen Metternich hatte immer schon gelautet, »daß er wisse, wie es zuginge, alles aber gerade seyn lasse im Glauben, er könne es dann, wenn es am schlimmsten sey, am leichtesten leiten«.[29] Derartige Krisenstrategien gehören nun einmal zum Repertoire alternder Staatsmänner, die ihre Unentbehrlichkeit demonstrieren wollen.

Ein letztes Mal blitzte das alte manipulative Genie Metternichs auf. Ganz in diesem Sinne entwarf er ein Schreckensbild der Ereignisse in Paris: Nicht um eine Bewegung wie 1789 handelte es sich, sondern schon um 1793. Dann trat Rothschild zu ihm ins Zimmer und brachte die Nachricht von der tatsächlichen Ausrufung der Republik. Es wird behauptet, der Staatskanzler, der selbiges soeben an die Wand gemalt hatte, sei beim pünktlichen Eintreffen seiner Prophezeiungen wie vom Schlage gerührt gewesen.[30] Handelte es sich um eine Übertreibung? Was war an seiner Pose echt, was Selbstbetrug?

Es war Karnevalszeit, »Fasching«. Die Nachricht vom vorzeitigen Ende der Saison in Paris scheint eine disproportionale Anzahl von Leuten in Wien, Prag und anderen Städten der Monarchie auf Bällen überrascht zu haben. (Mit einer Ausnahme: Mailand, wo aus Protest schon keine mehr veranstaltet wurden.) Vielleicht war auch nur das Bild vom Tanz auf dem Vulkan, der Kontrast zwischen dem Donnergrollen aus der Ferne und der Walzerseligkeit in festlich geschmückten Räumen zu schön, um nicht in den Erinnerungen liebevoll ausgemalt zu werden. Polizeiberichte wollten auch ein Innehalten der öffentlichen Meinung bemerkt haben, zumal im Zentrum der Unruhen, in Mailand. Ein Frühsozialist wie Louis Blanc im Kabinett einer europäischen Großmacht – so hatte man nicht gewettet! In Wien konnte die Nachricht von der Revolution in Paris auf zweierlei Art wirken: Man mochte darin den Vorboten einer Revolution auch in Österreich erblicken, oder aber das auslösende Moment eines Krieges, den die Ordnungsmächte, Österreich allen voran, unweigerlich gegen das revolutionäre Frankreich führen würden. Das erste war geeignet, die Bourgeoisie in ihrem schaumgebremsten Elan unsicher werden zu lassen; das andere, sie auch noch in einer anderen Beziehung unsicher werden zu lassen.

Denn zugleich reagierte auch die Börse auf die Nachrichten aus Paris. Das finanzielle Damoklesschwert begann herabzusausen. Der Kursverfall der österreichischen Rente war rapide; er betrug seit Anfang des Jahres gut 20%. Sank der Kurs unter einen gewissen Wert, war Rothschild laut Anleihevertrag der Verpflichtung zu weiteren Vorschüssen ledig. Am 6. März war dieser Punkt erreicht. Damit war die Krise in ihr akutes Stadium übergegangen. Die Baisse erfaßte nicht bloß die Besitzer von Staatsschuldverschreibungen, sondern teilte sich dem sprichwörtlichen Mann auf der Straße mit. Papiergeld wurde nicht mehr angenommen. Eine Panik brach aus: »Die Leute eilten mit ihren Banknoten zur Filiale der Nationalbank, um von da schweißtriefend und keuchend ihre silberne Last in ihre Wohnungen zu schleppen. Manche brachten Träger und Schubkärrner mit, um sich das eingewechselte Silbergeld nach Hause bringen zu lassen.«[31] An der Grenze zu Bayern fing ein Zöllner ein Gedicht ab, in Form eines »Ave Maria«, wie das »Vater unser« eine im Revolutionsjahr sehr populäre Form der Satire:

»Gegrüßet seiest du, Papiergeld,
Du bist voller Betrug, der Konkurs ist mit Dir,
Du bist vermaledeit unter den Geldern ...«

Der drohende Bankrott wirkte auch als Stichwort für die Stände: Man hatte ihnen klargemacht, daß man sie als Beratungsorgane ohne gesetzgebende Kompetenzen betrachtete. Aber als Bürgen waren sie allemal gut genug gewesen. (Aus den Napoleonischen Kriegen, so rechneten findige Köpfe aus, schuldete der Staat allein den Niederösterreichern noch anderthalb Millionen Gulden.) Die Auslandskredite schienen eine Zeitlang auch die Funktion der Stände bzw. ihres »Dominikal-Fonds« als finanzieller Notnagel überflüssig gemacht zu haben. Jetzt, da sich dieser Weg als Sackgasse erwiesen hatte, war ihre Stunde gekommen. Die Panik war vielleicht noch keine »revolutionäre Situation«; aber sie ließ sich auf gut wienerisch mit dem Spruch zusammenfassen: »Es muß was g'scheh'n, sonst g'schieht was!« Sie war Anlaß und Legitimation für Schritte, die man sonst nicht so leicht gewagt hätte.

In Ungarn war man bereits einen Schritt weiter: Am 2. März regte im ungarischen Landtag ein Konservativer einen amtlichen Nachweis über den Stand der Nationalbank an. Auch die berühmte Rede Kossuths wand sich erst nach einem langen Exkurs über das finanzielle Desaster der Wiener Politik ihrem krönenden Abschluß zu, der Forderung nach einem verantwortlichen ungarischen Ministerium. Die süddeutschen Parlamentarier hingegen, die am 5. März in Heidelberg zusammentrafen, stellten an die Spitze ihrer Forderungen: »Deutschland darf nicht durch Dazwischenkunft in die Angelegenheiten des Nachbarlandes oder durch Nichtanerkennung der dort eingetretenen Staatsveränderung in Krieg verwickelt werden.« Am Rhein war dieses Problem noch drängender; man setzte dort außerdem noch die Warnung vor einem russischen Bündnis hinzu.[32]

Die demonstrative Sorge um den Staatskredit erwies sich als ein perfektes Vehikel zur Kritik an der Regierung. Sie umfaßte notgedrungen das Eingehen auf das Publikum, die öffentliche Meinung – bei weitem keine Identifikation mit ihr, man konnte sie als hysterisch und irregeleitet abtun, aber das änderte nichts daran, daß sie zu berücksichtigen war. Damit war auch der heikle Punkt der politischen Loyalität umgangen. Wer sein Geld abhob, war deshalb ja noch kein Revolutionär, ganz im Gegenteil: er bewies damit bloß seine Furcht vor drohenden Veränderungen. Aber außerdem – ganz beiläufig und doch von niederschmetternder Wirkung – natürlich auch sein mangelndes Vertrauen in die Regierung, die gewohnte Ordnung weiter aufrechtzuerhalten. Die II. Französische Revolution vollendete, was längst latent in der österreichischen Situation angelegt war. Sie beflügelte die Fortschrittfreunde, die, die es immer schon besser gewußt haben wollten, daß es so einfach nicht weiterginge, zweifellos. Viel wichtiger aber war: sie setzte eine Dynamik in Gang, die das unpolitisch-konservative »Publikum« gegen die Regierung mobilisierte, aus Selbsterhaltungstrieb, ob es wollte oder nicht.

Die böhmischen Stände tagten gerade nicht, auch wenn am 2. März die ersten Oppositionellen eine Bewegung für die Einberufung des Landtags in Gang zu setzen versuchten. Die niederösterreichischen waren für die erste Fastenwoche einberufen. Die Stände suchten nach Legitimation und Unterstützung; nicht gegen den Kaiser, sondern gegen das beamtentümliche »L'Etat sommes nous« seien ihre Bestrebungen gerichtet. Der alte Topos vom guten König und seinen bösen Beratern schien maßgeschneidert für die österreichische Situation. Im Lesekabinett der niederösterreichischen Stände, kokett der Jakobiner-Klub genannt, hatte man sich zu vorgerückter Stunde schon einmal in verführerischen Phantasien ergangen, Metternich und Kolowrat einfach als Hochverrätern den Prozeß zu machen, wo sie doch offensichtlich ohne kaiserlichen Auftrag handelten.[33] Was lag jedoch näher für die adeligen Wortführern als der Appell an die kaiserliche Familie? In diesem Sinne schrieb Graf Colloredo-Mannsfeld am 1. März an Erzherzog Johann. Der war schon von sich aus aufgebrochen, wurde nach einem geharnischten Auftritt mit Ludwig (auch wenn die beiden einander persönlich außerordentlich zugetan waren) aber zunächst noch einmal für ein paar Tage postwendend in die Steiermark zurückexpediert.

Dem nächsten Versuch war mehr Glück beschieden. Es war eine Szene aus dem Stoff, aus dem Verschwörungstheorien sind. Dabei ist bis heute ungeklärt, ob es sich tatsächlich um ein glückliches Zusammentreffen oder um ein abgekartetes

Spiel handelte. Colloredo war auch Präsident des Nieder-österreichischen Gewerbevereins. Der hielt am 6. März eine Zusammenkunft ab. Es war der Tag, an dem die Börsenkurse unter die magische Grenze fielen und der Bürgermeister die Wiener Geschäftsleute mahnen lassen mußte, die Annahme des Papiergelds als gesetzliches Zahlungsmittel nicht zu ver-weigern. Anlaß für eine Kundgebung, eine »Adresse«, war somit hinreichend vorhanden. Doch diesmal erschien der Thronfolger als Protektor des Vereins selbst, im Lauf des Abends auch Kolowrat. Franz Karl nahm die Adresse huldvoll entgegen, ließ sich nach Ovationen zu weiteren Nettigkeiten hinreißen. War die Szene eingefädelt? Es war eine Zeitlang gängig, die energische Frau des Thronfolgers, die bayerische Prinzessin Sophie, für die treibende Kraft zu halten. Dennoch finden sich dafür wenig Anhaltspunkte. Und Kolowrat? Auf den ersten Blick schien er der offensichtliche Verdächtige zu sein: Holte er endlich zum entscheidenden Schlag gegen sei-nen Rivalen aus? Sein brummig-gleichgültiges, passiv-resi-gniertes Verhalten in der Krise, sein sang- und klangloser Abgang sprechen nicht dafür. Zu sehr war er selbst kompro-mittiert, nach beiden Seiten hin, um das zuzulassen. Wollte er vielleicht nur gut Wetter machen und geriet unversehens in eine Manifestation, bei der ihm der Erzherzog keine andere Wahl mehr ließ, als gute Miene zu einem Spiel mit ungewis-sem Ausgang zu machen?

Dieses »Halb zog er sie; halb sank sie hin« galt auch für die Motivation der Stände, der allergetreuesten Opposition. Der Chance, einen Teil ihrer längst verlorenen Stellung zurückzu-gewinnen, stand das Risiko gegenüber, von der Bewegung überrollt zu werden. Man wollte sich nach unten genauso absi-chern wie nach oben. Über Colloredo, den Gewerbeverein und dessen Gründer Arthaber liefen die Verbindungen zum Juridisch-politischen Leseverein und seinem politischen Kopf Alexander Bach. Dort saßen sogar schon einige der Radika-len wie Löhner, die den Umsturz eher beschleunigen als bremsen wollten. Die Stände, so forderte Löhner, sollten sich als permanent erklären (da schwang die Reminiszenz an die

Große Französische Revolution mit) oder gar zur provisorischen Regierung.

Ein Mitglied der Stände drehte den Spieß um: »Wir Stände sollen für Euch alles thun? … Der dritte Stand muß Chorus sein, wenn wir sprechen, er muß hinter uns anzünden, wenn wir in die Schlacht gehen.«[34] Man muß die Worte nicht auf die Goldwaage legen. Die Erinnerungen der Beteiligten werden mit der Zeit immer pathetischer und plastischer. Die Person, der sie in den Mund gelegt wurden, war dabei nicht uninteressant: Ritter von Kleyle war wie sein Vater Güterdirektor des Erzherzog Karls gewesen, nunmehr also seines Sohns und Erben Erzherzog Albrecht – wahrlich kein revolutionäres Milieu, freilich auch kein Metternich-freundliches. Kleyle galt als Mitverfasser der Bürgerpetition, die in den folgenden Tagen in Wien kursierte.

In den Reihen der Stände – das war schon lange Zeit klar – gab es Bremser und Beschleuniger. Kleyle und Stifft, Doblhoff und Breuner repräsentierten die Bewegungspartei, zu der sich durch ihre Unterschrift unter diverse Anträge und Petitionen ein gutes Viertel offen bekannte. Ernst Hoyos schien als einziger Rückzugsgefechte der alten Ordnung zu liefern. Hoyos war ein persönlicher Freund des verstorbenen Kaisers Franz gewesen. »Die Stände sollen ihre Güter bewirtschaften und sich sonst um nichts, am wenigsten um's Volk kümmern.«[35] Die Mitte verkörperte der von der Regierung ernannte Vorsitzende, der »Landmarschall«, berufen zur Funktion des ehrlichen Maklers, der Gefahr lief, nach beiden Seiten hin Mißtrauen zu erwecken. Zu dieser Zeit war es Graf Albert Montecuccoli, ein nachgeborener Sohn aus der Familie des berühmten Feldherrn, Hochadeliger und Karrierebeamter, 1848 gerade auf dem Sprung in eine andere Staatsstellung, eine Mission in Italien, dabei angeblich mit guten Beziehungen zum Thronfolger und seiner Frau. Die Andeutungen über eine »Hofpartei«, die ein Interesse daran hätte, daß die Fronde gegen Metternich nicht vorzeitig den Mut verlor, fanden darin einen Anknüpfungspunkt.

Über die Motive der Herren fochten hochadlige Kontrahenten später mit spitzer Feder publizistische Fehden aus. Hatten die Stände leichtfertig mit dem Feuer gespielt und das Schicksal des Zauberlehrlings erlitten? Oder waren sie redlich bemüht gewesen, Schlimmeres zu verhüten? Die Antwort war, daß diese Unterschiede im März 1848 für einige Zeit gegenstandslos wurden. Ob man sorgenvoll in die Zukunft blickte oder klammheimlich Freude empfand, der Weg war vorgezeichnet. Die Stände wollten vermitteln; das konnte ihnen niemand verargen. Dem erfolgreichen Vermittler aber fiel die Macht zu. Den Ständen mißlang das Experiment. Für viele ihrer Exponenten gelang es dennoch. Sie rückten nach dem Ende der Revolution in die Stabsstellen ein, nicht als Stände, die noch weniger Existenzberechtigung genossen als vorher, aber als politische Beamte. Sie legten den roten Frack ab und wechselten die Seiten. Für die Magnaten war das unter ihrer Würde, für die Meritokraten nicht. Kleyle wurde Ministerialrat, Montecuccoli Sektionschef. Aus der Steiermark waren es Kalchberg und Thinnfeld, die zu Ministern avancierten.

Selbst wenn die Ministerfauteuils sich als Schleudersitze erwiesen, die Beamtenpfründe hielten. Die Blutauffrischung der Bureaukratie durch Quereinsteiger schöpfte vornehmlich aus dieser Quelle ständischer Kritiker, später auch anderer Parlamentarier. Der Neo-Absolutismus bzw. das Kabinett Schwarzenberg ab Dezember 1848 betrieben Kolowratsche Strategie im großen Stile, Kooptation und »trasformismo«, nur mit unterschiedlicher regionaler Ausrichtung. War es bei Kolowrat eine Empfehlung gewesen, Wenzel zu heißen und aus Böhmen zu kommen, so verlagerte sich der Einzugsbereich mehr in die Alpenländer, nach Wien und nach Graz, und auch wiederum sehr stark ins außerösterreichische Deutschland.

Inzwischen lauteten die Nachrichten aus dem übrigen Deutschland für Metternich bedrohlich: Seit dem 1. März stürzten in Südwestdeutschland die Regierungen wie Dominosteine. Riesige Volksversammlungen erhoben ihre Stimme für die »Märzforderungen«: Pressefreiheit und Geschworenengerichte, Volksbewaffnung und ein »volkstümliches« Ministerium. Am 4. März kapitulierte der Herzog von Nassau, am 5. der Großherzog von Hessen-Darmstadt, am 6. der König von Württemberg, am 9. – nach einem schrittweisen Rückzug – der Großherzog von Baden; am selben Tag begann der Aufstand von Hanau aus auch in Kurhessen.

Das mußte als Anfang einer unwiderstehlichen Volksbewegung erscheinen, einer Welle, die sich nach Osten wälzte. Die Verfechter der alten Ordnung zogen den gegenteiligen Schluß: Die Parallelität der Volksbewegungen lasse vielmehr auf eine planende Regie schließen, auf eine revolutionäre Zentrale, die Fäden zog. Es sei, wie Ficquelmont suggerierte, eine von französischen oder polnischen Agitatoren angeheizte Bewegung, »ein Phantom, geschmückt mit deutschen Farben und durch und durch undeutsch und fremd«.[36]

Beide Interpretationen glitten vielleicht allzu rasch über das Faktum hinweg, daß diese südwestdeutsche Bewegung tatsächlich eine besondere Eigenart aufwies. Die zusammengewürfelten Kunststaaten des Oberrheins mit ihren äußerst heterogenen Bestandteilen boten mehr Angriffsflächen als ihre kompakteren Nachbarn im Osten. Die Bewegung war hier, im alten Bauernkriegsgebiet, tatsächlich auch über weite Strecken eine agrarische – ganz besonders dort, wo sich mit Standesherren und neuen Obrigkeiten für die Untertanen eine doppelte Belastung ergab. Auch die Verfassungen boten hier kein Ventil: In kleinräumigen Strukturen mit ihrer Vetternwirtschaft hatte die Beamten- und Magistratskaste auch die Vertretungskörperschaften fest im Griff.

Es war nicht notwendigerweise Hybris, wenn Metternich meinte, daß in den großen Flächenstaaten mit ihrem Reservoir an dynastischer Loyalität (und ihrer größeren konfessionellen Homogenität!) derartige Zustände nicht so bald Platz greifen würden. Schon das benachbarte Bayern war dafür ein Beispiel. Zwar hatte Bayern seine Sturmtage schon ein paar Wochen früher erlebt, aber die Fronten waren in München doch ganz andere gewesen. Metternichs Anhänger im »neurömischen« Lager zählten dort selbst zu den entschiedensten

Oppositionellen. Der König, Ludwig I., der Schöpfer des Isar-Athen, hatte seinen Ruf als König der Romantik allzu wörtlich genommen. Die Eifersüchteleien um die Favoritin des Königs, die schottische Pseudo-Spanierin Lola Montez, und ihre selbstherrlichen Allüren erhielten bald eine politische Dimension. Der König entließ das katholisch-konservative Ministerium und gefiel sich in einem elitären Kulturkampf. Der Erzbischof berichtete nach Rom genervt über die Schlafzimmergeheimnisse des Souveräns. Die Liberalen mochten davon kurzfristig profitieren, waren dennoch peinlich berührt und hielten sich wohlweislich zurück.

Die Krise erreichte ihren Höhepunkt zwei Wochen vor den Pariser Ereignissen. Der König mußte seine zur Gräfin Landsfeld avancierte Lola ins Exil schicken; einen Monat später dankte er ab. Während seine Anhänger gegen die Regierung demonstrierten, so erzählte man sich, habe der sterbende Görres gesagt: »Betet für die Monarchie!«[37] Das Resultat freilich war auch in diesem Fall eine Erschütterung der monarchischen Autorität. Der gemeinsame Nenner der Opposition war die Gegnerschaft gegen einen arroganten, verknöcherten aufgeklärten Absolutismus. Dennoch waren die Begleitumstände so verschiedene und so kuriose, daß man sie schwer mit den Unruhen im Badischen in einen Topf werfen konnte. (Die skandalös-volkstümliche Palastrevolution erwies sich für Bayern übrigens als eine wirksame Schutzimpfung: Altbayern zumindest blieb von den Erschütterungen des Sturmjahres im folgenden verschont.)

Sah Metternich dieser Bewegung, die sich immer näher heranwälzte, hilflos zu – oder sah er sie einfach nicht? Seine Mittel, eine Revolution zu bekämpfen waren unpassende – nicht weil sie zu klein waren, sondern weil sie zu groß waren. Der Fürst »glaubte fest, er könne mit seinen Noten, mit seiner Rede die Sache halten.« Als Diplomat wollte er der Revolution im Bunde mit Rußland und Preußen entgegentreten. (Der Zar winkte sogar – das wenigstens war konkret – mit einer Anleihe.) Inzwischen konferierte Metternich mit dem preußischen General Radowitz in Wien. Das war auch durchaus nötig, zeigte Radowitz' Kollege, der preußische Bundestagsgesandte Graf Dönhoff, doch nicht übel Lust, die Gelegenheit beim Schopf zu ergreifen und der Bewegungspartei in Südwestdeutschland die Hand zu reichen. Wie immer ging es darum, Preußen am Portepee zu packen und von derlei Abenteuern zurückzuhalten. Es sprach einiges dafür, daß Metternich damit auch diesmal wieder Erfolg haben würde. Gegen eine Revolution im eigenen Haus boten die diplomatischen Finten, das Cajolieren fremder Souveräne, freilich kein Rezept.

Jenseits der Leitha wollte Metternich den ungarischen Landtag rechtzeitig schließen lassen. Das entsprechende Schriftstück versickerte irgendwo im Staatsrat und kam nicht zur Durchführung. Doch als der Erzherzog Ludwig in Wien vorsorglich das Standrecht proklamieren und die Führer der Stände, die er für Hochverräter hielt, ausheben lassen wollte, winkte der Staatskanzler ab. Auf die Stände einzugehen hieß Zeit zu gewinnen. Man müsse »die Segel einziehen und je nach den Umständen steuern«.[38] Seine Frau sperrte ihn mit dem Landmarschall Montecuccoli ein, um einen Kompromiß zu erzwingen.

Nicht der Polizeichef Sedlnitzky, der »getreue Pudel«, hat seinen Herrn verraten – auch wenn sich nach seiner Entlassung das Gerücht verbreitete, er habe bewußt den Kopf in den Sand gesteckt, und die Konfidentenberichte der ersten Märzhälfte hätte man noch ungeöffnet auf seinem Schreibtisch vorgefunden. Metternich selbst ließ den biederen Reaktionär Ludwig im Stich, der es darauf ankommen lassen wollte. Eine andere Wahl hatte er freilich auch nicht: Man konnte die Stände nicht bitten, demonstratives Wohlverhalten an den Tag zu legen, um eine neue Anleihe zu ermöglichen, und gleichzeitig ihre hervorragendsten Vertreter verhaften lassen. Wenn selbst Kübeck diesen Bittgang zu den Ständen für unausweichlich hielt, dann konnte man sicher sein, daß aus ihm keine ideologischen Sympathien sprachen, sondern pure Notwendigkeit.

Dem Kaiser Ferdinand wurde später in den Mund gelegt, er hätte sich auf die Nachricht von der Revolution zuerst einmal erkundigt: »Ja, derfens denn des?« Kinder und Narren sprechen die Wahrheit. Genau das war der springende Punkt: Warum trauten sich die Leute plötzlich etwas? Ludwig meinte, weil man ihnen suggeriert hatte, sie würden »von oben« gedeckt. Das Erscheinen des Thronfolgers und Kolowrats auf der Kundgebung des Gewerbevereins und ähnliche Indizien waren als Blankoscheck für die Opposition aufgefaßt worden. Diese Illusion mußte man den Untertanen mit aller gebotenen Deutlichkeit nehmen, dann würden sie zu ihrem furchtsam-ruhebedürftigen Gehorsam zurückkehren.

Doch der »Schreibtischtäter« Metternich wollte keine Kanonen am Ballhausplatz auffahren lassen. Sobald die Liberalen lästig und unbescheiden geworden waren, neigte sich Ludwig mehr als zuvor auf die Seite Metternichs. Das trug mit bei zur Euphorie der letzten zwei Wochen, die manche Beobachter wahrnehmen wollten und die ihre Bezeichnung wohl verdiente. Der Bruch zwischen Metternich und Ludwig in den letzten achtundvierzig Stunden hingegen besiegelte das Schicksal des »Systems«. Am Sonntag, den 12. März, verhandelte Metternich noch einmal über die Konzessionen, die man den Ständen notfalls machen wollte. Ludwig inspizierte danach angeblich als »abendländischer Harun al-Raschid« nächtens und inkognito die aufsässige Universität.[39]

Mit dem 13. März verbanden sich 1848 selbstverständlich nicht die Assoziationen, die der Tag heute in Wien erweckt, als Datum des Anschlusses von 1938. Dafür waren es damals andere, passende: Es war der Geburtstag Kaiser Josephs II., den die Deutschliberalen für sich reklamierten, dessen Verehrung bis ans Ende der Monarchie ein subtiles Vehikel unterwürfigster Subversion blieb. An diesem symbolträchtigen Tag, eine Woche nach dem Rosenmontag, sollten im Landhaus in der Wiener Herrengasse die niederösterreichischen Stände zusammentreten. Ursprünglich war das erst für den 22. März geplant gewesen, doch wegen der Spannung, mit der die Sitzung erwartet wurde, hatte man sie auf den 13. vorverlegt. Das war bekannt; insofern handelte es sich beim 13. März um die seltene Spezies einer angesagten Revolution, die auch tatsächlich stattfand.

Auf der Tagesordnung stand die halbherzige Zuschrift der Regierung einerseits, die sich immer noch nicht zu einem Vereinigten Landtag nach preußischem Muster durchringen konnte, und die Beratung der Bürgerpetition andererseits, die über die Stände ihren vorschriftsmäßigen Weg an die Stufen des allerhöchsten Thrones nehmen sollte. Ein wenig öffentlicher Zuspruch kam den Ständen bei ihren Beratungen nicht unwillkommen, auch wenn sie sich später verteidigten, sie hätten jedes unnötige Aufsehen vermeiden wollen und seien deshalb eigens zu Fuß und in Zivilkleidung im Landhaus erschienen, das hieß: ohne die ständische Uniform. (Am besten im Schlafrock, wie Hoyos sarkastisch meinte.)

Ein wenig populäre Begeisterung als Begleitmusik, um dem Anliegen der Stände Nachdruck zu verleihen, war nicht schlecht. Aber die Massen, die vom Hof des Landhauses heraufdrängten, waren des Guten schon zuviel. Studenten waren darunter, die am Tag zuvor ihre eigene, radikalere Petition formuliert hatten. Ein junger Arzt, der einer plötzlichen Eingebung folgend im Hof das Wort ergriff, Adolf Fischhof, wurde mit einem Schlag zu einer zentralen Figur der Wiener Revolution. Die legendäre Rede war nicht originell, vielleicht gerade deshalb so wirkungsvoll, wenn auch keineswegs demagogisch. Auffallen mochte, daß Fischhof die Forderung nach einer Konstitution noch nicht einmal erhob und dieses Versäumnis rechtfertigte, wenn er mit dem Glauben des Literaten an das geschriebene Wort prophezeite: Sei erst die Pressefreiheit gewährt, ergebe sich alles andere von selbst.

Die eine Rede genügte, um Fischhof zeit seines Lebens zu einer Berühmtheit zu machen. Seine Aufrufe zur Völkerversöhnung, seine Parteigründungen in den folgenden Jahrzehnten verhallten ungehört, aber sein Nimbus, die Erinnerung an seine Sternstunde, blieb bestehen. Sein Biograph schrieb knapp nach der Jahrhundertwende: Hätte Fischhof die Dinge nicht auf den Punkt gebracht, hätte es ein anderer getan.[40] Und doch: Für die Achtundvierziger, für die Scheitern und Erfolg ihrer Bemühungen so nahe beinander lagen, bestand der Reiz der Rede nicht zuletzt darin, daß sie einem berühmten Wort zu widersprechen schien, das später Geschichte machte: Nicht durch Reden und Parlamentsbeschlüsse werden die großen Fragen der Zeit entschieden, sondern durch Eisen und Blut. Fischhofs Rede, die Beratungen der Stände nahmen ein Ideal vorweg, das Viktor Adler in den letzten Stunden der Habsburgermonarchie so formulierte: »Wir Deutsche werden der Welt auch dafür das Vorbild geben, wie man am glattesten, klassischsten, einfachsten Revolution macht.«

Die Revolution als Schattenboxen, als »pantomimisches Gefecht«;[41] eine Regierung, die vor dem Druck der öffentlichen Meinung zurückweicht und tatsächliche Gewaltanwendung damit überflüssig macht – das war Fischhofs Ideal. Ganz so säuberlich vollzogen sich die Ereignisse jedoch nicht. »Zuruf, Zustimmung und Zutun« hatte er den Ständen in Aussicht gestellt. Letzteres nahm tumultartige Formen an. Die aufgeregten Bewunderer drangen mehrfach in den Sitzungssaal ein und wirkten dabei nicht immer ganz so ehrfurchtsvoll, bis die in die Enge getriebenen Ständemitglieder beschlossen, ihre Beratungen abzubrechen und im abgekürzten Verfahren direkt mit ihren Forderungen zur Hofburg zu marschieren, eingehakt und in Viererreihen. Sie waren die ersten, die an diesem Tag erkannten, daß es Augenblicke gab, wo die Wahrung der Etikette ein Vergehen an der Weltgeschichte wäre, aber auch die ersten, die das Kippen der Situation am eigenen Leib erfuhren.

Die Ständemitglieder waren Hobby-Politiker wie heute noch das House of Lords in England. Ein großer Teil wohl a-politisch, nicht bloß weil Gutgesinnte ohne Charge a-politisch zu sein hatten, sondern aus Überzeugung. (Nur 33 von 127 Anwesenden hatten den eingebrachten Adreßentwurf unterzeichnet.) Vielen von den anderen war nicht ganz wohl bei dem Gedanken an den hohen Einsatz, mit dem hier gespielt wurde. Sie hatten Angst vor der eigenen Courage bekommen und wären über eine Vertagung der Versammlung nicht unglücklich gewesen. Doch sobald die Menge im Hof tobte und man sich tätlich bedroht fühlte, gab es kein Zurück mehr.

54

Die Flucht nach vorne schien der einzige Ausweg – nicht bloß für die Wortführer der Opposition wie den Grafen Breuner, einen der größten Grundbesitzer des Landes, der als erster den Gang zur Hofburg vorgeschlagen hatte und dort auch als erster unumwunden Metternich zum Rücktritt aufgefordert haben soll – sondern auch für die schweigende Mehrheit, die der welthistorischen Stunde vielleicht gern ausgewichen wäre.

Dieser Augenblick, so hat Graf Hartig scharfsinnig argumentiert, war »der Wendepunkt zwischen Gassenkrawall und Revolution. Der Entschluß der Stände, die Befürwortung der Forderungen des Volkes beim Kaiser augenblicklich zu übernehmen, gab dem Tumulte eine hohe politische Bedeutung«. Der Frh. v. Stifft argumentierte noch in der Versammlung genau umgekehrt: »Die Demonstrationen seien der Beweis, daß die Stände die letzte Scheidewand sind zwischen Gesetz und Gesetzlosigkeit.«[42] Nur so könne man die Revolution in geordnete Kanäle leiten, mit Nachsicht aller Taxen. Die Stände, die verkündet hatten, weder der Menge noch der Regierung nachzugeben, gaben den Druck weiter, der auf sie ausgeübt wurde, um ihre Stellung zu bewahren. Sie waren zum Rammbock der populären Forderungen geworden; Forderungen, deren Berechtigung sie nicht bestritten, wie sie immer wieder versicherten, deren Dynamik ihnen jedoch unheimlich sein mußte.

Nach Hartigs Ansicht hätten die Lords Märtyrer des Systems werden sollen, das sie bekämpften: hätten auseinandergehen oder, falls das nicht mehr möglich war, sich im Landhaus verschanzen und militärische Hilfe anfordern sollen. Am Vormittag hätte sich der auf die Herrengasse beschränkte Tumult noch eindämmen lassen. Diese Strategie hat die Regierung aber eben nicht verfolgt: Metternich ließ sich zur selben Zeit noch mit der für ein bürokratisches Regiment geradezu klassischen Formel vernehmen, die Dämpfung von Straßenunruhen gehöre nicht in sein Ressort.[43] Von einer Regierung, so wurde treffend gesagt, konnte am 13. März keine Rede sein, allenfalls von einzelnen Regierenden.

Die Truppen, die ab Mittag in die Stadt verlegt wurden, verschlimmerten das Übel bloß. Noch wurden keine Barrikaden errichtet, aber es flogen Steine und andere Wurfgeschosse. Die Mannschaft steckte in der Menschenmasse fest. Die Techniken der *riot control* waren im Biedermeier noch nicht sehr ausgefeilt. Es konnte nicht ausbleiben, daß die Soldaten früher oder später angewiesen wurden, sich mit Waffengewalt Luft zu verschaffen. Um gezielte Salven dürfte es sich dabei wohl kaum gehandelt haben, sonst hätte es in der Innenstadt zu einem wahren Blutbad kommen müssen. Auch so zählte man mehr als ein Dutzend »Märzgefallene«. Die Erbitterung stieg, der Auflauf dehnte sich auf immer mehr Straßenzüge aus, eine dichtgedrängte Masse von offensichtlich erregten »Subjekten«, keineswegs alle Aufrührer, sondern durchsetzt mit »Gutgesinnten«, Neugierigen und Passanten, auf die zu feuern kontraproduktiv sein mußte.

In diesem Zusammenhang entstand die Legende vom braven Oberfeuerwerker Pollet, der den Befehl verweigert habe, mit seiner Batterie am Michaelerplatz in die Menge zu schießen. In Wahrheit kam der tugendsame Artillerist ohne karriereschädigende Insubordination aus. Er ließ sich bloß nicht von jedem dahergelaufenen Erzherzog zu selbstmörderischen Einsätzen überreden und widerlegte den Kalauer, für Artilleristen gebe es weder Freund noch Feind, sondern bloß lohnende Ziele. Freund und Feind waren in der Innenstadt wahrhaftig nicht zu unterscheiden. Die Militärs verfolgten bald bloß noch das Ziel, weiteren Zuzug in die Innenstadt zu verhindern, selber aber mit heiler Haut und halbwegs intakter Reputation aus dem Schlamassel herauszukommen. Erzherzog Albrecht, der spätere Sieger von Custozza 1866, gab das Kommando ab, nicht ohne mißmutig den Einsatz der Bürgermiliz genehmigt zu haben.

Bloß der durchreisende Landeskommandant von Böhmen, Fürst Windisch-Graetz, bot sich als Mann der harten Hand an. Man muß der Überlieferung, die diverse Gesprächsfetzen aus der Hofburg kolportiert, nicht allzu sklavisch Gehör schenken. Aber die Geschichte ist doch voll köstlicher Ironie, daß man sich zu einem bestimmten Zeitpunkt schon entschlossen hatte, das militärische Kommando Windisch-Graetz zu übertragen. Doch der Fürst, der in Zivil in der Hofburg erschienen war, ging sich umziehen; als er zurückkehrte, war alles anders. Dieses Spiel wiederholte sich im Laufe der nächsten achtundvierzig Stunden noch mehrmals. Man behielt Windisch-Graetz für den äußersten Fall in Reserve, ließ ihn aber nicht von der Leine.

Vor allem Feldzeugmeister Graf Latour – einen Rang unter dem Fürsten in der Adelshierarchie, aber einen Rang höher in der militärischen und momentan gerade geschäftsführender Vorsitzender des Hofkriegsrates – war es, der gegen ihn argumentierte. Von der Gefahr einmal abgesehen, daß man im Straßenkampf unterliegen würde und dann vorerst einmal keine Macht mehr zwischen der Dynastie und dem Mob stünde, sei es unverantwortlich, die Lombardei und Galizien, die gefährdeten Provinzen, von Truppen zu entblößen, um Wien zu belagern.[44] Die Revolution war ausgebrochen, weil ein auswärtiger Konflikt drohte. Jetzt kam der Revolution die aus-

Die Salonkomödie in der Hofburg:
Metternich als »Märzgefallener«

wärtige Gefahr zu Hilfe: Weil Krieg drohte, konnte man keinen Bürgerkrieg riskieren. Statt dessen sollten die Bürger selbst für die Sicherung ihres Eigentums Sorge tragen.

In der Hofburg stauten sich die Delegationen, die mit dem Motto »periculum in mora« und unter Verweis auf den Volkszorn politische Konzessionen forderten; andernfalls könne man für nichts mehr garantieren. »Die See, sie rast und will ihr Opfer haben ...« Gegen 20 Uhr trat Metternich zurück, respektvoll gedrängt von Erzherzog Johann, nicht mehr gehalten von Ludwig, den Metternich am Zuschlagen gehindert hatte. Man nahm den Wortführern der Studenten und der Bürgerkorps nahezu das förmliche Versprechen ab, mit dem Rücktritt des Staatskanzlers würden die Massen sich beruhigen. Der Fürst als Bauernopfer war charakteristisch für die revolutionäre Situation, wo die Aufrechterhaltung der »Ruhe« den Umsturz der »Ordnung« bedingte.

Damit allein war es freilich nicht mehr getan, denn es ging um das System, nicht um die Person. Den besser Informierten war wohl auch bewußt, daß Person und System keineswegs deckungsgleich waren. Die nächsten Forderungen lauteten: Volksbewaffnung, Preßfreiheit und – als krönender Abschluß – Konstitution. »Volksbewaffnung« war eine Forderung, die heutzutage seltsam anmutet und ein wenig bedrohlich, auf alle Fälle denkbar ungeeignet zur Wiederherstellung von Ruhe und Ordnung. Sie machte einmal mehr ein Problem deutlich: Der berühmt-berüchtigte Polizeistaat verfügte kaum über Polizei im landläufigen Sinn. Polizei, das war Sedlnitzkys »Stapo«, seine Zensur- und Spitzelorganisation. »Bobbies« für den Streifendienst kannte der Vormärz genausowenig wie Alarmabteilungen, ausgerüstet mit Wasserwerfern und Tränengas.

Der Nachtwächterstaat verdiente seinen Namen (noch) nicht. Zwar verfügte das Heer rund um Wien über mehr als 10 000 Mann, doch für Friedensmissionen waren Truppen des neunzehnten Jahrhunderts nicht ausgebildet. Die dosierte Anwendung von Gewalt mit unsicherer Zielvorgabe und auf beengtem Raum war ihre Sache nicht. Man mochte eine Stadt belagern, beschießen oder schlimmstenfalls auch im Häuser-kampf erobern. Auf halbe Sachen, mit ungewisser politischer Deckung, wollte man sich lieber nicht einlassen. Mit professionellem Abscheu hat ein Militärschriftsteller ein halbes Jahrhundert später ihre mißliche Lage beschrieben: »Es erniedrigt die Truppe, der Polizei Handlangerdienste zu leisten. ... Hieher gehört auch das Vermeiden zwecklosen Umherstehenlassens auf der Straße, als willkommenes Insultationsobjekt für histerische Frauen und halbwüchsige Burschen.«[45]

Aber wenn selbst die Armee die Verantwortung ablehnte, wie sollte man Ruhe und Ordnung aufrechterhalten, zumal angesichts der Nachahmungstäter in den Vorstädten, die eindeutig proletarischen Zuschnitts waren? Schadenfreude mischte sich mit Resignation, wenn Offiziere auf dem Glacis verängstigten Vorstadtbürgern zuriefen, sie mögen sich nicht über die Arbeiter aufregen, sondern sich bei den eleganten Herren in der Innenstadt bedanken, die all das angezettelt hätten. Im oppositionellen Gewerbeverein meldete sich eine Gruppe zu Wort, die zum Schutz der Fabriken Militär anfordern wollte, konnte sich aber nicht durchsetzen.

Die Lösung war die Bildung von Nationalgarden. (Windisch-Graetz, der privat vornehmlich auf französisch korrespondierte, wehrte sich eine Zeitlang gegen die Bezeichnung mit der fadenscheinigen Begründung, er hasse alles Französische!) Die Nationalgarde wurde schließlich bewilligt, als die Arbeiter schon das Bürgerliche Zeughaus gestürmt hatten. Den Anfang machten die Studenten, die bei der Mobilisierung der Massen vor dem Landhaus eine wichtige Rolle gespielt hatten und umgekehrt bereits in der ersten Nacht gegen die Maschinenstürmer eingesetzt wurden. Der revolutionäre Mythos von Arbeitern und Studenten begann mit Häuserkämpfen. Die Nationalgarde, das war nicht Volksbewaffnung im Sinne der revolutionären levee en masse, sondern die buchstäbliche Mobilisierung der Schicht von Besitz und Bildung – aber befehligt immerhin von gewählten Offizieren, nicht von Magistratsbeamten und nicht vom unpopulären

Bürgermeister. Als Oberkommandant freilich fungierte niemand anderer als Ernst Hoyos – wohl kein Überzeugungstäter, was Volksbewaffnung betraf. Dagegen konnte selbst Windisch-Graetz nichts sagen, auch wenn Hoyos militärischer Titel täuschte: Der Graf hatte zuletzt als Landwehroberst im Feldzug von Waterloo kommandiert. Sein ständischer Kollege Colloredo wurde dafür zum Kommandanten der Akademischen Legion gewählt.

Zugleich wurde Windisch-Graetz wieder einmal ermächtigt, den Belagerungszustand zu affichieren. Die Sache wurde frühzeitig ruchbar; angeblich hat ein Drucker das vorbereitete Manifest nächtens den Studenten zugesteckt, die in der Universität Wache hielten. Daraufhin wiederholten sich die Szenen des Vortags. Die Aufregung stieg; in der Hofburg drängten sich all die, die eine Eskalation verhindern wollten. Seit dem Rücktritt Metternichs zeigte der Entscheidungsfindungsprozeß progressive Auflösungstendenzen. Läßt man die verschiedenen Augenzeugenberichte Revue passieren, so nahm die Regierung einer europäischen Ordnungsmacht zeitweilig den Charakter einer Salonkömodie an. In der Hofburg fand ein großbürgerlich-aristokratisches Sit-in statt. Jeder, der Lust dazu verspürte, so schrieb der alte Josephiner Grillparzer kopfschüttelnd, konnte die Gelegenheit beim Schopf ergreifen, den Erzherzögen Grobheiten zu sagen – und Erfrischungen zu sich zu nehmen. Es gehörte zu den Eigentümlichkeiten der Revolution, daß »die Rebellen kaiserlich bewirtete Gäste waren«. In den ehrwürdigen Räumlichkeiten spielte sich ein permanenter Empfang in Katerstimmung ab, wo erzürnte Agnaten, Ständemitglieder, Staatsräte und Adabeis einen bunten Reigen von Besprechungen und Konferenzen abführten.

Das Chaos dieser Stunden fein säuberlich in seine Bestandteile zu zerlegen, Ursache und Wirkung im einzelnen herauszulösen, erscheint nicht sehr realistisch. Windisch-Graetz selbst hat nach der Revolution dazu beigetragen, hier ein Geheimnis zu wittern, als er dem Journalisten Ludwig August Frankl erklärte, er wolle ihm jede Frage beantworten bis auf

60

die, wer die Zurücknahme des Belagerungszustandes veranlaßt habe. (Wohlgemerkt: Anrüchig erschien zu dem Zeitpunkt – in den frühen fünfziger Jahren – die *Rücknahme*, nicht der ursprüngliche Befehl!)[46]

Was sich aus dem Nebel jedoch herauskristallisiert, war: Die Behördenchefs, zumindest die wesentlichen – Kübeck, der auf die leeren Kassen blickte, der Hofkanzler (Innenminister) Pillersdorff und Latour – traten fürs Nachgeben ein. Doch wer konnte ihnen noch Anweisungen geben? Latour, der einen Krieg in Italien am Hals hatte, empfing wichtige Depeschen und hatte niemanden, sie vorzulegen. Sein Chef (und Cousin), der neu ernannte Hofkriegsratspräsident Ficquelmont, Metternichs Wahl, reiste eben erst an und erfuhr von der Revolution in Cilli. (Seine Familie wurde von der Revolution in Venedig überrascht, als Geiseln betrachtet und mußte erst vom englischen Konsul in Sicherheit gebracht werden.) Pillersdorff, der auf Preßfreiheit drang, bekam bloß zu hören, er sei böswillig oder nicht mehr ganz richtig im Kopf.[47]

Die Staatskonferenz existierte nicht mehr. Erzherzog Ludwig lag im Clinch mit seinen Verwandten. Kolowrat war weit davon entfernt, die Macht zu ergreifen. Er versprach, sich für Konzessionen einzusetzen, erweckte aber bei niemandem den Eindruck, er sei auf der Höhe der Situation. Als »Bunker«, als letzte Bastion des abtretenden Regimes, erwies sich der Staatsrat, das Organ der internen Gewaltenteilung, der gewohnt war, in gemächlichem Tempo Anträge der Verwaltung zu bearbeiten. Hier, in einer abgehobenen politischen Sphäre ohne unmittelbare administrative Verantwortlichkeiten, waren die Metternich-Jünger noch stärker vertreten, saßen die Prinzipienreiter wie Hartig oder Pilgram, der erregten Reformern gemütlich erklärte: »Nun ja, Ihr wollt halt die Republik. Die wird daraus werden.«

Schließlich höhlte eine stete Brandung von Delegationen, die für den Weigerungsfall den Teufel an die Wand malten, die Entschlossenheit aus. Die sogenannte A-B-C-Deputation, Graf Anton Auersperg (berühmt unter seinem Schriftsteller-Pseudonym Anastasius Grün), der Dramatiker Eduard Bauernfeld und Graf Ottokar Czernin, rang erfolgreich um Pressefreiheit. Im Kreise der Erzherzöge, wo sich die Lieblingsbrüder Ludwig und Johann gegenüberstanden, durchbrach Erzherzog Stephan, der ungarische Palatin, der am 15. März umjubelt in Wien einzog, das Patt. (Die begeisterte Menge spannte Stephan und einige Tage später auch Johann die Pferde aus und zog den Wagen selbst – eine Ehrung, wie säuerlich vermerkt wurde, die bisher bloß Tänzerinnen zuteil geworden sei.)[48]

Auch der Thronfolger, der via Gewerbeverein und Stände um seine Verwendung gebeten worden war, stand im Ruf, den Umschwung befördert zu haben. Dieser gute Ruf, der mit seinem Auftritt im Gewerbeverein eine Woche zuvor aufgekommen war, sollte ins Gegenteil umschlagen: Die Erwartungen, die in ihn gesetzt wurden, mußten zwangsläufig bald enttäuscht werden – und machten Andeutungen über eine geheimnisvolle »Hofpartei« Platz, die zwar Metternich loswerden, dann aber den Aufstand niederkartätschen lassen wollte. Bereits wenige Wochen später galten die Eltern Franz Josephs als personae ingratae, insbesondere die Erzherzogin Sophie, der man allerlei macchiavellistische Machenschaften unterstellte. Die Vorstellung, daß hier eine liebende Mama ihrem Sohn den Weg zum Thron freischoß und dabei über Leichen ging, war eine zu eingängige Formel, um nicht in der einen oder anderen Form Verbreitung zu finden: »Ist's eine Isabeau von Bayern, / So eines von den Mutterungeheuern?« [49]

Es war eine Situation, um einen literarischen Vergleich zu bemühen, wie bei Kleists Marquise von O. »Er wäre ihr nicht wie ein Teufel vorgekommen, wenn er ihr nicht zuerst wie ein Engel erschienen …« Conte Corti, der Sophies Tagebuch eingesehen hat, fand wenig Spuren von Intrigen gegen Metternich. Der Thronwechsel dürfte durch die Revolution vielleicht sogar verzögert worden sein. Es gibt Anzeichen dafür, daß er für den achtzehnten Geburtstag Franz Josephs am 18. August ohnehin bereits in Aussicht genommen war. Auch die Korrespondenz Sophies mit Ludwig zeigt keinerlei Anzeichen einer

Verstimmung wegen der März-Ereignisse. Allerdings hielt sich die nunmehrige Kaiserinmutter am Ende des Sturmjahres schon zugute: »Unter uns gesagt – wir dürfen uns eingestehen, wir haben einen guten Kampf gekämpft – als schwache Weiber, aber in Gottes Hand!«[50] (Unter die schwachen Weiber, die sich hier zu ihrer Regie beglückwünschten, zählte Sophie auch die Kaiserin Marianne, die Frau von Ferdinand.) Der Wahrheit nahekommen dürfte die Interpretation, daß sie nie so reformfreudig war, wie man sich anfangs einreden wollte, bestenfalls lebenstüchtig und realistischer als ihre Schwäger.

Nach dem Sturz Metternichs, der Volksbewaffnung und der Pressefreiheit stand als krönender Abschluß die Gewährung einer Verfassung auf der Tagesordnung. »Konstitution« – derlei ließ sich nicht übers Knie brechen. Erzherzog Ludwig schnauzte den Baron Stifft an: »Das Volk weiß gar nichts von einer Konstitution!« Ein reicher Anekdotenschatz schien ihm recht zu geben. Sogar ein Doktor (freilich einer der Medizin) soll am 14. März schnell in eine Buchhandlung gelaufen sein, um in Brockhaus' Konversationslexikon den genauen Sinn der allerhöchsten Zugeständnisse nachzuschlagen. (Wenn die Anekdote stimmt, war darüber hinaus bemerkenswert, daß er so schnell das Lexikon fand, das die vormärzliche Zensur bloß Spezialkunden vorbehalten wissen wollte.)

Viel Nutzen mochte das alte Regime aus dieser Unkenntnis nicht zu ziehen. Denn für die breite Masse handelte es sich einfach um eine Machtprobe. Um den Inhalt des Verfassungsversprechens mochte später noch gerechtet werden. Vorderhand galt das Zauberwort »Konstitution« als Lackmustest gegen reaktionäre Umtriebe, als verbindliche Festlegung gegen einen neuerlichen plötzlichen Belagerungszustand. Am Nachmittag des 15. März sprengte nicht der Kaiser Ferdinand (der war den Wienern zu Mittag vorgeführt worden), sondern der Schriftsteller Friedrich Kaiser, auf einem geborgten Gaul des Grafen Breuner und begleitet vom jungen Grafen Traun als Trompeter, durch Stadt und Vororte, um die Entwarnung zu verkünden: Ferdinand habe eine Konstitution bewilligt. Der Systemwechsel schien perfekt. Der Gewerbeverein beruhigte: Was man durch dreißig Jahre gewünscht und ersehnt habe, jetzt habe man es erreicht.[51]

Als Ergebnis traten zunächst einmal Ludwig und auch Kolowrat zurück; der Staatsrat versank im Dämmerlicht; die Behördenchefs konstituierten sich als Ministerium. Das paradoxe Resultat der Revolution gegen das vormärzliche Bürokratenregime war, die Bürokratie endlich vom lästigen Hemmschuh übergeordneter Organe zu befreien. Es sollte freilich noch einige Zeit dauern, bis sie diese Aussicht so wirklich genießen konnte. Die Minister waren zumeist Exponenten der Richtung Kolowrat, der schmiegsameren Variante, der Leute, die zum Einlenken geraten hatten – und die Suppe nun auslöffeln mußten. Die anderen schieden langsam aus: Taaffe (der Vater des Ministerpräsidenten der achtziger Jahre), Kübeck, auch Ficquelmont, der Wunschnachfolger Metternichs, der für ein paar Wochen die Leitung des Äußeren übernahm und damit formal die Leitung des Ministeriums. Ficquelmont versuchte vergeblich, aus dem Schatten Metternichs herauszutreten: Er sei ohnehin immer schon dagegen gewesen. Zu allem Unglück war der Lothringer Emigrant mit einer Russin verheiratet, die sich so wenig Illusionen über ihre Position machte, daß sie gar nicht erst in die Staatskanzlei übersiedelte. Der eigentliche Kopf war der Freiherr von Pillersdorff, ein ehrenwerter Unglückswurm, auch er nicht mehr der jüngste, sondern ein Mitglied der Generation, die sich ihre Sporen noch in den Befreiungskriegen gegen Napoleon verdient hatte.

Die Märzministerien traten als konstitutionelle Regierung ins Amt. Es war nicht immer klar, was das bedeutete: »Ministerverantwortlichkeit« – das war ein großes Wort, gelassen ausgesprochen. Lange Zeit sollte es nur bedeuten, daß die Minister vom Parlament in Anklagezustand versetzt wurden, wenn sie nachweislich gestohlen hatten. Politische Verantwortlichkeit im Sinne der Übereinstimmung mit der Mehrheitspartei war darin noch nicht enthalten. Ein explizites

Mißtrauensvotum existierte nicht. Klar war nur, daß der Monarch ohne Gegenzeichnung eines Ministers rechtlich handlungsunfähig geworden war.

In Preußen und in Österreich bestand darüber hinaus das spezielle Problem, daß es ein Parlament, dem die Minister verantwortlich sein könnten, noch nicht gab. Daraus ließen sich zwei Schlußfolgerungen ableiten. Zum einen erhielten die provisorisch konstitutionellen Kabinette die Möglichkeit, sich ihre Verfassung selbst zu schneidern. Die Kehrseite der Medaille war freilich, daß in dieses Vakuum selbsternannte Autoritäten eindrangen, die vorgaben, Volkes Stimme zu verkörpern, wie z. B. der Sicherheitsausschuß in Wien oder der Nationalausschuß in Prag.

Was sich nach dem 13. März in Wien abspielte, galt bis zu einem gewissen Grad auch für die neuen Herren in den anderen deutschen Hauptstädten: Es setzte ein ständiges Ringen um die Domestizierung dieser außerparlamentarischen, ja: vor-parlamentarischen Organe ein. Die Spitzen der Verwaltung suchten die wankend gewordene Pyramide durch Kooptation zu verbreitern, sich auf die Autoritäten des Augenblicks zu stützen. In Wien berief sich das Ministerium auf den ständischen Ausschuß, der ständische Ausschuß kooptierte prominente Bürgerliche aus dem Niederösterreichischen Gewerbeverein; der Gewerbeverein seinerseits ging mit dem Juridisch-Politischen Leseverein auf engste Tuchfühlung, von dort aber liefen die Kontakte zur »Aula«, zu den Studenten und zur Akademischen Legion. Ein Fünfer-Ausschuß aus Ständen und Gewerbeverein empfand sich zwischen 13. und 15. März beinahe schon als provisorische Regierung: Er umfaßte Colloredo, Auersperg (= Anastasius Grün), Arthaber, Bach, Bauernfeld. Von fünf Parade-Bürgerlichen waren zwei Hochadelige und zwei Schriftsteller. Nach dem Verfassungsversprechen hat der Ausschuß seine regierende Funktion aufgekündigt, doch seine zeitweilige Amtsanmaßung wird durch die Abdankungsurkunde erst deutlich dokumentiert.[52]

Auch das Kabinett Pillersdorff war bloß als Übergangslösung gedacht. Der kommende Mann stand schon bald fest, nur kam er lange nicht. Es war auch nicht, wie manche befürchteten, der Fürst Windisch-Graetz, der seither in Prag die Gemüter der Fortschrittlichen beunruhigte. Nein, es war Graf Franz Stadion, der Statthalter von Galizien, dem ein geradezu legendärer Ruf vorauseilte. Sein Ruf traf sich mit dem Ruf nach dem starken Mann, der Reformwillen mit Energie und Durchsetzungsvermögen verbinden könne. Im Rahmen der vormärzlichen Rivalitäten stammte er aus der Schule Kolowrats, wurde aber auch von den Metternich-Anhängern respektiert und empfohlen. Aber Stadion ließ auf sich warten, ließ sich bitten und spielte inzwischen eine keineswegs eindeutige Rolle in Galizien.

Pillersdorff war ein Liberaler in einem sehr eingeschränkten Sinne. Aber er brachte dazu wenigstens guten Willen mit. Der wurde ihm nicht immer abgenommen. Die Elemente der Kontinuität auch an der obersten Spitze der Behörden, geschweige denn im Apparat selbst, ließen bei den echten Liberalen kein uneingeschränktes Vertrauen zu dem »Märzminister« aufkommen – und bei den Radikalen erst recht nicht. Das war der eine, spezifische Grund, warum Wien nicht wirklich zur Ruhe kam. Der andere Grund war ein universeller, der genauso auch auf alle anderen »Märzministerien« zutraf: Das Laissez-faire war ein herrliches Prinzip zur Entfaltung der Kräfte auf lange Sicht; in unruhigen Zeiten besteht aber die Gefahr, daß es den Ausschlag des Pendels nur verstärkt. Die Liberalen hatten auf lange Sicht alle Trümpfe in der Hand, doch im Augenblick der Krise stachen sie nicht. Gegen die Revolution, gegen die Anwendung der unmittelbaren Gewalt, der action directe, hatten Liberale per definitionem kein Rezept – oder besser gesagt, kein anderes Rezept als ihre Vorgänger auch. Darin lag mehr als eine bloß momentane Verlegenheit, darin offenbarte sich das Dilemma jeder »bürgerlichen« Revolution.

Die bürgerliche Revolution, die eigentliche bürgerliche Revolution, war seit langem im Gange. Kuranda nahm es schon 1846 in den »Grenzboten« vorweg, wenn er schrieb: »Kein freies Polen, keine deutsche Constitution wiegt den Umschwung auf, den die Welt durch die Ausbreitung der Eisenbahnen und durch die Ausbildung der Association gewonnen hat. ... Was der philosophischen Speculation vom Staat verweigert wird, das ringt ihm die finanzielle Speculation mit mächtigen Händen ab.«[53] Das, was sich im März abspielte, hätte laut Drehbuch eine Machtergreifung des Bürgertums und seiner Repräsentanten sein sollen. Die Revolution aber, wenn es denn eine war, machten andere. Die Machtergreifung des Bürgertums wurde freigeschossen durch bürokratische Intrigen und aristokratischen Unwillen, begleitet von Arbeiterunruhen und Studentenprotesten.

Allenfalls am Anfang der Bewegung stand wirklich die »Bourgeoisie«, wenn auch nicht als Akteur, sondern als Seismograph. Auslösendes Moment war schließlich das Mißtrauensvotum der Finanzmärkte, ein Mißtrauen, das nur allzu berechtigt war (es sollte mehr als ein Vierteljahrhundert vergehen, bis die Währung wieder Paristand erreichte und das Silberagio verschwand). Männer wie der Fabrikant Arthaber oder der Jurist Bach machten von sich reden, als Vermittler von Stimmungen, als Meteorologen des Volkszorns, die vor heraufziehenden Gewittern warnten und von riskanten Extratouren abrieten. Sie forderten nicht im eigenen Namen oder im Namen ihrer Klasse, sie rieten unter Hinweis auf die Umstände. Das Geschehen auf der Straße war nicht Sache des Bürgertums und konnte es bei allem mitunter gerechtfertigten Gejammer über typisch bürgerliche Feigheit auch nicht sein.

Das Bürgertum als handelndes Subjekt fand seinen Niederschlag in der Nationalgarde. Die war gedacht zur »Aufrechterhaltung der Klassenbeziehungen«, sprich: um sicherzustellen, daß im revolutionären Überschwang – unter dem einen oder anderen Vorwand – die Begriffe von mein und dein nicht völlig abhanden kamen. Auf die entscheidende Frage, wie diese Aufgabe zu lösen sei, oder auch nur, wo der Feind denn stand, wußte sie genausowenig eine schlüssige Antwort.

So bleibt als eine vielbesungene – und mythenumwobene – Speerspitze der bürgerlichen Bewegung die Elite von morgen: Die Rolle der Studenten, institutionalisiert in der Akademischen Legion als einer Elitetruppe der Wiener Nationalgarde, die sich auch politisch immer wieder hervortat, war ein Spezifikum der 1848er Bewegung, das weder 1776 noch 1789, weder 1917 noch 1989 seinesgleichen hatte. Sie war darüber hinaus ein Spezifikum Wiens. »Die Wiener Aula wurde wie keine andere deutsche Universität Zentrum der revolutionären Bewegung.«[54] Allenfalls in Prag und München fand diese Entwicklung eine Entsprechung, und auch da nur punktuell. In München zählte eine bestimmte Burschenschaft zur Leibgarde Lolas, in einem eher wörtlichen Sinne, wie die Neider der emanzipierten – und keineswegs sparsamen – Schottin andeuteten. Der Rest schwamm im Fahrwasser der Kritiker des Königs. Die Universitäten im protestantischen Franken waren zwar liberal, mißtrauten aber dem katholischen Eifer der Münchner.

In den meisten anderen deutschen Staaten waren Residenzen und Sitz der Universität, Heidelberg und Karlsruhe, Tübingen und Stuttgart, Göttingen und Hannover, Gießen und Darmstadt, getrennt. Dort konnten die Studenten keine so unmittelbare politische Wirksamkeit entfalten, fanden ihre Katzenmusiken in sicherer Entfernung von den politischen Zentren statt. Einige Namen, die uns später noch begegnen sollten, tauchen als Vertreter des linken Flügels der Studentenschaft im Jahre 1848 zum ersten Mal auf: der spätere Erneuerer der Nationalliberalen Partei, Johannes v. Miquel in Göttingen; seine späteren Widersacher, die Sozialisten Ferdinand Lassalle und Karl Liebknecht in Breslau bzw. in Gießen; der spätere amerikanische Innenminister Carl Schurz in Bonn. Aber sie sprachen nur für eine Minderheit.

Das höhere Maß an Organisationsfreiheit, die große Zahl der legalen und halblegalen Corps, Burschenschaften (jetzt schon im Plural) und Verbindungen wirkte sich für eine umfassende politische Mobilisierung vielleicht sogar hemmend aus. In manchen Universitätsstädten (z. B. in Freiburg, zum Teil auch in Berlin) mußten sich die Studenten sogar gegen den Ruf zur Wehr setzen, mit ihren Sympathien für die Sache des Fortschritts hinter der Bürgerschaft zurückzustehen; in Halle waren sie stolz darauf. Nur im toleranten Sachsen-Weimar, wo der Großherzog die Bundesbeschlüsse über die strenge Kontrolle der Universitäten nie so ernst genommen hatte, weshalb sich seine Landesuniversität unter den Studenten eines guten Rufes erfreute (»Denn in Jene/ lebt sich's bene …«), wurde ihm diese Großzügigkeit schlecht gelohnt. Die Studenten, in Mehrheit wohl Landesfremde, zogen mit den Bauern die paar Meilen nach Weimar, um einen Wechsel des Ministeriums zu erzwingen. Durchgehende Bewegung kam im außerösterreichischen Deutschland erst im Mai 1849 in die Studentenschaft, als sie sich der Reichverfassungskampagne anschlossen. Da war in Österreich alles schon vorüber.

Was die Studenten bzw. die Akademische Legion in Österreich zu einem so bedeutenden Faktor machte, war außerdem noch der Umstand, daß hier alle Absolventen, alle Doktoren weiterhin zur Fakultät zählten, »die Universität« also nicht bloß die Bewohner des Elfenbeinturms umfaßte, sondern eine ganze Reihe von Männern, die bereits im praktischen Leben standen: Die Universitäten des Vormärz wiesen Hörerzahlen auf wie ein größeres Gymnasium heutzutage, zwischen 500 und 1000 Studenten (Berlin und München 1500). Auf 1000 Studenten kamen in Wien jedoch 4000 Mitglieder der Akademischen Legion. Deutlich prägten sich die Unterschiede zwischen den einzelnen Fakultäten aus. Die Juristen galten stets als konservativ, die Mediziner als progressiv; sie stellten die prominentesten Mitglieder: Fischhof, Schilling, Löhner; desgleichen die Techniker. (Die Theologen waren gar nicht eigens organisiert – das Monopol des Arbeitgebers im Falle der katholischen ließ Engagement unabhängig vom Resultat zu einer riskanten Sache werden, auch wenn in Wien selbst die alles überragende Figur des »Studentenpaters« Füster das ihre tat, mit den Vorurteilen gegenüber den »Pfaffen« aufzuräumen.)

Die Studenten zählten unter den 45 Millionen Einwohnern des Deutschen Bundes keine 20 000. Aber eine verschwindend kleine Schicht waren die alten Eliten selbstverständlich auch. Wenn sie also die Studenten als Minderheit bloßstellten, konnten diese ebenso kontern. Die Studenten, die mit jugendlichem Ungestüm ihr Jahrhundert in die Schranken forderten, waren dazu bestimmt, das Schicksal zu teilen, von dem es im Lied heißt: »Und der schreibt Rezensionen…« Sie würden Beamte werden. Mochte ihre momentane materielle Lage noch so beengt sein, ihr Freiheitsdrang noch so ehrlich, von den Zöglingen der Beamtenfabriken war eine wirkliche Wende gegen die Strukturen des aufgeklärten Absolutismus schwer zu erwarten, allenfalls eine Nachjustierung. Der lange Marsch durch die Institutionen war der revolutionären Elite in die Wiege gelegt.

Auf den ersten Blick klingt zuletzt auch das Urteil plausibel, die bürgerliche Revolution habe »dank dem spontanen Eingreifen der proletarischen Schichten gesiegt«. In der Zwischenkriegszeit sprach man im selben Zusammenhang martialisch von einer Durchbruchsschlacht. Linke und Rechte waren sich darin einig, den Anteil der unteren Schichten am Umsturz der Märztage hoch zu bewerten. Die Feuersäulen der brennenden Gaskandelaber jenseits des Glacis in den Vorstädten gaben dem Widerstandswillen des Regimes angeblich den Rest. Aber auch das war vielleicht mehr ein Flankenmanöver. Schließlich, so stellte sich im Laufe des Sommers heraus, waren »die Arbeiter« keineswegs eine einheitliche Schicht. Zwischen der »Arbeiteraristokratie« in den Werkstätten der Südbahn und den nach Wien strömenden Beschäftigungslosen, die bei den Erdarbeiten ein Unterkommen fanden, lagen Welten.

Wer waren die Demonstranten in der Innenstadt? Als der Ritter Anton von Schmerling am 13. März Metternich weismachen wollte, daß es sich bei der Menge in der Herrengasse und vor der Hofburg nicht um Pöbel handelte, sondern um »gutgekleidete Leute der besseren Stände«, gab der Fürst liebenswürdig-arrogant zur Antwort: »Mein Freund, und wenn

Sie, und wenn mein Sohn unter den Leuten sind, die so auftreten, so bleibt es Pöbel.«[55] Dort wo statistische Untersuchungen darüber vorliegen, waren die Teilnehmer bzw. Opfer der Achtundvierziger-Kämpfe meist weder Proletarier noch Bourgeois, sondern Teil jener Schicht, die gern unter dem Sammelbegriff Kleinbürgertum zusammengefaßt wird. Und auch das konnte wie Metternichs Pöbel so ziemlich alles heißen.

Zum Erfolg der Märztage hat dabei eine psychologische Prädisposition der Regierenden nicht wenig beigetragen. Aus einer Reihe von Beweggründen, bewußten und unbewußten, kleinlichen und weisen, strukturellen und zufälligen, war die Hemmschwelle in der Hauptstadt beträchtlich höher. In der Provinz, in Mailand oder in Lemberg den Belagerungszustand verkünden zu lassen, geschweige denn in Drohobycz, ja selbst Krakau oder Prag beschießen zu lassen, hatte man viel weniger Skrupel. Ein Tumult unter den Fenstern der Hofburg war per definitionem eine Haupt- und Staatsaktion. In der Krise des Oktober drückte es Umlauft, einer der in die Enge getriebenen Reichstagsabgeordneten, klassisch-verzweifelt aus: »Ja, Ihr Polen, Ihr seid das Aufhängen gewohnt, aber wir!«[56] Daran sollte sich bis zum Ende der Monarchie nichts ändern.

Exkurs: »Der Bauer stund' auf im Lande …?«

Was hielt »das Volk« von alledem? Das Volk, das war in seiner Mehrzahl die Landbevölkerung. (Nur in Sachsen verdiente damals schon rund die Hälfte der Bevölkerung ihren Unterhalt in der Industrie.) Die Bauern aber blieben in Österreich und in Preußen ruhig – zum Unterschied vom Oden-, Schwarz- oder Westerwald. Die Zone ländlichen Aufruhrs hatte ihre letzten Ausläufer in Thüringen, wo die Bauern »Ein freies Leben führen wir« sangen und zwei Schlösser niederbrannten.

In den größeren Staaten hatten die Bauern an dem Umsturz der Märztage keinen Anteil. Auf dem Lande vollzog sich auch keine unheimlich anschwellende Volksbewegung wie die grande peur im Frankreich des Jahres 1789. Statt dessen spielte sich etwas anderes ab: Die Bauern nahmen die von allen Seiten – wenn auch erst für das nächste Jahr – in Aussicht gestellte Aufhebung der herrschaftlichen Lasten und Abgaben vorweg. Die »Robotrenitenz« breitete sich aus, erstreckte sich gelegentlich auch auf andere Abgaben und mutierte zum Steuerstreik.

In den Briefen des jungen Landgrafen Fürstenberg, der auf den Gütern im Waldviertler Weitra nach dem Rechten sah, während die Mama nach der Flucht des Hofs plötzlich ohne standesgemäße Beschäftigung dastand und der Papa in Wien die Stellung hielt, kommt diese stille Revolution plastisch zum Ausdruck. Noch Ende Mai schrieb er: »Hier leisten die Leute die Robot, doch jagen sie fleißig.« Einen Monat später hieß es bereits: »Hier wird nun gar nicht mehr gearbeitet und die Jagdexzesse nehmen zu.« Als Fazit zeichnete sich schon Anfang Juli ab: »Zum Heumachen mußten Tagwerker genommen werden, beim Schnitt wird es wohl auch so gehen.«[57] Die Zehentholden wollen keinen Zehent geben, bis nicht ein bestimmtes Gesetz erscheint. Da war der Reichstag noch nicht einmal zusammengetreten. Auffälliger noch war, daß die Bauern vielerorts das bisher der Herrschaft vorbehaltene Jagdrecht in Anspruch nahmen. (Was auch deutlich machte, daß sie bewaffnet waren.)

Die Grundherrschaften und die lokalen Behörden fügten sich in das Unvermeidliche. Als in Wigstadtl in Österreichisch-Schlesien ein verschuldeter Baron und sein zwielichtiger Verwalter, denen die Untertanen auf den Pelz rückten, Ende April Unterstützung anforderten, ließ sie der Kreishauptmann zuerst wissen, er könne erst eingreifen, wenn tatsächlich ein Gewaltstreich vorliege. Als sich zwei Tage später doch ein kaiserlicher Beamter auf dem Schloß meldete, erkundigte er sich auch pflichtschuldigst nach dem Rädelsführer und Hauptunruhestifter – um ihn prompt zum neuen Bürgermeister vorzuschlagen, denn so sei die Ruhe am besten gewährleistet. Zusammenstöße wurden fast überall vermieden. Ein Magnat wie Fürstenberg, der sich keineswegs in einer besonders progressiven Rolle gefiel und später bei den Konservativen zu finden war, zog schnell seine Schlußfolgerungen aus der neuen Situation: die Wirtschaftsbetriebe müßten rationalisiert, die Zahl der Herrschaftbeamten reduziert werden; man müsse sich auf die neue Zeit einstellen. »Männer(n), die ihr ganzes Leben einem System anhingen«, sei das nicht zu verargen, »aber sie taugen nicht für diese Zeit.«

Nur um die Form der »Bauernbefreiung« wurde noch gestritten. In Galizien lieferten sich Grundherren und Staatsverwaltung ein Wettrennen um die Gunst der Bauern. Die Regierung erklärte sich zur Übernahme aller Kosten der Grundentlastung bereit. In den Erbländern wollte man jedoch nicht so weit gehen. Zum einen mußte der Staat sparen. Zum anderen befürchtete man mancherorts einen Rückfall in die Selbstversorgerwirtschaft, wenn die Bauern von allen Abgaben befreit würden. Aufsehenerregend war vor dem Hintergrund der Situation des Jahres 1848 dann nicht der Antrag des »Bauernbefreiers« Kudlich, sondern daß der Antrag Lasser auf Entschädigung der Grundherren durchging. Unser Gewährsmann Fürstenberg empfand das bereits als unerwartetes Zubrot: »Groß wird der Betrag nicht sein«, aber »immer besser als gar nichts, was doch sehr in Aussicht gestellt war«.[58] Der Einbindung in Marktverhältnisse war damit zweifellos gedient. Der oft kolportierte Verdacht, die Ablösezahlungen hätten zur Verschuldung der Bauerngüter geführt, ist vermutlich in das Reich der Legende zu verweisen, denn die Agrarkonjunktur des nächsten Vierteljahrhunderts – bei ständig steigender Bevölkerung – war nicht schlecht. Erst mit den überseeischen Importen setzte die säkulare Krise der Landwirtschaft ein – das war nicht vor den achtziger Jahren. Die Wähler des Jahres 1848 waren davon erst im Ausgedinge betroffen.

Es hat nachträglich oft geheißen, mit der Bauernbefreiung seien die Bauern gleichsam aus der revolutionären Front ausgeschert. An dementsprechenden Kommentaren über eine Bevölkerungsklasse, deren Horizont nicht weiter reichte als bis zum Preis des Viehsalzes, hat es nicht gefehlt. Die hochnäsigen Städter gingen dabei aber von falschen Annahmen aus: Die Bauern – und das waren, politisch gesehen, meist die Großbauern – waren schon im Frühjahr und Sommer 1848 nicht so besonders revolutionär, denn sie hatten die Bauernbefreiung für sich längst vorweggenommen. Kuranda hatte nicht so unrecht, als er im Sommer erklärte, die Landbevölkerung »habe zwei Jahre hintereinander gute Ernten gehabt … und wird sich den Teufel darum kümmern, hinein nach Prag zu gehen«.[59] Allerdings war »gute Ernten« ein Euphemismus, denn profitiert hatten die Bauern vielmehr von den Mißernten, die die Getreidepreise in die Höhe trieben. Dennoch blieben sie mißtrauisch gegen die Obrigkeiten – und sie waren auch nachher nicht so saturiert. Anscheinend waren weniger die Entschädigungen ein Stein des Anstoßes als vielmehr die leidige Jagd und die »Servituten«, Wald- und Weiderechte, die oft bis ins zwanzigste Jahrhundert umstritten blieben.

Es ist ein Irrtum, wenn selbst Kenner über die Lage im Oktober räsonieren, »nach der vollzogenen Bauernbefreiung und dem Abschluß der Diskussionen um die Ablösungsfrage« hätten die Bauern kein Interesse mehr daran gehabt, die Revolution voranzutreiben. Die Diskussion mochte im Reichstag beendet sein, in der Praxis begannen die Ablöseverhandlungen erst jetzt. Zu einem Zeitpunkt, da Wien längst pazifiziert war, warnte der oberösterreichische Statthalter vor dem revolutionären Potential der Bauern: Die Jagdexzesse, die stets öffentliche Gewalttätigkeit im Gefolge hätten, dauerten an. »Wollt Ihr den Reichstag auflösen oder vertagen, (be)vor Ihr den Bauern beruhigt, dann seid auf der Hut, meine Herren, sonst werden wir von den Dreschflegeln heimgesucht. … Ihr könnt den Reichstag auflösen, sobald diese Frage erledigt ist, früher es zu tun ist der größte Fehler.«[60]

Nur politisch integrieren und instrumentalisieren ließen sich die Bauern nicht so leicht – weder von der einen noch von der anderen Seite. Das sollte erst der Kulturkampf in Österreich besorgen. Ab 1870 stand das Gros der Bauern dann verläßlich auf seiten einer Partei, die eben keine konservative mehr war, auch wenn sie sich so nannte, sondern eine katholische; wenn man so will: eine klerikale, aber eine Volkspartei! (Alt-)Bayern war auf diesem Weg bereits vorangegangen, während Bismarck im übrigen Deutschland die Katholiken bald nahezu mit Brachialgewalt in die Arme des Zentrums trieb. Ansätze dafür hatte es schon 1848 gegeben, aber sie erregten damals noch keine große Aufmerksamkeit. So schrieb der Abg. Fleckh über den steirischen Landtag, es gäbe dort dreißig radikale, nicht zahlen wollende, parlamentarisch ungeübte saugrobe Bauern. Dann aber fügte er noch zwei Adjektiva hinzu, die zu seiner Suada in einem gewissen Widerspruch standen: Die saugroben Landwirte seien »übrigens grundgescheit«, die soeben apostrophierten »radikalen« aber außerdem »pfaffenfreundlich« … Zumindest für den Großteil der Alpenländer dürfte das damals schon zugetroffen haben. Bloß im Norden, in Schlesien und in Nordböhmen blieb der politische Katholizismus auch späterhin eine Ausnahmeerscheinung. Diese Unterschiede waren damals, in der embryonalen Phase der Parteipolitik, noch nicht so deutlich. Deshalb wollte auch der Schlesier Kudlich, der berühmte Bauernbefreier, als er nach einem Vierteljahrhundert nach Österreich zurückkam, »die unglaubliche, aber von allen Seiten verbürgte Tatsache« kaum glauben, »daß sehr viele der Landbewohner sich im Lager der klerikalen Partei befinden«.[61]

Konstitution oder Krawall?

>»Solange Metternich am Steuer
des Staates saß, war es kaum
irgend jemandem eingefallen zu
fragen: Haben wir eine deutsche
oder eine slavische Regierung?
Man lebte unter einer absolutistischen und damit war die Frage
so ziemlich niedergeschlagen.«

Der Radikale, 2. Juni 1848

>»Dieser Ausschuß ist ein revolu-
tionäres Tribunal. Das Ministerium ist ein von uns toleriertes.«

*Joseph Goldmark im Wiener
Sicherheitsausschuß, 4. Juli 1848*

Wie viele in Bedrängnis geratene Regierungen klammerte sich auch die österreichische des Frühjahrs 1848 an
die Hoffnung, daß es irgendwo im Lande eine »schweigende
Mehrheit« gab, auf die man sich theoretisch stützen könnte.
Aber wie konnte man diese schweigende Mehrheit mobilisieren? Noch dazu eine Mehrheit, der man jahrzehntelang ein-
getrichtert hatte, daß Ruhe die erste Bürgerpflicht sei? Die
gewohnten Legitimationsgrundlagen waren weg. Wenn man
sich nicht mehr auf das Gottesgnadentum berufen konnte,
worauf dann? Man kann mit Bajonetten alles machen, so lautete ein beliebter Spruch, nur nicht darauf sitzen – auch das
galt für beide Seiten. Die gegenrevolutionäre Pose hatte das
Regime in den Bankrott getrieben. Das Experiment mit dem
Belagerungszustand war es erst gar nicht eingegangen. Jetzt

waren seine Nachfolger damit an der Reihe, denn auch die Akademische Legion und ihre Verbündeten konnten die Stadt in eine Art von Belagerungszustand versetzen – und taten es auch. Sie konnten Änderungen erzwingen, aber sie konnten keine neuen Strukturen aufbauen. »Emeuten« gab es auch außerhalb Wiens, aber eine koordinierte politische Bewegung entstand daraus nicht. Es waren Protestaktionen, wie sie seit Jahrhunderten immer wieder ausbrachen und ihren Anlaß meist in lokalen Beschwerden hatten, oft über Verzehrsteuern und Linienämter. Vielleicht waren es auch, wie in jeder Umbruchphase, Aktionen, die bloß testen sollten, wie weit der Zusammenbruch der alten Ordnung nun eigentlich ging.

Die Wiener Revolution brachte nur ephemere Zelebritäten hervor, die sich über Nacht zu Volkstribunen aufschwangen und ebenso schnell wieder diskreditiert waren. Sie scheiterte an der Transformation, am Übergang von der »Bewegung« in ein »Regime«. Damit setzten sie letzten Endes eine gegenrevolutionäre Dynamik in Gang: Viele verunsicherte Bürger waren bereit, jede Regierung anzuerkennen, wenn sie nur Stabilität versprach. Die Entscheidung für die Märzminister war eine zielgerichtet opportunistische gewesen. Sie boten eine Chance, Ruhe und Ordnung zu verbürgen, auch wenn die beiden Begriffe nicht mehr deckungsgleich waren. Wenn sie das nicht mehr zu gewährleisten verstanden, untergruben sie damit ihre einzige Legitimität. Ein Vertreter des Gottesgnadentums konnte jahrzehntelang als Pensionär fremder Regierungen durch die Vergnügungsviertel Europas ziehen, sein Nimbus verlor deswegen nicht an Glanz. Oder, auf neu-österreichisch gesagt: »Auf Performance kommt's dabei nicht an!« Ein Usurpator, und betrat er die welthistorische Bühne auch mit Ärmelschonern, ein Märzminister, der ernannt worden war wegen seiner Popularität, wurde jedoch an seiner Leistung gemessen: insofern hatte die bürgerliche Revolution gegriffen.

Es war die Tragik Österreichs, daß es diesem Maßstab weniger zu genügen vermochte als die anderen deutschen Staaten. In Berlin trat die verwirrenderweise ebenfalls »Nationalversammlung« genannte preußische Konstituante schon am 22. Mai zusammen, zwei Monate vor dem österreichischen Reichstag. Die Probleme, an denen Österreich laborierte, die hauptstädtischen Tumulte einerseits, die zu gewärtigende Obstruktion der Apparate andererseits, dazwischen das Ringen um die Verfassung, um Zweikammersystem und monarchisches Veto, fanden in Preußen eine exakte Entsprechung. Es gab aber einen entscheidenden Unterschied: Der Wechsel von Camphausen zu Hansemann, sogar noch der Sturz Hansemanns im September, war durch parlamentarische Abstimmungen bedingt und legitimiert, nicht bloß Ausfluß eines Schattenboxens außerparlamentarischer Instanzen, von Straße und Kaserne, demokratischen Vereinen und Adels-Kamarilla. Nicht daß die Minister in Wien häufiger wechselten, war von Übel. Die Art und Weise dieser Regierungsumbildungen vermochte kein Vertrauen zu erwecken, weder auf der einen noch auf der anderen Seite.

Der Hort der Reaktion verwandelte sich einen Sommer lang in das Nest der Anarchie. Die Habsburger als österreichische Kaiser vermochten aus diesem Umstand sogar noch Kapital zu schlagen: Propagandistisch vergröbert, ließ sich die Wiener Revolution bestens als abschreckendes Beispiel gebrauchen. Für die Führungsmacht des deutschen Bundes waren die Versäumnisse des Frühjahrs 1848 jedoch schwer aufzuholen.

Die tagtäglichen Sorgen und Nöte des österreichischen Kabinetts in diesem Jahr lassen sich inzwischen an Hand der vor kurzem publizierten Ministerratsprotokolle minutiös verfolgen. Der Zeitraum von März bis Juli zeigt den Abstieg der Regierung einer europäischen Großmacht zur 4. Instanz des Wiener Magistrats, die mit den eigenen Untergebenen in Innsbruck, Prag und Lemberg im Stile diplomatischer Verhandlungen korrespondierte. Irgendwo weit draußen an der Peripherie fochten Armeen, mit größerem Erfolg übrigens, als man ihnen in Wien zutraute, aber ohne wirkliche Verbindung mit der »Zentrale«. Das Ministerium in Wien betrieb inzwischen Bezirkspolitik, befaßte sich mit Hausmeisteragenden.

Das große Thema des Jahres 1848 ist das Zerriebenwerden der Liberalen zwischen Reaktion und Revolution. Es läßt sich an kaum einem Beispiel besser demonstrieren als in Wien. In Baden schlugen noch im April die südwestdeutschen Liberalen die Revolution ohne fremde Hilfe nieder; in Wien scheiterten ihre Gesinnungsgenossen, bevor sie je so wirklich »an die Macht« gekommen waren. Das österreichische Märzministerium laborierte an seinem Übergangscharakter. Es setzte sich nicht aus ehemaligen Oppositionellen zusammen, sondern bestenfalls aus klammheimlichen Sympathisanten dieser Opposition. Manchen nahm man nicht einmal das ab, wie z. B. dem Außenminister Ficquelmont, der Anfang Mai zum Rücktritt gezwungen wurde. Ficquelmonts Abgang erschien allen Beteiligten als logisch. Die Art und Weise seiner Demission aber, die mit einer Katzenmusik begann und mit Hausfriedensbruch und Erpressung endete, ohne daß irgendwelche Sicherheitskräfte sich um das Schicksal des Premiers gekümmert hätten, war ein zweifelhafter Höhepunkt fortschrittlichen Übermuts. Polnische Emissäre, die mit dem Minister alte Rechnungen zu begleichen hatten, sollen dabei ihre Hände im Spiel gehabt haben.

Zur Vorgeschichte gehört auch, daß auf den Brettern, die die Welt bedeuten, Anfang April »Das bemooste Haupt« von Bendix gegeben worden war. Die Literaturgeschichte hat das Stück möglicherweise durchaus zu Recht vergessen, dennoch machte es 1848 Furore. Eine Hofdame schrieb: »Die humoristische Partie besteht in einer Katzenmusik, die die Studenten einer Dame bringen, deren Einfluß auf den Minister entscheidend bei Wahlen und Anstellungen ist. Diese Episode wird jedesmal mit rauschendem Beifall von den in großer Zahl anwesenden Musensöhnen aufgenommen, und hat den Geschmack der Katzenmusik dergestalt bei ihnen entwickelt, daß sie seitdem jeden Abend nach dem Theater eigens einen hochgestellten Beamten aufwecken. Vorgestern war es der arme alte Erzbischof – Gestern Abends Minister Taaffe. Dieser Scene sahen wir am Fenster zu.«.

Das Beispiel machte Schule. Ficquelmont als Vertrauter

Metternichs war ein allzu einladendes Ziel. Selbst Fürstenberg fand:»Er ist kein Mann, wie wir ihn jetzt haben müssen.« (Auch wenn er über die Beteiligung der Nationalgarde an diversen Katzenmusiken trocken vermerkte:»Das ist nicht der Zweck dieses Instituts«.)[62] Interessanterweise richtete sich ein vergleichbarer Verdacht nie gegen den »unbekannten Reaktionär« im Schoße der Regierung, den Finanzminister von Krauß, der im Ministerrat konsequent »rechts« argumentierte, aber alle Veränderungen unbeschadet überstand und als einziger dann selbst noch die Oktobertage in Wien verbrachte.

Wie sollte sich das Ministerium vor derlei unbefugter Einmischung schützen? Welche intermediären Gewalten sollten das Ministerium abschirmen? Was tun, wenn die Nationalgarde ihrer Aufgabe nicht nachkam? Die Nationalgarde verfügte laut Statut über einen »Verwaltungsrat«. Der war für die Finanzen zuständig, was notwendig war, da sich die Nationalgarde ja selbst einkleiden und ausrüsten mußte und daher permanent auf Spendensuche war. Als gemeinsames politisches Steuerungsinstrument für die Nationalgarde, das Bürgerkorps und die Akademische Legion fungierte hingegen ein »Zentralkomitee«. Dieses Zentralkomitee wurde zum Stein des Anstoßes. Von Verteidigern der Revolution wurde geltend gemacht, das Zentralkomitee hätte ja bloß Bitten geäußert, aber der Übergang von Bitten zu Forderungen war ein fließender, und Forderungen bewaffneter Körper hatten ihre ganz spezielle Qualität. Zwischen dem Zentralkomitee der Nationalgarde und den Soldatenräten von 1918 war prinzipiell kein so großer Unterschied. Otto Bauer erfand dafür den euphemistischen Ausdruck »funktionelle Demokratie«. Derlei Theorien mochten den Verfechtern revolutionärer Eliten gut anstehen, einem liberalen Repräsentativsystem waren sie jedoch systemfremd. Das Ministerium und Hoyos als unwilliger Oberkommandierender der Nationalgarde waren formal völlig im Recht, wenn sie die Auflösung des Zentralkomitees unter Berufung auf das Prinzip der Gewaltenteilung forderten.

Das Problem lag vor allem an der Methode: Zwei Monate nach dem 13. März zogen wieder Truppen auf dem Glacis auf. Drohungen lagen in der Luft und wurden dann doch nicht exekutiert. Die Aula wurde zum Kristallisationspunkt der Gegenbewegung. Am Dominikanerplatz strömten ihre Anhänger aus den Vorstädten zusammen: »die Arbeiter«. Die Nationalgarde ging – allen Prophezeihungen der »Gutgesinnten« zum Trotz – zu ihnen über, wenn sie je woanders gestanden hatte. Eine »Sturmpetition« formierte sich, setzte sich zum Sitz der Regierung in Bewegung und erreichte dort die Rücknahme der Maßregeln. Zu allem Unglück tagte der Ministerrat im Schweizerhof – sobald die Petenten einmal in die Hofburg eingedrungen waren, sorgte das Totschlagargument von der Sicherheit der kaiserlichen Familie für reflexartiges Nachgeben der Minister und Unzuständigkeitserklärungen des Militärs.[63]

Mehr als das: Die Wortführer, darunter als Figur, die zu merken es sich lohnt, der mährische »Universitätsassistent« Dr. Karl Giskra, damals schon gewähltes Mitglied der Frankfurter Nationalversammlung, nützten die Gunst der Stunde und verpflichteten die Regierung auf ihr konstitutionelles Programm. Frankfurt diente dabei als Leitfaden. Auch der österreichische Reichstag sollte nur aus einer Kammer bestehen, und er sollte ein konstituierender sein.

Die Sturmpetition hatte ihr Nachspiel. Achtundvierzig Stunden später verließ die kaiserliche Familie – ganz offensichtlich unter Einfluß der tatkräftigen Damen, denen die Fama als bösen Geist den Grafen Heinrich Bombelles zur Seite stellte – still und heimlich, auf getrennten Wegen die Residenz und begab sich schnurstracks in den Goldenen Westen, nach Innsbruck. Erst in Sieghartskirchen erklärte die Kaiserin ihrem Gemahl, wohin die Reise wirklich ging. Ein Vorwurf war den um das Wohl ihrer Lieben besorgten Erzherzoginnen nicht zu machen. Wenn die Erpreßbarkeit des Kaisers in Wien die Bewegungsfreiheit der Regierung einengte, erschien es klug, ihn aus der Schußlinie zu ziehen.

Für ein verantwortliches Ministerium aber war es nichts

weniger als peinlich, ja komplett unmöglich, daß es davon erst nachträglich und über den Bediententratsch erfuhr, bzw. aus den Erklärungen, die Graf Bombelles unterwegs zu verlautbaren beliebte. (Beleidigt reagierte auch die Mama Fürstenbergs, der man die Flucht als Hofdame verschwiegen hatte.) Bombelles war der »Ajo«, Erzieher, des jungen Franz Joseph, ein eingeschworener Anhänger Metternichs, der ihn überschwenglich lobte. Er war pikanterweise just 1789 in Versailles geboren worden. Zum Kaiserhaus stand der Emigrant in verwandtschaftlichen Beziehungen, die nicht an die große Glocke gehängt wurden. Sein älterer Bruder Karl war der Nachfolger Napoleons als dritter Mann der lebenslustigen Erzherzogin und Herzogin von Parma, Marie Louise, gewesen.

Die Blamage nahm verfassungsrechtliche Dimensionen an, wenn man sich vor Augen hielt, daß der Kaiser ja für regierungsunfähig erklärt worden war. Entweder log das Ministerium, das für ihn seit März verantwortlich zeichnete, oder die Kamarilla hatte sich des Verbrechens der »Monarchen-Entführung« schuldig gemacht. Die »Kamarilla«, die unverantwortlichen Ratgeber des Monarchen, das »ministère occulte«, wurde im Jahre 1848 überall zum Stein des Anstoßes. Hier lag der springende Punkt, der eine konstitutionelle Monarchie ausmachte, in der der Monarch nur durch ausführende Organe tätig werden durfte, die dem Parlament verantwortlich waren. Aber durfte er sich nicht auch anderwärtig beraten lassen? Oder war das nur während eines Ministerwechsels comme il faut? In Österreich machte die offiziell bescheinigte Regierungsunfähigkeit Ferdinands die Existenz einer Kamarilla fast unumgänglich.

Auf alle Fälle hatte das Ministerium jetzt nicht bloß nach unten hin noch niemanden, dem es verantwortlich war, sondern auch nach oben nicht mehr: Es hatte noch keinen Reichstag, und der Monarch war nicht mehr in Reichweite. Erst nach drei Wochen erhielt das Ministerium offiziell ein Lebenszeichen des Kaisers, eine Zuschrift aus Innsbruck.

Der Prager Statthalter Graf Leo Thun zog seine eigenen

Schlußfolgerungen aus der Situation. Schon Anfang April hatten die böhmischen Stände sich eine »Charte« ausstellen lassen, über die in Zukunft noch lange und ohne Ergebnis gerechtet werden sollte. Auf alle Fälle stellte sie dem böhmischen Landtag Sonderkompetenzen in Aussicht, wie sie andere Länder nicht beanspruchten. Im Mai ging man einen Schritt weiter: Thun erklärte, daß die Wiener Regierung nicht mehr Herrin ihrer Beschlüsse war, und begann, an eine Gegenregierung zu denken, oder auch eine böhmische Separat-Regierung, gestützt auf den Fürsten Windisch-Graetz einerseits, auf das böhmische Nationalkomitee andererseits.

Pillersdorf und seine Kollegen hingen in der Luft. Das nahm stellenweise Züge einer Komödie an. Das Ministerium wollte zurücktreten, aber in wessen Hände konnte es seine Portefeuilles legen? In der öffentlichen Meinung – oder was dafür gehalten wurde – zeichnete sich unterdessen ein Umschwung ab. Die Abreise Seiner Majestät hatte ernsthafte Symptome von Katzenjammer zur Folge. Hervorragendes Merkmal war, daß mit dem 18. Mai der endgültige Verfall der Währung einsetzte. Man bemerkte, wie Heine in Paris, plötzlich seien alle »frei und bankrott«. Österreich lebte von nun an unter einem Regime der Kriegswirtschaft: Die Banknoten wurden mit Zwangskurs ausgestattet, die Papiergeldinflation nahm ihren Lauf. Das umstrittene Zentralkomitee fand sich plötzlich mit Zwei-Drittel-Mehrheit zur Selbstauflösung bereit. Zwei Redakteure, die im Ruf standen, in den Vorstädten für die Republik agitiert zu haben, entgingen nur mit knapper Mühe der Lynchjustiz. Delegationen formierten sich, die den Hof zur Rückkehr aufforderten und Besserung gelobten.

Die Gunst der Stunde mußte genutzt werden. Treibende Kraft bei diesem, wie sich herausstellen sollte, mit untauglichen Mitteln unternommenen Versuch einer Stabilisierung in Eigenregie scheinen nun tatsächlich nicht die Kräfte der Reaktion gewesen zu sein. Denen war es um eine Rehabilitierung des Barons Pillersdorff zuallerletzt zu tun. Sie knüpften viel lieber Fäden nach Prag und nach Agram, von Verona ganz zu schweigen, wo Radetzky soeben im Begriffe stand, im

Beisein des jungen Franz Joseph ganz unprogrammgemäß die aufmüpfigen Italiener Mores zu lehren.

Der legale Putsch, der die Wiener »Barrikadentage« heraufbeschwor, ging vielmehr auf die Helden des März zurück: Graf Montecuccoli war seit der Katzenmusik gegen Ficquelmont niederösterreichischer »Regierungspräsident«, Graf Breuner Vorsitzender des Sicherheitskomitees, das zwischen Magistrat und Nationalgarde gebildet worden war, Graf Colloredo-Mannsfeld Kommandant der Akademischen Legion. Alle waren in die Kreise der allerloyalsten Opposition des Vormärz eingesponnen und nahmen die Versicherungen ihrer Gewährsleute für bare Münze. Das Bürgertum war der ständigen Exzesse längst überdrüssig; es sehnte sich nach Ruhe und würde ein energisches Einschreiten der Regierung begrüßen. Ein cleverer Parteisekretär der Gegenwart hätte vielleicht wenigstens eine telephonische Blitzumfrage in Auftrag gegeben, um sicherzugehen, ob die Einschätzung der Grafen und ihrer Verbindungsmänner auch wirklich communis opinio waren.

Der optimistischen Einschätzung der Lage entsprachen die Feindbilder. Wenn die Masse der Bevölkerung ohnedies so gutgesinnt war, konnte die ständige Aufregung nur an Unruhestiftern liegen. Dafür kamen in erster Linie zwei Verdächtige in Betracht: Zum einen die Polen in Wien – die Palästinenser des Vormärz, commis voyageurs in Sachen Revolution. (Besonders reizte die Phantasie der Ordnungshüter die unwiderstehliche Mischung aus Umsturz, Snobismus und Erotik, die revolutionäre Aristokratinnen verkörperten, über deren Treiben man sich Wunderdinge erzählte. Sogar Robert Blum hatte Mühe, in den Briefen an seine Frau ein Verhältnis mit einer Gräfin Czartoryska zu dementieren.)[64]

Und dann war da selbstverständlich »die Aula«.

Auch hier dachte man nicht an die eiserne Faust, sondern – typischerweise – an administrative Schikane und durchsichtige Schlaumeierei. Das Semester wurde vorzeitig beendet, die Professoren wurden ermahnt, nicht zu streng zu prüfen und ihre Schüler gutgelaunt in die Ferien zu entlassen. War das geschehen, konnte man die Aula schließen und die Akademische Legion auflösen. (Bei der Gelegenheit ließ sich dann vielleicht auch feststellen, wie viele ihrer Mitglieder überhaupt Studenten waren.) »Die Arbeiter«, die als Hilfstruppe der Studenten galten, sollten durch öffentliche Arbeiten beschäftigt, womöglich für die Armee geworben oder sonstwie kalmiert werden. Außerdem sollte der ständige Zuzug aus der Provinz unterbunden werden, denn freilich wirkte die plötzlich ausgebrochene ordentliche Beschäftigungspolitik als Magnet auf die Erwerbslosen der weiteren Umgebung.

Als flankierende Maßnahmen war das alles nicht übel. Aber leider war das Ministerium in Zugzwang. Es wollte seine Maßnahmen schnell über die Bühne bringen, um die angebliche Katerstimmung auszunützen und um den Hof zur Rückkehr zu bewegen, bevor seine eigene Stellung unhaltbar wurde. So wurde schon die Woche nach dem 15. Mai dafür in Aussicht genommen: Der einzige Minister, der so seine Vorbehalte hatte über den Erfolg der geplanten Maßnahmen, Baron Doblhoff, wurde vorsorglich nach Innsbruck entsandt. Das Kabinett plante Studentenulk, beriet ernsthaft die Sperrstunde des Hauptgebäudes und welcher Professor die Schlüssel dafür zu verwahren hatte. (Als absolut »verläßliche Person« fiel die Wahl dabei zu seinem Unglück auf den Sinologen und Botaniker Endlicher, der im März so erfolgreich vermittelt hatte und dessen guter Ruf nunmehr postwendend in die Brüche ging.)

Es kam, wie es kommen mußte: Die Ereignisse des 15. Mai wiederholten sich. Die Vorstadtgarden teilten die Bedenken ihrer feineren Kameraden aus der Innenstadt offensichtlich nicht. An die Stelle der Sturmpetition traten die Barrikaden, angeblich über hundert, auf einem Stadtplan auch fein säuberlich verzeichnet, am berühmtesten die große gegenüber der Hofburg, eine andere am Stephansplatz angeblich zwei Stock hoch. Das Ministerium kapitulierte endgültig – und blieb für weitere sechs Wochen im Amt. Was Thun schon nach dem 15. Mai behauptet hatte, war nun ganz offensichtlich Tatsache. Die Minister waren nicht mehr Herr ihrer Beschlüsse.

Einige ihrer Vertrauensleute wie Hoyos wurden als Geiseln gehalten, andere auf die Proskriptionsliste gesetzt. Jetzt erst geriet die Aristokratie – und nicht bloß das Metternichsche System – ins Schußfeld, machte sich jakobinische Rhetorik breit. Das ständische Schutzschild war im Mai verbraucht. Die konservativen Liberalen hatten in Österreich abgewirtschaftet, bevor sie je an der Macht waren.

Die Niederlage im Mai ließ auch zwei Strömungen nahezu verschmelzen, die einander bis vor kurzem noch äußerst mißtrauisch beäugt hatten. Die ständisch-liberalen und die bürokratisch-reformerischen Kräfte wurden aneinander geschmiedet, und es war unschwer auszumachen, wer sich hier in wessen Schlepptau begeben werde – vom Standpunkt der Modernisierung aus betrachtet eine unwichtige Frage, vom Standpunkt der »civil society«, der staatsfreien und staatsfernen Entwicklung einer Gesellschaft, jedoch Teil einer nicht unwesentlichen Weichenstellung.

Die Regierung übergab die Macht in Wien an den Sicherheitsausschuß, ein Parlament im kleinen, d.h. gar so klein war es gar nicht, denn es zählte über zweihundert Mitglieder. Unter Fischhofs Leitung leistete er erstaunlich gute Arbeit und erinnerte nicht im entferntesten an die Schrecken des französischen Vorbilds, den sein Name heraufbeschwor. Es nahm dabei freilich nicht bloß eine »ganz exemte Stellung über jeder Behörde« ein, das Problem war auch: Eine Wiener Institution maßte sich an, für das ganze Reich zu sprechen, nicht nur »eine Lokalbehörde« zu sein, sondern für »die Wahrung der Volksrechte der ganzen Monarchie bestellt«.[65] Das Ministerium wartete als politische Entsatzarmee unterdessen auf den Reichstag, der ihm eine andere Legitimationsgrundlage bieten würde. Hatte man zuerst befürchtet, die Regierung werde den Zusammentritt des Parlaments hinauszögern, so konnte es ihr jetzt nicht schnell genug gehen mit den Wahlen.

Inzwischen forderte es als Deus ex machina den Erzherzog Johann an, in diesem Monat Juni ein vielgefragter Mann – ganz im Gegensatz zu seinem Neffen, dem Thronfolger Franz Karl, der sich ebenfalls erbötig gemacht hatte, als Stellvertreter des Kaisers nach Wien zurückzukehren. Diese Offerte wies das Ministerium peinlich berührt zurück, denn die Abneigung gegen das Thronfolgerpaar war keineswegs kleiner geworden. Beruhigung war aus dieser Richtung nicht zu erwarten. Graf Stadion, vor kurzem noch der kommende Mann, hielt sich im Juni in Innsbruck auf, doch seine Zeit war vorerst einmal vorbei. Die Sieger des Mai hätten seine Ernennung als Provokation angesehen.

Der mißglückte »Putsch« des 26. Mai war kein Verbrechen, sondern schlimmer: eine Dummheit. Sogar Konservative gaben das zu. Aus Weitra schrieb Fürstenberg, das Ministerium habe sich wieder »rat- und kraftlos« benommen und durch »unzweckmäßige Maßregeln die Studenten, die wirklich selbst einzulenken schienen, wieder gereizt. Die Erfahrung hätten sie doch schon machen können, daß sie jetzt durch anscheinend strenge Vorkehrungen, die sie aus Machtlosigkeit wieder zurücknehmen müssen, nicht nur nichts erreichen, sondern nur die Stimmung stets erbitterter machen«. Zusammen mit der Abreise des Kaisers ergab das einen niederschmetternden Eindruck: Fürstenberg berichtete über die Stimmung auf dem berühmten »platten Land«: »Das letzte kaiserliche Patent hat keine gute Wirkung gehabt, die Bauern sagen: Der Kaiser ist fort, es sei nicht von ihm, er wisse nichts davon.«[66]

Nicht nur die Bauern sagten das. Die Mai-Revolution ließ Österreich als politischen Faktor für Wochen ausfallen. Am Tag, an dem die Frankfurter Nationalversammlung zusammentrat, floh der Kaiser nach Innsbruck. Eine Vertretung nach außen, die über diplomatische Routine hinausging, besaß es im Augenblick ebenfalls nicht. Ficquelmonts Nachfolger, Baron Wessenberg, war ein alter Diplomat, eine Illustration des Satzes, daß im Leben jedes Mannes der Moment kommt, wo er seinen Platz einem – Älteren räumen muß. Er stand im 75. Lebensjahr, war nach einem Streit von Metternich vorzeitig in den Ruhestand geschickt worden und zählte zu den Vertrauten Erzherzog Johanns. Das Oppositionellenschicksal kam ihm jetzt zugute.

Vor einer »aristokratischen Reaktion«, die »wieder alles aufs Spiel setzen würde«, hatte Wessenberg das ganze Frühjahr über gewarnt. Zum Teil erging er sich schon in revolutionären Analogien. »Unser Militär muß auf neue Art bestellt, elektrisiert werden. Man ernenne in jedem Regiment die zwölf bravsten Unteroffiziere zu Offizieren. Jeder Soldat kann General werden«, wie in Frankreich in den 1790er Jahren. Als Vorderösterreicher – er lebte in Freiburg im Breisgau – war er auch keine schlechte Wahl, wenn es darum ging, Österreich seinem »deutschen Berufe« wieder näherzubringen. Allerdings hing er an der Bundesakte von 1815, die ihm völlig ausreichend erschien, hatte er doch selbst an ihrer Entstehung mitgearbeitet, und er betrachtete sie ein wenig als sein Kind. Nur sei sie nie wirklich durchgeführt worden, meinte er. »Der bisherige Staatenbund ist vorzüglich deswegen ungenügend geworden, weil seine Bestimmungen großentheils unerfüllt geblieben«, namentlich weil man in Wien nichts dazu tun wollte. Jetzt, da alle Mitglieder sich »in gleichartigen konstitutionellen Formen« gestaltet hätten, könne man zu deren Verwirklichung schreiten. Das war immer noch keine himmelstürmende Perspektive, mochte aber immerhin eine Basis für Reforminitiativen, für einen »engeren Bund«, für eine gewisse (über-)staatliche Verdichtung abgeben.

Wessenberg nahm das Portefeuille nicht sogleich an, sondern wollte sich in Wien erst einmal umsehen. Auf der Reise erlitt er zu allem Unglück einen Unfall, als sein Wagen umstürzte. In Ulm erfuhr er von der Sturmpetition, und als er sich in Regensburg wiederum verarzten ließ, von der Abreise des Kaisers. Seine Mission schien beendet, bevor sie begonnen hatte. Als er in Wien ankam, war gerade wieder Revolution, die »Barrikadentage«. Das Ministerium hörte nicht mehr auf seinen Rat, sondern übergab die Stadt dem Sicherheitsausschuß und folgte den Anweisungen »der Studenten«. An Erzherzog Johann schrieb Wessenberg, er werde sich so bald als möglich an den Hof in Innsbruck verfügen – so bald als möglich, das hieß, »wenn die Studenten es erlauben, die Stadt mit einem Wagen zu verlassen, welches in diesem Augenblick – ich erröthe es zu sagen – noch nicht der Fall ist ...«[67]

Das alles war ein Ergebnis der Revolution, die gegen die Handlungsunfähigkeit des vormärzlichen Regimes angetreten war. Wenn Grillparzer in diesen Tagen (das Gedicht erschien am 8. Juni) über Radetzky die berühmten Worte schrieb »In Deinem Lager ist Österreich / Wir anderen sind alles nur Trümmer«, so war das mehr als nur rhetorischer Überschwang, denn Österreich existierte politisch im Augenblick nicht. Von der Frankfurter Nationalversammlung ist gesagt worden, sie verkörpere ein »imaginäres Reich«. Viel besser war es um die Macht der österreichischen Regierung auch nicht bestellt. Ihr blieb der bittere Trost, wenn sie schon nicht Herrin ihrer Beschlüsse war, daß diese wenigstens auch nicht ausgeführt wurden.

Nach dem 13. März war der 26. Mai der zweite große Tag der Studenten. Ihr Mißtrauen war nicht so ganz unberechtigt. Die Konzessionen des Mai waren dem Kabinett abgenötigt worden. Die Minister suchten nach Aushilfen, um ihre Zusagen wiederum zu relativieren. Sie beschworen die Bedenken der Provinz gegen ihre eigenen Beschlüsse, und sie betrieben den Anschluß an Deutschland mit einer aufreizenden Lustlosigkeit. Doblhoff, der wenige Tage vor der Sturmpetition in das Ministerium eingetreten war, hatte den Kritikern implizit recht gegeben, als er ursprünglich selbst die Forderung aufgestellt hatte, das Ministerium dürfe nicht bloß die Bürokratie nach außen vertreten, es müsse sie auch beherrschen. Das hieß: notfalls das Personal austauschen, auch und besonders in der Umgebung der allerhöchsten Herrschaften. Freilich – insistiert hatte auch Doblhoff nicht auf seinem »Programm«, sondern war auch so ins Ministerium eingetreten und prompt zum Lokalaugenschein nach Innsbruck abgeschoben worden.[68]

Das Problem ist ein inzwischen altbekanntes. Der alte Wahrspruch lautet: Verfassung vergeht, Verwaltung besteht. Kann eine neue Verfassung mit der alten Verwaltung überhaupt Bestand haben? Wessenberg hatte das schon im April verneint. Ein Ausfluß dieser Überlegungen war die Debatte, ob man Beamte und Militär auf die neue Verfassung vereidigen sollte. Aber dafür mußte man zuerst einmal eine haben. Konnte man Truppen auf ein Verfassungsversprechen vereidigen? Die sogenannten »Reformländer« aller Zeiten können von dem Dilemma ein Liedchen singen. Patentlösungen bieten sich da nicht an.

Die Tragik bestand darin, daß das Vorgehen der Studenten und ihrer Klientel das Problem nur verschlimmerte. Zwar waren die Protagonisten des 26. Mai rührend um ihre Reputation besorgt: Die überall affichierte Parole »Heilig sei das Eigentum!« kam nicht von der Reaktion, sondern der Revolution, die alles tat, um den Eindruck zu vermeiden, die Vorstädter seien am Barrikadentag bloß zu einem Plünderzug in die Innenstadt aufgebrochen. Sogar Pillersdorff zeigte sich höchst beeindruckt vom rechtlichen Betragen der Arbeiter, ihrer »wirklich überraschenden sittlichen Haltung«. Bei der Frau des arretierten Obersthofmeisters Fürst Dietrichstein erkundigte sich eine Studentenabordnung fürsorglich nach den Lieblingsspeisen ihres Gemahls. Im Mai überwogen die »gemütlichen« Seiten der Revolution. Selbst der Exilschriftsteller Schuselka erinnerte sich: »Es herrschte in Wien offenbar Anarchie, allerdings die liebenswürdigste, die jemals irgendwo geherrscht, aber doch Anarchie.«[69]

Auch für die Sache der deutschen Einheit waren die freiheitstrunkenen (und auch sonst vielleicht nicht immer ganz nüchternen) Katzenmusikanten nicht die besten Werbeträger. Sie vergraulten gerade jene entscheidende Schicht der Reformbürokraten, die über die vormärzlichen Zustände gejammert hatten und jetzt Gestaltungsmöglichkeiten sahen. Der alte Grillparzer, der eine Zeitlang sogar einen mahnenden Aufruf an die Studenten erlassen wollte, und der junge Pratobevera, der spätere Justizminister der 1860er Jahre, der für die deutsche Sache schwärmte, sich aber mit den »Teutomanen« in Wien nicht anfreunden konnte, sind nur zwei Beispiele dafür.[70]

Man muß deshalb aber nicht in den etatistischen Chor einstimmen und aus den Befindlichkeiten des Sommers 1848 den Schluß ziehen, der Mensch brauche unbedingt eine energische Regierung zu seinem Glück und Wohlbefinden. Die Revolutionäre hingegen schon. Gerade um das umzusetzen, was sie wollten, brauchten sie eine Regierung, der sie einen Vertrauensvorschuß gewähren konnten. Die Aula mochte die Hofburg erzittern machen und ein Leben lang von diesen Erinnerungen zehren. Aber was war das politische Resultat?

Die »Studenten« konnten der Regierung für den Augenblick ihren Willen aufzwingen. Aber die Regierung, gerade weil sie den Wiener Radikalen gefügig war, verlor nach außen hin an Autorität. In Wien ging diese Autorität auf den Sicherheitsausschuß über, im Reich früher oder später auf Windisch-Graetz (oder auf Jellačić oder den Grafen Thun). Dieser Handel war für ihre Sache nicht von Vorteil. Man konnte vielleicht in Paris für ganz Frankreich Revolution machen, aber konnte man in Wien für ganz Österreich Revolution machen, geschweige denn für ganz Deutschland? Preußische Beobachter stellten mißbilligend und verwundert fest, daß ein guter Teil der Wiener politischen Klasse offenbar dieser Auffassung war: »Der Wiener glaubt fest an die Unfehlbarkeit der Revolution ... und zweitens daran, daß das Heil Deutschlands nur von Wien ausgehen könne; dabei bekümmert man sich aber hier herzlich wenig um das übrige Deutschland.«[71]

Was geschah mit Deutschland, während die Katze aus dem Haus, der Vormund im Exil war?

FRANKFURT

31. März 1948:
Zusammentritt des Vorparlaments

Vom Vormärz zum Vorparlament

>»Jeder hegt zugleich die Über-
zeugung, daß Österreich, dessen
Herrscherfamilie durch Jahrhunderte die deutsche Kaiserkrone
trug, auch nur in festem An-
schließen an deutsche Interessen
und deutsche Politik sein wahres
Heil gewinnen könne.«
>
> *Wiener Bürgerpetition,*
> *8. März 1848*

>»Leider ist unsere Monarchie die
einzige in Europa, die aus einem
so schwer zusammenzuhaltenden
Gefüge besteht, und wenn es
dahin kommen sollte, daß die
Gesetzlichkeit der Gewalt wei-
chen muß, dann wird das Zusammenhalten schwerlich möglich
sein.«
>
> *Freiherr von Stifft,*
> *13. März 1848*[72]

Deutschland war ein politisch äußerst buntscheckiges Gebilde; umso erstaunlicher war die flächendeckende Wirkung der Revolution. Es ergab sich eine Situation, die immer wieder an die Geschichte von des Kaisers neuen Kleidern erinnerte. Das System (wer immer das war) verlor kollektiv die Nerven, bis sich die Frage stellte, ob man sich jahrzehntelang von einem Popanz hatte schrecken lassen.

Metternichs Österreich war 1848 keineswegs der Fels in der

Brandung, der als letzter aushielt. Die Folgen der italienischen und der südwestdeutschen Bewegung (nicht zu vergessen die Ungarn) machten sich hier viel schneller bemerkbar als im Norden Deutschlands. Neben Bayern, das seine Revolution schon im Vorprogramm erfolgreich über die Bühne gebracht hatte, erwies sich übrigens ausgerechnet das Königreich Hannover als zweiter Ruhepol des Jahres 1848. Das mochte besonders ungerecht erscheinen, galt doch gerade König Ernst August, Onkel der Königin Viktoria und Herzog von Cumberland, ein knorriger englischer General, High Tory und Mitglied der Orange Lodge, als Inbegriff der bornierten Reaktion. Diesem Ruf war er auch gleich nach seinem Regierungsantritt 1837 mit der Rücknahme der liberalen Verfassung gerecht geworden. Daraus war der Konflikt mit den Professoren seiner Landesuniversität entstanden, den berühmten »Göttinger Sieben«. (Österreich hatte Ernst August damals diplomatisch unterstützt, während Preußen in der Öffentlichkeit Gutpunkte sammelte, indem es mehreren der vertriebenen Göttinger Lehrstühle anbot.) 1848 bequemte sich zwar auch Ernst August zu einem Wechsel des Ministeriums, doch erst Ende März und ohne daß in seinem Land gröbere revolutionäre Umtriebe zu konstatieren gewesen wären.

War die Ruhe Hannovers für Liberale eine Enttäuschung, so stürzte der Mangel an Ruhe in seinem Nachbarland sie in umso größere Verlegenheit. Denn auf Preußen hatten sich in den Jahren, zumindest aber in den Monaten vor dem März 1848, ihre Reformhoffnungen konzentriert. Preußen befand sich auf dem Wege der vorsichtigen Reform, es hatte im Vorjahr »Reichsstände«, nämlich den Vereinigten Landtag, einberufen (wenn auch nicht mit durchschlagendem Erfolg), und trug sich sogar mit dem Gedanken einer Reform des Deutschen Bundes. Es verfügte über einen regierungsfähigen König, Friedrich Wilhelm IV., der auch nicht über Gebühr und Schicklichkeit für durchreisende Tänzerinnen schwärmte, selbst wenn er ebenfalls als Romantiker galt. Das Ideal des Königs sei es gewesen, sagte einer, der es wissen mußte, in aller Ruhe einige geistreiche Gedanken fallenzulassen, welche auszuführen sich dann begeisterte Diener drängten. Außerdem zählte er Konsequenz zu den elendsten aller Tugenden, war also in dieser Hinsicht ein durchaus moderner Mensch.[73]

Des zur Schau getragenen guten Willens ungeachtet, fanden auch in Berlin Massenversammlungen statt, taktierte die Polizei alles andere als glücklich. Die Berliner Erfahrungen konnten als Paradebeispiel für die kontraproduktive Wirkung des Militäreinsatzes in Großstädten dienen. Die herumsäbelnden Kürassiere verschlechterten die Stimmung, zum Schluß gingen auf dem Platz vor dem Schloß auch noch zur Unzeit die Gewehre los; nach kurzer Zeit ordnete der König den Rückzug an. Doch in Berlin waren die Kämpfe viel heftiger, die Stimmung viel polarisierter. Der Verlauf der Ereignisse sprach für die These der Stände, sie allein stünden zwischen dem Thron und der Revolution. Die Stände, der Vereinigte Landtag, waren jedoch nicht physisch präsent: Der Vereinigte Landtag tagte nicht, hatte in Berlin auch keinen besonderen Rückhalt. Den Repräsentanten der Opposition im Landtag, rheinischen Bankiers und ostpreußischen Reformjunkern, beide mit engen Verbindungen nach Westeuropa, wurde hier zwar ebenfalls der Weg zur Macht freigeschossen, aber sie konnten in Berlin keine vermittelnde Rolle spielen. Die Institutionen und Vereine, die als politische Knautschzone dienen konnten, fehlten vor Ort.

Preußens Windisch-Graetz hieß Prittwitz, entwickelte aber viel weniger Eigeninitiative. Der damals noch unbekannte Otto von Bismarck versuchte vergeblich, ihn zu konterrevolutionären Taten aufzumuntern. Auch in Berlin machte sich der Thronfolger, der spätere Kaiser Wilhelm I., immens unpopulär. Immerhin, auch wenn das anfangs noch nicht so recht deutlich wurde: Die Konservativen, die Gegner der Revolution in Bausch und Bogen, die auch schon die Märzbewegung für illegitim hielten, verkörperten in Preußen zumindestens teilweise ein Milieu, eine Partei, die über bloßes bürgerliches Sicherheitsbedürfnis oder das Beharrungsvermögen eingefleischter Bürokraten hinausging. »Altpreußen«, Brandenburg und Pommern, das war Ost-Elbien, konservatives Gutsbesitzerland. Dieser Adel lebte in Symbiose mit der Armee, was er in Österreich nur ganz an der Spitze tat, und er blickte mit unverhohlener Eifersucht auf das rheinische Bürgertum, das sich im Laufe des Jahres an seinen Steuerprivilegien vergriff. Im viel rückständigeren, halbfeudalen Österreich waren Bourgeoisie und Aristokratie vergleichsweise viel enger aneinander gekettet.

Die Revolution hatte in den Einzelstaaten gesiegt. Hatte sie damit auch in Deutschland gesiegt? Die deutsche Einheit, die »Integration« Deutschlands, stand seit langem auf dem Programm der Liberalen. Da fanden säkulare Entwicklungen ihren Niederschlag, geistige und materielle, ökonomische und ideologische. Der Verfasser hegt nicht die Absicht, den Leser an dieser Stelle zu einem Streifzug durch die schier uferlose theoretische Literatur zum Thema Nationalismus und nationale Bewegungen einzuladen; dazu fehlen ihm sowohl Eignung als auch Neigung. Wir brauchen für unsere Zwecke nur festzuhalten, daß eine Perspektive des immer näheren Zusammenrückens aller Deutschen grundsätzlich den Beifall der überwältigenden Mehrheit der politisch interessierten Öffentlichkeit genoß. (Zumindest sofern keine konkreten Interessen dadurch verletzt wurden, eine nicht ganz unwichtige Einschränkung.) Aus dieser Grundstimmung allein, so wenig man sie schnöde leugnen sollte und so teuer sie dem Herzen des Verfassers auch ist, resultierte aber noch keineswegs ein unmittelbarer politischer Impuls zur Verwirklichung der Einheit hier und jetzt. Da mußten noch andere Elemente mitspielen. Politiker, so schrieb einer von ihnen um diese Zeit, sind das Geschöpf der Umstände.

Deutsche Einheit war ein Ziel, das »Hegemonie im Diskurs« beanspruchte und allseitige Anerkennung genoß. Deutsche Einheit war gleichzeitig schon gegeben. Aber sie war ein Werkzeug der Exekutive. Selbst ohne jede nationale Regung galt: Wenn man Konstitutionalismus wollte, mußte man die deutsche Einheit wollen. Die Situation sollte uns nicht gar so unbekannt vorkommen. Es ging darum, dem deutschen »Brüssel«, dem Organ der Regierungen, ein deutsches »Straßburg«, eine Volksvertretung, an die Seite zu stellen – dem Thurn und Taxis'schen Palais, wo die Bundestagsgesandten tagten, in der Paulskirche ein Gegengewicht zu verschaffen. Damit war verbunden, das Band enger zu knüpfen, das die Mitglieder des deutschen Bundes zusammenhielt. Wie eng, war noch nicht gesagt.

Mit der Idee der deutschen Einheit verbanden sich darüber hinaus unterschiedliche politische Wunschvorstellungen und unterschiedliche Zukunftsperspektiven. Unterschiedlich nicht bloß nach politischem Standpunkt, sondern vor allem auch nach Standort. Es war nicht zufällig im Südwesten Deutschlands, wo die ersten konkreten Schritte zur Verwirklichung einer über den alten Bund hinausgehenden Integration gesetzt wurden. Hier, in einem kleinräumigen Gebiet, wo über die Landesgrenzen hinweg enge Kontakte (und Karrieren) auch im Vormärz gang und gäbe waren, hatte sich zwischen der Universitätsstadt Heidelberg und dem bürgerlich-kommerziellen Mannheim, zwischen dem katholischen, aber politisch radikalen Mainz und dem lutherisch nüchternen Darmstadt oder Stuttgart ein spezifisches regionales Milieu ausgebildet, ein politisches Modernisierungszentrum.

Wenn die neu ernannten Minister und ihre Gefolgsleute im Südwesten nun darangingen, sich als Vorparlament zu konstituieren, aus eigener Machtvollkommenheit, aber gedeckt und akzeptiert vom Bundestag, ging es ihnen nicht bloß um deutsche Einheit in einem abstrakten Sinne, sondern um die Bewahrung der »Märzerrungenschaften«. Diese liberale, 1848 im Kontext ihrer näheren Umgebung bereits liberal-konservative, nicht revolutionäre und nicht gegenrevolutionäre Strömung suchte nach einer Stabilisierung der konstitutionellen Monarchie durch Anlehnung an die Großmächte, durch Osmose und wechselseitige Annäherung.

Sie alle, Gagern in Hessen-Darmstadt, Römer in Württemberg, Hergenhahn in Nassau, Hoffmann, Bassermann und

Mathy in Baden, sahen sich im eigenen Land mit einer starken demokratisch-republikanischen Linksströmung konfrontiert. Dagegen wünschte man einen Rückhalt am Bund, am Reich, am Bundesstaat. Insofern war die deutsche Einheit, wie sie die beherrschende Strömung des Jahres 1848 im Sinne hatte, ein konservatives Projekt. Aber das war nur die eine Seite der Medaille: Um an liberal-konstitutionellen Großmächten einen Rückhalt gegen revolutionäre Umtriebe zu haben, mußten die Großmächte erst konstitutionell werden. Auf die Großmächte selber sollte diese Integration als Ansporn wirken, ihre Institutionen dem fortschrittlichen Part Deutschlands anzupassen. Für die Österreicher und Preußen aber war eine Verfassungsbewegung, die in Baden bereits als retardierendes Element galt, äußerst fortschrittlich, über die bisherigen ständischen Initiativen weit hinausreichend.

Es war keine militärische Intervention der Mächte, die Gagern und die anderen von Wien oder Berlin erwarteten. Das, so warnten sie, würde bloß zum nochmaligen offenen Ausbruch der Revolution und zum Bürgerkrieg führen, zur »roten Republik« oder zum »weißen Terror«. Anders ausgedrückt: Quer durch Deutschland war im März 1848 ein politischer Linksruck erfolgt, wenn auch mit regional unterschiedlicher Intensität. Diese Unterschiede, auch die älteren bestehenden, sollten ausgeglichen, moderiert und übereingestimmt werden, bevor sie ihr destruktives Potential entfalteten.

Für diese Strategie schien Anfang März Preußen der gegebene Partner. Preußen besaß immerhin den Vereinigten Landtag als konstitutionelles Feigenblatt, es schien auf der Bahn des gemäßigten Fortschritts zu wandeln, war nicht von inneren Unruhen erschüttert und in keine auswärtigen Auseinandersetzungen verwickelt. Seit Mai 1847 hielt die in Heidelberg neu gegründete »Deutsche Zeitung« unter der Redaktion von Gervinus, einem der »Göttinger Sieben«, Preußen diese Karotte der Hegemonie unter die Augen, wenn – ja wenn es auf das konstitutionelle Programm der südwestdeutschen Liberalen einstieg. Im Herbst 1847, angeregt schon auch durch die Erwartungen, die der preußische Vereinigte Landtag geweckt hatte, fand ein Treffen der »Kammerzelebritäten« der Region im »Halben Mond« in Heppenheim an der Weinstraße statt. Damals überlegte man noch, ob der Bund reformierbar war oder ob man am Bund vorbei auf dem Wege von Sondervereinbarungen vorgehen sollte.

Für einige Tage dachte man jetzt im März an eine radikale Abkürzung dieses Prozesses. Schon begab Max v. Gagern, Heinrichs Bruder, sich auf die Reise, um Friedrich Wilhelm IV. die Kaiserkrone anzubieten. Doch bereits in Dresden war seine Mission gegenstandslos geworden, als die Nachricht von den Berliner Ereignissen eintraf. Der Tübinger Professor Fallati als ein typischer Vertreter dieser südwestdeutschen Liberalen notierte: »Ich fürchte, daß nach der Nacht vom 18. zum 19. März eine Hegemonie Preußens unter Friedrich Wilhelm IV. unmöglich ist.« Der »blutige Komödiant« habe jeden Kredit verloren.[74] Daß er verkündete, Preußen wolle in Deutschland aufgehen, half ihm jetzt nichts mehr: Mit einem so »unsicheren Kantonisten« wollte man nicht fusionieren.

Dafür konnte nach dem 13. März auch Österreich ein potentieller Partner sein. Die Voraussetzungen hatten sich verändert: Wessenberg, freilich kein ganz unvoreingenommener Zeuge, schrieb am 24. März aus Freiburg: »Die deutschen Herzen schlagen wieder heftiger für Österreich. … Österreich hat Preußen den Rang abgelaufen.« Vor allem die Wiener Bürgerpetition schien Eindruck gemacht zu haben. »Nur dürfen wir nicht zaudern, das Wort zu vollenden …«[75] Die Indizien, auf welche der beiden deutschen Großmächte das Anforderungsprofil eines auskömmlichen Stabilisators zutraf, sollten sich im Laufe des Jahres noch einige Male ändern, und dementsprechend auch die Vorlieben für die eine oder andere Variante. Sie wurden im Lichte unmittelbarer politischer Nützlichkeitserwägungen gesehen und waren 1848 weniger denn je feste Größen, wechselten zuweilen von Woche zu Woche. Anfang März erschien Preußen als der Hoffnungsträger; Österreich war Anathema. Schon am 18. März war alles wieder anders.

»Großdeutsch« und »kleindeutsch« waren noch keine Parteifahnen. Die Bezeichnungen waren im Frühjahr 1848 auch noch unbekannt. Wenn es »das ganze Deutschland sein« sollte, wie es in Arndts Lied hieß, dann war damit das gemeint, was man später mit »großdeutsche Lösung« bezeichnete. Das »engere« oder »eigentliche« Deutschland aber, da zählte Preußen dann auch nicht mehr dazu. Auch Gagern war »im Grundstock durchaus großdeutsch«. Er hatte auf Preußen gesetzt, weil er an Metternichs Österreich verzweifelte. Wenn sich diese Voraussetzungen änderten, war die Frage auch für ihn wieder offen. Ludwig Bergsträsser, der Doyen der deutschen Parteienforschung, hat kurz vor dem Ersten Weltkrieg über dieses Abschweifen vom preußischen Kurs geurteilt: »Die Gemäßigten brauchten ein Jahr, um zu ihrem Programm zurückzufinden. Und da war es zu spät.«[76]

Wenn im Augenblick aber keine der beiden Großmächte ausreichende Garantien für eine gedeihliche Entwicklung zu offerieren vermochte, mußte man sich gar am eigenen Schopf aus dem Sumpf ziehen: Diese Überlegung führte hin zu Gagerns »kühnem Griff« und der Schaffung der provisorischen Zentralgewalt im Juni.

Es ist ein Klischee, aber ein unausweichliches, bei dieser Gelegenheit einen Blick auf die zentrale Figur dieser Bewegung zu werfen, die in mancher Beziehung die zentrale Figur dieses Jahres 1848 überhaupt ist, auf Heinrich von Gagern. Man tut es nicht ohne Zögern. Nicht weil er es nicht verdient hätte, sondern weil seine Persönlichkeit auf den ersten Blick eine geradezu penetrante Aura dessen ausstrahlt, was im Englischen gerne als »the Great and Good« bezeichnet wird. Der Dichter Moritz Hartmann, auch politisch ein Gegner Gagerns, hat es enerviert mit dem Wortungetüm »Persönlichkeitsgewichtsbewußtseinaufgeblasenheit« beschrieben.[77] Dieser Eindruck wiederum steht in einem seltsamen Kontrast zu der äußerlich eher anspruchslosen Karriere dieses Mannes vor und auch nach 1848, als er sein Leben als Gesandter eines Duodezfürstentums in Wien beschloß.

Dennoch war Gagern schon 1848 deutlich der »Primus inter

pares« unter den Kapazitäten der südwestdeutschen Liberalen. Diese Stellung fiel ihm nicht zuletzt deshalb zu, so läßt sich vermuten, weil in seiner Persönlichkeit und seinem Familienhintergrund so viele der Elemente zusammenkamen, die 1848 die Einheitsbewegung speisten. Sie fiel ihm außerdem zu, weil er trotz mancher impulsiver Züge und trotz mancher überraschender, vorausschauender Wendungen, die er seiner Sache gab, doch stets auf Ausgleich bedacht war, auf Verständigung (ohne dieses 1848 lange Zeit verpönte Wort deshalb in den Mund zu nehmen). Für die Rolle, die er 1848 spielte, brachte er nicht bloß ein Motiv mit, sondern auch Gelegenheit, Talent und Anlage.

Ein Blick auf die Familie Gagern verdeutlicht besonders gut den länderübergreifenden regionalen, tendenziell gesamtdeutschen Zugang, der im Südwesten kein Einzelfall war. Als Reichsfreiherren waren die Gagerns (so wie ehedem der berühmte Freiherr vom Stein) »Miniatur-Standesherren« und in Hessen-Darmstadt, wo sie 1803 eingemeindet wurden, automatisch Mitglied der Stände bzw. der Ersten Kammer. Das verschaffte Heinrich von Gagern eine gesellschaftliche Position, wie sie wenige der anderen Märzminister mitbrachten, und es erleichterte ideologisch den Brückenschlag zwischen dem alten Reich und dem neuen, zu schaffenden. Heinrichs Vater hatte im Ancien Régime mehreren Fürsten gedient, Pfalz-Zweibrücken, dann Nassau, war eine Zeitlang auch Reichshofrat in Wien gewesen und ein Mitstreiter Erzherzog Johanns, der mit ihm weiterhin korrespondierte. Der Sohn hatte noch einen letzten Zipfel der Befreiungskriege erhascht, war als Kadett bei Waterloo verwundet worden und stieß dann auf den Universitäten Heidelberg, Göttingen und Jena zur Urburschenschaft. Mit dem hessischen Minister du Thil verfeindet, gehörte er der Opposition an und widmete sich neben seinen politischen Kontakten vor 1848 vornehmlich der Bewirtschaftung seiner Güter. Dem in der Atmosphäre einer europäischen Metropole groß gewordenen Schmerling, seinem Vorgänger als Reichsministerpräsident, gestand er bei der Amtsübergabe, er fühle sich nicht wohl in

Reichsfreiherr und Burschenschafter:
Heinrich von Gagern als Integrationsfigur

diesen Geschäften, weil er sein Leben als Landedelmann zugebracht habe, fern von großen Städten und diplomatischen Ränken.[78]

Ganz so arglos provinziell war das Dasein der Familie nicht: Ein Bruder, Max, stand als Diplomat in nassauischen Diensten; ein weiterer Bruder, der ältere, Friedrich, als Offizier in luxemburgischen, sprich niederländischen. Er kam 1848 gerade von einer Inspektionstour in Ostindien zurück und quittierte im April den Dienst, um heim nach Deutschland zu gehen, wo er eine Woche später fiel. Von den Söhnen Heinrichs sollte einer preußischer Generalmajor werden und einer österreichischer Marineur, später dann als Mitglied des katholischen Zentrums bayerischer Reichstagsabgeordneter. Gagern war reformiert, aber er entstammte einer gemischt konfessionellen Ehe und führte selber eine solche. Wenn ein Parlamentarier, ein Politiker aus Berufung, nicht von Geburt, zur Integrationsfigur des entstehenden Deutschlands prädestiniert erschien, dann er.

Auf die deutsche Einheit setzte freilich auch die äußerste Linke. Von Hecker, dem badischen Revolutionär, sang man später einmal beziehungsvoll:

> Er hängt an keinem Baum,
> Er hängt an keinem Strick,
> Er hängt an seinem Traum,
> Von deutscher Republik.

Eine von oben her dekretierte gesamtdeutsche Republik, die Auflösung der 38 Zivillisten (»Zuviellisten«, wie entnervte Steuerzahler sie nannten), war eine chemische Lösung; es ersparte die physische Beseitigung der Monarchien, die 39 Separat-Revolutionen. In diesem Sinne waren die Alternativen »Kaiser oder Republik« gar nicht so weit auseinander. Beide konnten nicht nur die Mediatisierung, sondern die Zerschlagung und Entmachtung der bestehenden Oligarchien bedeuten.

Das entscheidende Wörtchen dabei ist »konnten«, in der Praxis taten sie es nämlich nicht. Die Debatten des Jahres 1848 wurden mit den Kampfbegriffen von »Partikularismus« und »Unitarismus« ausgefochten. Der juristische Zugang mit seiner schroffen Unterscheidung von Staatenbund und Bundesstaat verstellte dabei oft den Blick auf die realen Machtverhältnisse. Schon der Deutsche Bund war mehr gewesen als ein bloßer Staatenbund. Viele seiner »mindermächtigen« Mitglieder konnten davon ein Lied singen. Auf der anderen Seite war aber auch der Bundesstaat eben ein Bundesstaat, ein föderalistisches Gebilde und kein Einheitsstaat mit vom Zentrum ernannten Präfekten in den Departments. Es ging 1848 (wie 1867 und 1918) im Endergebnis um eine schrittweise, für sich jeweils verhältnismäßig behutsame Verschiebung in Richtung mehr Bundeskompetenzen. Die »Gleichschaltung« erlebte Deutschland erst zwischen 1933 und 1939.

An dieser Stelle kann ein Gedicht unserem Verständnis vielleicht weiterhelfen:

O Freiheit, die wir meinen,
O deutscher Kaiser, sei gegrüßt!
Wir haben auch nicht einen
Zaunkönig eingebüßt.

Sie sind uns alle verblieben;
Und als wir nach dem Sturm gezählt
Die Häupter unsrer Lieben,
Kein einziges hat gefehlt.[79]

Was Georg Herwegh hier verspottete, war nicht das endgültige Scheitern der Revolution, sondern der Verfassungsentwurf
der Paulskirche, wie er Ende 1848 vorlag. Die »Vielstaaterei«
blieb erhalten, nicht einmal die neun thüringischen Für-
stentümer wurden zu einem Land zusammengefaßt. (Das
geschah erst 1918.) Wie wenig bedeutsam die formalen Hül-
len waren, in die sich derlei Konzepte kleideten, macht nicht
zuletzt auch der Sprachgebrauch deutlich, an den wir uns im
Zusammenhang mit der kleindeutschen Reichsgründung
durch Bismarck gewöhnt haben. Wir datieren sie mit 1871 und
sprechen von da ab vom »Zweiten Reich«. Dieses Reich aber
übernahm ganz einfach die Verfassung des »Norddeutschen
Bundes« (und räumte darüber hinaus einzelnen Ländern Son-
derrechte ein).

Der Vergleich mit Italien, der zweiten »verspäteten Nation«
im Herzen Europas, ist hier instruktiv: Dort war der Bruch
tatsächlich gegeben. Es gab vor 1860 keinen italienischen
Bund, nur souveräne Staaten; es gab nach 1860 keine Bundesstaaten. Unabhängig vom Nord-Süd-Gefälle (ungleiches
Wachstum gab es schließlich in Deutschland auch) wirkt dieser Bruch bis heute nach. Die deutsche Entwicklung verlief in
dieser Beziehung bruchloser, evolutionärer.

Kein Zufall war es allerdings, daß die Einheitsbewegung in
Deutschland 1848 dort ihren Ausgang nahm und dort auf die
stärkste Resonanz stieß (und das oft in Form republikanischer
Tendenzen), wo die bestehenden Länder Kunstprodukte
waren, die noch keine sehr tiefen Wurzeln geschlagen hatten.

Da es die geistlichen Territorien waren, die eine Generation zuvor dem großen politischen Flurbereinigungsprozeß zum Opfer gefallen waren, waren dort auch viele der Unzufriedenen zu finden, da die angeblich so konservativen Katholiken sich von ihren neuen protestantischen Landesherren benachteiligt wähnten. (Das nunmehr kurhessische Stift Fulda galt dort z. B. als das »hessische Sibirien«.)

Dennoch ist und bleibt Baden das beste Beispiel dafür. Im badischen Bodenseekreis, im ex-österreichischen Konstanz, rief das Duo Hecker und Struve Anfang April die Republik aus. Unter dem Emigranten Herwegh, dem – nach Heine – wohl berühmtesten und radikalsten der oppositionellen Poeten des Vormärz, dem Friedrich Wilhelm von Preußen einst versprochen hatte: »Wir wollen ehrliche Gegner sein!«, kam ihnen eine »Pariser Deutsche Legion« zu Hilfe. Die Revolution gegen die Liberalen erlitt bald Schiffbruch; Gagerns Bruder Friedrich fiel bei ihrer Niederwerfung im einzigen größeren Gefecht bei Kandern. Herweghs Scharen wurden von württembergischen Truppen überrascht und flohen Hals über Kopf in die Schweiz.

Die Südwestdeutschen hatten die erste Krise überstanden, aus eigener Kraft, ohne die Hilfe der Großmächte in Anspruch nehmen zu müssen. Der Aufstand hatte aber auch demonstriert, daß die gesellschaftliche Ordnung dort in Gefahr war, wo die politische Ordnung nicht traditionell legitimiert war. In Baden z. B. kreuzten sich die Loyalitätsansprüche des Staates mit den Forderungen der Standesherren; dazu kam die konfessionelle Problematik. In Randbereichen machte Österreich dieselbe Erfahrung. In Welschtirol, das 1848 stark mit dem vereinigten Italien – oder doch zumindest mit dem Anschluß an das lombardo-venezianische Königreich – kokettierte, war die Opposition im fürstbischöflichen Trient ebenfalls viel stärker als in Rovereto, das schon seit Maximilian I. habsburgisch regiert wurde.

Wenn man in einem der klassischen Duodezfürstentümer lebte, selbst in einem der altehrwürdigen, so durchschaute man doch den »Souveränitätsschwindel«. Souveränität war auch eine Frage der Größe. Wessenberg hat das am Beispiel der süddeutschen Hohenzollern abgehandelt: Was für Hechingen gilt (mit seinen 20 000 Einwohnern), gilt nicht auch für Österreich. Und es galt natürlich auch nicht für die Hohenzollern in Berlin. (Grenzfälle waren in dieser Beziehung die Mittelstaaten, von Bayern bis – mit Nachsicht aller Taxen – Baden.)

Österreich hatte mehr zu verlieren. Die ganze Komplexität der Beziehungen Österreichs, besser der österreichischen Teile des Deutschen Bundes, zum Rest der habsburgisch regierten Territorien war im März 1848 nicht vielen außerhalb Österreichs bewußt und auch innerhalb Österreichs keineswegs allen. War man hier im Begriff, ein großes Reich mutwillig entzwei zu schlagen? Oder aber: Hatte Österreich das, wovon es sich als integrierender Bestandteil Deutschlands in Zukunft vielleicht trennen mußte, nicht ohnehin schon verloren?

Galt nicht für Österreich, was der deutschböhmische Radikale Löhner damals in zeitloser Gültigkeit formuliert hat: »Der Grundsatz der Freiheit und Gleichheit ist, in's Praktische übersetzt, die Herrschaft der Majorität. Diese gilt aber nur innerhalb der Schranken der individuellen Nationalität; darüber hinaus wird sie das Gegenteil: Knechtschaft und Hegemonie. In dem Augenblicke, wo der eiserne Ring des väterlichen Despotismus sprang, der die Gesamtheit der Dinge und Zustände in einem bestimmten Neben- und Untereinandersein gehalten hatte, lag es nahe, alles Bisherige als ein rein Faktisches in Frage gestellt zu betrachten, und somit war sein Bruch auch für die Nationalitäten das Signal, mit Abschüttelung der bisherigen Gravitationsgesetze sich nach freier Anziehung ihre Stellung zum gemeinsamen Mittelpunkt zu erwählen. Einmal dieses Prinzip aufgestellt, stand hier Anspruch gegen Anspruch, Unabhängigkeit gegen Unabhängigkeit; und dies galt offenbar ohne Unterschied oder Abtheilung bis zu jeder Grenze des weiten Reiches.«

Da war zuerst einmal Italien. Das Lombardo-venezianische

Königreich galt nach dem Aufstand in Venedig am 17. März, nach den Straßenkämpfen der Cinque Giornate in Mailand und der sardinischen Kriegserklärung allgemein als verloren. Ein Beispiel: Der spätere Sieger von Lissa, der damalige Kadett Wilhelm von Tegetthoff, schrieb in einem Brief an seinen Vater in Graz recht emotionslos, der Großteil seiner italienischen Kameraden diene jetzt der venezianischen Republik. Seine eigenen Zukunftsaussichten sah er an diesem 28. März so:»Einige Deutsche, unter ihnen auch ich, nehmen ihre Entlassung und befinden uns jetzt hier (= in Triest). Hier wird eine deutsche Marine gebildet werden.« Diese Stimmung des Auseinandergehens erinnert ganz an den 3. November 1918. Die Monarchie zerfiel eben in ihre nationalen Bestandteile, mit dem Unterschied freilich, daß Triest zum Deutschen Bund gehörte. Tegetthoff stellte auch bald darauf fest, daß er gar nicht den Herrn zu wechseln brauchte, um dem neuen Reich dienen zu können:»Wir haben die schönsten Hoffnungen bei der Marine, da bei der Bildung des deutschen Kaiserreiches sich die Anzahl der Kriegsschiffe bedeutend vermehren muß ...«[80] Das Aufgehen Österreichs in Deutschland war hier schon als feststehende Tatsache vorweggenommen.

Niemand geringerer als Metternichs Getreuer Hartig bemühte sich um einen baldigen Frieden im Süden, unter Abtretung zumindest der Lombardei. Selbst die militärischen Erfolge Radetzkys wurden lange Zeit bloß als günstige Gelegenheit betrachtet, das Gesicht zu wahren – eine quixotische Stimmung, die erstaunlich weit verbreitet war. Nicht bloß einmal begegnet einem in zeitgenössischen Betrachtungen das Rezept: Die Italiener schlagen, vielleicht sogar »furchtbar brandschatzen«, auf alle Fälle die Waffenehre wiederherstellen, dann aber »Fort mit Schaden!« und sie ihrem Schicksal überlassen. Bloß das venezianische Istrien wollten einige ebenfalls noch schnell in den Deutschen Bund hineinschmuggeln.

Daß es dem alten Haudegen gelang, König Karl Albert im August zu einem Waffenstillstand zu zwingen, ohne daß der König seinerseits von der Revolution hinweggefegt wurde, kam für die Diplomaten überraschend. Erzherzog Johann war noch im Oktober der Meinung, man solle besser die Lombardei fahren lassen, als »eine kostbare Armee« dort gebunden, »gelähmt« zu sehen.[81] An den italienischen Gebietsteilen, denen man ohnehin mindestens dieselben Rechte zu gewähren versprach wie den Ungarn, lag es also nicht. Erst mit dem Essen kam der Appetit zurück, aber das war nicht vor September, als Schwarzenberg ausgesandt wurde, eine politische Lösung zu verhandeln.

Ungarn war einen Monat nach Metternichs Sturz, am 11. April, ein verantwortliches Ministerium gewährt worden; schon beim Verfassungsversprechen des Kaisers in Wien am 15. März war davon die Rede gewesen, daß eine Verfassung in Österreich als Gegengewicht zur ungarischen nötig sei. Daß die Entwürfe, über die Pillersdorff stolperte, für Ungarn keine Geltung haben würden, war von Anfang an klar. Seither bestand zwischen »Österreich« und Ungarn de iure jene Personalunion, wie sie die berühmt-berüchtigten §§ 2 und 3 der Paulskirche im Herbst vorsahen. Ein Stein des Anstoßes blieb wie bei jeder Scheidung die Aufteilung des Vermögens, oder besser gesagt, der Schulden. Und – kniffliger noch – der Armee. War der ungarische Kriegsminister jetzt einfach für die Truppen zuständig, die sich am 11. April zufällig jenseits der Leitha befanden, oder sollte da früher oder später ein Austausch stattfinden? Ungarn schien von äußeren Feinden ohnehin kaum unmittelbar bedroht, noch dazu wenn man die Militärgrenze einfach nicht zu Ungarn rechnete, wie es Graf Latour tat. Doch was blieb dann für einen ungarischen Kriegsminister noch zu tun – und zu kommandieren – übrig? Da zogen Wolken am Horizont auf, entwickelten sich Konflikte. Eine Einverleibung Ungarns in die Gesamt-Monarchie vermochten sich im Sommer dennoch wenige vorzustellen.[82]

Blieb als wunder Punkt einzig Galizien übrig. Galizien, so sagte ein Pole im Sommer, sei das Exerzierfeld für »bürokratische Abenteurer«. Aber auch da ließen die im April einlaufenden Nachrichten an Deutlichkeit nichts zu wünschen übrig. Wenn überall in Europa Revolution war, würden doch nicht gerade die Polen ruhig bleiben. Wessenberg rechnete deshalb von Anfang an mit dem Verlust Galiziens. Franz Stadion als Statthalter in Lemberg wurde noch am 6. Mai zitiert, Galizien sei nicht zu halten. Erzherzog Johann spielte auf die polnischen Teilungen an, wenn er vom Unrecht seiner Großmutter Maria Theresia sprach, das rückgängig gemacht werden sollte. Im ständischen Zentralausschuß in Wien plädierte Kleyle als Berichterstatter für eine Trennung von Polen-Galizien.[83]

Das war freilich kein rein österreichisches Problem. Aus diesen und anderen Gründen wurde diese Schlußfolgerung offengelassen. Schon Ende April begann mit der Bezwingung des unruhigen Krakau dort auch militärisch die Gegenbewegung. Bezeichnend war außerdem, daß Stadion und Krauß, die im Rahmen der zivilen Staatsverwaltung mehr als alle anderen zur Bewahrung bzw. Wiederaufrichtung der Gesamt-Monarchie tun sollten, zu Beginn des Jahres 1848 gerade mit der Verwaltung Galiziens betraut waren. Ihnen war die imperiale Mission Österreichs unmittelbar gegenwärtig. Ein Hebel zur Festigung der Position der Verwaltung in Galizien aber war die Förderung der Ruthenen (Ukrainer) und ihres politischen Erwachens. Seit Mai überwanden die Österreicher in Lemberg ihren Defaitismus und schlugen diesen Weg ein. (Die Polen scherzten bitter, Graf Stadion habe soeben die Ruthenen erfunden und deren Nationalsprache sei bis auf weiteres – deutsch …

Der Vielvölkerstaat, seine europäische Aufgabe oder das, was spätere Interpreten dafür gehalten haben, hielt Österreich im Frühjahr 1848 kaum noch von dem proklamierten »innigsten Anschluß an Deutschland« zurück. Die »Allgemeine Österreichische Zeitung« des späteren Ministers v. Schwarzer malte am 25. April die Perspektiven aus, die sich ergaben: »Ungarn hat sein eigenes und verantwortliches Ministerium, sein eigenes Parlament, seine eigene Verwaltung, seinen eigenen Vizekönig und einen Thron, dessen Gewalt beschränkter noch ist als selbst der englische, welchen die Manifeste des Herrn von Metternich einen Schattenthron genannt haben. Was bleibt also übrig? Wollen wir uns an einen Schatten festklammern? Sagen wir es lieber offen und unumwunden heraus: wir Österreicher haben die Macht über Ungarn verloren, Ungarn hat sich von uns staatlich losgebunden, Ungarn ist für uns nichts anderes mehr als entfremdetes und gänzliches Ausland, das die österreichische Bikolore entschieden zurückweist.« Von den 23 Millionen habsburgischer Untertanen, die nach Abzug der Ungarn verblieben, entfielen fünf auf die Lombardei, über die man kein Wort zu verlieren brauche, und fünf auf Galizien: »Dort müssen wir, wie in einem frischeroberten Lande, eine Armee mit aufgestecktem Bajonett erhalten und kein Mensch wagt für die Dauer unserer dortigen Oberherrlichkeit auch nur ein Jahr einzustehen. Was also bleibt uns übrig, nichts, gar nichts als die rein deutschen Provinzen, und die ganze Kraft dieser beschränkten Herzogtümer ist absorbiert durch die Wachposten, die sie in slavischen Ländern aufgestellt erhalten.«

Anton Auersperg zog daraus die Schlußfolgerungen, wenn er Anfang Mai schrieb: »Österreichs alte Macht ist zerfallen und zerfällt noch immer. Nicht Österreichs Größe, nein, Österreichs Rettung suche ich in und außer Österreich, in und mit Deutschland, Rettung jener Teile, die noch für Österreich zu retten sind, und als einziges Rettungsmittel deren kompakten Anschluß an das große, verbrüderte Deutschland.«[84]

An Rhein und Main spielte sich inzwischen im Verlauf des Monats März eine Versammlungstätigkeit ab, die in ihrer Dynamik und in ihrer Wirkung erstaunlich war. Sie nahm ihren Ausgang von den bestehenden Parlamenten, Ständekammern oder wie immer sie sich nannten. Bassermann, ein weiterer Vertreter des Mannheim-Heidelberger Knotens, der 1848 soviel in Bewegung setzte, hatte mit einer berühmten Rede in der badischen Kammer schon im Februar das Stichwort dafür geliefert. Der Antrag war von Welcker zwar schon Jahre zuvor eingebracht worden, aber die Verhältnisse waren damals eben noch nicht so.

Schon am 28. Februar, einen Tag nach Bekanntwerden der

Pariser Revolution, waren die Einladungen zu einer neuerlichen Versammlung von Abgeordneten südwestdeutscher Ständekammern nach dem Muster des Heppenheimer Treffens im Herbst ergangen. Am 5. März trafen sich über fünfzig der »Kammerzelebritäten«, fast die Hälfte davon aus Baden, aber auch schon die ersten Rheinpreußen, in Heidelberg und wählten einen Siebener-Ausschuß, der bereits am 12. März (vom Sturz Metternichs war noch keine Rede!) seinerseits für Ende März zu einem Vorparlament nach Frankfurt einlud.

Dieses Vorparlament sollte sich aus Abgeordneten aller deutscher Staaten zusammensetzen. Der Umschwung in Österreich, vor allem aber in Preußen in der Woche darauf drohte diesen Terminkalender durcheinanderzubringen: Für dieselbe Woche wie das Vorparlament war nun auch der preußische Landtag einberufen worden. Um ihre Versammlung weder verschieben noch auf Delegierte aus Preußen ganz verzichten zu müssen, öffnete der Ausschuß die Versammlung kurzerhand auch für Abgesandte städtischer Magistrate. An besondere Vertrauensmänner ergingen außerdem persönliche Einladungen (so z. B. an den Exil-Österreicher Wiesner); einige erhielten Blankoeinladungen zugesandt, die nach dem Schneeballsystem weitergegeben werden konnten. Zum Schluß überwog im Vorparlament rein numerisch sogar das »nichtparlamentarische« Element.

Zugleich spielte sich seit dem März auch in Frankfurt im Zeitraffer ein ähnliches Muster ab wie in Wien. Der Bundestag als Organ der deutschen Regierungen verfolgte eine Strategie der Legitimation durch Kooptation. Er umgab sich mit einer beratenden Versammlung, die Zelebritäten in ihren Reihen zählte, wie z. B. die Professoren Dahlmann und Droysen (beide »Göttinger«) für Preußen bzw. Holstein oder Uhland für Württemberg; aus Wien reiste dafür Schmerling an. Zum Teil waren die Gesandten selbst bereits durch Männer der neuen Zeit ersetzt worden. So wurde Baden jetzt durch Karl-Theodor Welcker vertreten, dessen Rotteck-Welcker'sches Staatslexikon mit Fug und Recht als die Bibel des deutschen Liberalismus im Vormärz bezeichnet werden darf.

Der Bundestag versuchte der Märzbewegung durch zeitgemäße Gesten den Wind aus den Segeln zu nehmen. Er bejahte die Notwendigkeit einer Reform seiner Verfassung und erklärte das bisher verpönte »Schwarz-Rot-Gold« am 9. März zu den Bundesfarben. Ganz nebenbei, beiläufig und selbstverständlich befürwortete der Bundestag auch die vom Vorparlament geforderte Ausschreibung der Wahlen zur Nationalversammlung. Wessenberg kommentierte kopfschüttelnd: Diese »Improvisation eines deutschen Parlaments, welche bloß aus einigen Köpfen im badischen Land, aus einem Gelehrtenverein in Heidelberg hervorgegangen, hat den bisherigen Staatenbund, man kann sagen: zertrümmert!«[85]

Wenn so leichtfertig Versprechungen gemacht wurden, mußte das freilich auch Zweifel an der Ernsthaftigkeit der Zusagen wecken. Ohne daß man es je zu einer Kampfabstimmung kommen ließ, kam jetzt das eigentümliche Zahlenverhältnis am Bundestag zum Tragen. Jetzt wo die Großmächte immobil waren, setzten sich die kleineren Mitglieder durch, und ihre Stimmen spiegelten die Stimmung im Lande wider. Die Großen hatten ihr eigenen Hintergedanken: In einer gewählten Versammlung würden dann wieder die stärkeren Bataillone zählen.

Was sollte bis zum Zusammentritt der National-Repräsentation geschehen? Die Republikaner forderten, das Vorparlament solle sich zur provisorischen Regierung aufwerfen; das wurde niedergestimmt. In den Fünfziger-Ausschuß, den das Vorparlament wiederum als Platzhalter und Quartierbereiter der kommenden, gewählten Nationalversammlung einsetzte, wurden keine Vertreter der Äußersten Linken mehr gewählt. (Es läßt sich spekulieren, ob die Republikaner bloß deshalb daraufhin in Baden den Aufstand probten.) Veit Valentin hat über dieses Ergebnis geschrieben: »Als das Vorparlament seine letzte Sitzung geschlossen hatte, atmeten alle Anhänger der alten Mächte erleichtert auf: es war kein Wohlfahrtsausschuß eingesetzt, keine Diktatur erklärt, keine Republik ausgerufen worden« – »die anständige, ordentliche, politische

Revolution hatte über den Gedanken des sozialrevolutionären Umsturzes durchaus gesiegt.«[86]

Dieser lobende – und dabei klammheimlich vielleicht doch ein wenig bedauernde – Befund erfaßt die Intentionen des Vorparlaments ganz richtig, zweifellos. Dennoch kommt in diesem Urteil des Kenners die zwar nicht sozialrevolutionäre, aber doch beinahe phantastische Qualität dieser Versammlung nicht hinreichend zum Ausdruck. Hier trafen einander ein paar hundert Prominente, zusammengewürfelt nach dem Schneeball- und Zufallsprinzip wie bei einer Schickeriaparty, und taten so, als sei es das Selbstverständlichste von der Welt, daß sie mehreren Dutzenden Regierungen, darunter zwei europäischen Großmächten, das Gesetz des Handelns vorschrieben.

Ein sprachgewaltiger älterer Kollege hat mir vor mehreren Jahren eines schönen Sonntagmorgens in Oberbayern sinngemäß erklärt, seitdem »Gott, Kaiser und Vaterland« ihren Nimbus eingebüßt hätten, sei es Aufgabe der Intellektuellen, ihren Mitbürgern die nötigen Wert-Orientierungen vorzugeben. Ich gebe zu, die Vorstellung eines nach ähnlichen Kriterien wie damals zusammengesetzten deutschen Vorparlaments Anno 1998 erscheint dem Verfasser mehr schaurig als schön. Doch besagter Kollege hätte kein schöneres Beispiel wider meine Skepsis ins Treffen führen können als das Vorparlament – und keine besseren Analogien als den Umbruch im Osten 1989. Auch damals veranstaltete man »Runde Tische« mit Leuten, die auf gleich und gleich mit Mächtigen, gerade noch Mächtigen und schon Ehemaligen verhandelten, und durch nichts legitimiert waren als durch ihren Ruf, der wandelbar und wetterwendisch war. Zum Teil trifft auch noch eine weitere Parallele zu: Sobald sich das neue politische System, das hier entstand, konstituiert hatte, verschwanden seine Geburtshelfer wieder in der politischen Versenkung, bekleideten bestenfalls noch zeremonielle Funktionen oder spielten undankbare Nebenrollen.

Wenn 1848 als »the revolution of the intellectuals« in die Geschichtsschreibung eingegangen ist, hier fand es seine äußere Form. Was sich hier zwischen Heidelberg und Frankfurt abspielte, war mitreißend und doch gespenstisch. Daß Machthaber ohne ausreichende Legitimation auftreten, ist kein so seltenes Phänomen. Aber dabei handelt es sich eben um »Mächtige«. Das konnte in diesem Fall schon deshalb kaum zutreffen, weil drei Viertel des Deutschen Bundes kaum vertreten waren. Unter den 574 Mitgliedern des Vorparlaments stellten die Preußen rund ein Viertel, aber die nächstgrößeren Abordnungen kamen schon aus Hessen-Darmstadt und Baden.

Das Ringen und die Verhandlungen zwischen Vorparlament und Bundestag, den Platzhaltern der neuen Männer und den Platzhaltern der alten Gewalten, hatte die Qualität eines Schattenboxens: Spielte die »ordentliche Revolution« ihre revolutionäre Karte aus, so verleugnete sie ihren Charakter. Ihre Autorität beruhte darauf, daß ihr Bluff nicht aufgedeckt wurde. Auf einen offenen Konflikt, der die Machtfrage aufgeworfen hätte, ließ man es wohlweislich nicht ankommen. Die klingende Münze der Macht wurde durch das Buchgeld der Autorität ersetzt. Man räumte einander gegenseitig Kredit ein, im Vertrauen auf die guten Absichten – nicht weil man daran glaubte, sondern weil es die einzige Chance schien, den Konkurs zu vermeiden.

Die politischen Konjunkturprognosen ließen die Kurse des Vorparlaments weit über die Notierungen des Bundestages steigen, auch wenn dahinter keine realen Anlagewerte standen. Wie bei jeder Hausse hatte sich das Publikum dann auch den Krach selber zuzuschreiben. In dem Moment, in dem es den Glauben an seine Kreation verlor, stürzten die Kurse auch wieder in sich zusammen. Das Vorparlament wucherte mit den Pfunden seines Markennamens. Die Gesandten, zum Teil von Regierungen ernannt, die gerade gestürzt wurden (wie z. B. der Österreicher Colloredo, der am 12. März sein Amt antrat), und die Honoratioren, die ihre Funktion zum Teil recht politikfernen Leistungen verdankten, vermieden mehrere Woche lang erfolgreich eine Panik.

Das Beispiel bewies: Autorität kann von Macht abstrahieren. Fragt sich nur, wie lange.

Die Österreicher in der Paulskirche

»Hätte die akademische Jugend
in Wien nicht den Kampf begonnen, das Parlament säße nicht in
Frankfurt.«

Franz Raveaux in Wien,
6. Juli 1848

»›Schwarzgelb‹ und ›Schwarzrot-
gold‹. Das ist inkonsequent. Entweder wenn Schwarzgelb gelten
soll, muß es auch Schwarzrotgelb
heißen, oder wenn Schwarzrot-
gold, dann auch Schwarzgold.«

Alexander von Helfert[87]

Die ersten zwei Österreicher in Frankfurt saßen schon im
Vorparlament, zwei von über fünfhundert. Für den einen
war es eine Station weg von Österreich, über Stuttgart und
Frankfurt nach Baltimore und Chicago; der andere war erst
auf dem Weg nach Österreich, um dort eine standesgemäße
Karriere fortzusetzen.

Der eine war Adolph Wiesner, den wir bereits als Verfasser
der »Denkwürdigkeiten der österreichischen Zensur« (und
als Protegé des Grafen Kolowrat) kennengelernt haben; er
lebte seit über einem Jahr in Stuttgart. Der andere war Graf
Cajetan Bissingen, ein schwäbischer Adeliger, auf dem Weg
nach Innsbruck, wo er das Gubernium übernehmen sollte.

Verstärkung für sie war unterwegs.

Am Tag nach dem Zusammentritt des Vorparlaments, am
2. April, war Wien schwarz-rot-gold beflaggt: Studenten waren

in der Nacht auf den Turm des Stephansdomes geklettert und hatten eine Fahne angebracht. Am Morgen zog man mit der Fahne zur Burg. Der Kaiser wurde mit zwei Hymnen begrüßt, dem »Gott erhalte« und Ernst Moritz Arndts »Was ist des Deutschen Vaterland?«. Wenig später wehte der »Dreifarb« aus dem Fenster der Burg, das Kaiserpaar selbst legte Hand an. Unter der siebenköpfigen Abordnung, die dem Kaiser die Fahne überreichte (und sich in einem eigenen Flugblatt dafür feiern ließ), waren unter der Führung Prof. Endlichers drei künftige Abgeordnete der Frankfurter Nationalversammlung: Giskra, Neuwall und Schneider.

Es blieb nicht bei symbolischen Gesten. Am Tage vor dem Vorparlament, in klugem vorauseilendem Gehorsam, hatte die Bundesversammlung beschlossen, ihren Regierungen die Wahl der Nationalversammlung zu empfehlen. Zwar dachte sie damals noch an ein Delegiertenparlament, Abgesandte der Landstände sollten in Frankfurt zusammenkommen, das schon existierende Vorparlament ergänzt und auf eine gesetzliche Basis gestellt werden. Der österreichische Gesandte hatte sich seine Zustimmung vorbehalten. Am 3. April, einen Tag nach der Beflaggung Wiens, fällte das Ministerium seine Entscheidung: Die Begründung, wie sie das Protokoll in verschlüsseltem Bürokratendeutsch enthält, war vielschichtig. Offenbar wurde hier eine Diskussion zusammengefaßt, die nicht ohne widersprüchliche Stellungnahmen verlief. Österreich müsse die ihm zustehenden Plätze besetzen, um seinen Einfluß nicht zu verlieren. »Die Wahl sei deswegen nicht zu hindern.« Das klang recht unenthusiastisch; man zog sich auf den Standpunkt zurück, daß die Stände ja autonom waren.[88]

Gewählt wurde übrigens schon zur selbigen Stunde, zwar noch nicht für die kommende Nationalversammlung, aber für das Vorparlament. Die Anregung dazu, auf die er sich in Frankfurt viel zugute hielt, kam von Eugen v. Mühlfeld, einem lebenslustigen Anwalt, der es nicht ungern hörte, wenn man ihm nachsagte, er sei ein unehelicher Sohn Napoleons. Freilich: Es waren keine allgemeinen Wahlen, sondern Vereinsangelegenheiten. Wer auserkoren war, sozusagen neben und noch vor den wenig repräsentativen Ständen Österreich auf dem Vorparlament zu vertreten, spiegelte die momentane Situation in Wien gut wider. Es wählten zwar auch die Stände und die Bürgerschaft, so wie sich die Stände ja inzwischen durch kooptierte Vertreter der Bürgerschaft verstärkt hatten. Vor allem wählten aber die Universität – diesmal getrennt für Fakultät und Studenten – und das polytechnische Institut. Und es wählten die Schriftsteller.

Es wählte eigentlich nur Wien. Einzig die Stände beriefen mit Auersperg (begütert in der Krain, mit Wohnsitz in Graz) einen »Provinzler«, den bekanntesten von allen. Alle anderen hatten – unbeschadet ihrer Herkunft – »den Schwerpunkt ihrer Lebensinteressen« in Wien. Unter den Gewählten der Studenten waren zwei Exilschriftsteller, die rechtzeitig zurückgekehrt waren: Ignaz Kuranda, der die »Grenzboten« aufgegeben hatte, und Schuselka; von den Helden der Aula kamen zwei Nordmährer zum Zug, Karl Giskra und Joseph Schneider, der Kommandant der Juristenkompanie. Beiden verhalf die Prominenz im Kreise ihrer Kommilitonen dann auch zur Wahl in ihren heimatlichen Wahlkreisen. Dasselbe galt für die Sendboten der Professoren und Absolventen: Mit Ausnahme des Mediziners Schillings fiel ihre Wahl auf Personen, die im Verlauf des Jahres mehr zur konservativen Seite neigten – Mühlfeld, den »Polytechniker« Höchsmann und Endlicher.

Auch von seiten der Regierung stellte sich ein Reisebegleiter ein: Der Siebzehner-Ausschuß benötigte ebenfalls seinen Österreicher. Für diese Stellung hatte man Anton von Schmerling ausgesucht, eine Wahl, die sich bewähren sollte. Als Adlatus gab man ihm Sommaruga mit, Sohn eines österreichischen Ministers und Schwiegersohn Kleyles. Schmerling besaß Energie und Selbstbewußtsein in reichem Maße. Er verdankte seine 1848 einsetzende steile Karriere darüber hinaus dem Geschick, stets zur rechten Zeit am rechten Ort, im Brennpunkt des Geschehens zu sein. In Frankfurt rückte er aus seiner beratenden Funktion bald auf den Posten des österreichischen Bundestagsgesandten nach. Je mehr in Wien in den Wochen danach Funkstille herrschte und man die Dinge in Deutschland treiben ließ, umso wichtiger wurde seine Position vor Ort.

Am 5. April reiste die Wiener Delegation ab, mit einer schwarz-rot-goldenen Fahne, die vor dem Stephansdom gesegnet wurde. Endlicher hatte sogar an ein weiteres Mitbringsel gedacht, das nun allerdings Eindruck machen mußte. Von ihm stammte die Idee, der Delegation die Reichskleinodien mit auf den Weg zu geben; Erzherzog Johann unterstützte den Vorschlag, doch Ficquelmont – damals noch im Amt – ging das dann doch zu weit. Schuselka hat sich nachher damit getröstet, in Frankfurt sei die Stimmung damals ohnehin eine so republikanische gewesen, daß die Österreicher mit derlei mittelalterlichen Reliquien keinen Stich gemacht hätten. Aber dabei waren vielleicht saure Trauben mit im Spiel.

Vom Stephansdom ging es über die Jägerzeile, die heutige Praterstraße, hinaus zur Nordbahn, deren Direktion zuvorkommend Sonderwaggons zur Verfügung stellte und freie Fahrt gewährte. (Politikerprivilegien, die schon damals und übrigens auch den meisten Studenten eingeräumt wurden.) Andrian, dem ständischen »Gegenkönig« des ausgehenden Vormärz, war der ganze Rummel, den er mit ausgelöst hatte, nach so kurzer Zeit schon zuwider: Er ließ sich separat zur Bahn kutschieren.[89]

Den Westbahnhof besaß Wien damals noch nicht, auch nicht die entsprechenden Schienenverbindungen. Zu den Ungelegenheiten des Jahres 1848 zählte auch die schlechte Verkehrsverbindung nach Frankfurt. Das Dampfschiff auf der Donau war nur flußabwärts zu empfehlen. So blieb die Bahnfahrt über Schlesien und Sachsen bis Eisenach; die letzte Strecke mußte dann mit der Postkutsche zurückgelegt werden. (Es sei denn, man nahm den noch weiteren Umweg über das Rheinland in Kauf.) Die Wiener erhielten auf diese Weise sogar noch Gelegenheit zur Besichtigung Weimars und der Wartburg. Kein Wunder, daß einer der ersten österreichischen Anträge, die in der Paulskirche eingebracht wurden, von dem sehr rührigen Mühlviertler Kohlparzer, »die Fortführung der Westbahn von Stockerau bis Augsburg und Nürnberg« betraf. Andrian sollte in seinen alten Tagen in den fünfziger Jahren als Vizepräsident dieser »Kaiserin Elisabeth-Bahn« ein Auskommen finden. Aber 1848 war die Namenspatronin des Schienenstrangs noch nicht einmal im flirtfähigen Alter.

Auch die reguläre Postverbindung war nicht schneller: Ein Brief brauchte vier Tage von Wien nach Frankfurt. Der Telegraph mochte eine Verkürzung bedeuten, aber auch da gab es noch kein flächendeckendes Netz; außerdem wollte man ihm vertrauliche Mitteilungen nicht anvertrauen. Preußen hatte es da leichter. Erzherzog Johann sollte sich am Ende beschweren: »Ein großes Übel ist, daß, während die Verbindung zwischen Berlin und hier durch den Telegraphen Minuten bedarf, jene mit Österreich hin und her durch Kuriere, da man einem fremden Telegraphen nichts anvertrauen kann, acht Tage bedarf.«[90]

Für das Vorparlament kamen die Österreicher zu spät. Doch das war wenig tragisch, denn der Fünfziger-Ausschuß hatte seinerseits vorsorglich schon einige Österreicher kooptiert. Neben Andrian, der seinen Sitz gleich einnehmen konnte, waren noch nominiert worden: Alexander Bach, der Journalist Ernst v. Schwarzer (Herausgeber der Lloydzeitung, im Sommer 1848 dann für kurze Zeit Arbeitsminister in Wien), Franz Schuselka und Johannes Schuler (Redakteur des Boten für Tirol und Vorarlberg). Anschließend wurde die Liste nach Maßgabe der Abkömmlichkeit der Herren dann noch ein paar Mal verändert: Als Andrian nach Wien zurückkehrte, übernahm Schilling seinen Platz. Auch Kuranda trat ein, den Andrian schon einmal in Leipzig besucht hatte. Beide nahmen das Verdienst in Anspruch, die Einladung an Frantisek Palacky vorgeschlagen zu haben, den Historiker der böhmischen Stände. Ein erstes Einladungsschreiben an ihn als sechsten Österreicher war aber schon am 6. April abgegangen, bevor die Österreicher überhaupt in Frankfurt eintrafen.

Inzwischen hatte sich auch das Kabinett Ficquelmont einen Ruck gegeben und ließ am 7. April die Stände zur Wahl auf-

120

fordern. Interessant ist der Motivbericht, der diesmal davorgeschaltet wurde: »Da für Österreich jetzt nur im Anschluß an Deutschland eine Rettung gegen die Separationsideen der Provinzen liege …« Das zielte auf die Böhmen, so steht zu vermuten. Man war bemüht, das Frankfurter Einigungswerk für die eigenen Zwecke auszunützen. Über die Modalitäten für einen österreichischen Reichstag grübelten Ministerium und ständischer Ausschuß hingegen weiterhin.

Doch inzwischen war das Vorparlament schon einen Schritt weiter gegangen: Es forderte allgemeine Wahlen ohne das Zwischenglied der Stände und Landtage. Wiederum beeilte sich der Bundestag mit seiner Zustimmung, die ebenfalls am 7. April gegeben wurde, als man in Wien gerade die Stände in Aktion treten lassen wollte. Preußen akzeptierte diese Forderung am 11. April. Daher mußte auch Österreich gute Miene zum bösen Spiel machen. Noch ging es darum, keine Einflußmöglichkeiten preiszugeben. Man manövrierte daher schnell auch noch die Herzogtümer Auschwitz und Zator in die Wahlausschreibung hinein, die ein Teil Galiziens waren, für die man aber mit Nachsicht aller Taxen auch noch die Mitgliedschaft beim Deutschen Bund geltend machen konnte.

Die beiläufige Behandlung der administrativen Schwierigkeiten ist erstaunlich, schließlich waren die Wahlen ein absolutes Novum. Der Großteil der Lokalverwaltung befand sich am Beginn einer fundamentalen Umwälzung. Das Parlament sollte in wenig mehr als einem Monat zusammentreten. Am 16. April erschien die Verlautbarung für die Wahlen in der Wiener Zeitung. Die Nationalversammlung wurde auf den 1. Mai anberaumt; daraus wurde doch noch der 18. Mai, aber die Operation gelang.

Am 17. April kamen im Kreis der siebzehn Ratgeber des Bundestages in Frankfurt Gagern, Schmerling und der Holsteiner Droysen schon überein, man müsse eine Dreier-Kommission bilden, eine »Antizipation des Reichsregiments«, um Deutschland nach außen handlungsfähig zu machen. Droysen dachte dabei an Schleswig, Schmerling an Italien und war einverstanden. Doch der österreichische Bundestagsgesandte

Graf Colloredo-Wallsee zeigte sich uninteressiert: »Nötigen-
falls werde sich Preußen und Österreich selber zu helfen wissen.«[91] Colloredo wurde wenig später von Schmerling auch als
Gesandter ersetzt, und die provisorische Zentralgewalt kam
zustande, in einer für Österreich sogar viel ehrenvolleren
Form. Dennoch gab Colloredos Reaktion eine Stimmung gut
wieder, die sich in Preußen und Österreich zwangsläufig ausbreiten mußte, sobald der erste Schock der Märztage vorbei
war.

Dazu paßte auch das Wahlmanifest, das Pillersdorff am 21.
April erließ. Es baute bereits auf einer deutlich anderen
Grundlage auf als die kryptischen Bemerkung vom 3. April.
Die Betonung lag jetzt auf der Bewahrung der österreichischen Eigenstaatlichkeit trotz »innigsten Anschlusses« an
Deutschland. (Es ist kurios, daß der Terminus »Anschluß«
jetzt und später oft im Sinne des »Aufgehens in Deutschland«
gebraucht und verstanden wurde, obwohl der Ausdruck
strenggenommen zwar eine enge Verbindung, aber keine
Fusion kennzeichnet.) Die Stellungnahme des Ministeriums
trieb die Polarisation von »Österreichisch-Deutschen und
Teutomanen«, »Schwarz-Gelben« und »Schwarz-Rot-Goldenen« noch weiter. Auch das Programm der in Wien bei den
Wahlen siegreichen Liberal-Konservativen betonte und
begrüßte dem Zeitgeist entsprechend die Integrationsfort-
schritte, widersprach den Vorstellungen der Regierung aber
im wesentlichen nicht.

Der Rücktritt Ficquelmonts brachte in dieser Beziehung
keinen Fortschritt, hatte vielleicht sogar den gegenteiligen
Effekt. Pillersdorff machte ganz den Eindruck, als ob er eine
geringe Wahlbeteiligung nicht ohne Schadenfreude betrachtete. (Seine Tochter schrieb an Verwandte, die rohen Slawen
seien ihr im Zweifelsfall lieber als die kalten Preußen.) Wollte man jetzt, Anfang Mai, den Spieß umkehren und die Sepa-
rationsgelüste der Provinzen gegen die Bedrohung der österreichischen Souveränität durch die Frankfurter mobilisieren?
Das Portefeuilleangebot an Palacky, der in seinem berühmten
Absagebrief an das Vorparlament eben erst jede Beteiligung

der Tschechen am Frankfurter Einigungswerk abgelehnt hatte, muß wohl so interpretiert werden. Auch bei den Diäten – immer ein guter Indikator für die Wertschätzung einer parlamentarischen Versammlung – zeigte man sich knausrig.

Nur ein Drittel der Gewählten werde wohl nach Frankfurt gehen, vergoß Pillersdorff Krokodilstränen. Eine Erklärung abzugeben, die Regierung wünsche, daß die Gewählten ihr Mandat auch annehmen, erschien ihm bereits als eine Kompetenzüberschreitung. Das war im Lichte der Eigenmächtigkeiten, die sich diverse Minister noch zuschulden kommen ließen, schon wieder eindeutig zweideutig. Es war auch nicht sehr klug: Ablehnen würden vielleicht ohnedies die Einheitsskeptiker, auf die sich die Regierung stützen könnte, um allfällige Übergriffe Frankfurts abzuwehren. Mühlfeld und Bach, beides »Märzmänner«, aber dabei scharfe Verfechter des österreichischen Souveränitätsstandpunktes, mußten das Ministerium im eigenen Interesse drängen, die Wahlen zu befördern.[92]

Die Sturmpetition vom 15. Mai war nicht geeignet, Pillersdorff die Nationalversammlung schmackhafter zu machen. Das allgemeine Wahlrecht, der konstituierende Charakter, alles nach dem Beispiel Frankfurts, wurde ihm jetzt auch für den Wiener Reichstag abgenötigt. Unter allgemeinem Wahlrecht verstand man alle Selbständigen, Tagelöhner und Dienstboten waren ausgenommen; über Arbeiter in dauerhaften Anstellungen gingen die Bestimmungen auseinander. Diese Ausführungsbestimmungen »wurden aber anscheinend überwiegend nicht als Manipulation empfunden, da es ein Ausdruck des liberal-besitzbürgerlichen Verständnisses von Gesellschaft und Politik war, was sich ohne wirkungsvollen Widerspruch durchsetzte«.[93] Eine Mehrheit der erwachsenen männlichen Bevölkerung war wahlberechtigt. Mehr noch: Jede Stimme wog gleichviel, es gab keinen Zensus, keine Kurien, eine rein mathematische Aufteilung der Wahlkreise ohne Rücksicht auf die Steuerleistung.

Mitte Mai waren die Wahlen zur Nationalversammlung schon vorbei, außer in Böhmen. Sie fanden in der Hauptsache um den Monatswechsel April/Mai statt, fast zwei Monate vor den Wahlen zu einem österreichischen Reichstag. Es waren die ersten Wahlen, an denen Österreicher überhaupt teilnehmen durften. Dennoch sind sie von den Demokraten der letzten fünfzig Jahre erstaunlich selten gewürdigt worden. Warum wohl?

Wenn man zum ersten Mal wählen durfte, wen wählte man dann? Vordergründig ist die Frage leicht beantwortet: Man wählte einen »Wahlmann«, denn das Wahlrecht war zwar ein nahezu allgemeines, aber es war ein indirektes. Erst die Wahlmänner kamen im »Wahlort« zusammen und wählten in offener Versammlung einen Abgeordneten. Das begünstigte zweifellos die lokalen Honoratioren, die unabhängig von ihrer Parteistellung zum Wahlmann prädestiniert waren. Aber auch das war weniger tragisch, denn Parteistellungen gab es kaum noch. Ganze sechs Wochen nach der Märzrevolution war die Wählerschaft zwar vielleicht aufgewühlt, aber sie war noch nicht organisiert. Wahlreden hatten noch Sinn; die Kraft der Persönlichkeit, ein einmaliger Auftritt in der Wahlmännerversammlung entschieden vielfach.

Veit Valentin, der große Experte der Zwischenkriegszeit, dem wir die klassische Darstellung zu 1848 verdanken, hat das Ergebnis der Wahlen so zusammengefaßt: »Das Vertrauen der Bevölkerung wandte sich der Autorität zu, wo immer sie zu finden war. Das Frankfurter Parlament war eine Art gewähltes Oberhaus.«[94] Das war es, und das war für viele die große Enttäuschung. Von einem der Frühsozialisten wird der Ausspruch kolportiert: Das allgemeine Wahlrecht, das ist die Konterrevolution. Nun, ganz so allgemein war das Wahlrecht nicht, und auch konterrevolutionär war die Versammlung sicher nicht. Dennoch: Ihrer Aufgabe, »die Revolution zu schließen«, wollte die Versammlung ihrer innersten Überzeugung nach gerecht werden. Ihre Mehrheit, das kristallisierte sich immer deutlicher heraus, bestand aus konstitutionellen Liberalen (im Gegensatz zu Demokraten und Republikanern).

Nicht überall freilich, und hier zeigte sich die Berechtigung des Kalküls der südwestdeutschen Märzminister. In mehreren der Klein- und Mittelstaaten war »die Linke«, die offenen oder klammheimlichen Republikaner, die Demokraten, welche die Revolution weitertreiben und nicht schließen wollten, deutlich in der Überzahl, vor allem in Baden und Sachsen. Die Badenser Mitstreiter Gagerns, Bassermann und Mathy, mußten in fremde Wahlkreise ausweichen. In Sachsen nahm Robert Blum, der Führer der Linken, unter seinen Kollegen bereits eine Stellung auf der rechten Mitte ein.

Die Radikalen aus den Mittelstaaten aber wurden durch die starken Bataillone aus Österreich, Preußen und Bayern majorisiert. Auch diese bestanden jedoch aus Männern, die mit der Zeit gingen. Ein Oppositioneller des Jahres 1847, wie der Westfale Vincke oder der Österreicher Schmerling (der für Tulln gewählt wurde), fand sich da leicht auf dem rechten Flügel wieder. Zugegeben, vielleicht war die Rechte nach den Erfahrungen des Frühjahrs auch ein wenig scheu geworden. Man vertraute sich der Führung Gagerns an und gravitierte zur Mitte. Die Liberal-Konservativen marschierten in der Paulskirche anfangs in schiefer Schlachtordnung auf. Ihr rechter Flügel wurde zurückbehalten und formierte sich erst im Herbst. Numerisch sehr stark war er selbst dann noch nicht.

Bezeichnenderweise kam die erste zusammenhängende Gruppe, die auf der Rechten agierte, weder aus Österreich noch aus Preußen, sondern aus Altbayern. Bezeichnend aus zweierlei Gründen: Bayern war von allen deutschen Staaten am glimpflichsten davongekommen. Das mochte auf den ersten Blick überraschen, denn nur in Bayern hatte die Revolution zu einem Thronwechsel geführt. Aber das war nur deshalb geschehen, weil der König sich zwischen Liberale und Konservative und damit zwischen die Stühle gesetzt hatte. Es war nur eine Frage der Zeit, bis die Konservativen unter Abel, mit denen Ludwig wegen Lola gebrochen hatte, unter Max II. wieder zur Macht kamen. In der Pfalz freilich lagen die Dinge anders; dort sollte es 1849 noch einen Aufstand geben. In München aber saß die Regierung im Mai schon weit fester im Sattel als in Berlin oder in Wien.

Es gab dort keinen so »zynisch unverschämten« Konservativen wie Lasaulx, der alles Gerede von der Volkssouveränität mit der Begründung abwies, daß es eben keine Revolution gegeben habe: »Wenn es wahr wäre, daß wir im März eine Revolution gehabt, nicht nur Tumulte, wenn es wahr wäre, daß wir Freiheit erkämpft haben und sie uns nicht durch die Kopflosigkeit der Regierungen zugefallen. Das alles ist aber nicht der Fall.«[95] Lasaulx' provokantes Auftreten, das ihm schon seine Entlassung durch König Ludwig eingetragen hatte, sollte dem Kulturpessimisten später sogar noch eine Nennung im Index der römischen Kirche eintragen, aber davon war 1848 noch nichts zu merken.

Die zweite Ursache nämlich für die größere Bereitschaft der bayerischen Rechten, sich frühzeitig zu »outen«, war der politische Katholizismus, der in Bayern schon damals eine nicht zu unterschätzende Kraft darstellte. Er war Kitt und Zement für die Gruppe der verwaisten Görres-Gefolgsleute, der »Gottseligen«, die neben Lasaulx insbesondere Döllinger und Phillips umfaßte. In Niederbayern stellten sie eine kompakte Gruppe, auch wenn die Regierung sich so kurz nach dem Konflikt um Ludwigs Lola vorderhand mit ihnen noch nicht identifizieren wollte.

Was in Bayern der Kontrast zwischen der ultraradikalen Pfalz und den konservativen Hochburgen Altbayerns war, war in Preußen die Spannung zwischen Ostelbien und dem Rheinland. (Eine Mischzone in jeder Hinsicht stellte übrigens Schlesien dar.) Österreich war ein wenig homogener; es gab auch hier ein Gefälle, wenn auch nicht ganz so scharf ausgeprägt, und nicht zwischen Ost und West, sondern zwischen Nord und Süd. Wenn man es nicht allzu genau nimmt mit der geographischen Abgrenzung und sich ein bis an die Donau reichendes Glacis dazudenkt, könnte man im Anschluß an Bayern durchaus von einer konservativen »Alpenfestung« sprechen, oder, wie es Wiener Zeitungen mit ironischem Unterton angesichts der Umkehrung der Konnotationen taten, von »der Bergpartei unserer Revolution«.[96]

Freilich: was hieß konservativ? Konservative nach der Art

der Bayern, Gutsbesitzer und streng katholisch, gab es in Österreich vermutlich nur einen, den Baron Hayden von und zu Dorff bei Schlierbach in Oberösterreich. Die Deutschtiroler, zur Hälfte Geistliche, waren mehr katholisch als konservativ; die Fusion zwischen beiden Strömungen war noch nicht so weit gediehen wie im benachbarten Bayern. Die österreichischen Konservativen waren konservative Liberale, ein wenig bürgerlicher als die sprichwörtlichen preußischen Rittergutsbesitzer, josephinisch angehaucht mit regional unterschiedlichen antiklerikalen Affekten, beruflich in der Übergangszone zwischen Beamtenkarrieren, Grundherrschaft und Unternehmertum angesiedelt.

In den Alpenländern dominierte hier als Typus der Gutsbesitzer, der auch noch andere Interessen pflegte bzw. einer standesgemäßen Nebenbeschäftigung nachging, von ihr aber nicht abhängig war. Ständische Semi-Oppositionelle des Vormärz, die in Wien infolge der Mai-Ereignisse um Ansehen und Einfluß gebracht wurden, waren hier zahlreich vertreten. Die Skala reichte von den Prominenten wie Andrian, Doblhoff und Auersperg, bis zu Männern der liberalen Ära wie dem späteren Grazer Bürgermeister Franck oder Kaiserfeld, der eine herrschaftliche Witwe vor den Altar geführt hatte.

Bauern wurden auch in Gebieten, wo stattliche Höfe durchaus an der Tagesordnung waren, nicht gewählt; das traf sich mit den Erfahrungen z. B. im Hannöverschen. Selbst das klassische Land des Bauernadels, das Kärntner Krappfeld, war in der Nationalversammlung durch den Anwalt v. Knapitsch und den gräflich Eggerschen Werksdirektor Scheließnigg, einen gebürtigen Slowenen, vertreten. Der einzige Bauer ohne gutsherrliche Prätensionen in der gesamten Nationalversammlung war Georg Englmayr aus Leombach bei Wels, ein gesetzeskundiger Autodidakt, auch er gemäßigt, doch eigenständig. Wenn er ein »Kleinbauer« war, wie manchmal zu lesen steht, so blieb er es zumindest nicht, sondern starb als wohlhabender Mann.

In den österreichischen Reichsrat wurde zwei Monate später schon eine ganze Reihe von Bauern gewählt. Zwei Monate waren 1848 eine lange Zeit. Das Selbstbewußtsein der Bauern machte zwischen April und Juni zweifellos Fortschritte. Oder ging man deshalb nach Wien, weil man wußte, daß dort – und nicht in Frankfurt – über die Grundentlastung entschieden wurde? War das wirklich schon von Anfang an so sonnenklar? Andererseits dürfte die Wahlbeteiligung bei den Wahlen zum Reichstag vielfach niedriger gewesen sein als im Frühjahr zur Nationalversammlung. Vielleicht war das auch ganz einfach eine Frage der Vertrautheit und der Abkömmlichkeit: Bauern wurden vor allem im weiteren Einzugsbereich von Wien gewählt. Frankfurt lag da um ein vielfaches weiter entfernt, und nicht jeder setzte sich auf sein Roß und ritt einfach zur Nationalversammlung, wie man es sich vom Innviertler Sensenfabrikanten Pammer erzählt. Als überzeugte »Frankfurtianer« galten übrigens gerade die oberösterreichischen Bauern in Wien, mehr sogar als sich das von den Honoratioren behaupten ließ, die ihre Wahlkreise in Frankfurt vertraten.[97]

In den Alpen kam eine Reihe von Abgeordneten auch aus dem Milieu der Montanunternehmer, ein Sektor, wo Werksdirektoren und Bergrichter eine Führungsschicht bildeten, wo staatliche und private Sphäre schwer zu trennen waren und wo – als steirische Spezialität – das Establishment der grünen Mark die Grazer Ordinarien ins Herz geschlossen hatte. Eigentliche Beamte, bis auf ein paar Richter in Tirol, waren in Kärnten, der Steiermark und dem südlichen Niederösterreich eher die Ausnahme. Nur in Salzburg, im Salzkammergut und im Innviertel, wo auch die Lokalverwaltung schon seit Jahrzehnten in den Händen des Staates (und nicht des Adels) war, wurden der Reihe nach diese »Pfleger« gewählt.

Die »Konservativen« dieses alpinen Bereichs konnte man auf das Konto der ständischen Opposition aus dem Vormärz buchen. Die Mitte-Rechts-Mehrheit der Paulskirche mußte ihnen wohl kongenial erscheinen. Eine ganze Anzahl von ihnen (Franck, Hlubek, Kürsinger, Scheuchenstuel, Schreiner) hatte sich seit langem im selben Milieu bewegt wie Erzherzog Johann, der steirische Prinz und Radwerksbesitzer, der ein Mustergut bewirtschaftete und den Steirischen Gewerbeverein mitgegründet hatte. Kurioserweise waren die Notabeln des Gebirgslandes eine Armee ohne Generäle. Andrian und Auersperg genossen großes Ansehen, schoben sich aber nicht in den Vordergrund; Kalchberg und Kaiserfeld blieben nur kurze Zeit in Frankfurt. Eine eigene Führungsgruppe war da nicht auszumachen. So hielten sie sich an Schmerling.

Nur einer aus diesem Milieu scherte aus: Der Historiker Arneth schildert seine Überraschung und sein Entsetzen über sein erstes Zusammentreffen mit Max Gritzner, einem »eleganten und fein gekleideten Herren in gesetzten Jahren«, hoher Beamter und lange Zeit als Bergrichter in Kärnten und der Krain tätig, der alle anderen Redner an Radikalität übertraf. Sein Sohn galt als einer der extremsten Journalisten Wiens; sein Neffe war einer der führenden Köpfe im Kärntner Demokratischen Verein.[98]

Auch nördlich der Donau gab es Konservative, doch im Magnatenland kandidierten die Latifundienbesitzer nicht selber. Einzig und allein Graf Friedrich Deym, ein Vorreiter der böhmisch-ständischen Bewegung, ignorierte den Boykottaufruf seiner tschechischen Freunde und ließ sich wählen. Zwei weitere aufsehenerregende Hochadelige wurden unmittelbar jenseits der Grenze in Preußisch-Schlesien gewählt: Fürst Felix Lichnowsky, ein leichtlebiger Grandseigneur, der zwar als Reaktionär galt, aber nicht leicht einzuordnen war, und Graf Oskar Reichenbach, der »rote Graf«, der als Farmer in Pennsylvania endete.

Die Rechte war nördlich der Donau, in Böhmen und in Mähren, im niederöstereichischen Wald- und Weinviertel, weniger dominant, und sie bestand im Kern ganz eindeutig aus Staatsbeamten. Zwar legten einige der Konzipienten, schlechtbezahlte Anwärter, ein etwas aufmüpfigeres Gehabe an den Tag, aber das war eine Minderheit. In Südmähren und um Mährisch-Ostrau war eine Nominierung seitens des Adels von Erfolg begleitet, schlossen sich den Beamten einige herrschaftliche »Justiziare« an, typische Produkte einer zu Ende gehenden Epoche, nach Lebensstellung und weiterer Karriereaussichten den Richtern aber nahe. (Die Liechtensteins scheinen in Göding und in Troppau ihre Kandidaten durchgebracht zu haben, die Dietrichsteins in Nikolsburg; ein weiterer Liechtensteinscher Angestellter, der Brünner Kajetan Meyer, wurde darüber hinaus zu einer der zentralen Figuren des österreichischen Reichsrates.)

Die Linke war in den nördlichen Kronländern zahlreicher vertreten. Einige zusätzliche Sitze auch anderswo fielen ihr außerdem durch das Desinteresse und die Indolenz der gewählten »Autoritäten« zu. Um zu häufige Nachwahlen zu ersparen, wählte man nämlich gleich auch Ersatzleute. Die harmoniebedürftigen Wahlmänner aber scheinen vielfach den unterlegenen Gegenkandidaten mit diesem Trostpreis abgefunden zu haben. Auch Gritzner gelangte nur nach Frankfurt, weil Graf Thurn in Bleiburg die Wahl abgelehnt hatte. (Ähnliches gilt für zwei nicht programmgemäße Linke aus dem magnatenhörigen Südmähren, Boczek und Raus, und für zwei gemäßigte Linke aus den Alpenländern, Löschnigg und Archer; letzterer hatte als Verwalter des Stifts Rain bei Graz bisher für den Krummstab gearbeitet.) Auch die vereinzelten Nachwahlen des Sommers begünstigten die Linke. Erst der Mobilisierungsschub des Winters (die »Parforcewahlen«), den die Regierung in Szene setzte, um die kleindeutsche Reichsgründung zu verhindern, half den Konservativen.

Die politische Orientierung fällt hier nahezu mit dem beruflichen Hintergrund zusammen. Die Schriftsteller, fast alle Deutschböhmen und allesamt vor kurzem noch Emigranten, neigten zur Linken ohne Wenn und Aber. (Ebenfalls auf der Linken saß ein ehemaliger Zensor und Geheimagent Metternichs, Bauernschmid.) Die Anwälte zählten zur gemäßigten Variante und waren Anhänger der konstitutionellen Monarchie, die sich der Führung von oben nicht fraglos unterordnen wollte. Das galt schon deshalb, weil die Obrigkeit in Böhmen die Wahlen ja behinderte und mit den Tschechen zu paktieren schien. Den Exilautoren kam in Böhmen die räumliche Nachbarschaft zu ihrem Exilland Sachsen zugute; das Erzgebirge erwies sich als eine sehr durchlässige Grenze. Neben Hart-

130

mann und Hedrich, Kuranda und Rank wurde in Elbogen auch der schlesische Dramatiker Heinrich Laube gewählt; der radikale Sachse Josef Günther war der Erbe einer Prager Kattunfabrik; ein gebürtiger Böhme, Zöllner, wurde dafür in Sachsen gewählt.

Geographisch lagen die Hochburgen des Fortschritts und der »Teutomanen« in Ostschlesien, Nordmähren und zwischen Karlsbad und Reichenberg in Böhmen. Bedenkt man, daß die einzigen Mitglieder der entschiedenen Linken südlich des Semmerings ebenfalls im gemischtsprachigen Gebiet, in der Untersteiermark, zu finden waren, so liegt ein Erklärungsmuster auf der Hand: Die Nationalitätenfrage, die den Rückhalt an Frankfurt, die Verankerung in der deutschen Nationalversammlung, doppelt attraktiv machte.

Von den freischwebenden Intellektuellen einmal abgesehen, war die Unterscheidung zwischen links und rechts für die Österreicher allenfalls insofern eine Klassen- und Standesfrage, als die Kluft zwischen Bürgertum und Aristokratie in Böhmen und Mähren viel tiefer war als in den Alpenländern. Die ständischen Reformer, die anderswo diese Kluft überbrücken halfen, waren den Deutschen wegen ihrer tschechischen Sympathien, in Mähren jedoch infolge ihrer schroffen Exklusivität suspekt. Auch den deutschböhmischen »Linken« (ihre mährischen und schlesischen Kollegen waren da vielleicht radikaler) ging es um Sicherheit, Sicherung der Märzerrungenschaften, aber eben auch Sicherung der deutschen Nationalität in Böhmen. So wie viele in der Nationalversammlung einen Damm gegen die Revolution sahen, wünschten sie sich einen Damm gegen die slawische Flut. Weltanschaulich war dieses Feindbild diffus: Die tschechische Nationalbewegung mochte ein Werkzeug der Reaktion sein oder ein Produkt der Revolution, sie war aber auf alle Fälle eine feindliche Macht; den Tschechen ging es mit den Deutschböhmen umgekehrt ähnlich. Politische Gemeinsamkeiten entdeckte man erst 1849, als die siegreiche »Reaktion« zum gemeinsamen Feindbild wurde, doch da war es schon zu spät.

Was den Österreichern abging, bei aller Differenzierung der politischen Landschaft, war ein Klüngel, ein Netzwerk, das auch nur entfernt vergleichbar war mit dem rheinischen Unternehmertum in Preußen, einem Quartett wie Camphausen und Hansemann, Beckerath und Mevissen, die bei allen Unterschieden im Detail ein Milieu verkörperten, das Durchschlagskraft besaß: Bankiers und Eisenbahngründer. Unter den Netzwerken der Österreicher war Schmerlings Truppe aus aufstrebenden Beamten (Sommaruga und Würth, später auch Möring und de Pretis, am Rande Arneth) am wichtigsten. (Die Tiroler Geistlichen bildeten eine Kategorie für sich.) Es gab einige ganz wenige mittelständische Unternehmer, dazu in den Industriegegenden der böhmischen Länder die Neuwalls in Brünn oder die Straches in Rumburg und Warnsdorf, die in der lokalen Politik noch lange den Ton angeben würden; aber das waren isolierte Phänomene.

Der einzige Unternehmer, der vom Kaliber her mit dem Kölner bzw. Aachener Klüngel vergleichbar war, stammte auch aus derselben Gegend: Bruck, ein gebürtiger Rheinpreuße und Gründer des Triestiner Lloyd. Sofern ökonomische Interessen ins Spiel kamen, wiesen sie in die Richtung seines projektierten mitteleuropäischen Großreiches von der Nordsee bis zum Schwarzen Meer, doch auch dahinter verbarg sich eine Melange aus überzeugten Freihändlern und extremen Protektionisten. Die Textilfabrikantensöhne Möring und Neuwall, die im Frühjahr 1849 über das Scheitern der kleindeutschen Lösung jubelten, waren immer noch kein Ersatz für die rheinischen Bankiers.[99]

Wohl kaum ein Schlagwort ist im Zusammenhang mit der Frankfurter Nationalversammlung so häufig wiederholt worden wie das vom »Professorenparlament«, der »Gelehrsamkeits-Menagerie«. Meistens verbindet man damit die Vorstellung von den weltfremden Gelehrten, die aus ihrem Elfenbeinturm keinen Ausweg finden und an der Realität zwangsläufig scheitern. Interessanterweise zeigt die Genesis dieses Schlagworts in eine ganz andere Richtung: Zugegeben, die Paulskirche wies eine Professorenquote von über zehn

Prozent auf. Mit »den Professoren« war in der Regel jedoch eine ganz bestimmte Gruppe gemeint, oder besser gesagt, zwei einander überlappende Gruppen: Zum einen kam hier die Reminiszenz an die »Göttinger Sieben« zum Tragen, die 1837 nach dem Konflikt mit der hannöverschen Regierung und König Ernst August ihre Universität verlassen hatten und dadurch in ganz Deutschland über Nacht zu Berühmtheiten geworden waren. Vier von ihnen (Dahlmann, Gervinus, Jakob Grimm und Albrecht) saßen 1848 in der Nationalversammlung.

Um Dahlmann gruppierte sich eine Reihe weiterer Professoren (Beseler, Droysen, Waitz und Gervinus). Es waren zumeist, wie vermerkt worden ist, Anhänger der »Historischen Rechtsschule«, die im Herbst so eifrig die kleindeutsche, erbkaiserliche Lösung betrieben, daß sie zu Buhmännern für ihre Gegner auf der Linken wie auf der Rechten avancierten. Noch dazu kamen gerade ihre Wortführer vielfach aus Schleswig-Holstein, das 1848 mit ganz speziellen Problemen zu kämpfen hatte. Der Vorwurf lag in der Luft, daß die Anliegen der beiden Elbherzogtümer hier vor die Interessen Gesamt-Deutschlands gestellt wurden. Nicht Mangel an politischem Talent war es jedenfalls, was man ihnen vorwarf, sondern im Gegenteil allzu viel Geschick und Intriganz bei ihren politischen Winkelzügen. Ihre Weltfremdheit, wenn es sie denn gab, war gepaart mit emsiger Umtriebigkeit z. B. im Verfassungsausschuß – eine Anschuldigung, die niemand verwundern kann, der den Berufsstand in Aktion erlebt hat.

Dabei konnte Österreich mit der Anzahl seiner Professoren spielend mithalten, auch wenn hier ein anderer Typus vorherrschte: Ein Drittel der Herren waren nämlich katholische Geistliche. Erstaunlicherweise befand sich unter dem glatten Dutzend von Ordinarien, nachdem Endlicher die Wahl abgelehnt hatte, kein einziger Vertreter der Wiener Alma Mater Rudolphina, die sich auf ihre Rolle in der Revolution so viel zugute hielt. Nur der Polytechniker Höchsmann wurde in Mährisch-Schönberg gewählt, und auch die älteste deutsche Universität, die Prager, entsandte bloß einen Privatdozenten in die Paulskirche, Emil Rößler. (Ein weiteres Dutzend österreichischer »Professoren« oder Professoren in spe setzte sich je zur Hälfte aus Gymnasiallehrern und aus Männern zusammen, die es nach 1848 noch zu einem Lehrstuhl bringen würden, darunter z. B. als Träger eines illustren Namens Theodor v. Karajan, der Kustos der Wiener Hofbibliothek und der einzig Griechisch-Orthodoxe in der deutschen Nationalversammlung.)

Das Fehlen der Wiener wurde von den Grazer Professoren wettgemacht: Fast die Hälfte der steirischen Mandate entfiel auf sie. Die Steiermark erwies sich in dieser Beziehung als das süddeutsche Schleswig-Holstein. Historiker befanden sich übrigens nicht darunter; vielleicht ist auch deshalb ihr Ruhm etwas verblaßt. Der »Gegenreformation« Droysens und der »Quellenkunde« Dahlmanns hatten sie Abhandlungen aus der Praxis entgegenzusetzen, wie Best sie dankenswerterweise verzeichnet, z. B. ob nach österreichischem Recht ein Kind mehrere Väter haben könne oder ob Nichterzeugte erbberechtigt sind. Die praktische Begabung, die sie unter Beweis stellten, mochte ein Indiz für die Integration der vormärzlichen Universitäten in die Gesellschaft oder für ihre mangelnde wissenschaftliche Autonomie sein.

Der Statistiker und Professor der Politischen Wissenschaften Gustav Schreiner z. B. war ein wahrer Ämterkumulierer: Sekretär des Steirischen Gewerbevereins und Korrespondent der »Augsburger Allgemeinen Zeitung«, des halb gegängelten, halb geduldeten (halb-)liberalen Lichtstrahls im Österreich des Vormärz; 1848 dann auch Chefredakteur der amtlichen »Grazer Zeitung« und Kommandant der Akademischen Legion in Graz. Was die österreichischen Professoren mit den »Nordlichtern« verband, war ihre ganz überwiegend konservative Grundhaltung – und das betraf keineswegs nur die Absolventen des Brixner Seminars – ein im Lichte der Polemik gegen die doktrinären (»doktrinärrischen«) Gelehrten besonders pikanter Befund.

Auf zwei Herren, die im weitesten Sinne auch noch zu diesem Kreis zählten, traf das allerdings nicht zu: die beiden

Berger.

Brestl.

Giskra.

›Catilinarische Existenzen‹ und zukünftige Minister

gebürtigen Nordmährer Johann Nepomuk Berger und Carl Giskra befanden sich 1848 in einem Stadium ihrer Karriere, das man für heutige Leser wohl mit wissenschaftliche Hilfskraft (Universitätsassistent oder Lektor) übersetzen darf. Die Klagen über die »catilinarischen Existenzen«, die dieser Stand gebiert, finden hier eine frühe Bestätigung. Berger galt manchen gar als »der Saint Just« der Paulskirche, während Giskras Stellung mehr Erinnerungen an die Girondisten wachrief. Als Wortführer der Österreicher auf der äußersten Linken bzw. im linken Zentrum gaben sie Schmerling schon damals einiges aufzulösen – eine Erinnerung, die ihm rückblickend nicht durch das Wissen versüßt wurde, daß beide ihre Laufbahn ebenfalls als kaiserliche Minister beschlossen. (Ein Trost blieb Schmerling allerdings, als er in den 1880er Jahren seine Memoiren abfaßte: Er hatte sie beide überlebt.)

Berger war für seine Bosheiten bekannt. Sein Sprüchlein: »Wie sollen wir für einander einstehen, wenn wir einander nicht ausstehen können«, das unter anderem auf Giskra gemünzt war, hat wohl nicht bloß für das »Bürgerministerium« Geltung, dem sie beide von 1867 bis 1870 angehörten. Giskra galt als das rhetorische Talent der Paulskirche, seine »blitzende und flammende« Rede als »Schwert«.[100] Die stenographischen Berichte vermitteln davon nur einen ungenügenden Eindruck. Die prägnanten, schneidenden Formulierungen waren seine Sache nicht, sondern das Pathos, die große Geste, mehr Verdi-Oper als intellektueller Schlagabtausch. Daß er den Geschmack seiner Zuhörer traf, beweisen die Protokolle dann doch wieder: Wo seine Kollegen das gleiche sagten und auf schlecht verhohlene Ungeduld stießen (wie z. B. während der wiederaufgewärmten Böhmen-Debatte im Juli), lauschte das Haus seinen Wiederholungen lammfromm auch in doppelter Länge.

»Es ist albern, von einem Parlament zu erwarten, daß es die soziale Struktur der Wählerschaft spiegelt, und zu kritisieren, wenn das nicht der Fall ist.« (Nipperdey) Für die zeitgenössischen Kritiker der Nationalversammlung wären unsere heutigen Parlamente freilich eine Augenweide: Weit und breit keine Dichter, sondern Beamte und Berufspolitiker, so weit das Auge reicht. Der Ausdruck »tüchtige Geschäftsmänner« bezeichnete im Jargon der altösterreichischen Elite schon damals nicht etwa profitträchtige Unternehmer, sondern routinierte Verwaltungsbeamte. Vielleicht war das der Fehler des Parlaments: Es war nicht gewöhnlich genug. Seine kaum dem Vormärz entwachsenen Mitglieder mochten vielfach zwangsläufig über keine lange parlamentarische Erfahrung verfügen, aber es besaß hinreichend Lebenserfahrung und war keineswegs provinziell.

Die Paulskirche umfaßte »Spanienkämpfer« (das gab's auch damals, Teilnehmer der Karlistenkriege nämlich: die Rheinländer Gustav Höfken und Franz Raveaux auf seiten der liberalen »Cristinos«, Fürst Lichnowsky bei den Carlisten, wo auch ein Vetter des österreichischen Ministerpräsidenten Schwarzenberg gedient hatte, als ein »Garibaldi des Gottesgnadentums«); künftige Kolonial- und Schiffahrtspioniere; gleich zwei ehemalige Gesandte in Washington, einen bremischen und einen preußischen; einer der berüchtigten Professoren, Tellkampf aus Breslau, hatte einige Jahre an der New Yorker Columbia University gelehrt. Er erlitt das Schicksal vieler mitteilsamer Weltenbummler und »wurde der Versammlung unbequem durch seine in allzureicher Dosis gespendeten Belehrungen über amerikanische Zustände«.[101] Auch Möring als Angehöriger der Wiener *jeunesse dorée* war mit einem Auftrag Erzherzog Johanns in der Tasche schon einmal einer alten Liebe nach Baltimore nachgereist. Der übervölkerte Südwesten, der Ausgangspunkt der Einheitsbewegung, war das klassische Auswandererland. Neben den Schrecken und der Gloire der Großen Französischen Revolution, die stets zu Vergleichszwecken herangezogen wurde, waren die amerikanischen Erfahrungen in Frankfurt durchaus präsent, was für eine Konstituante nicht unwichtig war.

Die vielen Professoren und Literaten mochten ein Produkt der vormärzlichen Zensur sein, die keine ausgesprochen politischen Reputationen zuließ, und wenn, dann nur solche, die 1848 keine Empfehlung mehr darstellten. Biedermeierlicher

Zeitgeist pur waren nicht die akademischen Abhandlungen, sondern das Maß an poetischer Veranlagung, das unsere Abgeordneten unter Beweis stellten – kaum einer, dem nicht wenigstens ein paar dramatische Fragmente nachgesagt wurden, wenn auch unter Pseudonym. Für eine Versammlung, die sich anschickte, ein Reich zugestalten, soweit die deutsche Zunge reicht, vielleicht kein unpassendes Merkmal.

»Soweit die deutsche Zunge reicht …« Das deckte sich nicht überall mit dem Gebiet des Deutschen Bundes, den zu reformieren und zu integrieren man zusammengetreten war. Am verhältnismäßig meisten Kummer bereitete der Paulskirche in dieser Beziehung ein Problem, das unter den ungelösten Nationalitätenfragen der Zukunft keine große Rolle spielen sollte, auch wenn es den Gang der deutschen Einheitsbewegung 1864 noch ein weiteres Mal beeinflussen sollte. Das Herzogtum Schleswig, dessen Herzog der König von Dänemark war. Neben Schleswig gab es auch im preußischen Osten Gebiete, die gemischtsprachig waren. Mit dem Landesherren gab es hier keine Probleme. Dennoch verzichtete die Versammlung darauf, das gesamte Territorium des Königreiches Preußen für Deutschland zu reklamieren. Sie zog statt dessen eine Demarkationslinie durch Posen: Ein schmaler Streifen polnischen Gebiets sollte demnach als Großherzogtum Gnesen von Friedrich Wilhelm IV. in Personalunion regiert werden, ein etwas kurioser Gedanke, der aber machtpolitisch nicht weiter ins Gewicht fiel. An das Elsaß, das Bismarck zwanzig Jahre später von Frankreich einforderte, dachten offenbar nur wenige, galten der öffentlichen Meinung im Augenblick doch anti-französische Tiraden als reaktionäre Machenschaften.

Das war aber nur die eine Seite der Medaille – wo lebten Deutsche außerhalb der Grenzen des Deutschen Bundes? Die andere Seite war: Wo lebten Nicht-Deutsche in größerer Zahl *innerhalb* des Deutschen Bundes? Auch da gab es eine Quisquilie: Das Herzogtum Limburg, ein Teil der Niederlande, zählte aus obskuren Gründen, die mit dem Abfall Belgiens von Holland zu tun hatten, zum Bund. Praktische Schwierigkeiten erwuchsen daraus für niemand. In der Lausitz, inzwischen die Provinz Preußisch-Sachsen, gab es Sorben, was nur belesenen Volkskundlern bewußt war. Daß dem so war, galt aber als »vestigia terrent« für die zwei slawischen Völker, deren gesamtes Siedlungsgebiet sich auf dem Boden des Deutschen Bundes befand: die Slowenen und die Tschechen.

Die Position der Slowenen war 1848 noch eine zwiespältige. In zwei Wahlbezirken (Pettau in der Untersteiermark und Krainburg) kamen keine Wahlen nach Frankfurt zustande. Zwei weitere blieben unvertreten, weil die Gewählten nicht nach Frankfurt gingen; einer von ihnen, Ullepitsch, wurde dafür eine der Stützen der Regierung im österreichischen Reichsrat. Weil die Regierung das Projekt zumindest nicht hundertprozentig unterstützte, fragten sich viele Slowenen, was sie in einer deutschen Nationalversammlung verloren hatten. Anton Auersperg, der für Laibach im Palament saß, rechtfertigte sich mit einem Schreiben an seine slowenischen Landsleute. Ihre Ablehnung war aber nicht so kategorisch wie bei den Tschechen. Die Kärntner Abgeordneten Schießnigg und Laschan, später Bürgermeister von Laibach, waren Slowenen. Auch im österreichischen Reichsrat stimmte eine Reihe von Krainer Slowenen oft mit der deutschen Linken.[102]

Umgekehrt brachte der idealistische Untersteirer Mareck, sekundiert von einer ganzen Reihe anderer österreichischer Abgeordneter aus gemischtsprachigen Gebieten, noch im Mai einen Antrag ein, den slawischen Völkern »die Aufrechterhaltung und Achtung ihrer Nationalität« zuzusichern.[103] Deutsch sollte Staatssprache sein, doch in Schule, Gericht und Gemeinde die Sprache der jeweiligen Mehrheit gelten. Die Nationalitätenfrage in der Südostecke war noch nicht recht entbrannt. Ganz anders stand es aber um Böhmen. Hier war das Problem unübersehbar: Wenn manche in Frankfurt die Tschechen als ein Bedientenvolk betrachteten, so wurden sie schnell eines Besseren belehrt. Die tschechische Nationalbewegung gab 1848 deutliche Lebenszeichen von sich. Die Wenzelsbadversammlung in Prag hatte 48 Stunden vor dem Tumult in der Herrengasse stattgefunden; die Tschechen dominierten das politische Leben der Stadt Prag (mit ihrer immer noch mehrheitlich deutschen Altstadt) in einem erstaunlichen Maße; selbst der Böhmische Gewerbeverein, geleitet von Graf Albert Nostitz, schloß sich ihren Bestrebungen an. (Die nach 1848 gegründeten Handelskammern sollten in Böhmen hingegen eine Zeitlang noch allesamt deutsche Mehrheiten aufweisen.)

Nach Palackys berühmtem Absagebrief wollte der Fünfziger-Ausschuß noch einen weiteren Versuch unternehmen, eine Verständigung herbeizuführen und entsandte den gebürtigen Prager Kuranda und den schwäbischen Baron Wächter nach Prag. Die Verhandlungen der beiden mit dem Böhmischen Nationalausschuß bzw. der zuständigen Sektion unter dem Vorsitz des Grafen Albert Nostitz, im Beisein von Rieger, Brauner und anderer Koryphäen der tschechischen Liberalen, wurden in den Zeitungen publiziert:[104] Das Ergebnis ist bekannt: Die Tschechen lehnten eine Beschickung der Frankfurter Nationalversammlung weiterhin und mit großer Selbstverständlichkeit ab. Weniger die Argumente sind interessant, die hier gewechselt wurden – sie sollten noch oft zu hören sein –, sondern die Zwischentöne und die Begleitumstände.

Die Unterredung fügt sich herrlich in das Muster der deutsch-tschechischen Beziehungen im Revolutionsjahr – Ende April gab man sich in Prag nämlich auf beiden Seiten konservativ. Kuranda und auch der junge Gustav Groß stellten sich ganz auf den Standpunkt der österreichischen Regierung: Nicht um einen deutschen Einheitsstaat gehe es, sondern um einen Völkerkongreß in Frankfurt. Die Tschechen würden sich mit ihrer Beteiligung nichts vergeben. Doch die Tschechen übertrumpften die Deutschen und gaben sich noch konservativer: Österreich habe andere Probleme, als in Deutschland die Ordnungsmacht zu spielen.

Porzellan zerschlug nur der gebürtige Salzburger Schilling, der sich seinen beiden Kollegen angeschlossen hatte. Er lehnte einen Verbleib der Deutschen in einem slawisch dominierten Österreich rundweg ab. Zum Schluß stellte Borrosch, der

Gerad' aus!

Abonnement:
für 1 Monat 20 kr.
» 3 » 1 fl.
in allen Buchhand-
lungen.

Erscheint täglich.
Sonntag ausgenom-
men. Einzelne Blätter
in der Verlagshandlung
und im wandernden
Bureau für 1 kr. C. M.

Politisches Abendblatt für's Volk.

№ | Mittwoch den 24. Mai 1848. | 12.

Des Deutschen Vaterland *).

Was ist des Deutschen Vaterland?
Ist's Böhmerland? ist's Mährenland?
Ist's, wo die blaue Elbe fließt?
Ist's, wo der duft'ge Hopfen sprißt?
O nein, o nein, o nein, o nein!
Dort wohnt der Czeche nur allein.

Was ist des Deutschen Vaterland?
Ist's Steierland? ist's Kärnthnerland?
Ist's wo der Alpen Scheitel glänzt?
Wo Rebenlaub das Haus umkränzt?
O nein, o nein, o nein, o nein!
Den Wenden bleibt das Land allein!

Was ist des Deutschen Vaterland?
Ist's Salzburgs üppig reiches Land?
Ist's Oesterreich, wo die Donau geht?
Wo Habsburgs treu'ste Stadt dort steht?
O nein, o nein, o nein, o nein!
Will's Gott, wird Wien bald czechisch sein!

Was ist des Deutschen Vaterland?
Der Riesenberge letzter Rand?
Ist's Land der Schlesier? ist's Tirol?
Ein Stück von Deutschland ist dies wohl?
O nein, o nein, o nein, o nein!
Zum Slavenreich gehört's allein.

Was ist des Deutschen Vaterland?
So nenne endlich mir das Land!
»Dort wo der Slave trotzig blickt,
Weil er den Deutschen niederdrückt!«
Das wird, das wird, das wird es sein!
Das, lieben Deutschen, wird es sein.

Das ist des Deutschen Vaterland?
Wo niedersinkt die Mannesband,
Weil sie die slav'sche Fessel drückt?
Wo's Russenthum die Netze strickt?
Das wird, das wird, das wird es sein!
Das, armen Deutschen, wird es sein.

Das ist des Deutschen Vaterland,
Wo man zerreißt das Bruderband,
Das Deutsche an den Deutschen hält,
Wo man die deutschen Eichen fällt;
Das wird, das wird, das wird es sein!
Das, deutscher Michel, wird es sein.

Dort ist des Deutschen Vaterland,
Wo man die Zobeljagd erfand,
Wo man die Knute tapfer schwingt,
Ein Hoch dem Russenkaiser bringt!
Das wird, das wird, das wird es sein,
Zuletzt wird es doch Rußland sein.

Zuletzt muß es doch Rußland sein,
O Gott vom Himmel sieh darein,
Und schenk uns christliche Geduld,
Daß wir ertragen solche Huld!
Das wird, das wird, das wird es sein,
Das große Rußland wird es sein.

---

*) Zu singen von den östreichischen Deutschen am 31. Mai als am Tage der Eröffnung
des allgemeinen slavischen Reichstags zu Prag.

damals als Vertreter der Prager Deutschen noch dem Nationalausschuß angehörte, den Zusatzantrag, allen Einfluß aufzubieten, damit bei der Wahl der Landfriede nicht gebrochen werde. Die Mehrheit ließ die Bezugnahme auf die Wahl unter den Tisch fallen. Der Landfriede, natürlich! Wenn er es erforderlich mache, dann eben ohne Wahlen, so stand zwischen den Zeilen zu lesen. In Gefahr war der Landfriede anscheinend schon am Abend desselben Tages, als »es durch das leidenschaftliche Aufeinanderprallen der Parteien bald so unartig und wild herging, daß Wächter und Kuranda es geraten fanden, sich beizeiten davon zu drücken.«[105] In Prag kursierten tschechische Spottverse auf Kuranda und Schuselka, die späteren Geschichtschreibern so sehr die Schamröte ins Gesicht trieben, daß sie auf ihre Wiedergabe leider verzichteten, weshalb auch wir sie dem Leser vorenthalten müssen.

Zusammen mit dem Statthalter Thun boykottierten die Tschechen die Wahlen; die Ereignisse lassen keinen Zweifel daran, daß es Thuns dazu nicht bedurft hätte. Unter Thun galt Böhmen als der konservative Außenseiter unter den österreichischen Ländern. Oder besser gesagt: Dasselbe »Absinken« der Macht, das Metternich in Wien beklagte, die Abstützung auf alle möglichen Gremien, die Kooptation, fand auch in Prag statt – allerdings mit der Rechtfertigung, daß all dies geschah, um sich einen Rückhalt gegen die revolutionären Wiener zu verschaffen. In diesem Sinne demonstrierte man Einigkeit, von Windisch-Graetz über Thun und Palacky bis zu Brauner und sogar dem radikalen Journalisten Hawlicek. Nach den Wiener Barrikadentagen bildete Thun vorsorglich eine Art Gegenregierung in Prag. Der Kaiser wurde aufgefordert, doch nach Böhmen zu kommen. »Sollte Prag zum Zentrum der sozialen Konterrevolution werden, die sich bei ihrem Geschäft unauffällig auf die tschechische ›nationale Revolution‹ stützte? Die Dinge lagen bei weitem nicht so klar auf der Hand.«[106]

Allerdings nicht, denn es folgte ein plötzlicher Szenenwechsel, den Palacky auf eine Kombination fremder *agents provocateurs* und einheimischer Dummheit zurückgeführt

hat. Die fremden *agents provocateurs*, das war in diesem Fall
der Slawenkongreß – eine Versammlung, die auf ähnlicher
Basis zusammengetrommelt worden war wie das Vorparlament. Professoren waren auch hier vertreten, daneben auch
ein tüchtiges Kontingent slawischer Schuselkas und Hartmanns, Polen zumal, die stets Verdacht erregten, und als Auf-
putz der russische Anarchist Bakunin. Palacky als Prophet der
Mission des österreichischen Kaiserstaates mit seinem au-
stroslawischen, antirevolutionären Standpunkt hatte da einen
schweren Stand. Dennoch sah sich Kuranda zu dem Urteil
gezwungen: »In der That sah dieser Slavencongreß in der
Ferne viel furchtbarer aus, als in der Nähe. 150 Abgeordnete
für mehr als 60 Millionen Slaven ...«

Während in den Salons Brandreden geschwungen wurden,
eskalierten auf den Straßen Prags die alltäglichen Reibereien
zwischen tschechischen Studenten und Windisch-Graetz' Soldaten. Am Pfingstmontag entwickelte sich aus einer geplanten Katzenmusik vor dem Militärkommando (damals noch in
der Zeltnergasse, nicht auf der Kleinseite wie 1918) ernsthafte Zusammenstöße. Barrikaden wurden gebaut; gleich zu
Beginn der Kämpfe tötete eine verirrte Kugel Windisch-
Graetz' Frau, eine Schwester Schwarzenbergs. Die Wiener
Regierung wollte sich nach den Erfahrungen der Maitage auf
keine Konfrontationen mehr einlassen, sondern vermitteln:
Ein Emissär mit der Abberufung Windisch-Graetz' war schon
unterwegs, doch der Fürst ließ sich von seinem Offizierskorps
zum Rücktritt vom Rücktritt bewegen (selbst ein de Gaulle
hätte die Sache nicht besser inszenieren können) und schlug
den »Pfingstaufstand« militärisch nieder. Die Drohung mit
der Beschießung durch Artillerie wirkte; wo Barrikaden zu
erstürmen waren, brach man sich einen Weg durch die umliegenden Häuser.

Wiederum waren die ständisch-liberalen Kräfte ausge-
schaltet und beiseite gedrängt worden, nur waren die Sieger
nicht wie in Wien die Revolutionäre. Der Nationalausschuß
war von den Ereignissen völlig überrollt worden und verschwand. Thun wurde Ende Juni abberufen. Zum ersten Mal

triumphierte die Gegenrevolution, und zwar ohne Hilfe aus Wien – und auch ohne Hilfe aus Frankfurt. Wie später im Oktober in Wien, stand die Frankfurter Nationalversammlung schon im Juni vor der Frage, ob die Kämpfe in Prag nach ihren politischen oder nationalen Umständen zu beurteilen seien. Die Deutschen Prags hatten sich bedroht gefühlt, vielleicht nicht viel anders als manche »Schwarz-Gelbe« in Wien. Aber wer wollte das messen? Die Nationalversammlung jedenfalls erklärte sich mit ihnen solidarisch.

Die Linke aus Österreich, gewohnt, die Slawen als Handlanger der »aristokratisch-jesuitischen Partei« anzusehen, war verblüfft. Aber so weit wie Carl Vogt, der zu Protokoll gab, es sei ihm leid, daß zum Vertreter der deutschen Sache »ein so verhaßtes Individuum« wie Windisch-Graetz erklärt werde, wollte sie auch wieder nicht gehen. Kuranda trat Vogt entgegen: »Morgen, wenn der Principienstreit sich entzünden wird, wollen wir als geharnischte Gegner ihm nötigerweise entgegentreten.« Doch »dazu wird es erst dann Zeit sein, wenn er sich Übergriffe, Reactionsversuche zuschulden kommen ließe. Aber heute müssen wir ihm unseren Dank zollen – als Ehrenmann, Retter und Befreier«.[107]

Erregte Gemüter erwogen sogar die Entsendung von sächsischen oder bayerischen Truppen, ohne daß Österreich um Bundeshilfe ersuchte. Schmerling landete einen seiner Coups: Angesichts der aufgeregten Interpellationen schlüpfte der Abgeordnete in seine Rolle als Bundestagsbevollmächtigter und erklärte, die Debatte sei überholt, weil der Bundestag längst Bereitschaft angeordnet habe. Gegen diese prompte Vorsorge ließ sich meritorisch nichts einwenden, aber sie war den Vertretern der Volkssouveränität, die ihre zentrale Rolle dokumentieren wollten, dennoch ein Dorn im Auge.

Der Pfingstaufstand war der zweite Satz in einer böhmischen Symphonie, die 1848 alle möglichen Kombinationen durchlief. Im April hatten sich Deutsche und Tschechen beide loyal und schwarz-gelb geriert (wobei die Tschechen schon durch ihre Verbindung zu den politisch aktiven Familien des böhmischen Adels die Nase vorne hatten); im Juni waren die

Tschechen die »Radikalen«, die Deutschen die »Gutgesinnten«; im Herbst, als es um Wien ging und vorher schon um die Abstimmungen im österreichischen Reichstag, waren wiederum die Tschechen die staatsmännische Partei, die deutschen Linken die Aufmüpfigen; im Frühjahr 1849 in Kremsier schließlich waren sie beide fortschrittlich – und düpiert.

Der Pfingstaufstand und seine Begleitumstände gebaren einen Popanz: den Panslawismus, so wie, ohne ganz so dramatischen Paukenschlag, Frankfurt den »Pangermanismus« entstehen ließ. Die Slawen als eine Einheit zu betrachten war genauso, wenn nicht noch mehr, Sache der Deutschen oder vielleicht generell der Außenstehenden. Wenn Berger über Österreich sprach (und damit war er nicht allein), dann von seinen vier Volksstämmen: Deutschen, Ungarn, Italienern – und Slawen. Diese Vorstellung wäre im Detail noch zu differenzieren – an der Auffassung, daß ukrainisch ein polnischer Dialekt (oder meinetwegen Soziolekt) sei, waren z. B. die Polen interessiert. Eine kodifizierte Schriftsprache existierte bei manchen Nationen 1848 tatsächlich noch nicht. Folge dieses panslawischen Popanz war, daß die Position der Slawen im alten Österreich überschätzt wurde, und zwar schon rein zahlenmäßig: Bassermann führte im Herbst mit leichter Hand aus, die Bevölkerung Ungarns sei zu 2/3 slawisch.[108] (Ein Drittel wäre näher an der Wahrheit gewesen.) Man ging davon aus, daß eine parlamentarisierte Gesamtmonarchie slawisch dominiert sein müßte. Gegenindizien, die damals schon zu erkennen waren, wurden nicht zur Kenntnis genommen.

Für den Gebrauch in der Öffentlichkeit war das Argument des Panslawismus (bzw. des Frankfurtismus und Pangermanismus) leider zutiefst heuchlerisch: Es ging zwischen Tschechen und (verwenden wir den Begriff ruhig anachronistisch) Sudetendeutschen um die Macht in Böhmen, Mähren und Rest-Schlesien. Mit dem Verlust Schlesiens an Preußen hatten sich die Mehrheitsverhältnisse innerhalb der Länder der Wenzelskrone zugunsten der Tschechen verkehrt. Ihr angeblicher Rückstand auf die Deutschen in bezug auf die Kriterien von Besitz und Bildung war gering; solange er bestand, wurde er durch die taktische Zusammenarbeit mit einem gewichtigen Teil des Adels wettgemacht. Der Hebel zur Gewinnung der Macht in Böhmen aber lag bis 1918 in Wien. Das Argument des Panslawismus bzw. des Pangermanismus war Angeberei, ein Schielen nach der Hofburg. Mit der Situation in Böhmen hatte es nichts zu tun.

Weniger Skrupel als die Tschechen oder auch die Slowenen hatten die Italiener: Triest und Görz wurden in der Paulskirche von deutschen Beamten vertreten, aber in Welschtirol nahmen fünf Italiener die Wahl an und versuchten, ihrem Anliegen Geltung zu verschaffen. (Der sechste Sitz ging an Sisinio de Pretis, den Generalkonsul in Hamburg und Vater eines österreichischen Finanzministers der Gründerzeit. Er folgte den Direktiven Schmerlings.) Der Maximalvariante der nationalen Einigung entsprach das Verlangen nach einer friedlichen Trennung und einem Anschluß an das Lombardo-Venezianische Königreich, was immer daraus werden mochte. Die Minimalvariante lautete: Teilung Tirols. Auch dagegen mobilisierten die Deutschtiroler bis zum August genügend Widerstand. Doch selbst mit ihrem Rückzugsgefecht vergaben sich die Italiener nichts: Die drei Italiener, die der Paulskirche bis zum Schluß die Treue hielten, stimmten mit der Linken, dem Deutschen Hof, und hätten im Frühjahr 1849 um ein Haar den Ausschlag für die Ablehnung der erbkaiserlichen Lösung gegeben – in diesem Fall sogar ganz im Sinne der Habsburger. Wenn sie schon bei Österreich blieben, war ihnen die großdeutsche Lösung, sprich: die Mitsprache Frankfurts in österreichischen Angelegenheiten, keineswegs unangenehm.[109]

Der kühne Griff

>»Eine entsetzliche Stellung, die Johann, wenn er klug ist, nicht annehmen wird, an der aber vorerst jeder den Hals bricht, bis man eine wirklich revolutionäre Regierung daraus macht, die Mut hat und rasch vorangeht.«
>
> *Robert Blum, 29. Juni 1848*

>»Seit der Burggraf von Nürnberg Rudolph I. die Wahl der deutschen Kurfürsten verkündete, hat dem Hause Habsburg kein solcher Tag geleuchtet.«
>
> *Die Presse (Wien), 6. Juli 1848*[110]

Die deutsche Nationalversammlung wurde am 18. Mai eröffnet, nachdem mehr als die Hälfte der Abgeordneten sich angemeldet hatte; die Vorbereitungen wurden vom Alterspräsidenten Schott aus Stuttgart geleitet, der auch bei ihrer Auflösung noch dabei sein sollte. Man versammelte sich im Kaisersaal des Römer und zog dann unter Glockengeläut und Salutschüssen, durch ein Spalier der Frankfurter Bürgergarde, in die Paulskirche. Die Vorstellung von einer Kirche als Versammlungsort mochte Romantiker an mittelalterliche Konzilien erinnern, das Gebäude selbst aber weniger: Es war kurz vor den Revolutionskriegen begonnen und danach fertiggestellt worden. Veit Valentin charakterisiert es bei allem Lokalpatriotismus als einen »rationalisierten verbürgerlichten Renaissancedom – geschmacklos einfach«.[111] Der Frankfurter Witz soll es als Pastete mit Weinflasche bezeichnet haben.

Schon das Vorparlament hatte hier getagt und von der guten Akustik profitiert – da war die »biedermännische Kahlheit« von Vorteil; außerdem wurde die Kuppel mit einer Leinwanddecke abgeschlossen. Dazu kam die Eignung der Kirche für eine Anordnung der Sitzreihen wie in einem Amphitheater. Hätte sich in einem Langhaus vielleicht ein Parlament im englischen Stil mit gegenüberliegenden Bänken von Regierung und Opposition gebildet? Manche kritisierten die Praxis des Sprechens von der Tribüne statt aus den Sitzreihen, was eine lebendige Debatte erschwerte. Kritiker vermerkten die engen Gänge und das Fehlen von Nebenräumen, was Couloirgespräche unmöglich machte und Ausschüsse zum Ausweichen in andere Lokalitäten zwang. Es scheint, daß die Abgeordneten, die sich in Frankfurt aufhielten, auch tatsächlich eifrige Besucher der Paulskirche waren. Dementsprechend hoch waren ihre Ansprüche an das rhetorische Niveau der Beiträge: Langweiler wurden erbarmungslos mit »Schluß«-Rufen unterbrochen.

Geteilt waren die Meinungen über die Galerien, die Tausenden Platz boten: Man lobte die heißblütigen Frankfurterinnen, die darauf zu bewundern waren, beschwerte sich aber – je nach Standpunkt – über deren Beifalls- und Mißfallenskundgebungen. Der Benediktiner Beda Weber vermerkte spitz: »Die Karten zur Damentribüne, worüber die Reichsvertreter größtenteils verfügen, erlangten fast größere Gunst als die österreichischen und preußischen Staatspapiere in diesen einheitslustigen Zeiten, und die Modehandlungen verspürten merklich besseren Abgang von bunten Halsschleifen und knappanschmiegenden Korsetten...« Die »jungösterreichischen Doktoren« auf der Linken galten als die besonderen Lieblinge der Damenwelt, erhielten aber starke Konkurrenz im Fürsten Lichnowsky. Unter den Zuhörern befanden sich hin und wieder inkognito übrigens auch einzelne der Fürsten, über deren Schicksal debattiert wurde, einmal auch der König von Württemberg.[112]

Die Nationalversammlung fand als Geschäftsstück Nr. 1 ein diplomatisch formuliertes Schreiben des Bundestages vor, das einer Versammlung, »wie unsere Geschichte sie noch niemals sah«, »die Hand zum Willkomm« reichte, sich über Kompetenzen und Aufgaben des Neuankömmlings aber nicht weiter ausließ. Das Haus nahm seine Konstituierung vor. Es wählte vorhersehbarerweise Heinrich v. Gagern zum ersten Präsidenten (das Präsidium sollte jeden Monat neugewählt werden) und bestimmte zwei Österreicher zu Schriftführern, weil sie mit 24 Jahren die jüngsten Mitglieder waren: den Grazer Stremayr und Riehl aus Zwettl. (Der Altersrekord wurde kurz danach von Schneider und Demel noch um ein Jahr unterboten.) Ernst Moritz Arndt, dem Barden der Befreiungskriege gegen Napoleon, wurde auf Antrag des Kremser Augenarztes Drinkwelder für sein Lied »Was ist des Deutschen Vaterland?« der Dank der Nation zuerkannt. Turnvater Jahn, ein weiteres Monument aus vergangenen Tagen, knüpfte daran die Aufforderung, Arndt möge »einen Vers dazudichten, wie ihn die jetzigen Zustände Deutschlands erfordern«.[113] Bevor das Jahr um war, war der Wunsch erfüllt, denn es höhnten Gegner: »Das halbe Deutschland muß es sein …«

Eine Kommission beriet über die Geschäftsordnung. Petitionen wurden in großer Zahl in Empfang genommen. Der Ernst des Lebens in Form von unkontrollierbaren äußeren Ereignissen, die über die Nationalversammlung hereinbrachen und eine Stellungnahme erforderten, machte sich das erste Mal bemerkbar, als es zu einem Zusammenstoß zwischen der preußischen Garnison und den Bürgern der Bundesfestung kam.

Die eigentliche Aufgabe der Nationalversammlung aber war die Ausarbeitung einer deutschen Bundes- oder Reichsverfassung. Am 24. Mai wählte man einen dreißigköpfigen Verfassungsausschuß: Die Versammlung wurde durch Los in fünfzehn Abteilungen unterteilt, und jede Abteilung wählte aus ihren Reihen zwei Mitglieder. Das Resultat spiegelte die politischen Mehrheitsverhältnisse in der Nationalversammlung gut wider, nicht aber in regionaler Hinsicht. Preußen stellte bloß sechs, Österreich drei (Andrian, Mühlfeld, Schreiner), Bayern anfangs keinen einzigen Vertreter in diesem zentralen Gremium. Dafür waren weiterhin die Südwestdeutschen überrepräsentiert.

Die Paulskirche riß ferner sobald als möglich die Kompetenzkompetenz an sich. Die Verfassungen der Bundesstaaten sollten nur nach Maßgabe der Reichsverfassung Geltung haben (Antrag Raveaux). Der Preuße Vincke warf ein: »Wenn wir das Recht haben, wird es durch das Aussprechen nicht valider, nicht kräftiger. Wenn wir es nicht haben, wird es dadurch unser Recht nicht werden.« Das war unbestreitbar richtig und ging doch an der Sache vorbei. Der Nationalversammlung kam eine Ventilfunktion zu, der Erwartungsdruck sollte durch sie abgeleitet und kanalisiert werden. Dieser Aufgabe konnte sie nicht nachkommen, wenn man ihr von vornherein und für alle sichtbar erst gar keine Kompetenzen einräumte. Die Regierungen wiederum wollten der Nationalversammlung ihre Kompetenzen nicht mit Brief und Siegel einhändigen, sie waren fürs erste aber auch nicht bereit, ihr entgegenzutreten. Es war am Parlament, die Initiative zu ergreifen. Die Regierungen würden dann Zustimmung signalisieren, sei es durch Schweigen, sei es durch punktuelle Übereinstimmung, selten durch prinzipielle Aussagen, und würden sich auf alle Fälle ein Hintertürchen offen lassen. Den Staatsmännern war bewußt, daß man der Nationalversammlung Leine geben mußte, sollte sie etwas zustandebringen – und Leine geben, sollte sie sich daran erhängen.

Da die Regierungen gegen die »Übergriffe« der Nationalversammlung, den sogenannten »Reichsterrorismus«, nur Mentalreservationen hegten und weiter nichts unternahmen, konnte auch die Rechte in der Paulskirche selber schwerlich päpstlicher sein als der Papst und verschwieg ihre Bedenken. (So ga-ben 37 Österreicher z. B. zu Protokoll, daß sie dem Raveauxschen Antrag selbstverständlich zustimmten, aber bedauerten, dazu nicht mehr zu Wort gekommen zu sein: War das jetzt eine angedeutete Verwahrung oder vielleicht doch keine?)[114]

Was die Politiker in Wien, Berlin und München von den Dichtern und Denkern in der Paulskiche trennte, waren ihre zeitlichen Bezugspunkte. Für die Märzminister in den Einzelstaaten, die sich mit ungezogenem Volk und schwer erziehbaren Monarchen herumzuschlagen hatten, war die Paulskirche in erster Linie ein Werkzeug für das momentane Krisenmanagement, erst in zweiter Linie ein Vehikel nationaler Größe. Die Nationalversammlung, oder zumindest ein Teil von ihr, erlag hingegen öfter der Versuchung, die Dinge grundsätzlich zu betrachten und den Blick in eine ferne Zukunft zu richten. Man braucht deshalb nicht in Schwarz-Weiß-Malerei zu verfallen, aber manches wird verständlicher, wenn man sich diesen unterschiedlichen Zeithorizont der Beteiligten vor Augen hält.

Ob die Nationalversammlung tatsächlich über die angemaßte Kompetenzkompetenz verfügte, würde sich herausstellen, sobald einmal in Bund und Ländern die Verfassungen

›Kühn, auch wohl keck‹:
Schmerling als Reichsministerpräsident

151

durchberaten, beschlossen und auf allfällige Widersprüche abgeklopft worden waren. Was sollte bis dahin geschehen? Die Nationalversammlung betrachtete sich nicht bloß als die Konstituante, sondern auch als provisorische Legislative des künftigen Reiches. Wer sollte einstweilen die Exekutive leiten, die formell immer noch der Bundestag war, sozusagen die Europäische Kommission des Deutschen Bundes. Dieser Bundestag war seit dem März personell runderneuert worden: Welcker, Dahlmann, Schmerling waren alle zugleich Abgeordnete der Nationalversammlung und Bundestagsgesandte ihrer Heimatländer. Welcker war dafür, diese morganatische Ehe fortzusetzen. Doch, wie Blum es salopp formulierte: Ein Jesuitenkloster bleibt ein Jesuitenkloster, auch wenn die Insassen wechseln.[115]

Wodurch konnte man den Bundestag als provisorische Zentralgewalt ersetzen? Im März hatten die Gagerns ein paar Tage lang mit der Idee gespielt, gleich im ersten Anlauf einen Kaiser aus dem Hut zu zaubern. Davon war jetzt nicht mehr die Rede; aber wie wäre es mit einem provisorischen Kaiser, einem Statthalter oder »Reichsverweser«? Oder, als evolutionäre Lösung, bloß eine schlagkräftigere Version des Bundestages, ein Direktorium aus drei oder fünf Mitgliedern statt siebzehn? Eine Reihe weiterer Staaten würde damit in die Situation von Reuß-Schleiz oder Liechtenstein geraten, die im Leitungsgremium schon bisher nicht oder nur indirekt vertreten waren. Für Österreich, Preußen und Bayern bot ein solches Direktorium immer noch bequem Platz. Die kleineren aber konnten oder wollten sich momentan ohnehin nicht wehren.

Die prinzipiell brisantere Frage war, ob dieses Direktorium – wie bisher – weisungsgebunden war oder zu selbständigen Entscheidungen ermächtigt. Auch diese Klippe ließ sich umschiffen, wenn man das Personal mit Bedacht wählte: Drei Prinzen aus regierenden Häusern z. B. konnte man schon sehr weitgehende Befugnisse einräumen, ohne allzu revolutionäre Konsequenzen befürchten zu müssen. Die österreichische Regierung bewies, daß sie nichts kapiert hatte, als sie den

Obersten v. Nobili für dieses Gremium vorschlug, weil der als Militärbevollmächtigter ohnehin gerade in Frankfurt weilte und abkömmlich war. Schmerling entgegnete einigermaßen enerviert, bei aller Wertschätzung seines Kollegen, für eine solche Stellung, die ein Drittel gesamtdeutscher Souveränität verkörpern solle, käme bestenfalls er selbst in Frage.[116]

Wenn die provisorische Zentralgewalt – wie immer sie zusammengesetzt sein würde – aber nicht mehr weisungsgebunden war, sollte sie dafür an die Beschlüsse der Nationalversammlung gebunden sein? Diese Schlußfolgerung konnte nur mit Mühe abgewehrt werden. Zum ersten Mal stand hier das Prinzip der Volkssouveränität gegen das Prinzip der Gewaltenteilung, das Konventssystem gegen das Präsidialsystem. Die konstitutionelle Theorie sollte, während sie in Paragraphen gegossen wurde, schon am lebenden Objekt erprobt werden. Die Zentralgewalt würde ein Ministerium ernennen, das der Nationalversammlung verantwortlich war, wie sich das in besseren Kreisen so gehörte.

Was immer sie von der Konstruktion halten mochten, den Bundesstaaten blieb ein Notanker: Die Zentralgewalt vertrat in diesem konstitutionellen Experiment die Rolle der Exekutive, aber sie verfügte über keine Exekutive, keine Beamtenschaft, kein Heer, keine Einnahmen außer dem, was ihr die Bundesstaaten zur Verfügung stellten. Daran lag eine Garantie der Reservatrechte zumindest der drei größeren Staaten. Ihnen blieb das gute alte Hausmittel der habsburgischen Vizekönige in Übersee: *Obedezco, pero no cumplo.* (Ich gehorche, führe aber nicht aus.) Sie brauchten sich im Ernstfall gar nicht erst auf lange verfassungsrechtliche Diskussionen einzulassen, sie führten mißliebige Erlässe einfach nicht durch. Der Gerichtshof, vor den sie die Nationalversammlung dafür zerren konnte, war allein die öffentliche Meinung, wie Vincke richtig diagnostizierte: »Das Volk wird dann den Cassationshof bilden.«

Vor diesem Hintergrund schoß sich die Diskussion um die provisorische Zentralgewalt im Laufe des Juni 1848 immer mehr auf die Person Erzherzogs Johann ein: Er war von den

Eckdaten her einfach eine Idealbesetzung. Ein regierender Monarch war für ein Provisorium unbrauchbar, während ein Bürgerlicher an der Spitze eine Vorentscheidung für die Republik signalisierte. Ein Prinz war das richtige Mittelmaß – vertrauenerweckend und doch kein legitimistischer Präzedenzfall. In den Reihen der potentiellen Kandidaten aber reichte von Bekanntheitsgrad und Popularität her niemand an Johann heran.

Vom Metier her war Johann General Genie-Direktor, und das seit 47 Jahren. Über seiner militärischen Karriere lag dennoch die Andeutung eines Schattens: Zwar hatte er 1809, als Österreich sich an die Spitze der deutschen Erhebung stellte, durch einen Sieg über Napoleons Stiefsohn den Maria-Theresien-Orden verdient, aber wenige Wochen später war er zu spät auf dem Schlachtfeld von Wagram erschienen. Den Erzherzog traf daran wenig Schuld, das fatale Mißverständnis ließ sich auf einen Meldereiter zurückführen, der für sechs Meilen dreizehn Stunden brauchte, aber es reichte, um ihm noch 1848 den (Zwischen-)Ruf »der Zauderer von Wagram« einzutragen.

Die Popularität des Feldherren im Zwielicht gründete auf etwas anderem: Im Frühjahr 1813 war er wegen einer Verschwörung des sogenannten »Alpenbundes« in Ungnade gefallen. Der von ihnen geplante neuerliche Volksaufstand in Tirol paßte nicht ins Schema der Metternichschen Politik: Mitarbeiter Johanns wurden verhaftet, er selbst erhielt Einreiseverbot nach Tirol. Statt dessen wandte er sich einem anderen Gebirgsland zu, der Steiermark, erwarb am Erzberg zwei Radwerke, einen Paß weiter den Brandhof, gründete die Landwirtschaftsgesellschaft und den Gewerbeverein. Und er heiratete völlig unstandesgemäß: Die Ausseer Postmeisterstochter Anna Plochl, eine Romanze, die sich bis zu ihrem *happy end* über zehn Jahre hinzog.

Ein roter Prinz war der Schutzpatron der Grünen Mark deshalb noch lange nicht. Im Augenblick hatte man ihm als späte Genugtuung gerade die Landesverteidigung Tirols gegen die Italiener übertragen. Im Vorjahr galten seine Sympathien im

Romantik des Biedermeier:
Erzherzog Johann und Anna Plochl am Grundlsee

Schweizer Sonderbundskrieg durchaus den konservativen Kantonen in der Innerschweiz (auch diesmal wieder dem Alpenbund?). Aber gerade diese schillernde Kombination war gefragt.[117]

Die Personalfrage diktierte auch das Organisationsstatut. Wenn die Sache gerettet war, konnte man in der Form Zugeständnisse machen, denn bei einem Provisorium zählte ohnedies nur die Sache. Gagern setzte daher zu einer seiner überraschenden Wendungen an. Johann sollte nicht von den Regierungen ernannt, sondern von der Paulskirche gewählt werden. Er erklärte in der Nationalversammlung: »Tun wir einen kühnen Griff. Wir müssen die provisorische Zentralgewalt selber schaffen.« Das war – genau genommen – die Ankündigung eines Rechtsbruches, eines Rechtsbruches zu einem guten Zweck allerdings. Der Hannoveraner Detmold grollte: »Gagern begeht das Verbrechen, die Ordnung durch die Unordnung retten zu wollen.«[118]

Die Annahme des Verfassungsprovisoriums war zwar auch dann gesichert, wenn man Johann als Erwählten der 39 Obrigkeiten präsentierte, aber es ging nicht um ein Stimmenpolster in der Paulskirche, fünfzig Stimmen mehr, wie Schmerling meinte, der sich aufregte »über den echt deutschen gemütlichen Sinn der Vereinigung (das heißt des Paktierens mit der Linken, die uns dafür auslacht)«. Es ging darum, den Reichsverweser mit der Autorität auszustatten, die es ihm erlauben würde, sich nützlich zu erweisen. Gerade weil er bestimmt war, »rechts« zu regieren, bedurfte er eines Vertrauensvorschusses auch von seiten der Linken, des berühmten Tropfens demokratischen Öls, wie Uhland das später einmal ausdrückte. Es war eine Verbeugung nach links, wenn Gagern vorschlug, Johann zu wählen, nicht weil, sondern obwohl er ein Prinz war. Richtig war: Gerade weil er ein Prinz war, konnte man es sich leisten, ihn wählen zu lassen. Nur hundert von fast sechshundert Abgeordneten widersetzten sich dieser Argumentation. Selbst von denen bekundete der Großteil bei der Wahl seine Opposition nur auf eine höchst respektvolle Weise: Er stimmte für Gagern selbst als Reichsverweser. Giovanni a Prato stimmte für Erzherzog Stephan, und nur knapp über dreißig Abgeordnete für den Doyen der badischen Linken, Adam v. Itzstein.[119]

Wien, das Ministerium Pillersdorff in seinen letzten Zügen, machte eine denkbar schlechte Figur. Man wollte Johann doch selber gerne als Wunderheiler nach Wien holen. Jetzt sollte man ihn an Frankfurt verlieren, bevor er überhaupt angekommen war. Die Borniertheit in diesem Punkt war Teil von jener Kraft, die stets das Böse will und stets das Gute schafft. Die offenkundige Indolenz und Schwäche der Wiener Regierung beruhigte das allfällige Mißtrauen, daß die Ernennung, nein, Wahl Johanns hintergründige Pläne der Habsburger ins Werk setzen würde. Als vertrauensbildende Maßnahme war die Wahl ein Erfolg. »Die Fonds stiegen sogleich um 3 Prozent.« Bis Ende der Woche war es schon das Doppelte.

156

Die Abstimmungen über die provisorische Zentralgewalt am 27./28. Juni machten es auch möglich, die Parteiungen zu erkennen, die sich in der ungegliederten Versammlung herausbildeten. Die Linke, das waren die Republikaner. Ihr Lackmus-Test war die Frage, ob es Reichsverweser oder Präsident heißen sollte bzw. ob der Reichsverweser auch persönlich der Nationalversammlung verantwortlich sein sollte oder bloß seine Minister. Republikaner waren nicht immer gleichbedeutend mit Demokraten. Manche Demokraten bekannten sich zur Monarchie, als Symbol oder aus Opportunität. Manche Republikaner verknüpften die Volkssouveränität mit Zweifeln über die politische Reife des »demos«. Gemeinsam war ihnen die Vorstellung, daß es notwendig und legitim war, über die vielbeschworenen Märzerrungenschaften hinauszugehen und die Revolution zu vollenden, bevor man sie schloß.[120] Wie weit und in welcher Richtung, darüber mußte man sich gar nicht so offen aussprechen, solange man eine Minderheit blieb. Und eine Minderheit blieb die Linke durch elf von zwölf Monaten im Leben der Paulskirche.

Die Linke umfaßte ungefähr ein Viertel bis ein Drittel der Abgeordneten. Ihr Tagungslokal war der »Deutsche Hof«, ein Gasthaus, das bis zum 18. März noch auf den Namen »Zum König von Preußen« gehört hatte. Ihr führender Kopf war Robert Blum. Eine noch radikalere Fraktion, der man nachsagte, sie wolle dem Gedanken einer »zweiten Revolution« mit Gewalt zum Durchbruch verhelfen, spaltete sich ab und tagte im »Holländischen Hof« (später im »Donnersberg«). Von den Österreichern, die entschiedene Linke waren, fand eine überdurchschnittliche Anzahl (z. B. Berger, Gritzner, Hartmann und Wiesner) gleich den Weg hierher.

Auf der rechten Seite saß die sehr viel kleinere Schar der aufrechten und offenen Anhänger des Vereinbarungsprinzips, der unbedingten Rechtskontinuität. Die Größe, oder besser gesagt: die Kleinheit der Rechten war eine optische Täuschung. Die ausgesprochene Rechte war so klein, machte nie mehr als ein Zehntel der Versammlung aus, weil nur lupenreine Prinzipienreiter und Widerspuchsgeister sich zu ihr

Allgemeiner Jubel in Frankfurt.

Mit 436 Stimmen

wurde

Erzherzog Johann

zum Reichsverweſer von Deutſchland ernannt.

Frankfurt, den 29. Juni 1848.

In der heute um 12 Uhr eröffneten Sitzung der deutſchen National = Verſammlung wurde dem geſtern aufgeführten Bau einer proviſoriſchen Central-Gewalt für das geſammte Deutſchland die Spitze aufgeſetzt, und zwar eine fernerhin leuchtende, und hoffentlich alle Gemüther mit der freudigen Hoffnung einer beſſeren Zukunft erfüllende. Durch namentliche Abſtimmung, wurde mit 436 Stimmen gegen 84 Se. k. k. Hoheit Erzherzog Johann zum Reichsverweſer erwählt. Das Ergebniß dieſer Wahl wurde von der ganzen Verſammlung mit überſchwenglichem Jubel aufgenommen, und erhebend, ja das Gefühl tief bewegend, war der Augenblick, als die erſten Klänge ſämmtlicher Glocken der Stadt in dem Saale der Verſammlung, vom Donner des Geſchützes unterbrochen, harmoniſch widerhallten, und, wie durch einen Zauberſchlag, ſich wieder ein großer Theil jener 7000 deutſchen Fahnen entfaltete, welche bei Eröffnung des Parlamentes flatterten. Die einfachen Worte des Präſidenten an die Verſammlung, nachdem der erſte Jubel ſich gelegt hatte, ſenkten ſich tief in Aller Herzen ein. Sie lauteten beiläufig: „Wir hätten uns herzlich zu freuen, daß unſere Wahl den Mann getroffen habe, der zuerſt das Wort für ein einiges, feſtes Deutſchland erhoben. Er möge Deutſchlands Einheit, die nun zum erſten Male verkörpert auftrete, begründen und erhalten; er möge ein Schirm der Freiheit ſein, die Ordnung und die Ruhe wieder bringen, und die Anarchie niederhalten. Wir wollen in dieſem äußerſt ſchwierigen Werke ihn treu und warm unterſtützen u. ſ. w."

Die 84 verneinenden Stimmen gehörten jener — zum Theile republikaniſchen — Partei an, welche mit mehreren Beſtimmungen des eben geſtern zu Stande gebrachten Geſetzes über die Einſetzung einer proviſoriſchen Central-Gewalt unzufrieden gegen daſſelbe geſtimmt hat, und welche mit 52 auf den Präſidenten der Verſammlung, Heinrich v. Gagern, und mit 32 für den Abgeordneten, Johann Adam von Itzſtein, lauteten.

Ein Linzer Flugblatt …

158

Nur **3 — 4** Stimmen aus Oesterreich, etwa **20** aus Preußen, darunter **16** aus der Rheinprovinz, etwa **15** aus Bayern, darunter nur **3** aus dem diesseitigen, die anderen aus dem rheinpfälzischen Theile, waren gegen die Wahl unseres Erzherzogs, und stimmten entweder gar nicht, oder für andere; alle anderen Abgeordneten dieser drei größten Staaten Deutschland's, eben so alle hannover'schen, oldenburgischen, holsteinischen u. s. w., waren für ihn. Vom Rheine und aus Sachsen hat man meist demokratische und republikanische Abgeordnete gesendet.

Seit dem Bekanntwerden dieser Wahl ist die Stadt Frankfurt wieder mit tausenden deutschen Fahnen geschmückt, und der Anblick davon macht nach einer solchen Wahl einen wahrhaft rührenden Eindruck. Ja, Frankfurt fühlt, was diese bedeutet, und gewiß wird es auch ganz Deutschland, wird es vorzugsweise Oesterreich fühlen, das von nun an eine doppelte Stütze an Deutschland gewonnen hat.

Bereits ist eine Deputation ernannt worden, um den durchlauchtigsten Erzherzoge das hohe Amt anzutragen. Wir Alle hoffen, daß der erhabene deutsche Fürst es gerne annehmen, und so Deutschland's Einheit, Ruhe, Kraft und Würde sichern werde. Die Deputation besteht aus Vater Arndt, Herrn von Auerswald aus Preußen, Baron Rothenhan aus Bayern, Dr. Hekscher aus Hamburg, Dr. Jucho aus Frankfurt, Raveaux aus Cöln, Baron Adrian aus Oesterreich. Sie wird wahrscheinlich noch heute Abends abreisen.

Nachschrift. In der kurzen Abendsitzung hat Arndt die Wahl abgelehnt, — seines hohen Alters wegen; an seine Stelle ist Professor Fallmerayer aus München (der berühmte orientalische Fragmentist) ernannt worden.

... feiert die Wahl Johanns

bekannten (von den Österreichern in erster Linie Mühlfeld, der »gesellschaftspolitisch« keineswegs so weit rechts stand, aber ein österreichisches Vetorecht gegenüber den Beschlüssen der Paulskirche auf alle Fälle gewahrt wissen wollte).

Daß die »Souveränität der Nation«, wie Gagern sie für die Paulskirche in Anspruch nahm, nicht ausreichte, eine Verfassung in Kraft zu setzen, oder jedenfalls nur unter schweren und vermeidbaren Kämpfen, dessen war sich ein sehr viel größerer Teil der Nationalversammlung sehr wohl bewußt: Aber er ging entweder davon aus, daß eine solche Vereinbarung mit den Regierungen (den wichtigeren zumindest) informell erfolgen würde oder er las in den Vereinbarungsstandpunkt ohne Wenn und Aber die Möglichkeit hinein, daß dann theoretisch auch ein einziger sturer Duodezfürst das ganze Werk aufhalten könnte.

Diese Mehrheit der heimlichen und informellen und partiellen Vereinbarungsrealisten, die es nicht für notwendig oder klug im Sinne von Verhandlungstaktik hielten, diese Auffassung in die Welt hinauszuposaunen, bildete die stärkste Fraktion: das Kasino. Streng genommen umfaßte auch das Kasino bestenfalls ein Viertel der Paulskirche, aber zusammen mit seinen breiten Rändern (und zusammen mit der Rechten, die sich zwangsläufig an das Kasino halten mußte) war man fast schon in der Mehrheit.

Das Kasino war norddeutsch-preußisch geprägt. Das lag nur zum Teil daran, daß die Wahlen in Preußen per saldo um eine Spur konservativer ausgefallen waren als in Österreich. Es lag vor allem daran, daß viele der Österreicher »Wilde« blieben, zwar Mitte-Rechts abstimmten, aber den Sitzungen des Kasino fernblieben. Die »Kopflosigkeit«, die wir bei alpenländischen Konservativen konstatiert haben, fand hier ihren Ausdruck. Anfangs hatte die Sokrates-Loge als landsmannschaftlicher Treffpunkt und Lesezimmer für die Österreicher gedient, war aber bald auseinandergegangen. Gegen Ende des Parlaments wurde die großdeutsche »Mainlust« zum natürlichen Auffangbecken für die Mehrzahl von ihnen. Von Juni bis Jänner gab es keine solche Sammelstelle.

160

Schmerling und seine Mitarbeiter gehörten dem Kasino an: Welcker und sogar Gervinus, den rabiat kleindeutschen Herausgeber der »Deutschen Zeitung«, nannte er schon in seinen ersten Berichten als verläßliche Stützen seiner Position.[121] Glänzten die Österreicher auf der Rechten durch vornehme Zurückhaltung, so fielen sie auf der linken Mitte dem Erzübel dieses Sektors anheim, der Zersplitterung. Das linke Zentrum, der »Württemberger Hof«, befand sich zwischen dem (stärkeren) Kasino und der (schwächeren) Linken in der Position der eigentlichen Mitte. Das Manko der linken Mitte war, daß es ihr an einer leitenden Idee mangelte, oder schlimmer vielleicht noch: an einem einheitlichen Feindbild. Als Forschungsgegenstand macht sie das besonders interessant, in der Paulskirche aber vornehmlich als Stimmenreservoir attraktiv. Sobald sich die Fronten im Laufe des Sommers klärten, driftete das linke Zentrum auseinander.

Ein Teil, der »Augsburger Hof«, schwenkte im Herbst nach rechts ab. Darunter waren vor allem Kräfte, die in ihrer Heimat mit weiter links stehenden Gruppen im Clinch lagen, vertreten z. B. von Biedermann aus Sachsen oder Fallati aus Württemberg. Die ursprünglich immer noch ein wenig landsmannschaftliche Gliederung wurde im Zuge der Polarisierung von Liberalen und Demokraten aufgelöst. Bei den Österreichern traf diese Charakterisierung am besten auf den betont gemäßigten Teil der Deutschböhmen zu, darüber hinaus auf einzelne »getarnte« oder besonders verbindliche Konservative wie Schreiner oder Kaiser, Monarchisten mit dem berühmten Tropfen demokratischen Öls.

Auf der anderen Seite bildete sich die sogenannte »Linke im Frack« oder »rationelle Linke«, die ihr Quartier in der Westendhall aufschlug. Sie kamen zumeist aus den konservativ dominierten Großstaaten und übertrugen ihre dortige oppositionelle Haltung auch auf die Frankfurter Verhältnisse. Wie die Bezeichnung »Linke im Frack« schon andeutet, trennte sie von den Mitte-Rechts-Gruppen weniger das soziale Milieu als die politischen Schlußfolgerungen daraus. Republikanische (und antiklerikale) Sympathien waren hier häufi-

ger als demokratisches Engagement. Die »Linke im Frack«
wollte keine »zweite Revolution«, sie hatte bloß weniger
Angst vor ihr, auf alle Fälle weniger als vor der Reaktion. Ihre
bekanntesten Sprecher waren die von links kommenden
Rheinländer Raveaux und Venedey. Die Österreicher waren
hier und in den Resten des Württemberger Hofes gut vertreten. Dabei spielte auch die Generationenfrage unübersehbar
eine Rolle: Für die Österreicher dieses Sektors galt mit ganz
wenigen Ausnahmen der Slogan: »Trau keinem über 35!« Dieser »fashionablen« Linken wurde gern vorgeworfen, sie lege
sich ins gemachte Nest, die Vorkämpfer, die Märtyrer, denen
sie das alles verdankten, säßen anderswo. Das stimmte: Die
verbitterten Emigranten sammelten sich im Donnersberg.
Die ständischen Dissidenten, die bereits Erfahrung hatten im
Bohren harter Bretter, sogar eine ganze Reihe ehemals inhaf-
tierter Oppositioneller, stimmten mit dem Kasino.

Auf die Benjamins der Paulskirche hingegen wirkten die
Ideen und Ideale des Jahres 1848 als erste prägende Erfahrung. Arneth ist vielleicht nicht ganz typisch für sie, denn er
gehörte dem »Augsburger Hof« an, aber sein »naives
Bekenntnis« ist es wert, zitiert zu werden: »Ich scheue mich
aber doch nicht, ein solches abzulegen, indem ich sage, daß ich
eigentlich im Vormärz recht vergnügt und zufrieden dahin-
lebte.« Ihre Naivität, ihr Idealismus, bestand darin, daß sie die
Voraussetzungen, von denen die Paulskirche ausging, für bare
Münze nahmen. Das Gefühl für die Labilität des Zustands, in
den sie hineinkatapultiert worden waren, fehlte ihnen.

Die Vergänglichkeit des Augenblicks, das tempora mutan-
tur und vor allem das nos in iis, sollte gerade diesen eigentlichen »Achtundvierzigern« noch sehr bewußt werden, wenn
sie später mit zwiespältigen und doch nostalgischen Gefühlen
auf dieses Jahr zurückblickten. Da sie jung waren, hatten viele
von ihnen noch beachtliche Karrieren vor sich. Stremayr (von
Freunden liebevoll *Streb*mayr genannt) war einer von ihnen,
der seiner Verlobten, einer Baronin Gudenus, eine Woche
nach Johanns Wahl schrieb: »Meine Überzeugung ist, daß das
Heil für die deutschen Lande Oesterreichs nur von Deutsch-

land, also von Frankfurt ausgehen kann.«[122] Auch Gustav Groß und natürlich Giskra, der in seinen Reden dem Zeitgeist stets mit unübertroffener Verve Ausdruck verlieh, gehörten dazu.

Später wurde oft kolportiert, die besondere Neigung der Österreicher zur »fashionablen Linken« gehe auf einen Wink des Wiener Sicherheitsausschusses zurück, der Anfang Juni eine Delegation nach Frankfurt sandte, um ein entschiedeneres Auftreten der Paulskirche anzumahnen und die Österreicher, die ja noch vor der Mai-Revolution gewählt worden waren, auf die neuen Verhältnisse in der Heimat einzuschwören. 40 bis 50 seien daraufhin der Linken beigetreten, meint ein entsetzter Tiroler. Das war Übertreibung: Bestenfalls ein halbes Dutzend Abgeordneter legte während der Debatten Ende Juni ein Abstimmungsverhalten an den Tag, das mit ihren sonstigen Anschauungen in einem gewissen Kontrast stand. (Ein drastisches Beispiel war, daß Anton Auersperg für einen Präsidenten anstelle eines Reichsverwesers stimmte. Aber gerade auf ihn ist ein derartiger Einfluß unwahrscheinlich.)[123]

Es bewies die Anmaßung und das Selbstbewußtsein der Wiener, die sich für die Avantgarde der deutschen Revolution hielten, daß sie mit einer Verlegung der Nationalversammlung nach Wien liebäugelten. Die äußerste Linke brachte in Frankfurt auch pflichtschuldigst schon Anfang Juni einen diesbezüglichen Antrag ein, dem mit der Wahl Johanns plötzlich sogar eine gewisse Plausibilität zugebilligt werden konnte: Der Erzherzog hätte dann auch ohne die Gabe der Bi-Lokation all seinen Verpflichtungen nachkommen, die Stellvertretung des Kaisers in Wien fortführen, die er am 25. Juni angetreten hatte, und als Reichsverweser fungieren können.

Ähnliche Pläne wurden auch am entgegengesetzten Ende des politischen Spektrums erwogen. Konservative, denen Frankfurt ein wenig zu exponiert erschien, dachten dabei allerdings nicht an Wien, sondern an Nürnberg oder an Regensburg, letzteres immerhin für Jahrhunderte Sitz des Immerwährenden Reichstags und außerdem die Heimatstadt des bayerischen »Märzministers« Thon. Auch die Schaffung eines deutschen »District of Columbia« im Herzen des Reiches, z. B. in Erfurt, stand als langfristige Alternative zur Diskussion.[124]

Nach erfolgter Wahl entsandte die Nationalversammlung eine Delegation zu Johann nach Wien. Ihre Reise durch Deutschland gestaltete sich zu einem Triumphzug. In Wien formierte sich am Vormittag des 5. Juli ein langer Zug: Sicherheitsausschuß, Nationalgarde und Akademische Legion eskortierten Andrian und sechs weitere Abgeordnete in die Hofburg. Johann verbrachte nur vier Minuten mit der Delegation allein, dann gab er seine Zustimmung bekannt. »Alle Anwesenden, selbst die ältesten Generäle weinten.« Am Abend fand ein Fackelzug statt; die Frankfurter wurden immer und immer wieder aufgefordert zu reden. Heckscher spielte sechs Wochen nach dem 18. Mai auf die neuerliche »Fürsten-Entführung« an, die sie vollzogen hätten. Doch die Wiener wüßten, daß sie Johann »sich geben, indem sie ihn Deutschland geben«.

Pratobevera notierte voller Schadenfreude: »Die Frankfurter Deputation, mit tausend Ehren empfangen, erschrickt über unsere Zustände.« Heckscher mahnte in der Aula: »Tragen Sie bei, daß die Woge der Bewegung wieder in ihr Bett zurückkehrt.« Ein weiterer Bericht unterschob ihm einen anderen Vergleich: »So wie der Römer nach der Schlacht zu seinem Pflug« müsse die Jugend zu ihren Studien zurückkehren. Selbst Raveaux, in dieser Beziehung an stärkeren Tobak gewöhnt, soll »unsere Presse und die Stellung der akademischen Jugend« getadelt haben. Andrian vertraute seinem Tagebuch an: »Ein verworrenes, kopfloses Treiben, welches nur durch die Gutmütigkeit, ich möchte fast sagen: Kindischheit der Wiener zu nichts Schlimmerem geworden ist, aber mit jedem Augenblick dazu werden kann.«[125]

Mit der getadelten Presse konnte die gleichnamige Zeitung nicht gemeint sein, die an eben dem Tag das Licht der Welt erblickte (oder auch das Dunkel der Druckerschwärze), als die Nachricht von der Wahl Johanns in Wien eintraf. Ihr Ziel

war, »Recht, Ordnung und Gesittung« für das Volk zu er-
kämpfen. Die »Presse« profilierte sich von Anfang an als liberales Blatt. Liberal galt damals aber bereits als reaktionär;
also hieß es offiziell »Journal der reinen Demokratie«. Als solches war es vor allem billiger als die Konkurrenz und konnte
es sich daher leisten, dem Zeitgeist auch hin und wieder Paro-
li zu bieten. In der Bewertung des Tagesereignisses zeichnete
sich dabei kein Dissens ab, im Gegenteil: »Seit der Burggraf
von Nürnberg Rudolph dem I. die Wahl der deutschen Kurfürsten verkündete, hat dem Hause Habsburg kein solcher
Tag geleuchtet.«[126] Dissens dann allerdings in der Begründung, warum die provisorische Zentralgewalt nach Wien
übersiedeln solle: Nicht weil Wien so fortschrittlich sei, sondern weil in Wien eine Exekutive zur Verfügung stehe, nämlich die österreichische; Berlin, so räumte man ein, käme
ebenfalls in Frage, Frankfurt nicht!

Die Betreuung des Reichsverwesers ohne Exekutive, der
seinen ersten Monat notgedrungen auf Achse verbrachte,
übernahmen Andrian, Wessenberg und Schmerling. Johann
eilte nach Frankfurt und hielt am 12. Juli unter ungeheurem
Jubel dort seinen Einzug. Das große Publikum verzieh ihm
sogar, daß er sich sein Amt nicht nur von der Nationalversammlung, sondern zusätzlich noch vom Bundestag übertragen ließ. Der Bundestag hatte sich damit einen ordnungs-
gemäßen Abgang verschafft. Sollte es sich als nötig erweisen,
konnten die Regierungen sich in einer ungewissen Zukunft
auf den Standpunkt stellen, ihr Bundestag habe seine Kompetenzen bloß zeitweilig an den Erzherzog delegiert und
nehme sie jetzt einfach wieder auf.

Ein kollektives Organ der deutschen Regierungen gab es
nach der Auflösung des Bundestages nicht mehr. Die Reichsverfassung würde zwar vermutlich ein derartiges »Staaten-
haus« umfassen, aber bis dahin gab es bloß die eine Kammer,
die Nationalversammlung. Preußen regte schon im Sommer
die Schaffung eines Staatsrates an, aber dazu kam es nicht.
Letzten Endes waren vermutlich auch alle Beteiligten froh, im
Hintergrund bleiben zu können. Eine derartige Nebenregie-

rung wäre unweigerlich zum Gegenstand von Verdächtigungen geworden, sie wolle die Souveränität der Nationalversammlung untergraben. Derlei Versuche gab es früher
oder später auch so, aber sie waren nicht so leicht zu über-
blicken, und man konnte sich in Frankfurt länger Illusionen
hingeben.

Der Habsburger machte in Frankfurt eine gute Figur, auch
wenn Robert Blum schrieb, er habe »ein so erdiges, abgeleb-
tes, totes und regungsloses Gesicht, daß es den übelsten Eindruck macht«. Allen Republikanern recht getan ist eine
Kunst, die niemand kann. Auch Beobachter, die keine Vor-
eingenommenheit für die erste Familie Deutschlands mit-
oder aufbrachten, rühmten die »Lässigkeit« seines Auftretens.
Selbst der Habsburgskeptiker Droysen notierte schnoddrig-
gerührt: »Jubelnder Empfang des einfachen alten Mannes im
Frack. Einfach erhabene Szene.« Die Freiin vom Brandhof
(geborene Anna Plochl) ging am Gemüsemarkt höchstper-
sönlich einkaufen und unterhielt sich mit den Frankfurterinnen. Nur klagte sie: »Hier darf man nicht häuslich sein. Man
soll in einem fort die Dame spielen.«

Am Tag nach seinem Empfang erschien der Reichsverweser mittags in der »Mainlust«, wo die Abgeordneten
speisten, und »machte die Tafeln umher die Cour«. »Man
kam ins Singen, in den alten Studententon: Gaudeamus, den
Landesvater, förmlich mit Durchstich von Hut und Mütze.«
Der rechte Göttinger Corpsstudent Vincke, der linke Heidelberger Corpsstudent Zitz, Fuchs, ein schlesischer Burschenschafter, und Giskra, der eigentlich nichts von alledem
sein konnte und doch meistens allen alles war, teilten sich das
Präsidium. »Seltsamer Wandel«, notierte Droysen in seinem
Tagebuch.[127]

Dann ging es für den Reichsverweser noch einmal zurück
nach Wien, wo er am 22. Juli den österreichischen Reichstag
zu eröffnen hatte, der Abgeordnete aus den österreichischen
Teilen des Deutschen Bundes, aus Galizien und aus der Buko-
wina in der Hofreitschule versammelte. (Reitschulen waren
neben Kirchen aus Platzgründen für improvisierte Parlamen-

Der Höhepunkt des Jahres 1848:
Einzug Johanns in Frankfurt

te geradezu prädestiniert; auch die Paulskirche sollte sich noch um eine bewerben.) Rund ein halbes Dutzend Abgeordnete, die nach Frankfurt *und* nach Wien gewählt worden waren, verabschiedete sich mit Johann von der Paulskirche, darunter drei Tiroler, die nicht nachbesetzt wurden, weil man Tirol versehentlich zuviele Mandate zugeteilt hatte.

Noch vor Johanns Abreise war auch Pillersdorff endlich erlöst worden. Er hatte zu lavieren versucht und war in eine Sackgasse geraten. Rückblickend billigten ihm selbst seine Gegner zu, er habe nicht aus bösem Willen gehandelt. Aber: »Er konnte noch immer nicht begreifen, daß sich gar kein Ministerium halten kann als das (welches) einer Partei angehört.« Mit Doblhoff, dem Fabrikanten Hornbostel und Bach waren jetzt »wirkliche« Märzminister am Ruder. Doblhoff machte man mit einer Anspielung auf Johann das Kompliment, er genieße Vertrauen, nicht weil, sondern obwohl er Ständemitglied sei.[128] War das jetzt ein Parteiministerium? Würde die Partei, die es für sich reklamierte, im Reichstag auch wirklich über eine Mehrheit verfügen bzw. würde sie es akzeptieren, wenn das nicht der Fall war?

Latour und Krauß freilich amtierten weiter, und Wessenberg auch. Die Stimmung in Wien sei gut, urteilte Johann, aber die Rückkehr des Kaisers dringend. Die Koordination innerhalb der Familie klappte nicht ganz. Für Wessenberg war es schon eine gewisse Erleichterung, als die kaiserliche Antwort auf die Benachrichtigung von der Amtsübernahme Johanns in einem Kuvert eintraf, das an den Reichsverweser adressiert war, womit eine Anerkennung ausgesprochen war. Die Ungeduld des Erzherzogs wuchs: Er habe schon drei Boten nach Innsbruck geschickt. Wenn der Kaiser nicht bald käme, müsse man an eine Regentschaft denken oder die Geschäfte dem ungarischen Palatin, Erzherzog Stephan, übergeben. Für die Stellung des Monarchen könne das nichts Gutes bedeuten: Bliebe man in Innsbruck »eigensinnig, dann befürchte ich, daß der Reichstag einschreiten dürfte«.[129]

Schließlich dauerte es doch bis zum 12. August, bis das Boot mit der kaiserlichen Familie in Wien anlegte. Da war Johann schon längst wieder in Frankfurt und stand auch hier vor der Aufgabe, das definitive Reichsministerium zusammenzustellen. Sein erster Reichsministerpräsident hätte ursprünglich der Preuße Camphausen sein sollen. Der lehnte ab, weil er den

»Vereinbarungsstandpunkt« nicht aufgeben und in Frankfurt nicht so tun wollte, als sei Preußen plötzlich bloß noch Provinz. Auch eine Kombination mit Stockmar, einem Vertrauten des englischen Prinzgemahls Albert von Sachsen-Coburg-Gotha, und dem preußischen Gesandten in London, Bunsen, zerschlug sich. Aus Preußen kam vorläufig nur Peucker als Kriegsminister, der Hamburger Heckscher übernahm das Auswärtige, Schmerling zunächst provisorisch alles übrige. Damit war die Trias zwischen Österreich, Preußen und »drittem Deutschland« verwirklicht.

Nach Johanns Rückkehr aus Wien wurde die regionale Balance durch den Versuch einer politisch-parlamentarischen Verankerung des Ministeriums ergänzt. An die Spitze des Ministeriums trat Fürst Leiningen, der süddeutsche Standesherr, der sich bei der Bewältigung der Krise in Bayern verdient gemacht hatte und ebenfalls über gute Beziehungen zum englischen Hof verfügte (und damit war diesmal kein Parteilokal in Frankfurt gemeint, sondern *the real thing*). Zwei Württemberger (Mohl und Fallati) und der Düsseldorfer Advokat Widenmann traten als Repräsentanten des linken Zentrums ein. Sie erhielten »Zukunftsressorts«, die wichtige legislative Arbeiten zu koordinieren hatten: Justiz und Handel. Die eigentliche Exekutive bzw. das Cajolieren der einzelstaatlichen Exekutive behielten sich Peucker und Schmerling als Innenminister vor. Der Bremer Duckwitz als Handelsminister war ein Kompromißkandidat zwischen Freihändlern und Schutzzöllnern und sorgte für die deutsche Flotte.

Peucker erwarb sich allseitig eine gute Nachrede. Er verwaltete als einziger auch einen Apparat, denn ihm unterstanden die Bundesfestungen und Bundestruppen. Mit den Festungen erbte die provisorische Zentralgewalt auch den Sparstrumpf des Deutschen Bundes, der äußerst gelegen kam, die laufenden Ausgaben zu decken. Nicht nur die Krieger mußten schließlich bezahlt werden, bis die ersten Matrikularbeiträge der Bundesstaaten einlangten, und auf manche konnte man lange warten. Erste Schwierigkeiten mit der Anerkennung der Reichsgewalt kamen zum Vorschein, als

Peucker anordnete, die Truppen aller deutschen Staaten seien auf den Reichsverweser zu vereidigen. Preußen weigerte sich, Hannover ließ die angesagte Parade wegen Schlechtwetter ausfallen, und Österreich fand einen faulen Kompromiß.

Populär war die Marine: Die schleswig-holsteinische Frage, aber auch die Bedrohung Triests schienen ihre Notwendigkeit zu demonstrieren. Zur See mußte sich Deutschland von zwei Kleinstaaten, Sardinien und Dänemark, demütigen lassen. »Die deutsche Flotte wurde dekretiert; aber nur Gott bringt durch Worte Realitäten hervor«, schrieb spöttisch ein Theologe. Doch bei bloßen Worten blieb es in dem Fall nicht. Flottenvereine wurden gegründet (in Wien z. B. von Pater Füster und dem Buchhändler Gerold), Spenden gingen ein und wurden in den stenographischen Berichten feinsäuberlich abgedruckt. Auch der US-Konsul war einverstanden, daß die Spende der New Yorker Deutschen sofort diesem Konto gutgeschrieben wurde. Hartmann schlug in der Nationalversammlung sogar vor, jedes Mitglied solle einen Tag pro Monat zugunsten der Seemacht auf seine Diäten verzichten.[130]

Die auswärtigen Beziehungen waren von Vorstellungsbesuchen und der Bitte um Anerkennung beherrscht. Als Gesandte fungierten ausnahmslos Abgeordnete. Als erster ging Andrian im August zu Königin Viktoria und Palmerston. Welcker reiste nach Stockholm, der Historiker Raumer nach Paris; als ihm ein professioneller Diplomat Verhaltensmaßregeln mit auf den Weg geben wollte, erklärte er wegwerfend: »Ich habe mehr Gesandtschaftsberichte gelesen als vielleicht irgendein Mensch in Europa.« Raveaux, der Führer der Linken im Frack, ging in die benachbarte bieder republikanische Schweiz (ganz so bieder auch nicht, hatte sie doch gerade ihen Sonderbundskrieg hinter sich); der Orientalist Fallmerayer machte sich Hoffnungen auf Konstantinopel; nur der Posten in St. Petersburg galt als Karrierehemmschuh.

Herwegh übertrieb nur leicht, wenn er in seinem Jahresrückblick reimte:

Du hältst dir einen Gesandten,
Deutschland, im Stillen Ozean
Und fühlest den Elefanten
In Indien auf den Zahn.

Dabei blieb ihm vermutlich sogar verborgen, daß sich als exo-
tische Arabeske gegen Ende des Sommers ein bolivianischer
Caballero in Frankfurt meldete, der auf der Suche nach
Thronanwärtern für sein Heimatland war und von Johann
freudig aufgenommen wurde. Der Herr »sei kein Aventurier
und es ließe sich für einen der zwölf vazierenden Erzherzöge
in Amerika was tun – am besten von hier aus«, belehrte er die
Wiener, die im Oktober allerdings gerade andere Sorgen hatten.[131]

Von Amerika (diesmal den USA) und einigen europäischen
Klein- und Mittelstaaten erfuhr die provisorische Zentralgewalt auch explizite diplomatische Anerkennung. Bereits Ende
August kündigte der amerikanische Gesandte am preußischen Hof an, daß er von seiner Regierung entsprechende
Aufträge erhalten habe. (Der Gesandte, A. J. Donelson, war
übrigens ein Neffe des Präsidenten Andrew Jackson, und
bewarb sich selbst später als Kandidat einer Anti-Einwande-
rerpartei um die Vizepräsidentschaft.) Anderswo, vor allem in
England und Rußland, verlegte man sich aufs Abwarten.

Das Reichsjustizministerium unter Mohl leistete Vorarbei-
ten zur Rechtsvereinheitlichung, die nicht umsonst waren und
auch nach 1848 noch Früchte trugen. Vor Anlaßgesetzgebung
war auch die Paulskirche nicht gefeit. Das Gesetz über das
Verbot der Spielbanken wurde im Januar 1849 auf Zuruf und
aus dem Stegreif formuliert und verabschiedet. Hessen-Hom-
burg, vor der Tür der Nationalversammlung gelegen, das um
seine Haupteinnahmequelle fürchtete, zog sich zunächst
durch großzügige Bewirtung des ausgesandten Schließungs-
kommandos aus der Affäre, mußte aber beim zweiten Anlauf
kapitulieren.[132]

Nachdem das Provisorium unter Dach und Fach gebracht
worden war, machte sich die Nationalversammlung an ihre

konstituierende Aufgabe, bei der sie sich jegliche Einmischung der Zentralgewalt von vornherein verbeten hatte. Methodisch korrekt begann sie ihre Verfassungsdiskussionen mit den Grundrechten des deutschen Volkes. Diese Arbeit ist viel bewundert und später ebenfalls wieder aufgegriffen worden.

Die Frage ist allerdings berechtigt – und wurde von den Zeitgenossen unmittelbar auch gestellt –, ob man damit nicht das Pferd vom Schwanz her aufgezäumt hat. Selbst in Amerika wurde die »Bill of Rights« erst nachträglich formuliert und als erstes Amendment an die Verfassung angehängt. Denn zur Befestigung der Grundrechte, zur Abwehr der Gefahren, die den Idealen von 1848 drohten, waren diese Sommermonate verlorene Monate. Und vielleicht kam diese Beschäftigungstherapie auch einigen gelegen. Diese Kritik fällt uns leicht, weil wir wissen, daß die Uhr der Nationalversammlung bald ablief. Doch daß sie vorläufig auf Zeitgewinn spielen mußten, war schon im Sommer 1848 allen Vertretern der »Reaktion« klar. Sich darauf einzulassen, war für Freiheitsbegeisterte ein zweischneidiges Schwert.

Gretchenfragen von der Etsch
bis an den Belt

Wenn die Wiener fragen
Was macht Schmerling jetzt?
Sollt Ihr ihnen sagen:
Der wird arg gehetzt!
Hängt noch nicht am Baume,
Hängt noch nicht am Strick,
Doch ihn quält im Traume
Die deutsche Republik!

»Parlamentslied«, Oktober 1848

»Vor nichts zurückscheuend,
kühn, auch wohl keck in seinen
Unternehmungen, um die Mittel
der Ausführung nicht verlegen,
gewandt, geschmeidig, ein-
schmeichelnd und durch einen
täuschenden Schein von Zutrau-
lichkeit leicht verführend – ein
Diplomat vom besten Stoffe bis
auf die Leichtfertigkeit, womit er
seine geheimsten Gedanken bis-
weilen unvorsichtig preisgibt.«

Biedermann über Schmerling[133]

Die Nationalversammlung gönnte sich noch ein anderes Sommerprogramm: Sie arbeitete einen Tag ein und ging auf Reisen. Ziel des Ausflugs war das Dombaufest in Köln. Dort hatte Johann vor sechs Jahren den Trinkspruch ausgebracht, dem er seine neue Würde nicht zuletzt verdankte: »Kein Österreich! Kein Preußen! Ein einiges Deutschland, fest wie seine Berge!« Nach dem Einzug Johanns in Frankfurt war das der zweite stimmungsmäßige Höhepunkt des Sommers, bewußt mit Glanz und Gloria gefeiert. Letzteres schon deshalb, weil halb bewußt, halb unbewußt, hier zwischen militärischem Gepränge und höfischem Zeremoniell ein Popularitätstest ablief, denn in Köln traf der Reichsverweser mit dem Landesherrn, Erzherzog Johann mit Friedrich Wilhelm zusammen.

Nach seiner Wahl hatte Johann vom König ein »merkwürdiges« Schreiben erhalten, voller Loyalitätsbekundungen für das Haus Habsburg, aber ebenso voller Zweifel an der angemaßten Kompetenz der Nationalversammlung. (Wessenberg bemerkte dazu unschuldig, warum der König denn nicht früher gegen diese Kompetenzen protestiert habe und empfahl dem Erzherzog, den Modus seiner Bestellung mit dem Drang der Umstände zu entschuldigen.)[134] Beobachter vermerkten genau, wer in Köln im August mehr Applaus erhielt (und von wem); wie bei derlei Gelegenheiten üblich, wurde viel Gehirnschmalz auf die Frage verwendet, wer wem bis wohin entgegenkommen sollte und welche Uniformen bei dem Anlaß zu tragen seien. Johann erwies sich in diesem Punkt übrigens pragmatischer als seine Minister:»Wir werden schon zeigen, daß das nichts zu bedeuten hat.«

Im Gürzenich fand ein Galafrühstück statt, abends ein Empfang in Schloß Brühl. Vorher schon, beim Empfang für die Abgeordneten, hatte der König seine Wohlmeinung mit den ominösen Worten begleitet:»Sie werden nicht vergessen, daß es in Deutschland Fürsten gibt.« Johanns Trinkspruch am Abend lautete diplomatisch:»Eintracht und Ausdauer, so steht's am Dom.« Ein scharfsinniger und scharfsichtiger Beobachter faßte seinen Eindruck so zusammen:»Die Menge sah hier nur den Gegensatz zwischen dem schlichten Biedermann und dem überlegenen, geistreichen, vielgewandten, genialen, aber unzuverlässigen Fürsten der Romantik. In Wahrheit war der Gegensatz ein umgekehrter, der zwischen dem klaren, scharfsinnigen und vielleicht ein hohes Ziel fest ins Auge fassenden Mann und dem verschrobenen, aber gutmütigen Menschen, der bei viel Talent nicht weiß, was er will und soll.«[135]

Die Österreicher hatten allen Grund, der rhetorischen Frage »Warum ist es am Rhein so schön?« ihr Recht zu belassen. Sie waren die Liebkinder der Gastgeber; man erzählte sich Geschichten, Kölner Bürgerhäuser hätten den Volksboten freie Kost und Quartier angeboten, unter der Bedingung, daß ein Österreicher ihnen die Ehre erweise. Derlei Sympathien waren Ausdruck nationaler Verbundenheit. Ganz ohne Hintergedanken waren sie jedoch nicht: Sie waren eine Demonstration gegen die ungeliebte preußische Herschaft. Das Rheinland war die fünfte Kolonne der Großdeutschen im Herzen Preußens. Ein Teilnehmer der katholischen Vereinigung in der Paulskirche schrieb: »Die Rheinpreußen würden eher den Sultan wählen als einen preußischen Prinzen.« Andere wollten gar schon Spekulationen über die Wiedererrichtung der weltlichen Herrschaft des Fürsterzbistums Köln gehört haben.[136]

Zugegeben: Ein Teil Rheinpreußens, die Herzogtümer Kleve und Mark, Duisburg und Bochum, waren schon seit Jahrhunderten brandenburgisch. Aber der Rest war erst 1815 an Preußen gefallen. Es gab zwischen Köln, Aachen und Krefeld das Trio Camphausen, Beckerath und Hansemann, die Preußen bejahten und nach ihrem Bilde formen wollten. Es gab erstaunlich viele heimliche Republikaner, die von Freund und Feind mit den Reminiszenzen an die Franzosenzeit in Verbindung gebracht wurden (die freilich mehr imperiale Größe als republikanische Tugend verkörpert hatte). Darunter aber lag eine katholisch-konfessionelle Ausrichtung, wie es sie in dieser kämpferischen Form nirgendwo anders in Deutschland gab. Der Kulturkampf warf hier seine Schatten weit voraus.

Der schon erwähnte, in diesem Fall leicht voreingenommene Beobachter, der protestantische Württemberger Rümelin, beschrieb die Szenerie während der Fahrt den Rhein hinab: »In den katholischen Orten wurde mit allen Glocken geläutet; die Geistlichen standen in pontificalibus am Ufer; das

Volk sang geistliche Lieder. Stundenlang harrte die geduldige Menge auf den Augenblick, in welchem in einer Entfernung von ein paar hundert Schritten ein Dampfschiff vorüberfuhr, von dem sie, ohne es selbst zu sehen, nur wußten, daß der Reichsverweser und die Nationalversammlung darauf war.« Und er schloß: »Die Huldigungen galten nur zur Hälfte dem einigen Deutschland, zum anderen aber der Konfession des Reichsverwesers ...«

Die Skepsis gegenüber den »Ultramontanen«, den Katholiken mit ihrem Oberhaupt jenseits der Berge, klang aus den Schilderungen Rümelins schon heraus. Bei einem anderen Protestant, Laube, schwang ein Hauch von Selbstkritik mit, wenn er zugab: »Das Wort ›ultramontan‹ ist ein schlimmes Wort geworden, sogar das Wort ›fromm‹ verdächtigt heutzutage. ... Die verschiedensten Parteien waren in diesem Mißtrauen stets auf der Stelle einig.«[137] Scherze über die Jesuiten und den Piusverein, so spottete am Ende des Jahres dessen Präsident, der Freiburger Professor Buß, sollte man nicht unnützlich führen, denn der Carl Vogt habe ein Patent, ein Copyright darauf. »Stören Sie ihn nicht in seinem Erbbestand.«[138] Die Warnung war nicht umsonst, denn die Zahl der Nachahmer war im Zunehmen begriffen.

Dieses wechselseitige Mißtrauen ist zu einem stehenden Begriff geworden. Bismarck gab ihm bloß seine klassische Form, wenn er die »Ultramontanen« in Bausch und Bogen unter die »Reichsfeinde« einreihte. (Ohne durchschlagenden Erfolg übrigens: Die Katholiken mochten sich im Establishment seines Reiches unterrepräsentiert und »ausgegrenzt« fühlen, aber ohne ihre Partei, das Zentrum, lief am Ende des wilhelminischen Imperiums gar nichts mehr.) In Österreich zumal, wo die Kulturkampfstimmung durch »Los von Rom« und die Polarisierung von Ständestaat und nationaler Opposition von jeder Generation zu neuem Leben erweckt wurde, ist es zum Axiom geworden, daß politischer Katholizismus und deutsche Nationalbewegung ein Gegensatzpaar sein müßten.

Das ist falsch. Im Gegenteil: Die Katholiken hielten länger

als irgend jemand anderer am großdeutschen Gedanken von
1848, an einem Deutschland fest, das alle Deutschen umfassen sollte und mußte. Das war auch verständlich: Die kleindeutsche Lösung bedeutete zuallererst eine Spaltung des
deutschen Katholizismus, während den Protestanten mit
Österreich nur ein paar Kärntner Toleranzgemeinden verlo-
rengingen. Nach 1848 vollzog sich ein Bündnis von österreichischem Staat und politischem Katholizismus. Die Katholiken grenzten sich von den »Preußenseuchlern« in der
Nationalbewegung ab; der Staat ließ durch Alexander Bach
ein Konkordat abschließen, das den Neo-Absolutismus mehr
als alles andere um die Chance brachte, bei seiner bürgerlichen Klientel »moralische Eroberungen« zu machen. Wirklich an die Macht kam der politische Katholizismus vor 1914
auch in Österreich bestenfalls in Wien, eine Vorstellung, die
1848 belustigt hätte und den Achtundvierzigern, die es noch
erleben sollten, grauste. Die Christlichsozialen als dominante
Regierungspartei kannte erst die Republik.

1848 lag all das noch in weiter Ferne. Antiklerikalismus war
eine Facette der Achtundvierziger Bewegung, in der Steiermark offenbar früher und stärker als anderswo. Aber er richtete sich noch nicht pauschal gegen die Kirche, sondern gegen
zwei Orden, Jesuiten und Redemptoristen, die »neurömischen« Geist verkörperten und auch sonst offenbar allen Vorstellungen entsprachen, die sich romantische Liberale von
den Mächten der Finsternis machten. Im übrigen bot die
katholische Kirche in Österreich kaum Angriffsflächen. In
Niederösterreich und der Steiermark wurde der eine oder
andere Priester in die Nationalversammlung gewählt, aber
auch da nur als Ersatzmann. Preußen hatte neben den rhein-
ländischen Oppositionellen 1848 seinen katholischen Politiker in der Gestalt von Radowitz, dem in der Nationalversammlung einmal entschlüpfte, im Zweifelsfall würde er für
die Kirche Partei ergreifen und nicht für den Staat. Bayern bot
gleich eine ganze Reihe von Streitern der katholischen Sache
auf; in Österreich gab es 1848 kein Pendant dazu. Eine Ausnahme machte hier nur, wie könnte es auch anders sein, das

»Heilige Land« Tirol. Von Tirol, genauer gesagt: vom Bischofssitz Brixen und seinem Priesterseminar nahm auch der eigentliche politische Katholizismus in Österreich seinen Ausgang. Zwei der Schlüsselfiguren dieser Bewegung, die späteren Bischöfe Feßler und Gasser, wurden 1848 auch in die Paulskirche gewählt. Besonders hervor taten sie sich dort nicht; aber ihre Position war interessant. Sie waren keine unbedingten Verfechter des österreichischen Souveränitätsanspruches, oder besser gesagt: sie waren nur aus landespatriotischen Motiven Verfechter des Souveränitätsanspruches, im Süden, in Welschtirol. Als am Beginn der Debatte über die provisorische Zentralgewalt die Rechte eine Verwahrung unterschrieb, sie stimme mit ja, »vorbehaltlich des Einverständnisses der Regierungen«, schlossen sich die Tiroler nicht an. Sie verfaßten dafür eine Erklärung, die Neukonstruktion solle unbeschadet der Rechte des Deutschen Bundes vor sich gehen. In der Sache war das nahezu das gleiche und verpuffte auch wirkungslos, aber war doch bezeichnend.

Wien, das war der Sitz der josephinischen Bürokratie, der »Klosterkonfiszierer«, dann des Radikalismus und der »Klosterstürmer«: Beides war nicht vertrauenserweckend. Selbst für Metternich in seinen vielgelästerten späten frommen Jahren waren die Katholiken Hilfstruppe, nicht gleichberechtigte Partner gewesen. Dafür spielte in Tirol eine andere Verbindung eine große Rolle: So wie man aus Deutschböhmen nach Leipzig blickte, sah man von Tirol aus nach München, und von München weiter in das »dritte« Deutschland. (Zwei gebürtige Tiroler, Fallmerayer und Sylvester Jordan, wurden übrigens auch für München und in Hessen gewählt.) Als im Herbst die Wogen von Revolution und Reaktion über Wien zusammenschlugen, waren die Tiroler unter den ersten, die sich im Anschluß an Deutschland von diesen Entwicklungen abzukoppeln versuchten. Wenn sie auch in der Paulskirche so manche unangenehme Erfahrung machen mußten, so rückte ihnen dafür die österreichische Gesamtmonarchie nicht näher. »Kremsier und Frankfurt liegen geistig noch entfernter als physisch.«

Die Schwierigkeiten des Einbaues der Gesamtmonarchie in den deutschen Bundesstaat brachte alle Österreicher in ein Dilemma: Der Abg. Flir für das Oberinntal, den schwärzesten der schwarzen Wahlkreise, später Direktor der Anima in Rom, der in Frankfurt auch durch seine Kanzelreden in der Leonhardskirche hervortrat, löste es für sich, als er an seinen (weltlichen) Innsbrucker Kollegen Schüler schrieb: »Wenn keine Vermittlung durchgeht, so wird entweder das österreichische Kaiserthum verstümmelt, oder das deutsche Reich. Du wählst die zweite Verstümmelung, ich – die erste; der Kaiserstaat ist ein zufälliges Konglomerat, Deutschland einheitlich.«[139]

Beda Weber ging nicht ganz soweit. Er wies die Frage zurück, hielt aber am Gesamteintritt Österreichs fest. Für ihn war das kein Verhinderungsprojekt, sondern Herzenssache. Und wenn die Welt voller Professoren wäre, so muß das ganze Deutschland uns doch werden, schleuderte er Droysen und Dahlmann entgegen. Da konnte Droysen zur Rechtfertigung des Großen Kurfürsten (und zur Legitimation seiner eigenen Position) noch so oft schreiben, nur die Zersplitterung habe Deutschland unter habsburgischer Führung davor bewahrt, spanisch zu werden – der Pater aus dem Vinschgauer Benediktinerstift Marienberg vermochte aus dem Bewußtsein schöpfen, daß in seiner Heimat die Gegenreformation Hand in Hand mit der Germanisierung gegangen war, gegen die reformiert-rätoromanischen Einflüsse aus dem Bündnerischen. Seine Lehrverpflichtung am Meraner Gymnasium tauschte Weber noch 1848 mit der Frankfurter Stadtpfarre. Als Erzherzog Johann 1858 Frankfurt noch einmal besuchte, pilgerte er zu Webers Grab.

Die Betonung des österreichischen Standpunkts, koste es, was es wolle, der Sieg der Staatsräson über das Nationalgefühl, war der Standpunkt der alten Josephiner, von Leuten wie Mühlfeld. Freilich: Auch von den Teutomanen, von Giskra, »das treueste Abbild gottloser Knabenherrschaft«, hatte die Kirche nichts zu erwarten. Die Linke im Rheinland war für Bündnisse mit den Ultramontanen offen, die in Österreich nicht. Insofern war ihnen diese Option versperrt. Im Streit von schwarz-gelben und schwarz-rot-goldenen Antiklerikalen stand die Kirche zwischen den Fronten. Über seine österreichischen Kollegen in Frankfurt urteilte Weber: Sie haben »den Beamtenstaat und die Polizeigewalt so tief im Leibe stecken, daß sie sogar in unseren demokratischen Zeiten bei Kirchenfragen diesen Teufel nicht auszutreiben vermögen. … Der Minister Doblhoff mit seinem Gelüste nach dem Kirchengut, mit seinem fieberhaften Zentralisationsdrange, mit seinem Abscheu gegen die Provinziallandtage, mit seiner Koketterie gegen die wälschen Empörer und czechischen Separatisten, mit seinem räuberischen, wandelbaren, servilen Wiener Reichstage athmete leibhaftig aus den meisten dieser Herren.«

Da konnte man schon eher an München Halt finden. Dort wurde ein Kultusminister, der freisinnige Allüren zeigte, noch im Sommer entlassen. Vor allem aber brachte das Jahr 1848 ein Zusammenrücken des deutschen Katholizismus, auf Initiative der preußischen Bischöfe, insbesondere des Kölner Geissel und des Breslauer Diepenbrock. Der Katholische Verband in der Paulskirche war klugerweise nicht als Fraktion, sondern als überparteiliche Lobby konzipiert, um Einflußmöglichkeiten zu maximieren und Abstoßungseffekte zu vermeiden. Im Herbst tagte eine Bischofskonferenz. Zu der Nationalsynode, von der die Rede war, kam es dann doch nicht, dafür fand in Mainz Anfang Oktober der erste Katholikentag statt, für Beda Weber der Höhepunkt des Jahres 1848. Was Mobilisierung betraf, bedeutete das Hohe Jahr der Liberalen gerade für die Katholiken einen Quantensprung.

Beda Weber, der Abraham a Santa Clara der Paulskirche, faßte das Pro und Contra zusammen: »Gestehen wir nur redlich ein, die alte Zeit der katholischen Kirche gab uns allerdings einen gewissen Frieden, dessen zweideutige Vorteile aber weit überwogen wurden von der Feigheit und Untätigkeit der Geister, die sich um dieses Friedens willen alle Übergriffe gefallen ließ und bemüht war, selbst die Bischöfe zu Vollstreckern der Kirchenknechtung zu machen. Diese schmachvolle Zeit ist vorüber, die schlummernden Kräfte sind aus dem Siebenschlaf aufgerüttelt worden. Die katholische Association des deutschen Volkes wird sie sammeln, läutern, üben und zum Siege führen …«[140]

»Die Kölner Domfahrt bildete den entspechenden Übergang zu den jetzt begonnenen Verhandlungen von Staat und Kirche.… Die Parteien stellen sich in dieser Frage ganz anders als sonst.« Und, so können wir auf Grund der Gnade der späten Geburt ergänzen, ganz anders als seither. Linke und Rechte, Ultramontane und Radikale, trafen sich nämlich in der konsequenten Verteidigung der Trennung von Kirche und Staat. Das kostete die Katholiken Überwindung. Der Linken ging es dabei um »Chancengleichheit« für »Sekten«, Emanzipation der Juden und – im Kontext von 1848 viel brisanter – um die Betätigungsfreiheit für die Deutschkatholiken, die unter Ronge in einem durchaus modernen und für Rom schwer erträglichen Stil aggressive Proselytenmacherei betrieben. Blum, Wigard und Schuselka, insgesamt ein halbes Dutzend der Abgeordneten, gehörten der deutschkatholischen Bewegung an, wie konfessionelle Minderheiten in der Paulskirche überhaupt überproportional vertreten waren. Man zählte drei Mennoniten, einen Griechisch-Orthodoxen und fünf Juden (darunter als einzigen Österreicher Kuranda). Weitere dreizehn waren als Juden geboren worden und inzwischen konvertiert. Als typische Exemplare wurden oft die Revolutionäre Hartmann und Wiesner betrachtet; der böhmischmährische Raum, dem beide entstammten, entsandte aber auch »Schwarz-Gelbe« wie Wessely und Kreutzberg und zwei sehr moderate Konvertiten wie Neuwall und Ulrich. Bei der Linken sehr wenig populär war der Hamburger Heckscher.

Auch die Protestanten als konfessionelle Minderheit innerhalb der Habsburgermonarchie wiesen kein eigenständiges politisches Profil auf. Bruck galt als rechtsaußen, die Schlesier Kollaczek und Kotschy als linksaußen. Erst mit dem Aufkommen des politischen Katholizismus wurde Konfession parteibildend; aber politischen Katholizismus gab es nur in Tirol, und dort durfte es ohnehin keine A-Katholiken geben.

Als revolutionäres, »wühlerisches« Element galten 1848 die Deutschkatholiken, die alle zur entschiedenen Linken zählten. Juden hatten eher mit anderen Vorurteilen zu kämpfen. Hartmann warf ihnen vor:

Die Juden riefen zur Börse hinaus:
Daß Gott erhalte die Regierung,
Das allgeliebte Kaiserhaus
Und unsere liebe Oktroyierung!

Was Freiheit und Konstitution
Der Mensch muß sehen, wo er was verdiene –
Wir wollen keine Emanzipation,
Wir wollen Mine und Kontremine!

Und selbst der Schriftleiter des Wiener »Radikalen«, Jellinek, eines der Opfer Windisch-Graetz', sah sich gezwungen, pauschalen Angriffen seines Kollegen von der »Neuen Rheinischen Zeitung« entgegenzutreten, der kurz zuvor Wien einen Besuch abgestattet hatte: »Nach Ansicht des Herrn Marx ist unsere ganze Gesellschaft jüdisch, weil sie nicht kommunistisch ist.«[141]

Wenn die Katholiken sich trotz mancher Bedenken zur Trennung von Kirche und Staat durchrangen und sie vehement verteidigten, sprach aus ihnen die Erfahrung mit dem preußischen Staat während des Kölner Streits. Die Tiroler Kleriker allerdings (mit Ausnahme von Giovanni a Prato) hingen an der »Glaubenseinheit« ihres Landes (dem Verbot a-katholischer Gemeinden) und mußten erst überredet werden, auf eine spätere Sonderregelung zu hoffen und ihren Glaubensbrüdern in der Generaldebatte nicht in den Rücken zu fallen. Die Bereichskoalition mit der Linken nahm die großdeutsche Koalition des Frühjahrs 1849 vorweg. Die liberal-konservative protestantisch-antiklerikale Partei wütete schon damals: »Die Hierarchie steht im Bunde mit den Theoretikern gegen die scheinbar inkonsequenten Praktiker«, sie »begegnen sich auf der kahlen Heide der kategorischen Begriffe« und anderes mehr.

Die Grundsatzdebatte in und um die Paulskirche nahm vielfach die Rhetorik des Kulturkampfes vorweg. »Die Kirche ist eine dem Staat ebenbürtige Macht, der gegenüber er die Pflicht der Selbsterhaltung, den Standpunkt der Notwehr hat. … Wer kann sagen, daß zu einem Vereine von 24 Millionen Menschen, der mit der strengsten hierarchischen Gliederung von einem italienischen, unverantwortlichen Haupte geleitet wird, … der Staat eine andere Stellung haben soll als zu einer Kasinogesellschaft oder einem Verein für Altertumskunde.« Rümelins Artikel im »Schwäbischen Merkur«, mit denen er seinen demokratischen Württembergern weismachen wollte, warum Staatskontrolle plötzlich doch gut sein sollte, formulierten in aller Klarheit Positionen, wie sie vermutlich bis heute (Stichwort: political correctness) für das Selbstverständnis eines guten Teils der fortschrittlichen Öffentlichkeit repräsentativ sind: »Die Freiheit ist überhaupt nicht nur ein formelles Thunkönnen, was man will, so daß uns eine Jesuitenrepublik lieber sein müßte als ein josephinischer Despotismus, sondern sie ist auch die Herrschaft der Vernunft, die Propaganda der Aufklärung. Eine freiwillige Knechtschaft ist ein schlimmerer Zustand als eine aufgezwungene Freiheit.« Die Menschen mußten zu ihrem Glück gezwungen werden. Das war fortschrittlich, es mochte aufgeklärt sein, aber war es liberal? Man täte Rümelin – bei Gott – unrecht, wollte man an seine Thesen mit erhobenem Zeigefinger alle möglichen Erörterungen über totalitäre Versuchungen knüpfen. Aber mit der Vernunft hatte schon Fürst Metternich argumentiert. Die patriarchalische Wohlfahrtsdiktatur war ein Konzept, das sich mit dem Vormärz vertrug.

Aufschlußreich war, daß Rümelin sich auch die Frage vorlegte, was aus den protestantischen Kirchen ohne ihren gewohnten Rückhalt am Staat werden sollte. Zwar hatte er kurz vorher noch behauptet, für sie habe das keine solche Bedeutung, »weil von ihr für den Staat niemals Gefahr drohen kann wegen des demokratischen Prinzips, das in ihr wie in dem modernen Staat gleichmäßig liegt«. Doch schon ein paar Tage später kamen ihm Bedenken: Wenigstens »in religiösen Dingen sei die freiere Ansicht bei der Minderheit, als die Mehrheit am Alten hängt«. Den Vorbehalt, den die Liberalen gegen die Demokraten nach links aussprachen, vertraten sie hier auch nach rechts. »Eine rein demokratische Kirche wird aber immer, wie die Beispiele der Calvinisten aus Schottland, Amerika, Holland und der Schweiz zeigen, einen ascetischen und exclusiven Charakter annehmen.«[142]

Das Bündnis zwischen Rot und Schwarz, Republikanern und Ultramontanen, das unter anderen Vorzeichen im Winter noch eine Renaissance erleben sollte, wurde im Sommer nur schüchtern angedeutet. Der Linken war dabei nicht recht wohl in ihrer Haut: Je länger die Debatte dauerte, desto mehr von ihnen kehrten ihrem grundsätzlichen Standpunkt den Rücken. Für die Österreicher galt das ganz besonders. Nur zwei, der Schlesier Trampusch und Mareck, der »reine Tor« der äußersten Linken, stimmten dafür; außerdem Beidtel, der ein Mandatar sui generis, eine Ein-Mann-Partei war. Berger, Gritzner und Wiesner waren alle dagegen; der Deutschkatholik Schuselka hatte sein Mandat schon niedergelegt und war nach Wien übersiedelt.[143]

Zum Zeitpunkt der Abstimmung, am 11. September, vermochte die Frage die Aufmerksamkeit auch nicht mehr zu fesseln. Die Tagespolitik hatte die Grundsatzdebatte eingeholt. An diesem 11. September legte Dahlmann, die Inkarnation der Professorenpartei, den Auftrag zur Regierungsbildung zurück. Was war geschehen?

Der August war der Monat, an den sich die Beteiligten als Höhepunkt des Völkerfrühlings erinnern würden, als den Monat, wo alles in geordnete Bahnen einzumünden schien, als einen Monat ohne große Höhepunkte, wie es einem Ferienmonat zukam. Die Stabilisierung der Verhältnisse, das hieß auch Verlust des revolutionären Schwunges, der Siegesgewißheit, das bedeutete den Anfang von Politik, wie sie später

Max Weber in seiner berühmten Metapher beschrieben hat: Das geduldige Bohren harter Bretter ...

Paßte die Krise, die über die Nationalversammlung nach ihrer Rückkehr aus Köln hereinbrach, in dieses Schema von den Mühen der Ebene, die sich nach der Euphorie des Gipfelsiegs zwangsläufig einstellten? Einerseits ja, denn es handelte sich um eine Regierungskrise, die in tadellos parlamentarischer Weise erledigt wurde, ein Musterbeispiel konstitutionellen Comments geradezu: Die Regierung Leiningen erhielt für eine ihr wesentliche Maßnahme vom Parlament keine Mehrheit mehr und trat zurück; der Reichsverweser beauftragte die Führer der Opposition mit der Regierungsbildung. Daß beide an dieser Aufgabe scheiterten, störte nicht, denn inzwischen hatten sich die parlamentarischen Mehrheitsverhältnise so verschoben, daß die alte Mehrheit wiederum über die Mehrheit verfügte. Das Kabinett setzte unter einem neuen Regierungschef (des mißliebigen Ressortministers ledig) seine Arbeit fort. Im vielbewunderten Vorbild England hätte eine Regierungskrise nicht formvollendeter über die Bühne gehen können.

So sahen es die Zeitgenossen freilich nicht – und damit hatten sie nicht einmal so unrecht. Denn die Krise nahm ihren Ausgang von der Lebenslüge der Nationalversammlung, oder doch zumindest der provisorischen Zentralgewalt. Der Anlaß war Schleswig-Holstein, meerumschlungen und beherrscht von seiner dänischen Dynastie. (Eigentlich kam die Dynastie zwar aus dem benachbarten Oldenburg, aber das war zweihundert Jahre her: Inzwischen war die königliche Familie so dänisch wie die letzten Hannoveraner englisch.) Die Feinheiten der staatsrechtlichen Stellung der beiden Elbherzogtümer sind oft karikiert worden, z. B. in dem Bonmot, das in verschiedenen Abwandlungen existiert und sowohl Metternich als auch seinem Gegenspieler Palmerston zugeschrieben wird: Nur drei Leute hätten die Sache je ganz durchschaut, er selber – und er habe es wieder vergessen; der Zar – der sei tot; und ein deutscher Professor – und der sei darüber verrückt geworden.

Jenseits dieser staatsrechtlichen Quisquilien war die Frage von einer besonderen Aktualität und Beispielwirkung – handelte es sich in Schleswig doch um Deutsche, die außerhalb des Deutschen Bundes lebten, und um eine Dynastie, die über Gebiete diesseits und jenseits der Bundesgrenze herrschte (wie die Habsburger schließlich auch!) Außerdem war der dänische König im Januar 1848 gestorben, und die Nachfolgebestimmungen in Dänemark und in den Herzogtümern waren nicht dieselben. Die Achtundvierziger-Bewegung im Norden zog deshalb unweigerlich außenpolitische Verwicklungen nach sich. Das war besonders peinlich, weil das noch dazu so ziemlich der einzige Fleck auf der Landkarte war, wo englische und russische Interessen und Sympathien in dieselbe Richtung wiesen.

Die Zentralgewalt hatte, was schon einmal geographisch nahe lag, Preußen mit der Vertretung der deutschen Interessen beauftragt, politisch wie militärisch. Einmal schon hatte Preußen aus diplomatischen Rücksichten eingelenkt; jetzt wurde die Nationalversammlung von der Nachricht überrascht, daß Preußen am 26. August in Malmö mit Dänemark einen Waffenstillstand auf sieben Monate abgeschlossen hatte – und das alles, ohne in Frankfurt rückzufragen. (Auf sieben Monate, seufzte einer – damit seien auch die Wintermonate verloren, wenn die Ostsee möglicherweise zufrieren und die dänischen Inseln verwundbar machen würde.)[144]

Die meritorische Kritik der Waffenstillstandsbestimmungen war das eine. Wie sich später herausstellte, konnten sie im Detail noch verbessert werden und waren für die betroffenen Herzogtümer keineswegs so drückend, wie es auf den ersten Blick den Anschein hatte. Außerdem hielt sich Dänemark ohne Waffenstillstand an der deutschen Handelsschiffahrt schadlos, was wiederum in Norddeutschland Unmut über die süddeutschen Radikalen auslöste, die auf fremde Kosten den Helden markierten. Das viel Wesentlichere war, daß Preußen seine Kompetenzen zweifellos überschritten hatte. Nach dem Selbstverständnis der weit überwiegenden Mehrheit der Nationalversammlung hätte die Zentralgewalt die preußische

Regierung wie einen ungehorsamen Untergebenen zur Ordnung rufen müssen. Wenn sie das tat, riskierte sie freilich nur eine Bloßstellung ihrer eigenen Ohnmacht: Was, wenn Preußen sich darum einfach nicht kümmerte? Wie wollte man ohne preußische Truppen den Kampf gegen Dänemark weiterführen? Das Szenarium erinnerte dann ein wenig an den Slogan: »Stell Dir vor, es ist Krieg, und keiner geht hin …«

Die Situation war also verzwickt – und guter Rat teuer: Das Raffinierteste wäre gewesen, sich an der Geschmeidigkeit des Bundestags in seinen letzten Wochen ein Beispiel zu nehmen, der einem Offenbarungseid über seine tatsächlichen Möglichkeiten ausgewichen war, indem er in vorauseilendem Gehorsam all das dekretierte und guthieß, was von den revolutionären Versammlungen beschlossen worden war, denen er augenblicklich ohnehin nicht entgegenzutreten vermochte. Daß es mit der Nationalversammlung in gewisser Beziehung inzwischen ebenso weit gekommen war, mochte man sich aber nicht eingestehen.

Der Anlaß war darüber hinaus bedeutsam, weil er gerade die führende Gruppe der führenden Partei an einem besonders empfindlichen Nerv traf: Die Schleswig-Holstein Lobby war nahezu gleichbedeutend mit der Professorenclique, Dahlmann an der Spitze, die im Kasino das große Wort führte. Gerade sie, die am beharrlichsten auf eine preußiche Führungsrolle hingearbeitet hatten und es auch in Zukunft wiederum tun würden, gerieten jetzt auf einmal in einen prinzipiellen Konflikt mit Preußen.

Österreich hatte mehr Glück als Verstand. Während Wrangel in Jütland nie so recht durfte, wie er konnte, verschafften Radetzkys sommerliche Erfolge in Italien Österreich wieder den Nimbus des Siegers. Ob die österreichische Herrschaft dort gerechtfertigt war oder auch nur im deutschen Interesse lag, darüber waren die Meinungen geteilt, aber die normative Kraft des Faktischen machte sich auch da geltend. In der Woche nach der Wiedereroberung Mailands und dem Abschluß des Waffenstillstandes mit Sardinien kletterten die

Kurse der österreichischen Rente wieder auf den Stand vom März. Vielleicht sogar bezeichnender (ohne daran allzu gewagte Theorien knüpfen zu wollen): Erstmals seit Monaten zogen auch die »Windisch-Graetz-Lose« wieder an, die Notierung der Privatanleihen des Fürstenhauses.[145]

Österreich versuchte allerdings auch gar nicht, aus der Krise auf Kosten Preußens Kapital zu schlagen: Gerade Schmerling (und sein Hamburger Freund Heckscher, der als Reichsaußenminister in erster Linie betroffen war) machten Preußen die Mauer – eine Frontstellung, die aus dem Abstand von ein paar Monaten geradezu paradox erscheinen mußte. Die Konstellation bewies aber auch, daß die Frage kleindeutsch – großdeutsch im Augenblick noch hinter der Solidarität der beiden konservativen Ostmächte zurücktrat, selbst in ihrer liberal-konstitutionellen Version in Gestalt der Herren Schmerling und Vincke.

Dahlmann sprach sich gegen den Waffenstillstand aus. Damit war in der parlamentarischen Mehrheit des Kabinetts Leiningen deutlich sichtbar ein Riß eingetreten. Die Versammlung verwarf knapp, aber dennoch das Vorgehen der preußischen Regierung. Das traf auch das Reichsministerium, das nichts gegen Berlin unternommen und den Waffenstillstand bei allem Wenn und Aber letztendlich verteidigt hatte, zumindest als das kleinere Übel. Die Österreicher machten dem Klischee von den kampfeslustigen Süddeutschen alle Ehre und stimmten mit sogar noch größerer Mehrheit gegen den Waffenstillstand. Dem sonst so konservativen Wiener Obristen v. Mayern warf die Flüsterpropaganda vor, er wolle sich dadurch als neuer Kriegsminister empfehlen.

Erzherzog Johann beauftragte korrekt Dahlmann, der dem Ministerium ganz offensichtlich den Todesstoß versetzt hatte, mit dessen Neubildung. Als dieser nichts ausrichtete, reichte er den Auftrag weiter an den Vertreter der gemäßigten Linken, der formal die höchste Position bekleidete, der Münchner Hermann als 2. Vizepräsident der Versammlung. Inzwischen freilich meldeten sich auf allen Seiten Bedenken. Die linke Position war nicht durchsetzbar, es sei denn, man peilte einen neuen revolutionären Schub an. Das wollte nicht einmal Blum, allenfalls die äußerste Linke spekulierte damit. Auch Hermann wollte Preußen bloß ein Tadelsvotum erteilen, die Lage aber zur Kenntnis nehmen. So schwenkte das linke Zentrum um: Um den Konflikt mit Preußen zu vermeiden, aber auch die Bloßstellung der Paulskirche nicht zu prolongieren, nützte man die Handhabe, die nachträgliche Modifikationen boten, um den Waffenstillstand doch noch zu genehmigen. Auch Johann trug seinen Teil dazu bei, indem er Mayern und die anderen Abweichler bearbeitete, die enttäuscht feststellten, daß ihre Einladungen keineswegs eine Aufforderung zum Eintritt in das Ministerium bedeuteten.[146]

Eine neue Fraktion bildete sich, der »Augsburger Hof«. Der Gruppierung in der Mitte, die sich dazu bereit erklärte, dem Kasino aus der Patsche zu helfen, winkte hinfort eine Schlüsselstellung in der Nationalversammlung. Solange sie das Zünglein an der Waage bildeten, konnten sie auf gleich und gleich mit dem viermal stärkeren Kasino verhandeln, als wendigere und entschlossenere Gruppe vielleicht sogar das Gesetz des Handelns diktieren. Die Weichenstellung beförderte den Österreicher Schmerling an die Spitze des Reichsministeriums – und sie bereitete die kleindeutsche Lösung vor, oder sorgte zumindest dafür, daß ihr nicht irgendwelche schwer zu bewältigenden Stolpersteine in den Weg gelegt wurden.

Der Umfaller des Parlaments hatte sein blutiges Nachspiel in Form der Frankfurter Barrikadentage: Am 17. September stachelten Mitglieder der äußersten Linken eine mehrere Tausend zählende Menge auf der Pfingstweide vor der Stadt auf. Drohende Worte fielen; die Mehrheit der Paulskirche wurde als »Verräter« bezeichnet. Bei dem neuen Ministerpräsidenten kamen sie damit gerade recht. Schmerling mit seinen unausgelebten militärischen Ambitionen war in seinem Element: Er ließ sich von seinem Kabinett Vollmacht geben (selbstbewußt schrieb er heim, er sei jetzt so etwas wie ein Diktator) und befahl aus Mainz und Darmstadt Truppen in die Stadt. Außerdem kam ihm zugute, daß Württemberger auf dem Rückmarsch von Schleswig-Holstein gerade in der Nähe lagen. Als am nächsten Morgen die Barrikaden hochgingen, war die Paulskirche schon von zwei Bataillonen gesichert. Nur ein kleiner Haufen Demonstranten gelangte hinter einem zu spät kommenden Abgeordneten bis zu den Toren der Versammlung.

Die Linke behauptete, die Truppenansammlung hätte den Aufruhr erst hervorgerufen, den sie bekämpfen sollte, aber diesmal klang das weniger plausibel als z. B. im März in Berlin. Um Zuzug aus der Umgebung zu verhindern, insbesondere aus dem als radikal verschrieenen kurhessischen Hanau, schickte Schmerling einen Offizier mit mehreren Mechanikern los, die Eisenbahngleise aufzureißen – dieses Verfahren, später im Amerikanischen Bürgerkrieg zur Perfektion gebracht, wurde hier vermutlich zum ersten Mal für militärische Zwecke angewendet.

Sobald die Hessen ihre Geschütze über eine unfertige Mainbrücke balanciert und auf dem Roßmarkt aufgestellt hatten, ging es los. Dem österreichischen Kollegen Giskra, der dem Reichsverweser einen Vermittlungsaufruf abgeluchst hatte, gab Schmerling eine Stunde Zeit für seine Bemühungen und zog demonstrativ die Taschenuhr. Giskra hatte damit genausowenig Erfolg, wie Giovanni a Prato, der zusammen mit Raveaux die Barrikadenkämpfer zum Aufgeben überreden wollte. Das Militär trat pünktlich in Aktion: Binnen weniger Stunden waren die Straßen der Stadt geräumt. Schmerling berief sich auf den Algerien-Kämpfer General Cavaignac in Paris, wenn er in Frankfurt einfach alle als verdächtige Subjekte inhaftieren ließ, die »vom Pulverdampf geschwärzte Hände« hatten. Zwei andere Österreicher hatten schon anderweitige Vorkehrungen getroffen: Arneth vom Augsburger Hof und Demel von der Linken versprachen einander halb scherzhaft, halb ernstgemeint, wer auch immer aus dem Straßenkampf siegreich hervorginge – der eine würde dafür sorgen, daß dem anderen nichts passierte – ein Arrangement, wie es in ihrer Heimat noch viele Prominente vor dem Äußersten retten würde, bis hin zu Bruno Kreisky ein Jahrhundert später.

Andere verfügten über keinerlei Rückversicherung: Wenn noch eine Rechtfertigung für das scharfe Vorgehen nötig war, so wurde sie durch die Ermordung zweier Abgeordneter geliefert, die schon während der Nachmittagsstunden bekannt wurde: des preußischen Generals Auerswald und des abenteuerlichen Fürsten Lichnowsky. Man erzählte sich, der Fürst habe auf dem Totenbett sein Testament widerrufen und seine Güter der Herzogin von Sagan vermacht, der Tochter von Metternichs berühmter Freundin. In einer Mischung von Pietät und Geschäftssinn enthielten die Bögen der stenographischen Berichte bald darauf Anzeigen einer Neuauflage der Kriegserinnerungen des Fürsten aus Spanien.[147]

In Baden wagten sich für ein paar Tage auch die Freischaren Struves wieder über den Rhein. Aber der Spuk war dort

Das Ende eines Abenteuers:
Die Ermordung Lichnowskys

191

bald wieder vorbei. Nur in Hohenzollern-Sigmaringen hatte er die Regierung zur Flucht veranlaßt. Hecker war schon vorher nach Amerika gegangen; die ehemaligen Leutnants Sigel und Corvin, die dort militärische Karriere machen sollten, würden es im Frühjahr noch einmal probieren. Die Zentralgewalt ließ ihre Muskeln spielen. Es begann die Ära der Reichskommissare: In den Südwesten entsandte man den Abgeordneten Graf Keller, für Thüringen einen sächsischen Minister, der bei kleineren Unruhen nach dem Rechten sehen sollte.[148]

Im Endeffekt war Schmerling in Frankfurt das gelungen, was Pillersdorff und Montecuccoli in Wien nicht geschafft hatten: Die konservativen Liberalen hatten den Aufstand der demokratischen Radikalen (oder doch zumindest den ihrer irregulären Hilfstruppen) niedergeworfen, nicht ganz aus eigener Kraft, aber doch beinahe. Schließlich war es für die provisorische Zentralgewalt keine Schande, Bundestruppen in Anspruch zu nehmen, die ihr theoretisch ohnehin unterstanden. Das konnte eine Stabilisierung der »Märzerrungenschaften« bedeuten (aber auch nur dieser, ohne alle weitergehenden Experimente).

Mit dieser Konstellation war man in der Paulskirche recht zufrieden. Wenn die regionalen Parlamente widerspenstig waren, ein Parlament als Legitimation aber nötig war, würden die Regierungen sich lieber der Nationalversammlung anvertrauen. Konnte daraus nicht eine Basis entstehen für jene »Verständigung«, die man zurückgewiesen hatte, die man aber selbstverständlich brauchte? Hannover hatte als einziger deutscher Staat mit der Anerkennung der provisorischen Zentralgewalt auch nach außen hin gezögert. Jetzt riet dem leitenden Minister ein Vertrauter: »Da es in diesem Augenblicke nur heilsam sein kann, die Centralgewalt zu stärken (zumal viele Einzelregierungen nur erst durch sie wieder Kraft bekommen) so bitte ich Sie, zu überlegen, was etwa Ihrerseits an Offerten, Bereitwilligkeits-Erklärungen und dergleichen geschehen kann.« So konnte man die Linke mit ihren eigenen Waffen schlagen. Das mußten doch auch die verstockten Herren in Wien und Berlin einsehen, zu ihrem eigenen Besten, nicht wahr? Stolz schrieb ein Mitglied von Schmerlings Fraktion, des Kasino: »Es ist mir völlig gewiß, daß Frankfurt bald die einzige Rettung für Preußen, ich meine den Staat, sein wird.«[149]

Diese Euphorie war nur von kurzer Dauer: Gerade in Schmerlings Heimatland gerieten die Märzerrungenschaften, das Ministerium Doblhoff und die Basis, auf der auch die Nationalversammlung fußte, ins Wanken auf Grund von Konflikten, die schon längere Zeit schwelten und in eben den Tagen der Schleswig-Debatten aufflammten. Deutsche, ob Volksdeutsche oder Einwohner des Deutschen Bundes, spielten dabei zur Abwechslung einmal keine Rolle. Die Entwicklung der deutschen Einigungsbewegung sollten sie deshalb nicht weniger in Mitleidenschaft ziehen.

WARASDIN

11. September 1848:
Jellačić überquert die Drau

Die Gründung der »Gesamt-Monarchie«

>»In Malmö wird ohne uns Frie-
>den geschlossen, während in
>Wien und Oesterreich ohne uns
>Krieg geführt, und so in
>Deutschland selbst das Geschick
>eines großen Theils von Deutsch-
>land entschieden wird, während
>wir hier ruhig zusehen.«
>
>*Jakob Venedey, 17. Oktober 1848*

>»Ein großartiges Mißverständnis
>– statt daß Österreich in
>Deutschland aufgeht, geht
>Deutschland in Österreich
>unter.«
>
>*Aus einer Wiener Zeitung,
>Herbst 1848*[150]

K omm mit nach Warasdin«, heißt es in einem Hit der sil-
bernen Operettenära, »komm mit nach Warasdin, wo
alles ist noch rot weiß grün.« Warasdin, das war die erste
größere Stadt südlich der österreichischen Grenzen. Rot-
weiß-grün, das waren die ungarischen Nationalfarben, und
wenn Warasdin schon nicht das österreichische Gretna Green
war, so besaß die ungarische Reichshälfte vor 1918 doch den
Ruf, daß man dort von Scheidungen bis zu Duellen die Vor-
schriften nicht so eng sah. Wenn man es genau nahm, war
Warasdin allerdings nicht ungarisch, sondern kroatisch. Es lag
an der Grenze zum eigentlichen Ungarn, an der Drau – und
im Jahre 1848 war es daher auch alles andere als rot-weiß-

grün, sondern vielmehr militärisches Hauptquartier des kroatischen Banus Jellačić.

Die Stellung Kroatiens im Süden der Monarchie war vergleichbar mit der Galiziens im Norden. Beide waren Nebenländer: Galizien von Österreich, Kroatien von Ungarn. Im Unterschied zu Galizien stellte sich 1848 allerdings nie die Frage, ob Kroatien aufgegeben werden sollte. Es war viel älteres habsburgisches Territorium als die podolischen Weiten. Die Institution der Militärgrenze, mit ihren Wehrbauern, war dort entwickelt und dann erst in einem Cordon Sanitaire bis zu den Karpaten ausgedehnt worden, bis nach Siebenbürgen, einem weiteren Nebenland der Stephanskrone. In Siebenbürgen gab es aber wenigstens eine starke Gruppe magyarischer Bevölkerung, die Szekler; in Kroatien dagegen nicht.

Wenn der Kaiser, die Kamarilla oder das Kabinett es ernst meinten mit der Verfassung, die sie Ungarn gewährt hatten, dann konnte Kroatien bestenfalls eine gewisse Sonderstellung einnehmen, unterstand aber weiter dem ungarischen Ministerium. Allenfalls über die Militärgrenze konnte man rechten und tat es auch – ob sie nicht quasi »reichsunmittelbar« war und dem Kriegsminister in Wien unterstand. Diese Militärbezirke mit ihrem hohem Anteil an orthodoxer, pravoslawischer Bevölkerung haben ja bis in unsere jüngste Vergangenheit für Konfliktstoff gesorgt. Gegen die Ungarn waren sich Kroaten und Serben 1848 allerdings noch einig; man sprach von der »illyrischen« Bewegung.

1848 waren die Serben sogar Vorreiter: Schon seit dem späten Frühjahr schwelte in Südungarn, im Banat und in der Batschka, ein serbischer Aufstand. Der junge Grenzer-Oberst Albert Nugent of West-Meath, ein eifriger Illyrer, angetan mit Seressaner-Uniform (rotem Überwurf und Türkensäbel), schien als erbländischer Ritter, irischer Graf und Fürst des Kirchenstaats geradezu prädestiniert dafür, den orthodoxen Serben die Erfüllung der Autonomieversprechen Leopolds I. von 1690 in Aussicht zu stellen.[151] Ausländische Gesandte in Belgrad, die in den Nachbarländern subversive Umtriebe schürten, sollten den Österreichern noch einmal sehr zu schaffen machen, aber 1848 spielten sie das Spiel selber: Der österreichische Gesandte in Belgrad unterstützte die Aufständischen.

In Kroatien war Baron Jellačić, einer der Führer der kroatischen Nationalbewegung, noch im März, rechtzeitig vor der Verkündigung der ungarischen Verfassung, zum Banus (Statthalter) ernannt worden. Im Juni setzte man ihn auf Drängen der Ungarn wieder ab, seine militärischen Funktionen behielt Jellačić jedoch. Gestützt auf die Grenzer, hielt er sich fast ein Vierteljahr auch ohne offizielle Rückendeckung als inoffizieller Regent Kroatiens. Im Herbst brüstete er sich, er habe bereits 21 Handbillets des Monarchen ignoriert, er werde zum Besten der Monarchie auch noch weitere Befehle unbeachtet lassen. Kokett bezeichnete er sich selbst als Hochverräter. »Mein lieber Hochverräter, ich erwarte Sie zum Tee!« zwinkerte ihm die Erzherzogin Sophie in Innsbruck zu. Im Laufe des Sommers erhielt der Nicht-mehr-oder-doch-noch-Banus immer eindeutigere Angebote: Jetzt kamen vom Kriegsminister immer dringendere Hinweise und Aufforderungen, er möge doch losschlagen. »Um Gottes willen, wieso marschiert der Jellačić noch nicht!« beschwerte sich Latour im Sommer.[152] Ende August traf ein Bote mit neuerlichen Versprechungen in Agram ein, doch Jellačić begnügte sich vorderhand noch mit der Besetzung Fiumes, der ungarischen Enklave an der Adria.

Latours Aktivitäten bewegten sich klar jenseits der von der Verfassung gezogenen Grenzen. Doch die österreichische Verfassung war ohnedies bloß ein Provisorium, während auf der anderen Seite die de facto-Unabhängigkeit Ungarns nicht bloß bei eingefleischten Verteidigern des Ancien Régime auf starken Widerstand stieß. Der überraschend erfolgreiche vorläufige Abschluß des italienischen Krieges im August stärkte das Selbstbewußtsein und den Aktionsradius der Wiener Zentrale. Das Ministerium Wessenberg-Bach bereitete sich im August auf eine Aktion zur Anfechtung der ungarischen Verfassung vor. Am 31. August überreichte man der ungarischen Regierung ein Memorandum, das alle konstitutionellen Fragen neu aufrollte. (Am selben Tage fand in Wien ein Siegesfest zu Ehren der Armee in Italien statt, bei dem Johann Strauß Vater zum ersten Mal den Radetzkymarsch zur Aufführung brachte. Zwischen den beiden Ereignissen bestand kein direkter, aber doch deutlich ein indirekter Zusammenhang.)

Offiziell war das österreichische Memorandum zur Klärung strittiger Punkte gedacht, doch bald ging die Regierung schon sehr viel weiter. Am 19. September erklärte Bach im Reichstag unumwunden, der Kaiser hätte mit den Konzessionen vom 11. April seine Kompetenzen überschritten, da sie der Pragmatischen Sanktion widersprachen.[153] Das war eine hübsche Anwendung konstitutioneller Dialektik gegen die Verfassung. Arbeitsminister Graf Istvan Szechenyi, Held vormärzlicher Reformbestrebungen und als der »größte Ungar« gefeiert, verfiel darüber in Wahnsinn. Die Reaktion mochte melodramatisch sein, doch sein Pessimismus war gerechtfertigt.

Wenn man der österreichischen Regierung mißtraute und von ihr unter Druck gesetzt wurde, blieb der Appell an den Reichstag: Eine ungarische Delegation an den König war ergebnislos aus Wien zurückgekehrt; eine zweite klopfte an die Pforten des Parlaments. Die ungarische Verfassung und der konstituierende Reichstag standen beide auf dem Boden der Märzerrungenschaften, was eine gewisse Solidarität erhoffen ließ. Doch auch dem zweiten Anlauf blieb der Erfolg versagt: Vergeblich argumentierte Löhner, der Führer der deutschen Linken, mit Bezug auf Jellačić, es sei »ein gefährliches Präzedens, wenn wir irgendeinen Heerführer an der Spitze einer ihm blind ergebenen Armee wissen, ohne zu wissen, welcher Minister verantwortlich sein wird für sein Tun«.[154] Die Mehrheit des Reichstages, zusammengesetzt aus deutschen »Schwarz-Gelben« um Stadion und tschechischen Liberalen unter Palacky und Rieger, die sich seit dem Prager Aufstand betont staatstreu gerierten, verwarf das Ansinnen der Ungarn am 19. September: Es gäbe hier nichts zu verhandeln.

Der Stellvertreter-Kleinkrieg im Süden Ungarns war längst im Gange, und er wurde mit all den Grausamkeiten und der massiven Beteiligung geführt, die man von derlei Auseinandersetzungen in diesen Gegenden gewohnt ist – die Unterscheidung von Kombattanten und Zivilisten fiel den Wehrbauern der Militärgrenze ebenso schwer wie ihren Gegnern. Doch bisher hatte man eine direkte Konfrontation zwischen Wien und Pest immer noch vermieden. Lange würde das nicht mehr möglich sein, so wie sich die Dinge entwickelten.

Am 4. September setzte der Kaiser (pardon: der König) Jellačić wiederum in seine Rechte als Banus ein. Die Ungarn stellten sich auf den (richtigen) Standpunkt, die Ernennung sei null und nichtig, da nicht von einem der verantwortlichen Minister gegengezeichnet. Die Regierung Batthyany trat zurück, nachdem sie offensichtlich das Vertrauen des Herrschers verloren hatte. Wiederum entstand eine dieser für das Jahr 1848 so charakteristischen Übergangsituationen mit einer undurchschaubaren Rechtslage: Der üblichen konstitutionellen Praxis folgend konnte sich das abtretende Ministerium bis zur Ernennung seiner Nachfolger mit der Führung der Geschäfte beauftragt fühlen. Dem Ministerpräsidenten Graf Batthyany sollte diese Interpretation später zum Verhängnis werden, als ihn die siegreiche Gegenrevolution für alle Geschehnisse des Septembers 1848 verantwortlich machte. Damals nahm man es weniger genau. Während der Hof nach passenden Nachfolgekandidaten Ausschau hielt und Batthyany sich abwechselnd als im Amt befindlich oder nicht betrachten durfte, drängten alle berufenen und unberufenen Faktoren in das Machtvakuum.

Der Palatin Erzherzog Stephan unternahm einen schüchternen Versuch, die Macht persönlich zu übernehmen, ganz ohne verantwortliches Ministerium. Als er Widerstand verspürte, ließ er den Plan sofort fallen. Auf der anderen Seite entwickelte auch Kossuth seine Version des Notverordnungsrechts, als er dem Landtag vorschlug, bis auf weiteres provisorisch ohne königliche Genehmigung Rekruten auszuheben und Geld zu drucken. Der vielzitierte Rechtsboden wurde von allen Beteiligten gleichzeitig verlassen. Das war es, was es für

200

den Historiker so faszinierend macht (und für den Zeitgenossen so frustrierend), hier feinsäuberlich Recht und Unrecht zu unterscheiden.

Am 11. September war es soweit: Jellačić überschritt die Drau. Mehr noch als die Kanonade von Krakau und Prag, mehr selbst als die Siege Radetzkys, die Österreich bloß für wenige Jahre ein Territorium bewahrten, das es dann doch abtreten mußte, markiert der Aufbruch Jellačić' das Gründungsdatum des nebulosen Kaiserreichs Österreich, wie es seit 1804 in der Theorie bestand und wie es im kommenden Jahrzehnt erstmals Gestalt gewinnen sollte. Jellačić selber war diese Sicht der Dinge nicht fremd. Als man ihn vor Wien auf seine Legitimation ansprach, antwortete er: »Es gibt kein Österreich und keine österreichische Regierung mehr, man muß erst eines schaffen.«[155] Der Schriftsteller Alexander Lernet-Holenia lag gar nicht so falsch, als er schrieb, Österreich sei mehrfach neu gegründet worden, das zweite Mal durch die Armee Radetzkys. Jellačić trifft es fast noch besser.

Die Kehrseite dieser Medaille war freilich: Wenn die Gesamt-Monarchie, wie Jellačić sie beschwor, Wirklichkeit wurde, war eine Einigung Deutschlands in den Grenzen des Deutschen Bundes kaum noch vorstellbar. Wenn Ungarn in Österreich aufging, konnte Österreich dann noch in Deutschland aufgehen? Die habsburgische Gesamt-Monarchie mußte dann entweder als Ganzes aufgenommen werden oder als Ganzes ausscheiden. Wenn Ungarn aber (nahezu) selbständig blieb, verbündet zwar, aber eigenständig, stand einer Integration Österreichs in den deutschen Bundesstaat nicht mehr viel im Wege. Als Gyula Horn 1989 sagte, im vergangenen Jahrhundert habe die deutsche Einheit die ungarische Freiheit gebracht, diesmal sei es umgekehrt, hatte er die Situation der Jahre 1866/67 im Auge. Der gleiche Zusammenhang war auch schon im Herbst 1848 gegeben.

In den amerikanischen Schulgebäuden hängt ein bekanntes Gemälde:»Washington crossing the Delaware«. (Oder zumindest hing es dort, bis Washington als Sklavenhalter in Mißkredit geriet.) Der Überfall auf die Hessen am anderen Flußufer am Weihnachtsabend 1776 bewies, daß die Unabhängigkeitsbewegung nicht geschlagen war. Eisschollen treiben, es ist Nacht, und Washington steht ganz unvorschriftsmäßig hoch aufgerichtet in einem kleinen Boot. Die Szene an einem Spätsommertag des Jahres 1848 war weniger dramatisch, aber martialischer: Über die Drau führte eine Brücke, die von Ungarn auch nicht abgebrochen worden war. Dazu fehlte bisher schließlich auch der Anlaß. Als die ersten Schwadronen sich in Bewegung setzten, galoppierte der Banus in der Uniform eines ungarischen Generals der Kavallerie auf seinem Schimmel an ihnen vorbei, um als erster ungarischen Boden zu betreten. Danach ritt er ins Hauptquartier zurück.

Jellačić verfügte insgesamt über gut 50 000 Mann, zahlenmäßig kaum weniger als die Armee Radetzkys, wenn auch schlechter ausgebildet und bewaffnet. Sie bestand in erster Linie eben nicht aus regulären Truppen, sondern aus Reserven und Freiwilligen. Das schien anfangs gar nicht so viel auszumachen, denn man hegte die Hoffnung, die königliche Armee in Ungarn würde nach dem Prinzip »Truppe schießt nicht auf Truppe« reagieren. Diese Hoffnung erfüllte sich nicht, zumindest nicht auf Dauer. Zwar zogen sich die Ungarn anfangs zurück, dafür kam Erzherzog Stephan dem Banus bis zum Plattensee entgegen.

Als Stellvertreter des Monarchen in Ungarn war Stephan Oberkommandierender; der Hof nahm ihm vorsorglich das Versprechen ab, nicht gegen Jellačić zu kämpfen. Aus der Niederschlagung der Revolution sollte kein Bruderzwist in Habsburg entstehen. Ganz traute Jellačić dem Frieden dennoch nicht. Zu einem Treffen kam es nicht, weil der Banus das Schiff, das ihm über den Plattensee entgegengeschickt worden war, nicht besteigen wollte. Seine Umgebung befürchtete eine Entführung durch die ungarischen Begleiter des Palatins. Eine Zeitlang wollte man den barocken – und doch sehr realen – Schwierigkeiten des Zeremoniells durch ein Umsteigen in zwei Ruderboote entgehen, aber auch das zerschlug sich: Der Palatin kehrte nach Ofen zurück, legte sein Amt nieder und begab sich auf seine Güter in Westdeutschland. Als er bei seinem Onkel Johann in Frankfurt vorbeischaute, erklärte ihm der Reichsverweser, er habe sich zwar für Ungarn unmöglich gemacht, aber: »Das ist, was ich ihm sage: Er kann für die Zukunft, da er in Deutschland beliebt ist, wenn er sich zu benehmen weiß, mich wenn ich gehe ersetzen.«[156]

Nach dem Rücktritt des Palatins hatte der Kaiser den General Graf Lamberg zum kaiserlichen Kommissär und zum Oberbefehlshaber aller in Ungarn befindlichen Truppen beider Streitparteien ernannt. Am 28. September wurde Lamberg auf der Brücke über die Donau in einer Mietdroschke erkannt, aus dem Wagen gezerrt und vom Mob erschlagen. Lambergs Mission war offenbar ein Versuch zu einem letzten Einlenken gewesen, um einen Waffenstillstand auszuhandeln. Sie ging nicht von Latour aus, sondern von Wessenberg. Umso niederschlagender mußte der Eindruck sein, den seine Ermordung hervorrief. Am Tag darauf wurde Jellačić auf dem Vormarsch gegen Pest bei Pakozd geschlagen: keine große Schlacht, aber eine ungarische Version der Kanonade von Valmy, an der angeblich tschechische Artilleristen, die es in die Puszta verschlagen hatte, großen Anteil hatten. Es war das erste, aber nicht das letzte Mal, daß man die Ungarn unterschätzte.

Das Doppelspiel der Österreicher (der Regierung? des Hofes? der Militärs?) in bezug auf Jellačić war ein offenes Geheimnis; doch ein Zufall führte zu einer Sternstunde des Enthüllungsjournalismus: Eine Kuriertasche der Kroaten fiel den Ungarn in die Hände. Ihr Inhalt wurde in den Wiener Oppositionsblättern abgedruckt. Der Banus urgierte da unter dem 23. September ein kaiserliches Manifest, verlangte eine halbe Million Gulden und berief sich ganz offenbar auf Zusagen Latours. Auch sein Stabschef Kempen sprach von den »Ermunterungen«, die er aus Wien erhalten habe, in seinem Unternehmen fortzufahren, denn: »Es gilt hier einen Herd des Republikanismus zu zerstören. … Jeder muß löschen helfen, wo er kann.«[157]

Als der deutsche Prager Abg. Borrosch am 30. September Latour im Reichstag über seine Brieffreundschaften befragte, antwortete der Kriegsminister »vom Fleck weg« und relativ offen, ein Ende der Charade zeichnete sich ab. Bedauern schwang mit, wenn er freimütig bestätigte, er habe dem Banus geschrieben und ihm mitgeteilt, »daß, so lange die ungarische Regierung auf legalem Boden steht, ich ihm weder Truppen noch Artillerie senden kann«. Geld allerdings schon, damit – rührender Gedanke – die kaiserliche Mannschaft nicht ohne Löhnung bleiben oder Hunger leiden müsse. Becher im »Radikalen« leitartikelte am selben Tag über die Ausreden der Regierung: »Das alte System bei beschränkter Souveränität fortführen konnte nur eine souveräne Beschränktheit.« Wohl keine Regierung sei so frech-unkonstitutionell. (Er setzte mit einem Seitenhieb auf Frankfurt hinzu: »– ohne jedoch Herrn Schmerling nahetreten zu wollen«.)

»So lange die ungarische Regierung auf legalem Boden steht...« Die gekonnte Perfidie Latours wurde nicht hinreichend gewürdigt, weil beide Parteien (er selbst mit eingeschlossen) lieber mit gerechtfertigter moralischer Entrüstung argumentierten. Natürlich hätte der König zu jedem beliebigen Zeitpunkt den Landtag auflösen und ein neues Ministerium einsetzen können. Damit hätte er vielleicht wirklich den Aufstand provoziert, den man herbeiredete, aber er wäre im Recht gewesen. Es war eine jener charakteristischen Doppelbödigkeiten, daß man damit noch bis zum 3. Oktober wartete. Dann erst löste ein kaiserliches Reskript den Landtag auf und setzte pro forma einen neuen Ministerpräsidenten ein (den Grafen Recsey, dem im folgenden keine Rolle mehr zufiel). Die Ungarn beantworteten diesen Zug wenige Tage später mit der Wahl eines Verteidigungsausschusses, dem die vollziehende Gewalt übertragen wurde: Sein Vorsitzender Kossuth war für einige Monate de facto Diktator. Das war nun wirklich Revolution, wenn auch beileibe keine unprovozierte. Der Kaiser aber versprach, zur Bekämpfung des Aufstands in Ungarn Gut und Blut seiner österreichischen Untertanen einzusetzen. Damit war der Ball nach Österreich gespielt. Die Zuschauerrolle, die sich auf das Daumenhalten und Spenden beschränkte, war zu Ende.

Niemand hat die staatsrechtlichen Komplikationen, die daraus folgten, besser auf den Punkt gebracht als Kuranda, der in eben diesen Tagen mit einem neuen Qualitätsblatt in Wien auf den Markt kam, der »Ostdeutschen Post«. »Seit Wochen führt der abstrakte Begriff des Königs von Ungarn mit dem abstrakten Begriff des Königs von Kroatien Krieg. Der wirkliche persönliche König steht in der Ferne und sieht in scheinbarer Neutralität dem Kampfe zu.« Damit dieser persönliche König die Kraft zum Handeln erhalte, »bedarf es dazu eines dritten Begriffs, des Kaisers von Österreich«. Damit waren der Komplikationen jedoch noch nicht genug. »Aber der Titel eines Kaisers von Österreich ist abermals in zwei Begriffe geteilt, in den constitutionellen Kaiser von Österreich, der seit dem 14. März in den Erblanden eben nur durch das Organ verantwortlicher Minister regiert und in den absolutistischen Kaiser von Österreich, der Kraft der Pragmatischen Sanktion über die Gesamtmonarchie herrscht.«[158]

Aus den letzten Sätzen blinzelt ein Dilemma: Auf die Pragmatische Sanktion, auf die Gesamtmonarchie mochte auch Kuranda nicht leichten Herzens verzichten. Freilich nagte der berechtigte Verdacht an ihm, daß mit der Gesamtmonarchie bei dem monarchischen »Wer ist stärker: Ich oder ich?« auch der absolutistische Kaiser wieder die Oberhand über den konstitutionellen Kaiser bekommen könnte. Die Situation im Reichstag ließ es zumindest der Papierform nach sogar als durchaus möglich erscheinen, für den Krieg gegen Ungarn eine Mehrheit zu finden. Diesen Weg wollte man in Wien aber nicht gehen. Die eine Fraktion des Ministeriums, Latour und inzwischen auch Bach, hielt sich soweit wie möglich an die Devise des »Pas devant les enfants!«; die andere um Doblhoff wollte noch keine endgültige Entscheidung fällen. Jellačić sollte ihnen bald kaum noch eine Wahl lassen.

Entscheidungen standen auch anderswo an, und auch dort versuchte man, ihnen auszuweichen. In Frankfurt hatte sich die Nationalversammlung bzw. ihr Verfassungsausschuß langsam durch den süßen Brei der Grundrechtsdebatte gefressen;

jetzt ging es ans Eingemachte, an Reich und Reichsgewalt. Reich, das hieß zuerst einmal Klärung seines Territoriums. Auch da spielte Ungarn – pars pro toto – eine Rolle. Es stand stellvertretend für die habsburgischen Länder, die nicht zum Deutschen Bund gehörten (und auch nicht deutsch waren, wie Schleswig oder Ostpreußen, das man mit einem Federstrich hineinreklamiert hatte). Betrachtete man die Differenzen zwischen Wien und Pest als das letzte Kapitel eines Scheidungsdramas, dann gab es keine großen Probleme: Österreich wurde damit auf ein verträgliches Maß zurechtgestutzt, was wiederum diejenigen besänftigen mußte, die eine katholisch-fremdländische Dominanz in den Vereinigten Staaten von Groß-Deutschland befürchteten.

Diese Perspektive eines natürlichen Zerfallsprozesses der habsburgischen Gesamtmonarchie, der nur noch ein wenig ausreifen mußte, herrschte naturgemäß auf der Linken vor, aber nicht nur dort. Andere schätzten die Zähigkeit des Apparates höher ein; das konnte, mußte aber nicht unbedingt von Sympathien begleitet sein: Österreich war dann eben mitsamt seinen Magyaren und Seressanern und seinen interessanten Nationalitäten auszugrenzen. Gagern als treusorgender Vater der Nationalversammlung, als Mentor auch des Kasinos, wo die Meinungen pro und contra Österreich aufeinanderprallten, sondierte damals bereits eine salomonische Lösung, einen engeren Bund ohne Österreich und einen weiteren Bund mit Österreich, wohl auch unter österreichischer Führung. Auf derlei komplizierte Menüanordnungen hatte im September noch niemand recht Appetit; noch hoffte man auf einfachere Lösungen.

Einer rosigen Sicht huldigte Anfang Oktober auch noch der Reichsverweser, der berufen war, das Reich, das es noch nicht gab, zusammenzuhalten. Die Untätigkeit des Wiener Ministeriums fiel ihm unangenehm auf. Am 9. Oktober schrieb er mahnend an seinen alten Freund Wessenberg, es sei »notwendig, daß Österreich sich bestimmt erkläre, was es will und was es kann, denn sonst wird unser Österreich hinausgeworfen.« Die großdeutsche Perspektive war ungebrochen: »Könnte sich Österreich an die Spitze Deutschlands setzen, es wäre das beste.« Mit der preußischen Alternative rechnete er nach den Unstimmigkeiten des Sommers gar nicht mehr: »Mit der Hegemonie Preußens geht es nicht, sie gräbt sich dadurch selbst ihre Grube – wir würden Deutschland gleich sich in Süd- und Norddeutschland trennen sehen, alles würde auseinandergehen und die Folgen!!« Der Brief enthielt auch eine deutliche Warnung, denn ein wenig Druck auf Wien konnte nicht schaden: »Wird Österreich hinausgeworfen oder trennt es sich durch irgendeine Erklärung von Deutschland, dann verlassen die österreichischen Deputierten bis auf wenige übel denkende den Reichstag, dann ist nicht länger meines Bleibens.« Dann aber: »Gehe ich, dann mache man sich auf eine furchtbare Confusion gefaßt. ... Was ich bisher verhütet, wird ausbrechen...« Er schloß anfeuernd, aber streng: »Die Sache verdient eine ernste Überlegung und ist dringend.«[159]

Leider traf der Brief seinen Adressaten nicht in der richtigen Stimmung an, und auch nicht an der gewohnten Adresse. Der Brief kreuzte sich statt dessen mit einem Schreiben Wessenbergs, das zwei Tage früher verfaßt worden war und alle Anzeichen von Eile und ungewohnter Gemütsbewegung trug. Es war überschrieben: »Döbling auf der Flucht. 7. Oktober morgens 7 Uhr.«

Nach Pakozd hatte der Banus die Marschrichtung geändert, es ging nicht vorwärts und nicht zurück. Die Kroaten schwenkten links ab und näherten sich in Eilmärschen der österreichischen Grenze. Während man in Wien und in Frankfurt noch mit seinem Einzug in Pest rechnete, schlug Jellačić bereits sein Hauptquartier in Ungarisch-Altenburg auf, wo der Grenzfluß Leitha in die Donau mündete. Verstohlene Geldsendungen allein waren nun nicht mehr genug. Am 4. Oktober, im Vollgefühl des kaiserlichen Manifests vom Vortag, kommandierte Latour das seit langem in Wien befindliche Grenadierbataillon Richter zur Verstärkung von Jellačić ab.

Die Oktober-Revolution entwickelte sich aus einer Meuterei, einer Beinahe-Meuterei. Die von Anfang an unwilligen

Grenadiere wurden von den Wienern in ihrem Widerstand bestärkt; der Obmann des Demokratischen Vereins forderte öffentlich zur Verhinderung ihres Abmarsches auf. Nachträglich erzählte man sich Wunderdinge von den Überredungskünsten der Verführer: Wein, Weib und zweifelsohne auch Gesang seien aufgeboten worden, um im Gasthof Engländer in der Währinger Straße, dem Treffpunkt der Demokraten, gleich mehrere hundert Krieger zu korrumpieren. Den neidischen Betrachter beschleicht das Gefühl, daß für derlei Massenorgien das Gebäude vielleicht gar nicht groß genug gewesen sei. (Ein Lokalaugenschein ist leider nicht mehr möglich.)

Auf alle Fälle mußten die Grenadiere am nächsten Tag von loyalen Truppen eskortiert werden. (Über die militärische Sinnhaftigkeit der Maßnahme mußten spätestens da Zweifel entstehen.) Vor ihnen rissen Revoluzzer Schienen auf und Brücken ab. Die Akademische Legion versperrte ihnen den Weg. Es kam zu einem ersten Schußwechsel, das Militär zerstreute sich, die verkaterten Grenadiere liefen über. Der Frankfurter Abg. Gritzner eroberte an der Spitze einer Arbeiterkolonne zwei Kanonen.

In der Stadt fanden die Kämpfe eine Fortsetzung: Die Nationalgarde zerfiel in zwei feindliche Lager, die einander um und im Stephansdom blutige Gefechte lieferten. Die Empörung wurde durch einige am Graben abgefeuerte Kartätschen gesteigert. Die Aufständischen wogten weiter auf den Platz Am Hof, zum Kriegsministerium. Einzelne prominente Reichstagsabgeordnete versuchten vergeblich zu beschwichtigen bzw. die Minister zu schützen. Die Menge flutete durch das Gebäude. Bach vermochte sich über Hintertreppen zu retten, angeblich in Frauenkleidern, doch das dürfte nachträgliche Ausschmückung sein. Auf alle Fälle machte er noch in der Staatskanzlei Station, denn wie Wessenberg mit penibler Liebe zum Detail berichtete: »Mir folgte Bach, der sofort mit mir zu Mittag aß.« (Immerhin war es inzwischen 1/2 5 Uhr geworden.)[160]

Bei Tisch traf sie die traurige Nachricht vom Schicksal ihres Kollegen: Latour konnte oder wollte seinen Posten nicht räu-

Der Märtyrer der Gegenrevolution:
Graf Latour

men. Er wurde trotz der Abgeordneten, die ihn umgaben,
angegriffen und umgebracht; seine Leiche an einer Laterne
gehenkt. Die Menge stürmte in der Nacht noch das kaiserli-

che Zeughaus; eine Reihe pittoresker Gestalten paradierte in den folgenden Tagen in jahrhundertealten Kürassen und Säbeln. Die Wiener Garnison zog sich in die Parks südlich der Innenstadt zurück.

Mit Latour wurde der Gegenrevolution nach Lamberg ein zweiter Märtyrer beschert. Diesmal war es aber kein Gesandtenmord, sondern ein Attentat auf die Hauptperson. Latour starb in dem Moment, in dem seine Tätigkeit Früchte zu tragen begann. Der Mord war ein Verbrechen; er war darüber hinaus ein Fehler, der von niemandem angeordnet worden war; er konnte nur nicht verhindert werden. Latour wäre zweifelsohne ein passendes Objekt für eine Ministeranklage gewesen. Das konstitutionelle System, noch dazu mit all seinen Kinderkrankheiten, besaß für ihn keine Legitimität. Er konspirierte für seinen Kaiser, ein Oliver North des Biedermeier und mit Stammbaum. Verschwörungen sind eine höchst störungsanfällige Sache, besonders wenn es ihnen an einem allgemein anerkannten Haupt fehlt. Hier übernahm Latour die Koordination, bremste den konterrevolutionären Tatendrang des Fürsten Windisch-Graetz und stellte die Verbindung zu einer nationalen Befreiungsbewegung her, mit der man die Front der Gegner aufrollen konnte. Noch am Tag vor seinem Tod traf er persönlich mit Jellačić zusammen. Wer immer die Kamarilla war, Latour war ihr bester Mann. Wenn die Armee sich nach der siegreichen Gegenrevolution im Triumvirat WJR feiern ließ, fehlte ungerechterweise das L. Vielleicht mußte das auch so sein, denn seine Verdienste herauszustreichen konnte nur zu Lasten seiner Opferrolle geschehen.

Latours Ermordung, genauso wie die Ermordung Lambergs, wurde zum vernichtenden Anklagepunkt gegen alle nicht von vornherein »Gutgesinnten«. »Die Reaktion, meine Herren, macht es mit dem Morde Latours wie die Frauen mit dem Moschus. Wie diese mit einem Stäubchen desselben die ganze Wäsche, so parfümiert die Reaktion mit dieser einzigen Missetat des Volkes alle ihre Handlungen«, beklagte sich Fischhof.[161] In Ungarn hatte der Landtag Lamberg wenigstens

210

in einer Resolution zum »Verräter« erklärt und sich damit indirekt an seiner Ermordung mitschuldig gemacht. In Wien konnte man allenfalls argumentieren, der Reichstag hätte durch früheres Eingreifen Schlimmeres verhüten können; aber dieser Vorwurf traf den Präsidenten, den Tschechen Strobach, nicht die deutsche Linke.

Was die Zuordnung von Missetaten an ihre »intellektuellen Urheber« und »geistigen Ziehväter« betrifft, hat die Öffentlichkeit des späten zwanzigsten Jahrhunderts freilich wenig Ursache, die kaiserliche Rachejustiz kleinlicher Rancune zu zeihen. Die angeblichen Täter wurden durch den kriminalistischen Spürsinn eines jungen Polizeioffiziers übrigens 1849 ausgeforscht und justifiziert; der strebsame Mann, der auf den Namen Marx hörte (Wilhelm, nicht Karl), brachte es später selbst zum Polizeipräsidenten von Wien (und mußte dann wegen des Ringtheaterbrands den Hut nehmen). Es erübrigt sich zu sagen, daß das Ergebnis seiner Nachforschungen nicht über jeden Zweifel erhaben ist.

Der Spuk war am nächsten Tag vorbei. Die Oktoberrevolution endete im Unterschied zu ihrer berühmteren Namensvetterin nicht in einer neuen Regierung. Kein Lenin ergriff die Macht, um der Weltgeschichte eine andere Wendung zu geben. Die Aufständischen hatten einen Minister ermordet und fahndeten nach einem zweiten, wollten aber deren Kollegen gerne im Amt bestätigt sehen. Der grausame und der gemütliche Aspekt gingen unvermittelt ineinander über. Eine Abordnung begab sich zum Hof nach Schönbrunn und wurde um eine Amnestie vorstellig.

Unter dem sozialgeschichtlichen Blickwinkel gilt der Oktober als die eigentlich radikale Phase der Revolution, als der Teil der Revolution, die das Bürgertum hilfesuchend in die Arme der Armee flüchten ließ. Aus der Sicht der Verfassung verhält es sich aber genau umgekehrt: Die »Mai-Revolution« war zu einem Gutteil Produkt des revolutionären Übermuts gewesen, die Fortsetzung von Katzenmusiken, die nach immer stärkerem Tobak verlangten und sich mit demokratischen

Federn schmückten. Damals war das Mißtrauen, das zur Entladung drängte, auf bloße Gerüchte angewiesen; jetzt fußte es auf Tatsachen. Während im Frühjahr die Aula den konstitutionellen Komment verletzt hatte, bewegten sich im Herbst die »Schwarz-Gelben« auf dem Terrain weit jenseits der Spielregeln der Verfassung. Wenn man die Unruhen im Oktober als eine Revolution bezeichnen will, dann als eine präventive.

Am selben Tag überschritten die Kroaten die Leitha, die Grenze zwischen Österreich und Ungarn. Ihre Truppen rissen achtundvierzig Stunden später bei Atzgersdorf die Gleise der Südbahn auf, um Wien von Verstärkungen aus Graz abzuschneiden. Ein paar hundert steirische Freiwillige mußten den Fußmarsch durch die Hinterbrühl und den Wienerwald in Kauf nehmen. Die Linzer Kompanie sollte in Stein abgefangen werden; sie verließ ihr Schiff in Melk und schlug sich zu Lande durch. Diese Solidaritätsbekundungen für die Wiener waren ein Tropfen auf dem heißen Stein. Der Landsturm, mit dem Kudlich schon vor Wochen renommiert hatte, blieb aus.

Wieder analysierte Kuranda die prinzipielle Seite der Angelegenheit, die freilich nur mehr von dem berühmtberüchtigten »akademischen Interesse« war und niemand mehr interessierte, sobald der Kampf ein konkreter geworden war. Die »bessere Hälfte« dessen, was auch er die Oktoberrevolution nannte, begann für ihn in dem Augenblick, »wo Herr Baron von Jellačić vor den Toren der Hauptstadt Österreichs zu erscheinen wagte, ohne über den Zweck seiner rätselhaften Erscheinung sich ausweisen zu können«.[162] Kuranda konnte sich den Luxus leisten, für einige Tage zumindest noch, das Für und Wider zu zergliedern: Man müsse gegen die Kroaten ebenso Stellung beziehen wie gegen den Mob. Dieser unbedankte Zweifrontenkrieg war nicht nach jedermanns Geschmack. Die Bewegung – oder auch nur das Innehalten – auf dem Boden der strikten Gesetzmäßigkeit war ein Wandeln auf einem äußerst schmalen Grat, der jeden Moment wegbrechen konnte.

Die gesetzlichen Autoritäten waren schwer auszumachen. Der Hof war am 7. Oktober wieder auf Reisen gegangen.

Generaladjutant Fürst Joseph Lobkowitz eskortierte den Kaiser über Krems und Znaim nach Olmütz. Ein Ministerium gab es nicht mehr: Latour war tot, Bach untergetaucht. Ihr populäre Kollege Hornbostel fuhr zu seiner Frau nach Gmunden, weil er am Hoflager kein Gehör fand und nicht als konstitutionelles Feigenblatt dienen wollte. Doblhoff, schon seit längerem amtsmüde, hatte nach dem 6. Oktober endgültig resigniert. Wessenberg hatte von Döbling aus am nächsten Tag ein Boot gefunden, das ihn über die Donau brachte, und einen Zug nach Prag bestiegen, wo er zunächst mit Windisch-Graetz konferierte. Wo der Kaiser zu finden sei, so schrieb er von unterwegs nach Frankfurt, wisse er nicht.[163]

Inmitten dieser Auflösungserscheinungen führte in Wien Latours engster Mitstreiter Krauß unbekümmert die Geschäfte, »mit unverwüstlicher Heiterkeit« und einer Nonchalance, die der britischen »stiff upper lip« in nichts nachstand. Er konsumiere eben weder Wein noch Kaffee, erklärte sich Wessenberg die Gemütsruhe seines Kabinettskollegen. Krauß verkörperte im isolierten Wien die Fiktion der Legalität, nicht aus Überzeugung, sondern um »die Finanzen nicht preis zu geben«. Der Kaiser tat ein letztes Mal nichts, wer immer es auch für ihn tat; wie im Mai ließ der Hof die Zügel absichtlich eine lange Woche schleifen. Die Abordnungen der Wiener und des Reichstages, die mit »naiven Versicherungen« vorsprachen, mußten ergebnislos umkehren. Erst am 16. Oktober ernannte er Windisch-Graetz zum Oberbefehlshaber aller Truppen außerhalb Italiens und beauftragte ihn mit der Niederwerfung Wiens. Erst Stadion, der sich als Führer der »gutgesinnten« Abgeordneten an den Hof begeben hatten, konnte am 19. Oktober ein versöhnlicheres Manifest erwirken, das »die gewährten Rechte und Freiheiten ungeschmälert« verbürgte.

»Wie wir derzeit ein Ministerium zusammenbringen, weiß der Himmel«, schrieb Wessenberg aus Olmütz. »Ein einziger verantwortlicher Minister in solchen Umständen wie die gegenwärtigen ist eine Erscheinung, die vielleicht nie vorgekommen ist.« Wie wahr. Der 75jährige wurde wieder mit der

Regierungsbildung betraut, legte den Auftrag aber infolge seiner Differenzen mit Windisch-Graetz, diesem »zweiten Wallenstein, der keinen Rat annimmt und uns noch manche Verlegenheiten bereiten wird«,[164] wieder zurück, obwohl die Kaiserin Marianne ihn bat zu bleiben. Als designierter Ministerpräsident galt seither Windisch-Graetz' Schwager Fürst Felix Schwarzenberg, blieb aber noch im Hintergrund. In diesem noch eine Zeitlang prolongierten politischen Vakuum agierte Windisch-Graetz – und das zweifelsohne effizient.

Den Reichstag verließen viele seiner Mitglieder ebenfalls wie die Ratten das sinkende Schiff; manche aus hochpolitischen Erwägungen, andere einfach um ihrer persönlichen Sicherheit willen (was man ihnen angesichts des Schicksals Latours wiederum nicht verargen konnte). Auf die meisten Tschechen traf beides zu. Präsident Strobach ging nach Mähren, seine Stelle übernahm der Pole Franz Smolka. Pillersdorff blieb dem Reichstag als Vizepräsident erhalten und erklärte Windisch-Graetz' Maßregeln für ungesetzlich – eine Überraschung, die das Mißtrauen des Frühjahrs Lügen zu strafen schien. Seine Haltung verriet damals wie nun Sinn für Rechtskontinuität, nicht für politische Opportunität, denn dem Ex-Premier wurde seine Standfestigkeit später schwer angekreidet. »Pillersdorff ist mir ein Rätsel«, waren sich Wessenberg und Johann einig.

Auch von den Diplomaten, die mit dem Kaiser zurückgekehrt waren, blieb nur der Vertreter des Padischah im belagerten Wien zurück. »Gott segne diesen tapferen braven Mann«, schrieb einer der Revolutionäre im Folgejahr. Ob dahinter eine Weisung stand oder nicht (mußten Gegner des Zaren nicht automatisch Freunde des Sultans sein?), auf alle Fälle gewährten die Osmanen im kommenden Jahr großzügig Asyl. Nicht nur Andrassy und Kossuth, sondern auch der berühmt-berüchtigte riesenhafte Kompaniechef der Akademischen Legion, der Pillersdorff im Frühjahr drangsaliert hatte, Karl Hammerschmidt, zog eine Stellung in Syrien dem Aufenthalt am Spielberg vor und brachte es zum Schluß noch zum Bey.[165]

Der Reichstag in Wien bewegte sich mit Mühe und Not über der Grenze der Beschlußfähigkeit: Er bildete eine Permanenzkommission, dominiert von der deutschen Linken, die nach der Abreise der Tschechen in der Mehrheit war, insbesondere von Schuselka, der seinen Sitz in Frankfurt mit Wien vertauscht hatte. Mit Kossuth und seinem Verteidigungsausschuß war die Wiener »Permanenz« (auf einen einprägsameren Namen wollte sich diese »Persiflage des französischen Wohlfahrtsausschusses« nicht festlegen) nicht zu vergleichen: Man forderte die gedienten Offiziere auf, dem Ausschuß ihren Rat zur Verfügung zu stellen. Schon das Werben um den Landsturm überließ man einzelnen Abgeordneten auf eigene Gefahr, wie Kudlich, dem Schuselka ironisch viel Glück wünschte: »Und wenn Du mit 100 000 Bauern kommst und uns befreist, sollst Du dafür gesegnet sein!«

Das Ausharren im von Truppen eingeschlossenen, dann belagerten Wien mochte als leuchtendes Beispiel für Bürgerstolz vor Fürstenthronen erscheinen. Robert Blum, der Führer der Frankfurter Linken, war begeistert über die Stimmung: »die liebenswürdigste Stadt, die ich je gesehen; dabei revolutionär in Fleisch und Blut. Die Leute treiben die Revolution gemütlich, aber gründlich.« Ob darin nicht ein Mißverständnis lag? Ein Mißverständnis Blums oder ein Mißverständnis der Wiener, die sich über den Ernst der Lage täuschten. Schuselka mochte tatsächlich geglaubt haben, Windisch-Graetz »will nur drohen und schrecken und zuletzt wird sich alles ausgleichen«. Die Wiener Behörden nahm Blum von seinem Lob ohnehin aus.[166]

Damit nichts geschah, tat man so, als sei nichts geschehen. Von einer praktischen Umsetzung von Kurandas Standpauken nach rechts und links wollte man wohlweislich absehen und peilte statt dessen nach beiden Seiten eine österreichische Lösung an. »Wien bleibt jedoch auch in diesem ereignisschwangeren Augenblicke seinem Charakter getreu, massenhaft, planlos, führerlos der Zukunft entgegen zu stolpern.«[167] Eine Untersuchung gegen die Mörder Latours, um der Außenwelt vor Augen zu halten, daß in Wien alles seine Ordnung habe, erschien als ein zu riskantes Unterfangen; so nahm man den 6. Oktober wie ein Naturereignis hin, wie ein Gewitter, das sich entladen hatte, dann aber weitergezogen war. Ein Kampf bis aufs Messer gegen »die Reaktion« (wie immer man sie definieren wollte) war genausowenig erfolgversprechend, noch dazu, da es hieß, die Ungarn würden von den Russen an einem Eingreifen gehindert. In der Tat zierten sich die Magyaren lange Zeit: Sie bezogen ein Lager auf der Parndorfer Heide, überschritten aber vorerst nicht die Grenze.

Die Frage an Österreich

>»Wir sind berufen, die Einheit zu
schaffen, soweit sie unter den
gegebenen Verhältnissen nützlich ist. Weiter kann unser Beruf
nicht gehen.«

>*Heinrich von Gagern,*
>*27. Oktober 1848*

>»Deutschland hat, damit es einig
und stark werde, jene Lumpen-
fetzen von Schleswig für Oesterreich eingetauscht.«

>*Johann Hermann Detmold,*
>*15. Dezember 1848* [168]

Die Leitha war auch die Grenze des Deutschen Bundes. So
wie der Bürgerkrieg in Ungarn den österreichischen
Reichstag gefordert hatte, war durch den Bürgerkrieg in
Österreich die deutsche Nationalversammlung gefordert. Bis
zu einem gewissen Grad wurde die deutsche Frage neu auf-
gerollt und im Osten auch militärisch entschieden, noch bevor
man in Frankfurt zu diesem Punkt gekommen war. Man hat
es dem manipulativen Geschick der Professoren zugeschrieben, daß die österreichische Frage bzw. die Frage an Österreich gerade in dem Augenblick auf die Tagesordnung des
Frankfurter Parlaments kam, als sich die Dinge in Wien noch
verwirrenderer und bedrohlicher gestalteten als bisher. Aber
diese Verschwörungstheorie – wie so viele andere – tut dem
planenden Genie der Gegner zuviel der Ehre an. Die Beratungen im Verfassungsausschuß waren schon vor Ausbruch

der Wiener Kämpfe genügend weit gediehen. Wenn überhaupt, so hatten Bachs Erklärungen im Reichstag über den unverletzlichen Charakter der prä-konstitutionellen Pragmatischen Sanktion in Frankfurt aufhorchen lassen.

Vor allem aber gab es für die Borussophilen einen Grund zur Eile, der mehr mit Preußen zu tun hatte als mit Österreich. Wenn man das Verfassungswerk nicht bald in Angriff nahm, konnten die laufenden Irritationen zwischen Frankfurt und Berlin, ganz so, wie Johann es voraussagte, ein Ausmaß erreichen, das ihnen tatsächlich einen Strich durch die Rechnung machte. Deshalb die Flucht nach vorne, deren Timing nachträglich so gelungen erschien. Auf alle Fälle erlebte die Nationalversammlung im Oktober 1848 einen Diskurs um theoretische Verfassungsgrundsätze und geopolitische Notwendigkeiten, um den erstrebenswerten Schluß der deutschen Revolution, die unterlegt, untermalt und unterbrochen war von aktuellen Dissonanzen über das wahrscheinliche und das wünschenswerte Ende der Wiener Revolution.

Schon im September hatte J. N. Berger besorgt auf das Anwachsen der Reaktion in Österreich hingewiesen. Jetzt, als Jellačić bereits vom Laaerberg auf Wien herabschaute, beantragte die Linke in Frankfurt ganz in seinem Sinne die Entsendung von Reichstruppen gegen Jellačić. Das traf sich mit dem Hilferuf Kurandas aus Wien: »Deutsche Brüder, verlaßt uns nicht in dieser heiligen Sache! Oder habt Ihr bloß Mut in Limburg und Schleswig? Zittert Ihr, wenn die Gebiets- und Rechtsverletzung im Namen eines Kaisers geschieht?«[169]

Ganz so tatenlos war man in Frankfurt nicht gewesen: Die Zentralgewalt hatte am 12. Oktober zwei Reichskommissäre nach Österreich entsandt, den oldenburgischen Obersten Mosle und den berühmten Prof. Welcker. Sie waren mit Kompetenzen ausgestattet, die sich auf dem Papier allerdings ganz gewaltig ausnahmen: Sie konnten sogar Truppen aus Nachbarstaaten anfordern, wenn es ihnen nötig erschien. Zwischen den Zeilen verbarg sich eine Marschroute der wohlwollenden Neutralität für die Reaktion, von der man freilich hoffte, daß sie wahrmachen würde, was Jellinek im »Radikalen« über die bürgerlichen Liberalen geätzt hatte: »Die Reaktion steht auf dem Boden des März.« Allenfalls hatten die »Reichscommis« an die Autoritäten einen Appell zur Mäßigung zu richten.

Johann schrieb beinahe entschuldigend an Wessenberg, die Zentralgewalt hätte »nicht umhin gekonnt«, zwei Kommissäre abzusenden, um sich mit der österreichischen Regierung »ins Einvernehmen zu setzen«. Zudem habe er mit Entschiedenheit darauf gedrängt, daß sie sich zuerst an den Kaiserhof begaben, nicht nach Wien. Wessenberg möge trachten, »daß sie wenigstens nicht barsch aufgenommen werden«. Johann rechnete in seiner optimistischen Einschätzung der Lage mit einem schnellen Sieg Jellačić' und hielt Plünderungen für die größte Gefahr, die Wien drohte. (Den Historiker mutet sympathisch an, daß die Archive als Gegenstand seiner Sorge dabei noch vor den Zentralkassen rangierten.)

Seine ersten Informationen bezog der Reichsverweser dabei ausgerechnet vom Abg. Schilling, einem Vertreter der Aula, der bei seiner Abreise aus Wien kurioserweise ein Stück des Weges gemeinsam mit dem Hof zurückgelegt hatte. Seine Schilderungen scheinen ihre Wirkung auf den Erzherzog nicht verfehlt zu haben: Jellačić, den er kannte, auch wenn er momentan in Frankfurt nur als Bandenführer apostrophiert wurde, schien ihm das geringere Übel, nicht bloß im Vergleich mit dem »entsetzlichen Gesindel« in Wien, sondern offenbar auch mit der Camarilla, die aus den Vorkommnissen weitreichende Schlüsse ziehen mochte. Lakonisch hieß es über die Camarilla: »Lobkowitz, Falkenhayn regieren.« (Graf Eugen Falkenhayn war ein ehemaliger Kämmerer des Thronfolgers und begleitete den Hof.) Dieser Befund schien den Autor nicht mit Freude zu erfüllen. Kryptisch fuhr er fort, es würden ihm »viele Äußerungen mitgeteilt, die zumindest höchst unklug zu nennen sind«. Worum es dabei ging, erhellt vielleicht aus den folgenden Sätzen: »Ich wünsche sehr, daß der Glaube nicht Wurzel fasse, als wenn das slawische Element nur alles an sich reißen und das deutsche unterdrücken wollte.«[170]

Seine Befürchtungen waren zweifellos nicht grundlos. Windisch-Graetz war sehr wohl »barsch«; wenn er die Reichskommissare kühl abfertigte, so wohl auch deshalb, weil sie ihm als Verbündete seiner Widersacher bei Hofe verdächtig waren. Wessenberg konnte sich nicht genug tun am Lob für das »bescheidene und anständige Auftreten« der Reichskommissäre, »wenngleich man von ihrer Hilfeleistung keinen Gebrauch zu machen Lust hat«, doch er verzweifelte an der Zusammenarbeit mit dem Fürsten, »der sich mit meinen Ansichten nicht befreunden kann: Er schaut zurück und ich schaue vorwärts«. Die beiden Kommissäre nahmen ihren Weg übrigens über München, nicht gerade die direkteste Route, verfolgten dabei aber den Zweck, den vor kurzem erst aus dem Amt geschiedenen Reichsministerpräsidenten Fürst Leiningen zum Mitkommen zu überreden. Ein Standesherr als vertrauensbildende flankierende Maßnahme war in bezug auf Windisch-Graetz vielleicht keine so schlechte Idee; Leiningen war jedoch offensichtlich der Ansicht, auf dieser Mission sei wenig Ruhm zu ernten.

Schneller waren da schon die vier Männer der Linken, die ab Eisenach die Eisenbahn auf der durchgehend befahrbaren Strecke über Thüringen und Sachsen benutzten und auf ihrer unauthorisierten Mission die Reichskommissare überholten. Als Welcker und Mosle sich noch in Passau aufhielten, war Blum schon in Wien. Außer Sympathiebezeugungen hatten er und seine Kollegen (Fröbel, Hartmann und Trampusch) allerdings wenig zu bieten. Die Linke war in Frankfurt seit einem Monat chancenloser denn je.

Das zeigte sich erneut am 23. Oktober, als auf Grund des entsprechenden Ausschußberichts die Wiener Debatte in der Paulskirche entbrannte. Ausgangspunkt war eine Beurteilung des Charakters der Wiener Bewegung. J. N. Berger als Mann der äußersten Linken tat seiner Sache vermutlich keinen Gefallen, wenn er ungeniert erklärte, daß die Sache der Deutschen in Österreich allerdings eine demokratische sei: »Ich sehe keine Schande darin, und wenn ich die Gewißheit hätte, daß die Slava mir als Inhalt die Demokratie bietet, so würde ich mich für den slavischen Gesamtstaat erklären, wenn Deutschland mir keinen demokratischen Inhalt gibt.«

220

Das linke Zentrum, soweit es nicht in der Mehrheitsfront aufgegangen war, versuchte diesen Eindruck zu korrigieren. Reitter setzte die »demokratische« Bewegung mit einer »revolutionären« gleich, um daran die rhetorische Frage zu knüpfen, ob es denn ein Kennzeichen revolutionärer Bewegungen sei, den Abzug von Truppen zu bekämpfen oder einen Mann wie Pillersdorff zum Vorsitzenden ihrer Versammlung auszurufen. Die Sache Wiens sei vielmehr vom nationalen Standpunkt zu betrachten. War Windisch-Graetz noch im Sommer zum deutschen Heros wider Willen stilisiert worden, so verwandelte er sich jetzt in den Komplizen der slawischen Horden, der malerischen Sereschaner und der wilden Grenzer. Welch eine Wendung binnen weniger Monate: Angeblich zahlten auch die tschechischen Radikalen den Deutschen ihre Haltung vom Sommer in gleicher Münze zurück. Die berüchtigte Swornost in Prag veranstalte Loyalitätskundgebungen für den Fürsten, so wurde kolportiert. (Konnte sie das überhaupt, war sie nicht aufgelöst worden? Der Prager Gemeinderat zumindest sollte sich bald darauf für eine milde Behandlung Wiens einsetzen.)

Das Minoritätsgutachten der Linken forderte daher als Minimum, daß alle Truppen in Österreich »nur den verfassungsmäßigen und gesetzlich verantwortlichen Organen zur Verfügung stehen«. (Freilich: Seitdem Jellačić offiziell Windisch-Graetz unterstellt war, bedurfte es auch dazu bloß noch der Ernennung eines Nachfolgers für Latour.) Es gelte, auch »gegen die Anarchie von oben« zu kämpfen. Der Steirer Mareck schlug sogar einen weiteren kühnen Griff vor: Sie sollten Johann direkt unterstellt werden. Damit wäre Wien nicht geholfen gewesen, aber wenigstens die Folgen ließen sich besser kontrollieren. Reitter appellierte an das Stabilitätsstreben der Mehrheit: »Man müsse die Ordnung herstellen, aber nicht, wie sie früher vorherrschend war, sondern wie sie überhaupt sein soll.«[171] Aber die Mehrheit lehnte alle Anträge der Linken ab. Die Abstimmung folgte den Fraktionsgrenzen, von ein paar wenigen Ausnahmen abgesehen (darunter zwei Österreicher vom »Augsburger Hof«, die diesmal mit der Linken gingen).

Die Debatte über Wien ging nahtlos über in die Frage an Österreich. Man verstand darunter die §§ 2 und 3 des Entwurfs der Reichsverfassung, die eine Präzisierung der an sich selbstverständlichen Bestimmung darstellten, daß unter dem Reichsgebiet das Territorium des Deutschen Bundes zu verstehen sei. Als allgemeiner Satz war aufgestellt, daß kein Teil des neuen Reiches mit einem nichtdeutschen Land vereint sein dürfe bzw. dort wo das der Fall war (neben Österreich auch in Schleswig-Holstein, Limburg und theoretisch auch in Posen-Gnesen), sei dieses Verhältnis auf eine reine Personalunion zu beschränken. Diese harmlos wirkenden Sätze bedeuteten freilich, daß die habsburgische Gesamtmonarchie geteilt werden müsse – oder aber, auch wenn das nur zwischen den Zeile zu lesen war, aus Deutschland ausscheiden. Nur das Problem Schleswig schob man nach den Erfahrungen mit der Waffenstillstandsdebatte einstweilen auf die lange Bank, es »bleibe einer besonderen Anordnung vorbehalten«. Als die Österreicher das gleiche für sich in Anspruch nehmen wollten, drangen sie damit nicht durch, denn ob die zu schaffende Verfassung auch für Flensburg Geltung haben sollte, machte wenig Unterschied; bei 12 Millionen Österreichern war das anders.

Wiederum wäre zu unterscheiden zwischen Lagebeurteilung und Wunschvorstellungen, zwischen dem, was man wollte und dem, was man kommen sah. Die äußerste Linke ging vom Selbstbestimmungsrecht der Nationen aus und davon, daß dieses auch in Anspruch genommen würde. Der Untersteirer Mareck, dessen Wahlkreis an Kroatien grenzte, ging sogar so weit zu erklären: Wenn Österreich ein Gesamtstaat bleiben könne, würde er auch auf das Bündnis und den innigen Anschluß an Deutschland verzichten. Aber das sei nun einmal nicht möglich; seine eigenen Kontakte zu den Illyrern bestätigten das. Fürst Metternich habe in dem einen Punkt recht gehabt: »Wenn die Wogen der Constitution über Österreich hereinbrechen werden, so geht alles auf dem Leim.« (Nebenbei bemerkt, war es überraschend, wie oft sich Redner – ein halbes Jahr nach dem 13. März – auf den Gott-sei-beiuns im Exil berufen würden!) Ein Ausschluß Österreichs würde dort erst recht zu Revolutionen führen, oder, poetischer ausgedrückt: »Wenn Sie uns zwingen, aus der schwarz-rot-goldenen Fahne das Rot herauszureißen, werden wir es nicht wegwerfen ...«[172]

Im linken Zentrum variierte man das Thema und entwickelte es weiter: Gustav Groß aus Prag, in gewissem Sinne wie Mareck ein »Inseldeutscher«, wollte Österreich auch erhalten wissen, »aber nicht zusammengehalten mit eiserner Faust«. »Es war das Conglomerat, es war jene unnatürliche Verbindung von Ländern, die nur der Kitt des Despotismus so lange zusammenhalten konnte.« (Auch hier gestand ein weiterer Redner, in diesem Punkt müsse man Metternich mildernde Umstände zubilligen.) Erst die Bildung von Nationalstaaten gewährleiste eine freie Verfassungsentwicklung. Hatte die Gesamtmonarchie überhaupt je bestanden? Stremayr analysierte eine der Loyalitätsadressen der Gegenseite und arbeitete heraus, daß auch dort nur von »der uralten Verbindung seiner Völker durch die geheiligte Person des Monarchen« die Rede war. Was wollen Sie, folgerte er, das ist ja die Personalunion. Das Problem war freilich: Im Absolutismus waren Personalunion und Realunion schwer zu unterscheiden gewesen; im Verfassungsstaat war das anders – oder aber die Verfassung litt darunter!

Die Ahnung, daß ein parlamentarisches System in einem Vielvölkerstaat auf Schwierigkeiten stoßen würde, war nur allzu berechtigt. Für die Deutsch-Österreicher schien sich hier jedoch eine Doppelmühle aufzutun. Wenn es wirklich zu einem Reichsparlament kommen sollte – vielleicht gar zu einem, das auch Ungarn umfaßte – wäre die Regierung gezwungen, nach der Pfeife der slawischen Mehrheit zu tanzen. Die Erfahrungen dieses einen Sommers schienen das hinreichend belegt zu haben (was nicht ganz stimmte, sich aber von Frankfurt aus zumindest so darstellte). Aus dieser unerfreulichen Alternative – Rückkehr zum Absolutismus und/oder Situation der permanenten Minderheit – resultierte der Ruf: »Sprechen Sie aus: Unter keinen Bedingungen werden wir Deutsch-Österreich fallen lassen.«[173] In gewisser Weise ging dieser Teil der Österreicher in seiner Zielsetzung über den Antrag noch hinaus. Die unausgesprochene Frage an Österreich sollte ihren Fragecharakter verlieren und die Form einer Feststellung erhalten. Das Mißtrauen der Redner des linken Zentrums richtete sich dabei insbesondere gegen das Kalkül, das sie der Mehrheit damals schon unterstellten, nämlich: Österreich auszuschließen, damit Deutschland in Preußen aufgehe und nicht umgekehrt.

Damit war auch die taktische Frage aufgeworfen. Der Wiener Anwalt Ignaz Kaiser und der Grazer Professor Gustav Schreiner, deren Stellungnahmen wie eine Kompaßnadel im Kreise der Österreicher stets den mittleren Kurs anzeigten, hatten den Vermittlungsantrag gestellt, die näheren Modalitäten des Einbaus Österreichs bis zur Klärung der Lage aufzuschieben. »Wenn man nur nicht so schnell gehe, werde sich alles finden.«[174] Die konservativen Österreicher, die einer Entscheidung ausweichen wollten und aus der Heimat auch keine klaren Signale vernahmen, ließen sich das gerne gefallen und stimmten geschlossen für seinen Antrag.

Schreiner und Kaiser stießen dafür auf den Widerstand von Kollegen, die sonst wenig von ihnen trennte. Denn gerade die linke Mitte, die Honoratioren aus der Provinz wie Stremayr und Wagner, die ein Milieu verkörperte, das sich mit der Wiener Bewegung nicht identifizieren wollte, benötigte einen Fixpunkt, auf den ihre Erwartungen ausgerichtet werden konnten. Wenn Frankfurt diesen Rückhalt nicht bieten konnte oder wollte, würde ihre Position zwischen den Extremen daheim zerrieben werden, würde die normative Kraft des Faktischen sich zugunsten des Fürsten Windisch-Graetz geltend machen. Schon glänzten frühere Verfechter des Frankfurter Souveränitätsstandpunkts durch Abwesenheit, wie z. B. die beiden Oberösterreicher Achleitner und Kohlparzer. Da galt es gegenzusteuern: Man müsse die Ereignisse leiten statt sich beherrschen zu lassen.

Als das Ergebnis der Abstimmung nach Österreich gelangte, war die militärische Entscheidung bereits gefallen. Berger hatte mit einem Argument den Nagel auf den Kopf getroffen: »Während wir unsere schwache Stimme in die Waagschale legen, hat man dort vielleicht bereits mit Kanonen abgestimmt.« Die Abstimmung wurde in einem Flugschriftenregen an das Volk und die Wähler gerechtfertigt und propagandistisch ausgeschlachtet: 29 von 34 Pro-Stimmen unterschrieben das eine, 40 von 46 Kontra-Stimmen das andere Manifest.[175] Das Bild der zwei festgefügten Parteien, das hier suggeriert wird, beruht jedoch auf einer optischen Täuschung. Dahinter verbarg sich ein ziemlich breitgefächertes Meinungsspektrum, das auch auf der konservativen Seite deutliche Unterschiede erkennen läßt.

Zum einen fällt auf, daß die Steirer durch Zurückhaltung glänzten; eine Mehrheit von ihnen (fünf gegen drei mit Schreiner in der Mitte) stimmte für die §§ 2 und 3. Das korrespondierte mit der Lage in Graz, wo die Behörden tatsächlich um strikte Neutralität bemüht waren und Statthalter Graf Wickenburg selbst den Freiwilligen für Wien nichts in den Weg legte und zur Sicherung des Landes gegen kroatische Streifzüge sehr wohl die Aufbietung des Landsturms genehmigte. Im provisorischen steirischen Landtag, dominiert von den ständischen Wortführern, lehnte man am 8. November eine Verurteilung der §§ 2 und 3 ausdrücklich (mit 48 zu 29) ab.

Ausgehend von Oberösterreich korrespondierten die Landtage der Alpenländer im Herbst über eine Aussprache untereinander. Die politische Leitlinie, wie sie von Seyrl in Linz formuliert wurde, lautete: »im festen Zusammenhalten mit allen gleichgesinnten Provinzen, insbesondere der gesammten deutschen Bevölkerung Oesterreichs constitutionelles Staatsleben unter der gegenwärtigen Dynastie im Anschlusse an Deutschland zu sichern.« Für die Frage an Österreich war das zunächst einmal unergiebig: Wasch mir den Pelz und mach mich nicht naß. Es enthielt jedoch eine leichte Schlagseite gegen die Gesamtmonarchie, unter bestimmten Bedingungen zumindest. Dem war am 14. Oktober eine Debatte vorausgegangen, in der argumentiert wurde, da »der constitutionelle Monarch mit der ganzen Dynastie sich veranlaßt gefunden hat, sich in eine slavische Provinz zu begeben, so erscheint es als eine dringende Nothwendigkeit, Schritte im Interesse des deutschen Elements vorzukehren«.[176] Das war jenes Milieu, das die am 20. Oktober durchreisenden Reichskommissäre in Linz kennengelernt hatten: Gut deutsch und doch alles andere als revolutionär, gehörten die Autoren doch dem ständischen Verordneten-Collegium an. In der ganz überwiegend slowenischen Krain freilich stellten sich die Stände gegen die §§ 2 und 3, während die Kärntner sich nicht in die Karten schauen lassen wollten.

Als Zwischenergebnis läßt sich zusammenfassen, daß die Position der deutsch-österreichischen Eliten im Oktober 1848 noch keineswegs so eindeutig war, wie man es später gerne sehen wollte, als man daran ging, die Haltung der jeweils anderen Seite bestenfalls als die entschuldbare Verirrung einer Minderheit zu betrachten. Es waren nicht bloß die Radaubrüder in Wien, die vom innigsten Anschluß an Deutschland schwärmten; es waren nicht bloß Metternich und die Militärs, für die die Bewahrung der Gesamtmonarchie Priorität hatte. Beide beriefen sich auf den jahrhundertelangen Zusammenhalt. Was wog mehr: Die Bundesakte als säkularisierte Version des Heiligen Römischen Reichs oder die Pragmatische Sanktion? »Vergilbte Pergamente« waren sie beide. Einen Staat bildete weder das Kaisertum Österreich noch der Deutsche Bund. Einen Staat, zusammengehalten durch eine feste bürokratische Klammer, bildeten bloß die deutschen Erbländer, ohne Ungarn und ohne Lombardo-Venetien. Die aber gehörten beiden Verbänden an.

Auch die katholischen Älpler, von Beda Weber in Meran über Lienbacher in Salzburg bis zu Beda Piringer von Kremsmünster, die noch dazu meist Grenzgegenden gegen Bayern vertraten, gaben ein Sondervotum ab: Sie hätten nur gegen die §§ 2 und 3 gestimmt, weil keine Zusatzanträge zugelassen wurden, Modifikationen sich aber als nötig erweisen würden. »Österreich wird alles tun, um eine Vereinigung mit Deutschland auf dem Wege der Vereinigung herzustellen, und ich muß aufrichtig gestehen, sollte Österreich die Vereinbarung zurückweisen, ich könnte für Österreich nur sehr besorgt sein«, versprach Weber. Dem Näherrücken der deutschen Provinzen erteilten die Tiroler in Innsbruck sofort ihre Zustimmung. An der angestammten Dynastie wollte man nicht rütteln, aber darüber hinaus waren die Tiroler Föderalisten: Eine übermäßige Zentralisierung, ein Einheitsstaat nach französischem Vorbild, war ihnen ein Dorn im Auge, ob er nun von Wien aus regiert wurde oder von Frankfurt. Entwickelten sich beide zu lockeren Vereinigungen mit einem ausgeprägten »Subsidiaritätsprinzip«, wie man das heute ausdrücken würde, dann ließ sich vielleicht doch die Quadratur des Kreises durchführen, man konnte beiden angehören und brauchte sich nicht zu entscheiden. In diese Richtung bewegten sich wohl auch die Überlegungen des Reichsverwesers, der für Österreich keine andere Möglichkeit sah »als jene eines Föderativstaates, wo jede Provinz selbständig sich mit der ihr anpassenden Verfassung regiert«.[177]

Ganz anders wiederum die Schar der »Großösterreicher«, die Mühlfeld ins Treffen führte. Ihr Antrag beantwortete die Frage an Österreich umgehend und in aller Freundschaft: Österreich könne unter solchen Bedingungen nicht in den Bund eintreten, in den engeren Bund – denn hier traf sich Mühlfeld mit dem Vorschlag Gagerns, über den diesmal noch nicht abgestimmt wurde: Das spätere Klein-Deutschland solle sich in einem engeren Bund zusammenschließen, Österreich werde in einem weiteren Bund das Ziel des innigsten Anschlusses an Deutschland verwirklichen. Der Antrag Mühlfelds sprach von einem »völkerrechtlichen Bündnis«, er ergänzte aber sofort, daß damit mehr gemeint war als nur ein beliebiges Bündnis zweier Kabinette, nämlich eine staatsrechtliche Konstruktion. Das traf sich mit dem folgenden Plädoyer Gagerns, die Einheitsformel dürfe nicht zum Selbstzweck werden: »Die Begriffe von Bundesstaat für das eine, Staatenbund für das andere, sind unbestimmte; es können auch Bundesverhältnisse gedacht werden, die zwischen beiden in der Mitte liegen und die Übergänge bilden.« Der Vorwurf, der Gagern bewogen hatte, seine Idee zunächst nur in den Raum zu stellen, lag auf der Hand. Stremayr formulierte ihn sofort: Die Nachwelt würde staunen, daß »Sie, die berufen sind, die deutsche Einheit zu gründen, mit der ersten Teilung Deutschlands begonnen haben.«[178]

Die Verfechter der österreichischen Gesamtstaatslösung, darunter vor allem Wiener und Triestiner, als Außenseiter auch der bisher eher als links eingestufte mährische Jurist Beidtel, versäumten nicht, im Gegenzug die glänzenden imperialen Perspektiven auszumalen, die sich daraus ergäben. Man konnte dabei zumal an die Ressentiments der Versammlung gegen Rußland appellieren, die eine Preisgabe deutschen Einflusses in dem weiten Gebiet zwischen Po und Pruth, vom Karst bis zur Steppe untunlich mache.

Von der Donaumündung bei Sulina war die Rede und von dem orthodoxen Kreuz, das nicht auf der Hagia Sophia aufgepflanzt werden dürfe. Den Vogel schoß Graf Deym ab, der kategorisch die Trennung Österreichs von Deutschland im Sinne des Prinzips der Arbeitsteilung forderte, dem gemeinsamen Unternehmen aber weitreichende Ziele steckte: »Unser Zweck ist, ein Riesenreich von 70, und wo möglich von 80 oder 100 Millionen zu gründen, und die Standarte Hermanns in diesem Reiche aufzupflanzen, und dazustehen gerüstet gegen Osten und gegen Westen, gegen die slawischen und lateinischen Völker, die Seeherrschaft den Engländern abzuringen, das größte, mächtigste Volk auf diesem Erdenrunde zu werden.«

Wenn die »Großösterreicher« die Rolle der Habsburgermonarchie als Bollwerk im Südosten in den Vordergrund rückten (und damit bei den »Kleindeutschen« und bei Gagern persönlich auf Resonanz stießen), so wollten sie doch alles andere als aktuelle Verwicklungen mit Rußland heraufzubeschwören. Ein Krieg mit Rußland galt vielmehr als das einzige, was der Revolution neuen Auftrieb bescheren könnte. »Daß sich nur nicht von Wien aus ein europäischer Brand entzünde«, gab Fallati seine Befürchtungen preis. Werde das vermieden, dann schrecke ihn auch »die gegenwärtige Unpopu-

228

larität der Mehrheit in einem großen Teile Deutschlands«
nicht. Auch der rhetorische Überschwang des böhmischen
Aristokraten Deym, der eigens betonte, den »allerdeutsche-
sten« Standpunkt einzunehmen, hatte seinen Grund vermutlich darin, daß er sich der Skepsis seiner Zuhörer vor seinen
lauteren Absichten nur allzu bewußt war. (Diese Skepsis
schien Deym ein paar Wochen später auch zu rechtfertigen,
als er den Befürwortern der §§ 2 und 3 entgegenschleuderte,
dafür müßten sie Österreich erst erobern.)[179]

In einem Punkt waren seine Absichten jedoch selbst für
Böswillige über jeden Zweifel erhaben, ebenso wie die
Mühlfelds. »Der Teil kann nicht verlangen, daß das Ganze
leide.« Österreich müsse im deutschen Interesse seine Mission im Osten und Südosten erfüllen, wolle der Einigung
des übrigen Deutschland aber nicht im Wege stehen. Der
österreichische Bevollmächtigte bei der Zentralgewalt, Baron
Menßhengen, hatte einen Entwurf für einen mitteleuropäischen Bund, der Klein-Deutschland, Österreich und darüber
hinaus auch noch Dänemark und Holland umfassen sollte,
Anfang Oktober schon fertig in seiner Schreibtischlade.[180]
Die spezifische Leistung Schwarzenbergs, der drei Wochen
später die Leitung der Geschäfte auch offiziell übernahm,
war nicht die Stabilisierung der österreichischen Gesamtmonarchie. Es war die Destabilisierung dieses engeren
Bundes, für die er schrittweise auch Schmerling gewann.
Dabei verstand er es, zu diesem Zweck sogar noch eine Zeitlang die Hoffnungen der österreichischen Großdeutschen zu
nähren, daß Österreich diesem Bund unter den entsprechenden Voraussetzungen letztendlich doch beitreten würde. Die
These, die »Frage an Österreich« sei ein mißgünstiger Schach-
zug der »kleindeutschen« Partei gewesen, kam ihm dabei
zugute.

Die Chronologie legt eine andere Interpretation nahe:
Wenn die Kleindeutschen Österreich lieber heute als morgen
draußen haben wollten, warum haben sie dann Gagern nicht
aufgemuntert, seinen Plan gleich auszubreiten und damit vielleicht manchen ihre Gewissensqualen zu erleichtern? Warum

haben sie nicht Mühlfelds Amendment aufgegriffen? Viele
Berichte stimmen überein, daß damals erst eine kleine Zahl
mit jener felsenfesten Überzeugung, die nachträglich gerne in
Anspruch genommen wird, ihren Plan verfolgten. Selbst
Historiker wie Dahlmann oder Droysen sind bloß rückwärts
gewandte Propheten; sie mochten so denken, wollten aber
gleichzeitig die Österreicher den ersten Schritt tun lassen,
ihnen den Schwarzen Peter zuspielen, weil sie für einen Ausschluß keine Mehrheit sahen.

Waitz und Beseler wiederum gingen von den Voraus-
setzungen des Frühjahrs und Sommers aus, daß zumindest
Italien und Ungarn bestenfalls in Personalunion unter den
Habsburgern verbleiben würden, die §§ 2 und 3 also schlimm-
stenfalls Galizien beträfen – und ein Polenproblem dieser
Art, wenn auch nicht dieses Umfangs, hatte Preußen schließ-
lich auch. Das war der Grund, warum die überwältigende
Mehrheit der Nationalversammlung den §§ 2 und 3 der
Reichsverfassung zustimmte, ohne sich darüber allzusehr den
Kopf zu zerbrechen. Schließlich gab es auch noch eine zweite
Lesung. »Was jetzt durchgeht, ist noch nicht Gesetz und wird
viele Modifikationen erleiden«, beruhigte Johann.[181] Die
Abstimmung rief auch keine besondere Bitterkeit hervor;
ihre historische Bedeutung wurde erst nachträglich empfun-
den.

Die Frage an Österreich war von einer breiten Strömung
innerhalb und außerhalb der Paulskirche offensichtlich
tatsächlich als eine solche gedacht. In den Ausschußberatun-
gen vom 26. und 27. September hatten sich nur die Extremen
über das Konzept der Frage lustig gemacht; der Linken
schmeckte die Frage zu sehr nach dem verpönten Vereinbarungsstandpunkt. Die Nationalversammlung habe zu be-
schließen, nicht anzufragen. Und schließlich: »Wer soll ant-
worten?« Von der österreichischen Regierung bekäme man
nie eine Antwort, »höchstens eine reaktionäre«. Der bayerische Rechtsaußen Lasaulx wiederum begrüßte gerade deshalb die §§ höhnisch als eine Art Katastrophenstrategie, denn
er halte die ganze Bewegung für »eine falsche, eine Täu-

schung, für einen narcissus senilis«. Je schneller klar werde, »wie wenig tief im Volke diese Ideen der Gebildeten wurzeln«, desto besser.

Aber Lasaulx war eben auch einer der wenigen, der das »Nationalitätsprincip« offen zurückwies – und zwar mit einer Begründung, die die konventionelle Logik des Jahres 1848 auf den Kopf stellte. Communis opinio war, daß die »historischen Nationen« zu einer Nationalstaatsgründung befähigt seien, während die »geschichtslosen Völker«, ohne nationale Oberschicht und ohne staatliche Traditionen, darauf vielleicht zu verzichten hätten. Der klassische Philologe Lasaulx dachte da in anderen Kategorien: »Wenn schwache, zerbröckelte, unterjochte Völker sich auf ihre Nationalität berufen, so ist das begreiflich und natürlich, denn sie haben nichts anderes, woran sie sich festklammern könnten. Niemals aber, so lange auf Erden Herrschaft besteht, hat ein großes herrschendes Volk diesem Principe gehuldigt, weder in alter noch in neuer Zeit. Die Engländer würden denjenigen, der ihnen zumuten wollte, Irland, Malta, Corfu, Ostindien von sich zu lassen wegen ihrer fremden Nationalität für einen Narren halten.«[182] Lasaulx war ein einsamer Rufer. Der Rest war bereit, jede Antwort zu akzeptieren. Es ist auch keineswegs sicher, daß die Nationalversammlung auf ein Verhältnis sui generis nie und nimmer eingegangen wäre. Das Abstimmungsverhältnis von 17 zu 3 im Verfassungsausschuß täuscht: Mit den beiden Österreichern (Mühlfeld und Schreiner) stimmte zwar nur der Franke Rotenhan, der meinte, kein Föderativstaat komme ohne Ausnahme aus und der auf die USA hinwies, wo ebenfalls dem Süden Bestimmungen eingeräumt würden, die dem Norden versagt seien. Aber mindestens vier weitere Mitglieder machten deutlich, daß mit der Frage nur der Startschuß für ernsthafte Verhandlungen gegeben werden sollte und man, wie der Hamburger Riesser zu Protokoll gab, schon noch »eine Formel finden« wolle.

Für den Historiker interessant ist, daß die Befürworter klarer Verhältnisse, die derlei Formeln mißtrauten, über alle Auffassungsunterschiede hinweg eines einte: Sie hatten eine geringe Meinung vom alten Reich mit seinen diffusen und gegensätzlichen Bestimmungen, das 1806 zugrunde gegangen war. Der Flensburger Waitz sprach von den »hybriden Verhältnissen der traurigsten Zeit des Reiches und seiner dynastischen Entartung«, während Mühlfeld wegwerfend meinte, man habe in Wien »keine andere Erinnerung an das Reich, als daß es ein Anhängsel Österreichs gewesen sei«.

Allerdings und außerdem: Es war Teil des Selbstverständnisses der Nationalversammlung und Teil ihrer Selbstachtung, ja eine anfangs notwendige Lebenslüge, daß sie souverän entschied und sich nicht (oder zumindest nicht offen) auf den Vereinbarungsstandpunkt begab. Ihre Fragen fielen daher in der Form reichlich kategorisch aus – das war, wie oft in solchen Fällen, ein Zeichen der Unsicherheit. Ein beträchtlicher Teil gerade ihrer einflußreichsten Mitglieder erkannte sehr wohl, daß man nicht in der Lage war, europäische Großmächte tatsächlich vor ein Entweder-Oder zu stellen. Die Nationalversammlung wollte nur nicht schon im ersten Schritt Abstriche von ihrem Maximalprogramm machen. Man wollte Österreich aus der Reserve locken.

Bei Wessenberg in Olmütz und in statu demissionis hatte man damit kein Glück. Bei den Österreichern in Frankfurt gelang es aber über die Maßen gut, auch wenn Johann ihre Uneinigkeit bedauerte. Wenn man die Debatte zusammenfaßte, so konnte man da deutlich vier – und nicht bloß zwei – Gruppen ausmachen. Die großdeutschen Republikaner auf der äußersten Linken, die bereits dem Pessimismus verfallen war und in letzter Konsequenz eine zweite Welle nationaler Revolutionen erwartete; ein bürgerlich-liberales linkes Zentrum, die »eigentlichen« Großdeutschen, das ohne Nationalstaat auch die Errungenschaften der Revolution gegenstandslos werden sah; ein konservativeres ständisches Milieu, das einer Entscheidung in diesem Wettstreit der Loyalitäten nach Möglichkeit auswich, wenn es auch im Zweifelsfall der dynastischen Variante den Zuschlag erteilte (dazu zählten nach Herkommen und Überzeugung auch die beiden Österreicher in den zentralen Positionen in Frankfurt, Johann und

Schmerling); zu guter Letzt die imperialen Zentralisten unter den Reformbürokraten, die Großösterreicher.

Jede dieser vier Gruppen hatte ihren Schwerpunkt in Österreich: Die äußerste Linke im (noch) revolutionären Wien; die Großösterreicher zwangsläufig in Olmütz, die ständischen Kräfte in den Landeshauptstädten der Alpenländer. Das Problem der vierten Gruppe, der liberalen Großdeutschen, war, daß sie über keinen solchen institutionellen Rückhalt verfügte. Darin spiegelte sich insbesondere ein Problem der »Sudetendeutschen«, wie sie in dieser Gruppe prominent vertreten waren. Natürlich gab es Vereine und Verbrüderungsfeste in Aussig und Teplitz, aber eine Machtbasis war daraus nicht abzuleiten. Vielleicht klammerte man sich deshalb umso mehr an Frankfurt.

In der Wiener Presselandschaft war die großösterreichische Position prominent durch die »Presse« vertreten, die schon bald konsequent den Austritt der Österreicher aus der Paulskirche zu fordern begann; das Gros der Blätter freilich schwamm im Fahrwasser der äußersten Linken. »Schwarzgelb« war für sie synonym mit reaktionär. Für Kurandas »Ostdeutsche Post« war die Frage offen. Einerseits »drängt sich die Frage auf, ob wir dem großen deutschen Vaterlande nicht mehr nützen, wenn wir ihm die Waffen- und Produktionskraft von 30 Millionen verbündeter Slaven, Magyaren, Polen, Italiener und Walachen zuführen«, andererseits: »Die Freiheit und die Nationalität! Für uns sind diese beiden Worte synonym! Wenn die Erhaltung dieses großen Östreichs auch nur mit der kleinsten Gefahr für unsere Nationalität verbunden sein sollte, oder wenn gar der Schwerpunkt der Monarchie nach slavischer Seite fallen und die Autonomie des deutschen Willens von der slavischen Majorität bedroht würde – dann mag immerhin die Monarchie in Trümmer zerfallen.«

Windisch-Graetz hatte inzwischen – am 20. Oktober – über Wien den Belagerungszustand verhängt. Am Abend des nächsten Tages fertigte er in seinem Hauptquartier in Stammersdorf (heute schon ein Teil Wiens) die Reichskommissare ab.

(Sein Stabschef war übrigens niemand anderer als Graf Nobi-li, dem im Frühjahr beinahe die Verkörperung eines Drittels deutscher Souveränität aufgedrängt worden wäre und der noch vor wenigen Wochen in Frankfurt mit von der Partie gewesen war.) Den Reichstag hatte eine kaiserliche Prokla-mation nach Kremsier verlegt. »Ja, derfen's denn des?« Die Frage blieb auch diesmal unbeantwortet. Auf alle Fälle tagte sein Wiener Rumpf weiter, ja Krauß kontrasignierte weiter (und Wessenberg tat in Olmütz desgleichen). Diese Fiktion der Legalität verleitete zu einem Widerstand, der aussichtslos war.

Auch die »Presse«, spezialisiert auf eine betont kühle, distanziert-nüchterne Sicht der Dinge, erklärte rundheraus, Wien sei zwar »berechtigt zum Widerstand gegen die militäri-sche Gewalt«, aber: »Wir nehmen Anstand, die Wiener zu einem falschen, weil wahrscheinlich fruchtlosen Heroismus aufzustacheln.« Im eigenen Interesse wollte man dem Hof noch eine weitere Frist einräumen, ein konstitutionelles Mini-sterium zu ernennen.[183]

Von 80 000 bis 100 000 Bewaffneten in Wien war die Rede gewesen; in Wirklichkeit war es kaum ein Drittel. Die Illusio-nen waren bald verflogen; abgesehen davon, daß man eine halbe Million Bewohner vermutlich bald aushungern konnte. Am 23. Oktober überschritt der Fürst mit seiner Armee ober-halb Wiens die Donau, dort wo damals und jetzt die Buschen-schanken der Heurigen locken. Jetzt mußte man ihn angrei-fen, wenn man militärisch überhaupt noch eine Chance haben wollte. Reichstag und Gemeinderat lehnten jegliches aggres-sive Vorgehen ab. Auch die Ungarn waren vorsichtig: sie konn-ten argumentieren, Jellačić gleichsam in flagranti nach Öster-reich hinein verfolgt zu haben, aber sich mit Windisch-Graetz so ohne weiteres anzulegen, war ihnen nicht recht geheuer. Sie warteten auf einen Ruf des Reichstages oder zumindest der Stadt, auf den sie sich beziehen konnten. Die Stadt aber such-te nach einer Lösung ohne unnötiges Blutvergießen. Pillers-dorff vermittelte zwischen Wien und Windisch-Graetz, und der Fürst ließ sich sogar zu einem 48stündigen Waffenstill-stand überreden.

Am 28. Oktober – in Frankfurt wurde gerade über §§ 2 und 3 abgestimmt – begann der Angriff dann doch: Der riesige Tanzpalast des Odeon in der Leopoldstadt, wo die Volksversammlungen der demokratischen Fraktion stattgefunden hatten, ging in Flammen auf; der Nachbarbezirk Landstraße ging aber verdächtig schnell verloren. Die wahren Revolutionäre klagten über Verrat der heimlichen und offenen »Schwarzgelben«. Am 29. Oktober beriet die Nationalgarde über die Übergabe der Stadt, und kurz nach Mitternacht war die Sache perfekt. Die Kaiserlichen würden am nächsten Tag in Wien einrücken. Doch da gab ein taktischer Hoffnungsschimmer der Sache eine Wendung ins Tragische: Als die Ablieferung der Waffen in Wien bereits im Gange war, wurden am Horizont die Vorhuten der ungarischen Armee sichtbar. Kossuth war kurz davor bei der Armee eingetroffen und hatte die widerstrebenden Honveds zu einem Vormarsch bewogen, der zu spät kam, um eine Woche, mindestens aber um die entscheidenden 24 oder 48 Stunden. Aus der Türmerstube von St. Stephan, wo sich die Befehlshaber der Wiener hinter ihren Ferngläsern verschanzten, flatterten Zettel mit zweideutigen Befehlen herab. Die Verteidiger griffen gegen Mittag noch einmal zu den Waffen.

Da war der Vorstoß der Ungarn bei Schwechat, in der Umgebung des heutigen Wiener Flughafens, schon gestoppt worden. Ohne Koordination mit den Wienern und in Unkenntnis der nächtlichen Kapitulation konnten die Ungarn von Glück sagen, daß ihr Manöver nicht mit einem ärgeren Desaster endete. Windisch-Graetz und Jellačić, so sehr die Legende sie zusammenschweißen sollte, waren keine kongenialen Partner. Die mittelprächtigen Leistungen seiner Unterführer kommentierte der Fürst grimmig: »Man sieht, daß wir lange keinen Krieg geführt haben.«[184]

Die Zeche zahlten die Wiener. Der Bruch der Kapitulation, für den niemand so recht verantwortlich zeichnete, schien genau jene Mischung von Perfidie und Anarchie, auf die man es abgesehen hatte. Sie war der gegebene Anlaß für Standrecht und Todesurteile. Die Kriegsgerichtsverfahren griffen hinüber in den politischen Bereich. Hier ging es nicht mehr um das Resultat von Mißverständnissen im Feld, sondern es wurden Exempel an der Revolution statuiert. Zumindest an der vom Oktober, wohl auch an der vom Mai, obwohl deren Hauptleidtragender, Pillersdorff, im Oktober nahezu auf der »falschen« Seite stand. War auch die Revolution vom März betroffen? Der Name Windisch-Graetz ließ es vermuten.

Der berüchtigte Fall der Siegerjustiz betraf die Erschießung von Robert Blum, dem Führer der Linken in der Paulskirche. Blum war keiner der putschistischen Linksradikalen, sondern einer, der Hecker und Struve scharf kritisiert und erst unlängst wieder den Austritt der Linken aus der Nationalversammlung verhindert hatte. Für die Achtundvierziger wurde er – zusammen mit den beiden Journalisten Becher und Jellinek vom »Radicalen« – das, was Latour und Lamberg für die »Gutgesinnten« waren bzw. wurden. Legenden bemächtigten sich seiner: Einer weitverbreiteten Überzeugung nach soll er jüdischer Herkunft gewesen sein – wenn Reaktionäre hassen, wen sonst? Die Vermutung sagt mehr über das zwanzigste Jahrhundert aus als über das neunzehnte. Konfessionelles war sehr wohl mit im Spiel, aber in einer anderen Richtung. Blum stammte aus der rheinisch-katholischen Metropole Köln, hatte sich in Leipzig aber zu einem Wortführer von Ronges deutsch-katholischer Abfallsbewegung entwickelt.

Einen Monat zuvor, beim Frankfurter Aufstand, als die Preußen voreilig die Barrikaden zu stürmen begannen, hatte Blum Schmerling angefahren: »Mißverständnisse! Immer wird es einem Mißverständnis zugeschoben, wenn man auf das Volk schießen läßt.« In seinem Fall handelte es sich um kein Mißverständnis. Seine Hinrichtung war kein Unfall, resultierte nicht aus dem blindwütigen Eifer untergeordneter Organe. Windisch-Graetz hatte von Schwarzenberg, dem kommenden Mann, dazu ausdrücklich Vollmacht erhalten. Blum hatte während der Kämpfe eine Kompanie kommandiert, sich aber seit dem 28. zurückgezogen. Daß er mit der Waffe in der Hand angetroffen worden war, davon konnte bei einem in seinem Hotelzimmer Verhafteten nur in einem sehr übertragenen Sinne die Rede sein. Eine zentrale Leitung der Kämpfe hatte er vergeblich gefordert. Auf den Gang der Ereignisse hatte er keinen Einfluß, auch wenn Johann aus Frankfurt, seit dem September gegen »Wühler« allergisch geworden, gleich nach seiner Abreise unkte: »Robert Blum und Consorten sind nach Wien. Was diese dort tun werden, darüber ist kein Zweifel.«

Sein Gefährte Fröbel, als Mitglied des Donnersberg übrigens politisch weiter links stehend und eben erst als Abgeordneter für das sagenhafte Fürstentum Reuß-Schleiz (jüngere Linie) angelobt, verbrachte ein paar Tage in Todesangst und wurde dann heimgeschickt. Der Kontrast unterstrich den willkürlichen Charakter der Hinrichtungen, denn der einzige Unterschied, der sich im Verhalten der beiden Abgeordneten ausnehmen ließ, war ein publizistischer. Von Fröbel (der ein Dutzend Jahre später – und das unter Schmerling – dann tatsächlich ein österreichisches Regierungsorgan redigieren sollte) fand sich eine Broschüre, die – was auf der Linken selten war – für die Bewahrung der Gesamtmonarchie argumentierte. Vielleicht rettete ihn, wie Arneth meint, auch einfach, daß er damals noch ziemlich unbekannt war, ein Hinterbänkler, wenn auch der äußersten Linken. Auch Hartmann, der zunächst bei Freunden Unterschlupf suchte, verdankte seinen Ausreisepaß möglicherweise seinen Schriften: ein Offizier soll den Revolutionär zumindest als Dichter geschätzt haben. Es ging aber auch das Gerücht, daß seine Verehrerinnen dem »Reichsliebäugler« geholfen hatten.[185]

Blum war dem Fürsten noch zehn Tage vorher in den Spalten der Wiener Blätter öffentlich entgegengetreten und berief sich auch jetzt stolz auf seine Immunität als Mitglied der Nationalversammlung. Die österreichische Regierung berief sich später formal darauf, das Immunitätsgesetz sei zu diesem Zeitpunkt in Österreich noch nicht ordnungsgemäß kundgemacht worden. Wolfgang Häusler hat darauf hingewiesen, daß selbst diese Ausflucht nicht bloß unangemessen, sondern schlichtweg falsch war, denn am Tage seiner Verhaftung waren die entsprechenden Paragraphen in der »Wiener Zeitung« zu lesen.

Die Hinrichtung hatte den Charakter einer bewußten Provokation. Allenfalls konnte sich Schwarzenberg zugute halten, den alten Spruch »Die Kleinen hängt man, die Großen läßt man laufen« in sein Gegenteil verkehrt zu haben. Ob das politisch klug war, mußte sich weisen. Es hing davon ab, was man wollte. Schwarzenberg übernahm zwei Wochen später, unmittelbar vor der Neu-Eröffnung des nach Kremsier verlegten österreichischen Reichsrats, auch offiziell die Geschäfte eines Ministerpräsidenten. Von seiner entscheidenden Rolle bei der Hinrichtung Blums wußte man damals noch nichts. Daß er seinen Schwager Windisch-Graetz nicht desavouiert hatte (und, wie wir heute hinzufügen können, der ihn auch nicht) lag dennoch klar auf der Hand. In Frankfurt mußte auch die Rechte zugeben, daß die Hinrichtung wohl kaum mit der Schuld oder Unschuld Blums zusammenhing, sondern ein Verbrechen an der Nationalversammlung war: Sie forderte Schmerling nahezu einstimmig auf, »die unmittelbaren und mittelbaren Schuldtragenden zur Verantwortung und Strafe zu ziehen«. Das war deutlich, konnte aber freilich nur dazu dienen, die Ohnmacht der Paulskirche bloßzustellen.

Diese praktische Ratlosigkeit der Nationalversammlung schlug sich auch in der abschließenden Debatte über die österreichische Mission der Reichskommissare am 30. November nieder: In namentlicher Abstimmung wurden sowohl der Mißbilligungsantrag der Linken als auch das Majoritätsgutachten verworfen. Der Grund dafür war, daß auch die konservativ-liberale Majorität mit ihrer sachten impliziten Kritik an Windisch-Graetz und ihrer daran geknüpften Aufforderung, doch auch in Österreich die Reichsgesetze zu beachten und zur Geltung zu bringen, einer Gruppe von 34 Österreichern schon zu weit ging. Diese Gruppe umfaßte die Großösterreicher, die alpin-ständischen Elemente, die katholischen Tiroler und inzwischen wohl auch den einen oder anderen Konjunkturritter. Ihr stand aber eine immer noch mindestens ebenso große Gruppe (38 Stimmen) gegenüber, die eine schärfere Gangart wünschte und die von der äußersten Linken über Giskra bis zu Stremayr und Kohlparzer reichte.[186]

Nur eine schrumpfende Mittelpartei von gemäßigten Gouvernmentalen, auffallend viele Deutschböhmen und Oberösterreicher darunter (z. B. der Benediktiner Piringer oder Rößler von Saaz), ging in dieser Frage mit den »Zentren« konform. Vertreten waren da Wahlkreise, die sich durch eine Abkehr von Deutschland nicht zu Grenzregionen degradieren lassen wollten. Gouvernmentale waren sie aber allemal, und letzten Endes konnte kein Zweifel bestehen, daß für sie im Fall des Falles das Ministerium in Wien mehr zählen würde als die Zentralgewalt in Frankfurt, auch wenn sie gegen Olmütz noch gewisse Vorbehalte haben mochten. Es paßte gut zu dieser Art der Normalisierung in Österreich, daß die oberösterreichischen Stände den Plan eines Kongresses der deutschen Alpenländer, der sich über seine Stellung zu den Wiener Ereignissen klar werden sollte, in einem Schreiben vom 11. Dezember unter beifälligem Nicken ihrer Kollegen in Graz und anderswo ad acta legten.

Es gehört zu den Paradoxien dieses »tollen Jahres«, daß sogar die Wiener Kämpfe, die doch in erster Linie Österreich diskreditieren mußten, für die borussophile Partei, die ja aus konservativ-liberalen Konstitutionellen bestand, beinahe nach hinten losgegangen wäre. Die beunruhigenden Nachrichten aus Wien wurden nämlich durch ganz ähnlich lautende aus Preußen ergänzt: Der frontale Zusammenprall der parlamentarischen Linken, auf die Volkssouveränität pochend, mit der auf das Militär gestützten monarchischen Autorität spielte sich in Berlin ab, als dort die Nachricht vom Kampf um Wien eintraf. In der Berliner Versammlung verfügte die Linke dabei von vornherein über jene Mehrheit, die Löhner und Schuselka im Reichstag erst zufiel, als die Tschechen Wien verlassen hatten.

Am 21. Oktober, achtundvierzig Stunden nach der Demission Wessenbergs, hatte Friedrich Wilhelm IV. sein letztes mehr oder weniger liberales Ministerium entlassen. (Dessen Chef Pfuel spielte in Preußen eine ähnliche Rolle wie Pillersdorff in Österreich.) Die zeitliche Übereinstimmung war Zufall und doch bezeichnend für den Umschwung im Großen, der sich da abzeichnete. So wie die deutsche Linke in Österreich die Sache der Ungarn zu der ihren gemacht hatte, bot in Berlin das Schicksal der Wiener Anlaß zu Demonstrationen. Auf einer Volksversammlung initiierte der Demokrat Ruge eine Sturmpetition an das Parlament, die am 31. Oktober in Szene gesetzt wurde (gerade als in Wien der Widerstand erlosch): Die Mehrheit lehnte den Antrag »zum Schutze der in Wien gefährdeten Volksfreiheit alle dem Staate zu Gebote stehenden Mittel und Kräfte einzusetzen«, mit Zwei-Drittel-Mehrheit ab, »unter dem Toben der gedrängten, unter Fackellicht Volksversammlung haltenden, brüllenden, bald mit der Bürgerwehr sich drängenden Masse«. Einige ihrer Mitglieder gingen aus der Begegnung mit den Demonstranten recht zerzaust hervor. Das Parlament mochte zwar nicht gerade Windisch-Graetz den Krieg erklären, aber es hielt sich anderweitig schadlos: Am selben Tag votierte das Parlament für die Abschaffung von Adel, Orden und Titeln.

Der König sah den Moment zum Handeln und zur Umkehr gekommen. Am 2. November ernannte er den Grafen Brandenburg, den Sproß aus einer morganatischen Ehe seines Großvaters, zum Ministerpräsidenten und verlegte das Parlament in die gleichnamige Kleinstadt, um es den Einschüchterungsversuchen der Berliner zu entziehen. In Berlin verkündete Feldmarschall »Papa« Wrangel den Belagerungszustand. Die Mehrzahl der Versammlung weigerte sich zu übersiedeln. »Passiver Widerstand« war das Losungswort, man sprach von »Permanenz« nach Wiener Vorbild und proklamierte schließlich den Steuerstreik, um gegen das Vorgehen des Königs zu protestieren. (Über den »passiven Widerstand« höhnte der junge Bismarck, das sei »bloß ein zeitgemäßer Ausdruck für das, was man sonst Angst nannte«.)[187]

Wieder war die Paulskirche gefordert, und das Muster der Reaktionen auf die Wiener Oktoberkämpfe wiederholte sich.

Die Linke forderte Unterstützung für ihre preußischen Gesinnungsgenossen. Die »Zentren«, wie sich der Verbund der Mitte-Rechts-Fraktionen nannte, der sich seit den Septembertagen zusammengeschlossen hatte, neigte sich – wie schon im Falle Österreich – zur Seite der etablierten Gewalten. Sie beantwortete die Kompetenzfrage zugunsten des Königs: Ja, er habe das Recht zur Ernennung eines neuen Ministeriums, und auch zur Verlegung der Kammer an einen Ort, wo sie den Anfechtungen der Straße nicht ausgesetzt sei. Ein Steuerstreik sei ungesetzlich. In Frankfurt hielten sich manche zugute, damit eine Revolution in Preußen verhindert zu haben. Dafür erlaubte man sich dann auch, hinzuzufügen: Die Ernennung Brandenburgs, der in der Kammer über keinen Rückhalt verfüge, sei unklug und auf die Dauer nicht haltbar. Vor allem der Innenminister Manteuffel, der eigentliche Kopf, war den Preußen in Frankfurt ein Dorn im Auge.

Für diejenigen, die Preußen an der Spitze Deutschlands sehen wollten, stand viel auf dem Spiel. Was der Sieg Windisch-Graetz' ihnen in die Hand gespielt hatte, drohte ihnen durch Wrangel wieder verlorenzugehen. Der engagierte »Kleindeutsche« Droysen, einer aus dem berüchtigten Holsteinschen Professorenquartett, der sich vorgenommen hatte, in Berlin nach dem Rechten zu sehen, berichtete: »Tolle Wirtschaft: diese Versammlung bricht die Gelegenheit vom Zaun, die äußersten Maßregeln zu ergreifen, und die Krone tut desgleichen. Beide haben schlechten Boden unter den Füßen, sie übertreiben die Geschichte. Aber daß der Zustand, wie er ist, unerträglich ist, begreift sich.« Den Österreichern erschien die Situation weniger unerträglich: Schmerling hatte auch gegen Manteuffel nichts einzuwenden, und Johann beschwerte sich bloß über das ständige Schwanken des Königs: »Würde der König so handeln wie der Kaiser, so wäre alles gewonnen!« Auch die Rückwirkungen auf die deutsche Frage stellten sich für Johann ganz anders – und bei weitem zu optimistisch – dar: »Itzt ist vielleicht der Augenblick, wo Österreich Deutschland wieder an sich ziehen kann, da Preußen seinen Halt verliert und keine Gewährleistung gibt.«[188]

241

Johanns Haltung in diesen Wochen des Umschwungs ist es wert, näher beleuchtet zu werden. Sie verkörpert in einer scharf ausgeprägten Form das Dilemma all jener, die das Pendel, das in diesem tollen Jahr eifrig hin- und herschlug, an einem ganz bestimmten Punkt zum Stillstand bringen wollten. Johann stand deutlich rechts von Kuranda, der im belagerten Wien ebenfalls nach beiden Seiten hin Front machen wollte, und auch von Droysen, dem die Situation in Berlin einen ganz ähnlichen Eindruck gemacht hatte. Aber in diesem Bestreben traf er sich mit ihnen und mit vielen anderen des rechten Flügels der Liberalen, der Ordnungs-, aber dabei immer noch Verfassungspartei. Mit einer Anspielung auf Frankreich bezeichnete man sie als die »parti Cavaignac«, benannt nach dem General, der im Juni in Paris die erneuten Unruhen blutig niedergeworfen hatte, die revolutionären Errungenschaften (und das hieß in Frankreich: auch die Republik) aber bewahren wollte. Allerdings geriet dieser liberale Law & Order-Kurs im Dezember 1848 mit der Wahl Louis Napoleons auch im Heimatland Cavaignacs ins Wanken.

Für die Umsturzpartei hatte Johann nicht die geringsten Sympathien. In bezug auf Wien empfahl er: »Nur keine Umstände mit der Aula!«, die Universität sollte von der Hauptstadt wegverlegt werden: »Dazu haben wir genug große Klöster, wo jedes eine Fakultät aufnehmen kann«. Auch in Graz, Brünn und Linz, wo die Gouverneure »mit den Unruhestiftern coquettieren, wie ich es erlebt habe«, empfahl er verschärfte Wachsamkeit. Und doch, nur wenige Tage später: »Jeder Gedanke eines reaktionären Schrittes ist Verderben, was man versprochen hat, muß man vollkommen und ehrlich halten. Da läßt sich nicht handeln, ummodeln, umgestalten ... Der konstitutionelle Weg ist jetzt der einzige.« Und, mit Blick auf Windisch-Graetz, es wäre gut, wenn die österreichischen Staatsmänner »Dinge vergessen möchten, welche nicht möglich sind«.[189]

Darüber, welche Dinge möglich waren und welche nicht, gab schon das preußische Beispiel einigen Aufschluß. Die Aktionen der Zentralgewalt bewegten sich in bewährten Bah-

Der Reichsverweser 1849

nen, oder doch zumindest in gewohnten. Ein Kommissar, diesmal Bassermann, wurde entsandt, mit weitreichenden Voll-
machten auf dem Papier und mit dem viel bescheideneren und
realistischeren mündlichen Auftrag, zwischen König und Parlament zu vermitteln. Das wohlwollende Augenzwinkern, mit
dem Frankfurt seine Vermittlung antrug, verfing in Potsdam
genausowenig wie in Olmütz. Bassermann kehrte mit einem
Abscheu vor den bald sprichwörtlich gewordenen »Basser-
mannschen Gestalten« zurück, denen er auf den Straßen Ber-
lins begegnet war. Die »Zentren« griffen zu schweren
Geschützen: Sie entsandten ihren besten Mann, Präsident
Gagern, selbst zum König. Am 27. November trafen die beiden zusammen. Über die Unterredung existiert kein Protokoll, und doch liegt das Ergebnis klar genug zutage – wenn
auch nicht klar genug für die Beteiligten, um sich noch eine
Zeitlang darüber zu täuschen. Dem Handel, der ihm da vorgeschlagen wurde – ein Einlenken in liberale Bahnen, dafür

demnächst die deutsche Krone auf dem Präsentierteller – erteilte der König wohl damals schon eine ziemlich klare Absage. Da mochte Droysen noch so sehr den Weltgeist bemühen, den »großen geschichtlichen Beruf« Preußens: »Wir sparen ihm die Usurpation, wenn es sich und uns die Gefahr des Untergangs erspart.«[190]

Der Gefahr des Unterganges hoffte der König auch alleine zu entgehen. Während die preußischen Abgeordneten bereits Anstalten machten, einzulenken und sich hinaus nach Brandenburg zu bequemen, demnach also auch wieder beschlußfähig zu werden, löste der König das Parlament auf und oktroyierte eine Woche später seine eigene Verfassung. Mit diesem Zug hatte Preußen auf der Bahn gegenrevolutionären Eifers Österreich überholt – in Kremsier sollte es noch ein Vierteljahr dauern, bis Schwarzenberg diesem Beispiel folgte. Die oktroyierte Verfassung übernahm übrigens da wie dort viele freisinnige Elemente, umgab sie aber mit einem Korsett monarchischer Prärogative, vom absoluten Veto- bis zum Notverordnungsrecht. Der Staatsstreich von oben, den Friedrich Wilhelm inszenierte, mußte gewisse Zweifel an seiner Eignung als konstitutioneller Monarch aufkommen lassen. Böswillige mochten das auch als schnöden Undank für die angetragene Vermittlung bezeichnen. Selbst Droysen mußte sich die Frage stellen: »Spielt der König in der Manier wie Österreich?« beruhigte sich aber noch mit einem rührenden: »Ich traue den Hohenzollern: wenigstens bösen Willens sind sie nicht.« Doch hatte ein Monarch »von Gottes Gnaden« (dem sein Parlament dieses Gütesiegel rauben wollte) vielleicht einen anderen Begriff von gutem Willen als ein biederer Historiker.

Am selben 27. November, an dem sich Gagern nach menschlichem Ermessen eine Abfuhr bei Friedrich Wilhelm IV. geholt hatte, brachte Schwarzenberg eine noch viel deutlichere Note zu Papier: Zuerst müßten die beiden deutschen Großmächte ihre inneren Angelegenheiten in Ordnung bringen, dann erst ließe sich über Bundesreform etc. weiterverhandeln, formulierte er unmißverständlich. Oder doch nicht so unmißverständlich, denn wenn man Schwarzenberg einfach nur beim Wort nahm, konnte das auch heißen, das außerösterreichische Deutschland (»Kleindeutschland« eben) möge sich inzwischen doch ebenfalls organisieren. Seinen Anteil an einem künftigen Bundesstaat schien Österreich aufgegeben zu haben, sprach Schwarzenberg doch davon, die Vereinbarung werde auf dem Wege »völkerrechtlicher Vereinbarung« zu erfolgen haben. So hatte in der Debatte auch Mühlfeld argumentiert – und war damit bei Gagern und vielen Preußen auf Verständnis gestoßen.

Wie immer die Note zu interpretieren war – und so recht mochten wohl auch die Optimisten auf kleindeutscher Seite dem Frieden nicht trauen – hier schien sich noch einmal eine Chance zu ergeben. »Österreich scheidet, wer weiß wie lange, von Deutschland. ... Da Österreich ausscheidet, so scheint in Deutschland sich alles einfacher zu gestalten«, leitartikelte die »Deutsche Zeitung«, das Heidelberger Sprachrohr der »Kleindeutschen«, am 2. Dezember. Das war eine Stimmung, die Kudlich später bitter zusammenfaßte: »Österreichs Ministerium macht Schwierigkeiten, also lassen wir Österreich ganz fallen. Was liegt an jenen Millionen Deutschösterreichern? Sie verwickeln uns nur in Händel und Kriege und das ist gegen die Natur des ruhig und besonnen fortschreitenden Deutschen.«[191]

Der Österreicher Hartmann von der äußersten Linken, der gerade noch aus Wien entkommen war und einer Freundin nach dem Jahreswechsel voller Resignation schrieb: »Wir Österreicher betrachten das Parlament nur noch als Asyl«, formulierte es in seiner »Reimchronik des Pfaffen Maurizius«, einem satirischen Kommentar zum Zeitgeschehen, der ab Jahreswechsel in Frankfurt Furore machte, noch apokalyptischer:

Nun aber, wie steht's im deutschen Land?
Das ist der Dinge einfacher Stand:
Die Fürsten oktroyieren und belagern
Im Jahre Eintausend achthundert und Gagern.

Der Gagern ist ein Staatsmann, ein weiser,
Er schwärmt für einen märkischen Kaiser,
...
Verkauft neun Millionen Deutsche
Der slawischen Peitsche.[192]

Die Frage an Preußen

>Das Warten auf Oesterreich ist
das Sterben der deutschen Einheit!«

Heinrich von Beckerath,
13. 1. 1849

>Das Programm des Ministeri-
ums gleicht einem beleuchteten
Schloß: Alle Fenster sind illumi-
niert, nur das eine Fenster, welches nach der deutschen Seite
hin schaut, ist dunkel geblieben.
Oder sind bloß die Gardinen
vor?«

Ignaz Kuranda, 19. 12. 1848[193]

Für die Anhänger der österreichischen wie der preußischen
»Spitze« war ein selektives Warnehmungsvermögen ab
November 1848 eine unabdingbare Voraussetzung für politischen Optimismus. Man nahm die Absagen der einen Seite
einfach nicht zur Kenntnis und wies immerfort auf die Split-
ter im Auge der anderen hin. Johann beschrieb die Folgen des
Umschwungs mit gemischten Gefühlen: »Als ich herkam,
waren die Fürsten und Regierungen demütig und lenksam,
damals hätte man gar vieles durchsetzen können. Wir waren
zu ehrlich, zu gut. Diese bezahlen uns mit Undank.« Sein spä-
terer Reichspräsident Johannes Detmold sah das damals
schon nüchterner: »Die Regierungen haben die N.-V. gewähren lassen und trotz ihrer Insolenz schonend behandelt,
so lange und weil die N.-V. eine gute und tüchtige Schutzwehr

gegen die Anarchie bildete. Jetzt ist die überwunden ... Man hat die N.-V. also nicht mehr nötig und wird sie bei erster Gelegenheit hinter den Ofen stellen.«[194]

Der Reichsverweser war gekränkt, daß man ihm selber immer wieder Ambitionen auf die Kaiserkrone unterstellte, und genauso gekränkt, wenn man ihm das ohnehin nicht zutraute.»Ich will für mich keine Krone, ich will nicht an der Spitze des Umsturzes stehen. Ich habe keinen Fürsten von seinem Stuhl herabgezogen, obwohl ich es hätte tun können, jetzt haben sie Mut gewonnen und möchten gern viele es beim alten lassen.« Daß die »vor fünf Monaten kleinlauten Regierungen ihr altes Spiel wieder spielen«, hielt er für schlimm, ihre »Gelüste nach dem alten Zustande« für unmöglich.»Die Idee eines einigen Deutschland stecket im Blute aller – sie wird nur verschieden ausgebeutet. Ein einiges Deutschland wird und muß werden. Wann und auf welche Art das weiß Gott allein.«[195]

Allerdings erwartete der Reichsverweser zunehmend weniger von den »Integrationsfortschritten«, die sich jetzt noch bewerkstelligen ließen – und das mit Bedauern. »Es müssen noch manche Phasen durchgemacht werden.« Ende November rechnete er als Ergebnis mit einer »Trias« an der Spitze Deutschlands. Zwei Wochen später sah er als »Endresultat das ›Parturiunt montes‹ und einen modifizierten Bundestag.« Ganz hatte er die Hoffnung immer noch nicht aufgegeben, »unseren Kaiser an der Spitze Deutschlands als Kaiser zu sehen«. »Unser Kaiser«, das war seit 2. Dezember der achtzehnjährige Franz Joseph. Sein Onkel Ferdinand hatte abgedankt, sein Vater Franz Karl auf den Thron verzichtet, seine Mama das alles eingefädelt.[196]

Auch andere hatten ihre Hoffnungen auf einen Kaiser ihrer Wahl noch nicht begraben. Als äußeres Zeichen, daß es ihnen ernst war mit dem Angebot an Preußen, ging man auf seiten der Professoren sogar mit düsteren Umsturzplänen schwanger – Umsturzpläne für das Reichsministerium nämlich: Schmerling sollte nicht bloß an der Spitze durch Gagern ersetzt, sondern überhaupt hinausgeekelt werden. Sofern man

Schmerling als Österreicher ansah, mochte das angesichts von Schwarzenbergs gespieltem oder echtem Desinteresse an Deutschland noch plausibel erscheinen. Es hat jedoch den Anschein, als ob diese Pläne schon vorher entstanden wären – zumindest ging Schmerling davon aus, die Ungeschicklichkeit der eigenen Seite hätte bloß einer Intrige der anderen in die Hände gespielt. Andererseits hatte das Reichsministerium mit den Verfassungsberatungen ohnehin nichts zu tun. Handlungsbedarf war also nicht gegeben.

Während die Österreicher gerade an einem Antrag bastelten, mit Wien jetzt schon – parallel mit den Verfassungsberatungen in Kremsier – konkrete Verhandlungen über allfällige österreichische Sonderwünsche aufzunehmen, holten die politisierenden Professoren zum Gegenschlag aus: Strategisch verteilt auf die drei Fraktionen der »Zentren« vermochten sie den Ball so lange hin und her zu spielen, bis sich überall die Auffassung durchgesetzt hatte, daß die anderen beiden mit Schmerling einfach nicht mehr konnten. Eine im richtigen Augenblick anberaumte Abstimmung im Kasino – die Österreicher waren gerade nicht da – ergab eine immer noch bloß hauchdünne Mehrheit von 36 zu 32 gegen Schmerling. Dem überraschten Schmerling, der sich viel auf seine erneut bewiesene Contenance zugute hielt, wurde das Resultat vor der Kabinettsitzung am 13. Dezember mitgeteilt. Die echten »Stockpreußen« – im Unterschied zu den außerpreußischen »Erbkaiserlichen« – waren mit dem Vorgehen gegen den Premier übrigens alles andere als einverstanden. Ihr Zorn galt nach wie vor der Linken; ihr wollte man Schmerling nicht opfern. Erst ganz allmählich entstand auch eine gewisse Gereiztheit, angefacht von Publizisten beider Seiten.

Gagern übernahm den Posten des Reichsministerpräsidenten und stellte jetzt offiziell sein Programm eines engeren und eines weiteren Bundes in den Mittelpunkt. Schmerling war ein wenig pikiert, daß Johann dieses Programm überhaupt akzeptierte. Doch der Reichsverweser räumte der Kombination mit Gagern ohnedies keine lange Lebensdauer ein: Der »Kundgebung des Programms habe er widerraten. Umsonst.« Doch:

»Ich lasse die Ereignisse kommen.« Die Pläne der Kleindeutschen brachten ihn nicht aus der Ruhe, denn seine Prognose war: »Die Kaiserfrage fällt, denn man will im allgemeinen nicht Preußen, und Österreich kann dermalen nicht«.[197]

Der Hinauswurf Schmerlings war ein Fehler, so stellte sich heraus. Er ließ die kleindeutsche Lösung nicht als Ergebnis österreichischer Indolenz, sondern als Resultat nordischer List und Tücke erscheinen. Die Position der Österreicher war ohnedies wenig beneidenswert: Angesichts des fehlenden Rückhalts von daheim waren ihre Initiativen vermutlich ohnedies zum Scheitern verurteilt. Allerdings konnten sie eine enorme Verzögerung bedeuten. Plötzlich warf man sich vor, sich im Sommer zu lange mit den Grundrechten aufgehalten zu haben. Die unziemliche Eile ging auf die Furcht zurück, auch die preußische Option könne verlorengehen, wenn man nicht rasch genug handelte. Diese Überlegung hatte vieles für sich: Die Nationalversammlung verlor zusehends an Anwert. Wollte sie noch etwas zustandebringen, mußte sie schnell handeln. Aber die Überlegung war trotzdem nicht richtig, denn auch dafür war es schon zu spät.

In der Paulskirche selber wurden mit der Regierungsumbildung zweifelsohne klare Verhältnisse geschaffen: Die Mitte-Rechts-Fraktionen gruppierten sich neu; über kurz oder lang hieß das, die »Kleindeutschen« (jetzt nannte man sie auch so, zumindest von seiten ihrer Gegner) vereinigten sich im »Weidenbusch«, die »Großdeutschen« in der »Mainlust«. Beide buhlten um die Gunst der Linken, die aus ihrer Paria-Rolle, in die sie nach den September- und Oktober-Ereignissen geraten war, unversehens in die Rolle des umschwärmten Züngleins an der Waage katapultiert wurde. Das alleine mußte vielen Preußen vom Schlage Vinckes ein Greuel sein. Die Österreicher (mit Ausnahme Johanns, der davor warnte) scheinen da weniger Skrupel empfunden zu haben, taten sie es doch zur höheren Ehre des Kaiserhauses. Im Verfassungsausschuß erklärte Wigard, man möge ruhig den österreichischen und den preußischen Bevollmächtigten einladen; »es werde ihn sehr delektieren, beide gegeneinander zu sehen«.[198]

Das alles machte die Sache übersichtlicher, war aber für die Kleindeutschen eher von Nachteil. Zwar verfügten sie in diesem flurbereinigten Drei-Parteien-System über die relative Mehrheit, doch nicht über die absolute: Mit Schmerling hatten sie ihren Gegnern einen Kopf beschert, der keine Herausforderung unbeantwortet ließ: »Die Leute hier, welche den König von Preußen als deutschen Kaiser wollen, wünschen mich um jeden Preis hinauszudrängen, weil sie meinen Einfluß fürchten. Und gerade weil sie das wollen, bleibe ich, denn ich lasse mich niemals zu etwas zwingen.«

Von einer Stippvisite zu Weihnachten in der Heimat kehrte er wiederum als österreichischer Bevollmächtigter bei der Zentralgewalt zurück. Schwarzenberg peilte daheim die großösterreichische, zentralistische Lösung an. Aber anders als Mühlfeld in der Oktober-Debatte, ja anders als er selbst noch im November angedeutet hatte, wollte er zugleich auch das komplementäre Werkstück, den kleindeutschen Bundesstaat, verhindern. Dazu bediente er sich der Österreicher in Frankfurt: Sie sollten nur ja nicht austreten; im Gegenteil: Die österreichische Regierung betrieb in Wahlkreisen, die bisher nicht vertreten waren, mit verdächtigem Eifer die Neu- und Nachwahlen in die Paulskirche. Schmerling und seine Schützlinge waren »Überzeugungstäter«; dem »Macher« Schmerling war das nationalrevolutionäre Pathos zuwider, aber er sah in dem Frankfurter Projekt mehr als nur einen Vorposten in Schwarzenbergs Verhinderungsprojekt.

Doch die Differenzen zwischen Schwarzenberg und Schmerling wurde von der Empörung über die professoralen Intrigen vorderhand zugedeckt. In Frankfurt liefen alle Fäden bei ihm zusammen. Seine Wiener Freunde und Kollegen, Sommaruga und Würth, schworen die österreichischen Abgeordneten auf den neuen Kurs ein und führten selbst »die Jungösterreicher auf der linken Seite in den Schooß der alleinseligmachenden k.k. Gouvernementalpolitik zurück«. Der Wechsel in den Parteikonstellationen in Frankfurt fiel mit einer Verschärfung des gegenrevolutionären Kurses in der Heimat zusammen. Im Dezember begannen auch in den Provinzhauptstädten Repressivmaßnahmen zu greifen: demokratische Vereine wurden geschlossen, die Zügel der Verwaltung wieder angezogen.

Da mochte es für viele eine Erleichterung sein, daß die Scheinharmonie in Frankfurt ihnen vorerst einen Konflikt mit der Regierung Schwarzenberg ersparte. Die Logik der Situation brachte es mit sich, daß selbst für die österreichische Regierung höchst verletzende Äußerungen wie »Wenn Sie einen Teil Deutschlands an Österreich ausliefern, so haben Sie es an Rußland ausgeliefert!« in ihrer praktischen Stoßrichtung im Augenlick ganz im Sinne von Schwarzenbergs Verhinderungsprojekt waren. 60 österreichische Abgeordnete, von Berger und Gritzner auf der äußersten Linken bis zu Beda Weber und den Oberösterreichern, unterzeichneten eine eindrucksvolle Erklärung, daß sie »die Competenz der deutschen Nationalversammlung zu einer Teilung Deutschlands nie und nimmer anerkennen«.[199] Nur aus der Gruppe der großösterreichischen Zentralisten um Mühlfeld (in dieser Beziehung ebenso wie Andrian konsequenter oder ehrlicher als Schwarzenberg) fanden sich keine Unterschriften auf dem Protestschreiben.

Gutwilligen Einheitsfreunden stellte man die Sache als Kampf um die Kaiserkrone zwischen Franz Joseph und Preußen dar. Ein Salzburger Freund schrieb um den Jahreswechsel noch an Lasser, den Manager der Regierungspartei im österreichischen Reichsrat: »Und wenn unser Franz Joseph deutscher Kaiser wird, dann – nun dann weiß ich mir vor lauter Freude nicht mehr zu helfen.« Er brauchte sich keine Sorgen zu machen. Als der Katholikenführer Buß mit einem solchen Angebot im Gepäck nach Olmütz aufbrach, erhielt er genau dieselbe ausweichende Antwort wie Gagern in Berlin. Die Erzherzogin Sophie fand den Professor aus dem »vorderösterreichischen« Freiburg sympathisch, doch seinen Vorschlag »erschreckend«, und bekannte: »Für die Idee der deutschen Kaiserkrone habe ich nie geschwärmt.« Doch die Großdeutschen wollten die Abfuhr genausowenig zur Kenntnis nehmen wie die Kleindeutschen: »Man zeigte sich in

Olmütz zu allem bereit, wofern Österreich an die Spitze gestellt würde«, verkündeten sie.[200]

Auf familiärer Ebene herrschte zwischen Olmütz und Frankfurt Eiszeit. Am neuen Kaiserhof verstummten die Verdächtigungen nicht, Johann sei nach Frankfurt gegangen, um für sich und seine nicht ebenbürtigen Nachkommen eine eigene Dynastie zu begründen. Das boshafte Wortspiel vom »Reichsvermoderer« wurde bei Hofe mindestens ebenso gern im Munde geführt wie in den Literatencafés. Als Johann Ende Jänner 1849 schwer erkrankte, langten besorgte Anfragen nur vom Prager Hradschin ein, wohin sich der abgedankte Kaiser Ferdinand mit seiner Familie zurückgezogen hatte, und aus Ischl, wo Bruder Ludwig lebte. Seine Frau giftete sich, daß »man in Olmütz vielleicht jubeln möchte, wenn der Herr hinübergegangen wäre«.[201]

In Frankfurt entwickelte der Kampf von Kleindeutschen und Großdeutschen inzwischen seine eigene Dynamik, bis auswärtige Beobachter schon von einem »Rassenkampf« zwischen Süd- und Norddeutschen faselten. Die »widernatürliche« Allianz zwischen den Freunden Lichnowskys und denen Blums sorgte für böses Blut. Überzeugte »Schwarzgelbe« stritten Seite an Seite mit Carl Vogt, dem Nachfolger Blums als führender Kopf der Linken und einem uneingeschränkten Verfechter des Zerfalls der Habsburgermonarchie. Gagerns weiterem Bund warf Vogt nicht zuletzt vor, daß Deutschland dann immer noch zu sehr in die habsburgischen Balkanquerelen verstrickt würde.

Derlei Widersprüche zu verkleistern war niemand besser geeignet als Giskra, dem als Linksverbinder in dieser neuen Kombination eine Scharnierfunktion zukam. In seiner mehrstündigen Replik auf Gagerns Regierungserklärung zog er alle Register seiner berühmten Rhetorik und brachte sogar das Kunststück zuwege, für ein Lob Schmerlings von der Linken ein rauschendes Bravo einzuheimsen. Er erklärte sich völlig überzeugt, daß »sich ganz Österreich in staatlicher Einheit nur nach dem Föderativ-Prinzip formen kann«; daher sei die Einfügung Deutsch-Österreichs in den Bundesstaat kein Problem. Für Deutschland sah er (Verbeugung an die Linke) »die republikanisch geordnete Spitze vor«; freilich: »Wenn ein Kaiser beliebt wird, lasse ich ihn mir gefallen, dann aber muß es der österreichische sein!« Mit Schlußakkord: Der Baum der deutschen Einheit und Freiheit – »die Wurzeln liegen bloß, die Axt ist aufgehoben – Schlagen Sie, wenn Sie es wagen!« (Langanhaltender, stürmischer Beifall)«[202]

Es half, daß Blums Kollegen nach den Erfahrungen der Herbsttage gewitzigt und bescheiden geworden waren. Ludwig Simon aus Marxens Geburtsstadt Trier faßte die Rationale des Bündnisses mit der partikularistischen Rechten schon Mitte November im Deutschen Hof einprägsam zusammen: Man möge die Einheitsidee lieber fallen lassen und sich mehr an die Freiheit halten. Plötzlich wollte man sogar die Kleinstaaten aufgewertet wissen, weil man hier die Reaktion am wenigsten zu fürchten hatte. Darüber hinaus avancierten auch die Katholiken und Ultramontanen, die anderen Reichsfeinde in spe, die im Sommer ebenfalls Berührungsängste ausgelöst hatten, zu Objekten der Begierde und stiegen im Kurs.

Die programmatischen Schwierigkeiten der buntscheckigen Koalition beschrieb der Republikaner Hartmann in seinem Kaiserlied satirisch an Hand der Oberhauptsfrage, die auch Giskra so kokett offen gelassen hatte:

Der Kaiser sollt nicht erblich sein
Der Kaiser soll nicht sterblich sein
Und auch nicht lebensdauerlich,
Und gar sechsjährig – schauerlich!
Der Kaiser soll nicht wählbar sein
Und nicht vom Volkshaus quälbar sein
Der Kaiser soll nicht unendlich sein
Und auch nicht präsidentlich sein –
Was soll er sein, was soll er sein?
O Gott vom Himmel, sieh darein!

Der Kaiser soll kein Märcker sein
Und kein besoffener Berserker sein
Er soll als Andere nicht stärker sein.
Er soll kein halber Slave sein,
Der Kaiser soll auch kein Bayer sein,
Er soll kein geflickter Dreier sein.

Es soll ein Kaiser auf Miete sein,
Er soll eine bloße Mythe sein,
Der wird von besonderer Güte sein –
Ein Kaiser der Verständigung,
Ein Kaiser beliebiger Endigung
Und ohne Prinzipsversündigung,
Ein Vogtischer Kaiser auf Kündigung[203]

Statistisch sah das dann so aus: 97 Großdeutsche stimmten für
ein Reichsdirektorium, »das apokalyptische Tier mit sieben
Köpfen und neun Zungen« (weil Österreich und Preußen je
zwei Stimmen haben sollten); 122 für eine republikanische
Formel. Bei den Österreichern waren die Vorlieben anders-
herum verteilt: 27 sahen die Republik als kleineres Übel (bis
hin zu Giskra und Wagner), 49 das Direktorium. Ein paar Tage
später nahm man dann gemeinsam einen Anlauf für einen
Wahlkaiser auf sechs Jahre, doch da sprangen linksaußen
(Gritzner) und rechtsaußen (Mühlfeld) wieder welche ab, und
es reichte erst nicht zur Mehrheit.[204]
    Der Nationalversammlung als dramatischem Entwurf kam
dieses Ringen um die Mehrheit zugute. Waren die Abstimmungen lange Zeit von der eintönigen Ausnutzung ihrer
Mehrheit durch die »Zentren« geprägt gewesen, bis die Linke
schon am Sinn ihres Ausharrens verzweifelte, so stieg die
Spannung seit Jänner kontinuierlich an. Am 13. Jänner war
Gagerns Programm eines engeren und eines weiteren Bundes
noch mit einer Mehrheit von 37 Stimmen gebilligt worden,
doch die Kleindeutschen erkannten ihr Dilemma: Im Buhlen
um die Stimmen der Linken waren sie im Nachteil. »Die ...
sich auf den Verfassungsentwurf vereinigt haben, sind keine

Majorität und sie können nicht wie ihre Gegner, die nur stören wollen, für ihr Programm die Linke erkaufen, ohne sich in ihren Prinzipien untreu zu werden.«

Abstimmungsniederlagen der Gagern-Partei blieben nicht aus. Der zur Beratung ihres Programms eingesetzte Ausschuß wurde von ihren Gegnern beherrscht, ihr Entwurf in mehreren Punkten verwässert. Noch in der Woche vor der Kaiserwahl führte eine Schlappe in der Paulskirche zum Rücktritt Gagerns, der die Geschäfte in den verbleibenden sechs Wochen bloß noch interimistisch führte. »Rot vor Freude sind die Schwarzgelben;/Und Republikaner und Ultramontanen/Tanzen zusammen den Siegeskankan ...«

Während die gestreßten Parlamentarier in ihren Momenten der Verzweiflung einen Ausweg schon nur mehr in einem »gesunden Krieg« erblickten, um die »Lausbubokratie abzutun«, versicherten die Regierungen in Wien und Berlin einander ihre Freundschaft. Vergebens warnten wohlmeinende Freunde die Professorenriege vor einer »Verabredung der Kabinette gegen die Reichsgewalt«. »Preußens Haltung euch gegenüber ist ganz dieselbe, wie die Österreichs. ... Alles offen halten und dann, wenn die Zeit reif scheint, sagen ›ich spiele nicht mit‹.«[205]

Österreich hatte sein vermeintliches Desinteresse an der Gestaltung der Dinge in Deutschland ohne Ausdruck des Bedauerns wieder zurückgenommen. Seinen Teil am Bund gedenke es zu bewahren und erfüllen. Welcher Bund? Der Pfaffe Maurizius lag so falsch nicht, wenn er den Inhalt der österreichischen Note so zusammenfaßte:

Sie lautet so: Wir wollen nicht,
Zum Teufel, nein! wir wollen nicht;
Wir wollen halt die alte Geschicht:
Wir wollen den Bundestag wieder haben,
Die Leiche werde ausgegraben.
Der Teufel hol das Parlament,
Der Jux hab endlich doch ein End![206]

Österreich konnte oder wollte an dem vertieften Bund nicht teilnehmen. Aber es wollte keinen Bundesstaat ohne Österreich zulassen und gab daher den Spielverderber. Preußen mußte gute Miene zum bösen Spiel machen, zumindest solange sein König sich in Loyalitätsbezeugungen für die Habsburger erging. Ein paar Wochen schien es, als ob seine Minister Friedrich Wilhelm IV. eine Stellungnahme abgeluchst hätten, die den Kleindeutschen wieder Mut machte. Doch der Außenminister Bülow, ein eifriger Korrespondenzpartner Droysens, verschwand nach wenigen Wochen wieder in der Versenkung. Über seinen Nachfolger, ein weiteres Mitglied des unerschöpflichen Arnim-Clans, schrieb er: »Er ist ganz ancien regime ... und von der Notwendigkeit des Einverständnisses mit Österreich à tout prix ganz durchdrungen«.[207]

Die Rolle als bloße Quertreiber mißfiel auch manchen Österreichern: Nicht den Linken, die immer noch von einer weiteren Welle der Revolution träumen mochten, zumindest aber eine Diskreditierung der monarchischen Alternative erwarteten. Auch nicht den Rechten, für die eine Wiederherstellung der alten Formen mit verjüngtem Personal inzwischen keine so schlimme Perspektive zu sein schien. Viele ließen sich nur allzu gern vom guten Willen der eigenen Regierung überzeugen: »Right or wrong, my country!« Daneben aber gab es einige in der Mitte bzw. der linken Mitte, die Österreichs Ausscheiden bedauerten, aber wenigstens der Einigung des übrigen Deutschlands nichts in den Weg legen wollten. Der Prager Privatdozent und Abgeordnete für Saaz, Emil Rößler, war der erste dieser Gruppe, die damals einiges Aufsehen erregte, seither aber der Vergessenheit anheimgefallen ist.

Schon am 15. Dezember, nach einem Gespräch mit dem österreichischen Geschäftsträger Menßhengen, war Rößler die Doppelbödigkeit der österreichischen Position klar geworden. Schwarzenberg spiele bloß auf Zeitgewinn und denke gar nicht daran, im Austausch gegen den Gesamteintritt Österreichs auch wirklich einer freiheitlichen Verfassung (mit direkt gewähltem Parlament etc.) zuzustimmen, wie er glaubhaft machen wollte. So wie die Dinge stünden, würden die Slawen, auf die sich Schwarzenberg und Stadion, den er zum Innenminister bestellt hatte, innerhalb Österreichs anscheinend stützten, einen anderen Kurs auch gar nicht zulassen.

Rößlers Widerstand beruhte auf zwei Motiven. Er fühlte sich unglücklich in der Rolle des Spielverderbers. »Der deutsche Bundesstaat muß um jeden Preis versucht und angestrebt werden. Eine Rückkehr zu dem alten Staatenbund bringt auch die alten Verhältnisse. Darin liegt kein Heil, und die Nationalversammlung darf diesen Verrat nicht ausüben.« Rößler war ein Mann der Mitte, Mitglied des Augsburger Hofs, der »das unumwundene Spiel der Reaktion« genauso ablehnte wie das »Fischen im Trüben« auf der Linken. Und er war ein Deutschböhme. Zum ersten Mal taucht in seinen Briefen der Gedanke auf, der später in der einen oder anderen Form noch so viel Staub aufwirbeln sollte, und zwar der engere Bund, Preußen-Deutschland als Schutzmacht der Deutschen in Österreich, im speziellen der Deutschen in Böhmen, sollten sie dort in Bedrängnis geraten: »Uns Deutschen in Österreich ist damit gedient, daß das übrige Deutschland groß und einig sei; ... Eine höhere freiheitliche Gestaltung in dem Kleindeutschland, wie man es in Wien zu nennen beliebt, wird immer auf unserem deutschen Gebiete Österreichs einen mächtigen Rückschlag üben. ... Man wird in Wien und Österreich wieder deutsch werden, wenn der Druck von außen zu groß wird; mir scheint es unzweifelhaft, daß dann gewiß alte Sympathien für Deutschland erwachen und erstarken in der Weise, als die Blüte und Freiheit Deutschlands wachsen wird.«[208]

Am 20. Jänner schrieb Rößler noch: »Ich bin der einzige Österreicher, der für Gagerns Programm stimmen will. Welches Odium lade ich aber mit einer solchen Abstimmung ... auf meinen Namen, ohne der Sache selbst zu nutzen.« Da ließ Schwarzenberg Anfang März die Maske fallen und löste seinerseits den österreichischen Reichstag auf, was seit langem die Spatzen von den Dächern pfiffen. Denn dieser Reichstag von Kremsier hatte inzwischen ganz andere Konstellationen hervorgebracht, als Rößler angenommen hatte. Das Ministerium stützte sich nicht mehr auf die Tschechen wie in der Wiener Periode des Reichstages. Im Gegenteil: Jetzt, fünf Minuten nach zwölf, kam es zu einem nahezu einträchtigen Zusammenwirken von deutschen und tschechischen Liberalen. Nachdem beide Windisch-Graetz' Medizin genossen hatten, fand man kurze Zeit zueinander.

Das Ergebnis war ein Verfassungsentwurf, der als große Chance gepriesen wird. Nicht zu Unrecht, denn die Kreisverfassung, die sie später vehement bekämpften, weil sie zur Schwächung der Einheit des Königreichs Böhmen führen müsse, wurde von den Tschechen 1849 akzeptiert. Sogar das Spektrum der Farbkombinationen wurde um eine weitere bereichert: Das deutsche »schwarz-rot-gold« und das slawische »blau-weiß-rot« waren zu kontrovers, auch »schwarzgelb« zu punziert. Rieger wäre mit dem erzherzoglich österreichischen »weiß-rot« zufrieden gewesen, doch wollte man auf eine Trikolore auch wieder nicht verzichten. So kombinierte man das »weiß-rot« zu Ehren des Herrscherhauses mit dem »rot-gold«, laut Palacky den Farben Lothringens, zu »weiß-rot-gold«.

Nach der Auflösung des Reichstages wurden sieben seiner führenden Mitglieder (6 Deutsche, darunter Fischhof und Kudlich, und Giovanni a Prato) zur Verhaftung ausgeschrieben; die meisten entkamen. Andere quartierten sich sicherheitshalber bei einem Kollegen ein, der in Schlesien an der preußischen Grenze lebte. Aus Protest gegen die Regierung veranstalteten die Prager Studenten sogar einen gemeinsamen Fackelzug für Rieger, den führenden tschechischen Parlamentarier, und Borrosch von der deutschen Linken. Rieger hat zumindest nie dementiert, damals gesagt zu haben: »Jetzt bleibt uns nur noch eine einzige Hoffnung – auf nach Frankfurt!«[209]

Dazu kam es nicht. Dennoch ist es wert, einen Moment innezuhalten und zu fragen, ob die großdeutsche Lösung für die Tschechen tatsächlich eine derartige Horrorvision sein mußte – vorausgesetzt, daß sie mit einer Föderalisierung des österreichischen Teils Deutschlands einhergegangen wäre, wie das alle ihre Befürworter damals auf ihre Fahnen schrieben. Mehrere Sprecher der Frankfurter Linken haben 1848/49 sogar vorgeschlagen, die böhmischen Länder allenfalls getrennt von Österreich in den deutschen Bundesstaat aufzunehmen,[210] sprich, im Rahmen Deutschlands das zu verwirklichen, was die Tschechen bis 1918 im Rahmen der Habsburgermonarchie vergeblich einklagten, das böhmische »historische Staatsrecht«. Unter den prekären nationalen Mehrheitsverhältnissen Alt-Österreichs war dieses böhmische Staatsrecht für die Deutschböhmen indiskutabel (in Mähren fand es 1848 auch auf tschechischer Seite noch kaum Anklang); im Rahmen der Vereinigten Staaten von Groß-Deutschland hätte man das mit größerer Gelassenheit betrachten können. Freilich: Was wäre wenn? Wir wissen es nicht.

Die Alternative hingegen kennen wir. Nach preußischem Vorbild oktroyierte Schwarzenberg eine Verfassung, die manche Ideen des Reichstages übernahm, doch ein absolutes Veto des Monarchen und einen Notverordnungsparagraphen hinzufügte. Diese neue österreichische Verfassung war nicht bloß oktroyiert, sie war eine für die Gesamtmonarchie, vom Bodensee bis zum Eisernen Tor, und sie war erzzentralistisch. Alle Unterschiede zwischen Ungarn und Österreich waren eingeebnet, von einer Sonderstellung der deutschen Gebiete, die einen Ansatzpunkt für Verhandlungen über einen »innigen Anschluß« hätte bieten können, war keine Rede mehr.

Alles was Schwarzenberg in einer Note vom 9. März offerierte, war der Gesamteintritt dieses Reiches (von dem viele überdies glaubten, es werde sich in naher Zukunft noch um die Donaufürstentümer Wallachei und Moldau erweitern) in den Deutschen Bund. Als gemeinsames Organ nahm er dabei ein Delegiertenparlament in Aussicht, wo die Abgesandten der 38 Millionen Österreicher (die widerstrebenden Ungarn und Italiener, die erst wieder unterworfen werden mußten, mitgezählt) die 32 Millionen des engeren Bundes jederzeit überstimmen konnten. (So faßte man es zumindest auf, auch wenn von Ziffern keine Rede war.)

Konnte ein Realpolitiker das wirklich für einen ernstgemeinten Vorschlag halten? Was sollen die Serben und Kroaten in einem deutschen Parlament, fragte sich selbst Wessenberg. Immerhin, niemand geringerer als Heinrich v. Srbik hat Schwarzenbergs Plan zugebilligt, er sei »ehrlich gemeint«. Nun ja, ehrlich gemeint in einem gewissen Sinne sicherlich: Schwarzenberg hätte z. B. wirklich nichts dagegen gehabt, wenn einige der Kleinstaaten zu Wehrkreisen zusammengelegt worden wären. Die herablassende Verachtung des schon mediatisierten Reichsfürsten für die noch zu mediatisierenden war unübertroffen, wenn Schwarzenberg über den Herzog von Nassau schrieb: Als »Souverain eines schönen Ländchens, im Besitz eines Vermögens von etwa 1 200 000 fl. Einkommen, konnte er mit Recht für den glücklichsten Fürsten und den ersten Privatmann der Welt gelten. Nur eins fehlte zu seinem Glücke, ein österreichisches oder preußisches Regiment. Diesen Abgang bezahlte er mit dem tatsächlichen Verluste seines Herzogshutes an die souverain gewordenen Nassauer, und mit dem Austausche seiner Millionen Privatvermögens gegen eine Civilliste von einigen 20 000 Thalern.« Im Gefühl der eigenen Ohnmacht sollten die »Mindermächtigen« doch selbst diese Flurbereinigung von oben der Revolution von unten vorziehen. Es war bezeichnend für den Erwartungshorizont des Jahres 1849 (und darüber hinaus), daß gerade diese Miniaturstaaten – traditionell die Klientel des Kaisers im Reich – von Preußen eine schonendere Behandlung zu erwarten hatten als von Österreich.

Auch über die Stärkeverhältnisse im Parlament des 70-Millionen-Reiches hätte Schwarzenberg vermutlich mit sich reden lassen, weil er es zu mehr als einem Schein-Konstitutionalismus ohnehin nicht kommen lassen wollte. Sein Plan setzte voraus, die Gegenrevolution nach dem Muster Preußens und Österreichs auf ganz Deutschland auszudehnen. Er war ehrlich gemeint als ein Bündnisangebot an die deutschen Könige. Er leitete das Ringen um die Gunst der Mittelstaaten ein, das die nächsten zwei Jahre beherrschen sollte. In absolut regierten Staaten ging der Unterschied von Staatenbund und Bundesstaat leicht verloren, das Heilige Römische Reich hatte so jahrhundertelang funktioniert. Lasaulx mochte diese Perspektive begrüßen, »es den Gelehrten überlassen, dieses Ganze zu benennen, wie es ihnen beliebt« und hinzufügen, wenn die Grundrechte nicht in allen Ländern gleichmäßig zur Geltung kämen, »würde ich mich zu trösten wissen«.[211] Aber als Angebot an die Nationalversammlung konnte das »Reich der 70 Millionen« in dieser Form nicht ernst gemeint sein. Allenfalls war es eine passende Retourkutsche für die §§ 2 und 3.

Die Linke dürfte sich von Schwarzenberg nie mehr erwartet haben; die großdeutsche Allianz war für sie immer bloß ein Zweckbündnis gewesen. »Wir wissen recht wohl, daß es auf ein gegenseitiges Betrügen hinauskommt; es handelt sich nur darum, wer die Betrogenen sein werden.« Für die anderen war es ein Schock. Schmerling sah sich veranlaßt, den Posten des Bevollmächtigten abzugeben. Der alte Prof. Welcker, der bisher als Aushängeschild der Großdeutschen gedient hatte, hielt die Nachricht zuerst für eine Ente und machte dann seine Drohung vom Herbst wahr: Wenn alle Hoffnung auf Österreich vergebens sei, würde er selbst den König von Preußen als deutschen Kaiser in Vorschlag bringen.

Auch bei den Österreichern macht sich die Empörung über Schwarzenbergs (Staats-)Streich breit. Rößler gab sich bereits der Täuschung hin, eine Mehrheit hätte sich zu seinen Auffassungen bekehrt, bestärkt auch von Löhner und Goldmark, den beiden aus Österreich geflohenen Reichstagsabgeordneten. Das war natürlich eine Illusion, angesichts der Regierung daheim, die fest im Sattel saß. Aber unter den Österreichern, die weder ausgesprochene Linke noch unbedingte Gefolgsleute der Regierung waren, trat eine Spaltung ein; Rößler war kein Einzelkämpfer mehr. Ein Antrag, die Bestimmungen der oktroyierten österreichischen Verfassung nur nach Maßgabe der Reichsverfassung für gültig zu erklären, wie man das doch von Anfang an behauptet hatte, blieb zwar jetzt schon in der

262

Minderheit, erhielt aber von den Österreichern vierzig Stimmen, weit mehr als das Dutzend Linke und die drei Italiener ausmachten.

Zwei Getreue Schmerlings waren inzwischen nach Wien zurückgekehrt. Schmerlings ehemaliger Unterstaatssekretär Würth und Alfred v. Arneth, der spätere Biograph Schmerlings (und Maria Theresias), plädierten nach dem Knalleffekt von Kremsier für den geschlossenen Austritt aus der Paulskirche oder zumindest für konsequente Stimmenthaltung. An seinen Vater schrieb Arneth: »Es bleiben also nur zwei Fragen zu lösen: Hat Oesterreich, wenn es selbst dem zu bildenden engeren Bunde nicht beitritt, das Recht, die Bildung dieses Bundes überhaupt zu hindern? Und zweitens: Liegt es im Interesse Oesterreichs, diese Consolidierung Deutschlands zu vereiteln, wenn es an derselben nicht teilnehmen kann? Beide Fragen muß ich entschieden verneinen.« Doch nur sechs Österreicher waren bei einer Besprechung am 12. März für den Austritt. Ein Kollege berichtete: »Wir setzten Arneth die Daumenschrauben an. … Es munkelt sogar vom Fordern und dergleichen, obgleich ich mit Rücksicht auf die beteiligten baumwollenen Persönlichkeiten alles für gemachte Parade halte.«[212]

Enttäuscht trat Arneth schließlich sang- und klanglos aus. Ein paar andere Abgeordnete, am häufigsten Groß aus Prag, dann ab und zu auch Wagner (Wahlkreis Steyr) und Prinzinger (Wahlkreis St. Pölten), folgten Arneths ursprünglichem Ratschlag und enthielten sich im entscheidenden Augenblick der Stimme. Neben Laube, der als Sachse einen böhmischen, und Zöllner, der als Böhme einen sächsischen Wahlkreis vertrat, stimmte eine Gruppe von vier Österreichern (Rößler, Makowiczka, Reitter und Schneider) konsequent für ihr Gewissen und für die erbkaiserliche Lösung. Die Mehrheit bei der Verabschiedung des Erbkaisertums betrug exakt vier Stimmen. In Wien wurde das sehr wohl vermerkt.

Am 28. März 1849 wurde Friedrich Wilhelm IV. mit einer etwas größeren, aber immer noch keineswegs überwältigenden Mehrheit zum deutschen Kaiser gewählt. Die Minderheit, über 45% der Versammlung, erklärte:»Wir wählen nicht!« Fürst Waldburg-Zeil (im kommenden Jahr dann in Württemberg wegen Majestätsbeleidigung zu fünf Monaten Festungshaft verurteilt) kleidete das in die kokette Formel:»Ich bin kein Kurfürst!« Es war ein Pyrrhussieg der erbkaiserlichen Partei:Während Grillparzer, an die Adresse Preußens gerichtet, drohend dichtete:»Wär etwa Schlesien gar der Preis/Für Italiens künftige Freiheit?«, war sich Kuranda, auf die Kyffhäuser-Sage anspielend, sicher:»Soviel ist gewiß, daß der Rotbart seinen langen Schlaf noch nicht ausgeschlafen, daß die Raben noch unermüdlich den Berg umfliegen und mit ihrem schrillen Gekrächze das hohe Lied der deutschen Einheit übertäuben.«[213]

Österreich, Bayern, Hannover und Sachsen waren dagegen; das allein hätte Preußen Einhalt gebieten müssen. Außerdem war im Wettrennen um die Gunst der Linken, ohne die keine Mehrheit zustandekam, die Verfassung mit diversen Elementen ausgestattet worden, die eine Annahme durch den König, der sich ähnliches im Inland soeben verbeten hatte, noch unwahrscheinlicher machten, z. B. allgemeines Wahlrecht und bloß aufschiebendes Veto selbst in Verfassungsfragen. Die systematische Opposition der Großdeutschen Koalition war unverhohlen darauf gerichtet gewesen, den Entwurf möglichst unannehmbar zu gestalten. Kurioserweise war die »kleindeutsche« Verfassung vom Frühjahr 1849 dem Buchstaben nach gar keine solche mehr: Der berüchtigte § 2, der Österreich vor das Entweder-Oder stellte, war nämlich von einer Zufallsmehrheit in zweiter Lesung wieder gestrichen worden!

Ein weitblickender Kleindeutscher, der Unterstaatssekretär Fallati aus Württemberg, war sich darüber im klaren:»Die Verfassung wie sie ist, tritt schwerlich ins Leben. Die Kaiserwürde über ganz Deutschland auf Grund dieser Verfassung wird der König von Preußen nicht annehmen.« Als Strategie war das nur mehr erfolgversprechend, wenn man als Endresultat ein Klein-Deutschland anstrebte, das noch viel kleiner war als das Kleindeutschland der Erbkaiserlichen, nämlich mindestens auch noch Bayern und Württemberg ausklammerte. Das war dann der preußische Unionsplan, wie er noch ein weiteres Jahr die Diplomaten auf Trab halten sollte.

Seinem sächsischen Amtsbruder schilderte Friedrich Wilhelm IV. seine Reaktion vom 3. April: Wie mit einem »Weiche, Satan!« hätte er die Versucher zurückgewiesen. Sein Ausspruch über die Krone, gebacken aus Dreck und Letten, machte die Runde. In Wirklichkeit war sein Auftritt nicht ohne Jovialität. Er hatte der Delegation bloß in aller Freundschaft zu verstehen gegeben, daß sie keine Kronen zu vergeben hatte. Erstaunen muß weniger die Haltung des Königs, die diesmal vielmehr konsequent war, sondern eher die Betriebsblindheit vieler »Erbkaiserlicher« in Frankfurt, die bis zum Schluß daran festhielten, das sei ihre geringste Sorge.[214] Selbst nach der Absage klammerten sie sich noch einige Wochen an Strohhalme.

»Daß der König in der ganzen Geschichte gewiß ehrlich verfahren ist, bin ich überzeugt. Desto perfider hat eine in Berlin mächtige Partei gehandelt«, kommentierte Detmold. Die Perfidie resultierte vor allem daraus, daß sie so mächtig, wie sie glauben machen wollte, denn doch nicht war. Die preußischen Minister verfolgten eine Hinhaltetaktik, wollten sehen, ob sich aus der Sache nicht doch noch diplomatischer Gewinn ziehen ließe (»Wir können durch die Offerte nur gewinnen, nicht verlieren«), und bemühten sich um eine verbindlichere Formulierung: Preußen warte noch die Reaktionen der anderen deutschen Fürsten ab; vielleicht könne man sich zusammen mit ihnen doch noch auf Modifikationen einigen (daß es genau die nicht geben würde, hatte Gagern der Linken aber versprechen müssen, um überhaupt eine Mehrheit für seine Verfassung zusammen zu bekommen.) Doch auch sie vermochten die Fiktion nicht lange aufrechtzuerhalten, die Antwort des Königs sei bloß eine »höflich aufschiebende« gewesen; Camphausen schilderte seinen persönlichen Eindruck: »Die Antwort des Königs … ist mir stündlich schlimmer und widerwärtiger erschienen.«

Auch der Reichsminister Beckerath, der ihm mit Engelszungen »die Gewißheit der glücklichen Kur des verkrankten Imperii« schilderte, bis ihm das Wasser im Munde zusammenlief, erinnerte Friedrich Wilhelm nur an biblische Vorbilder, diesmal an Daniel in der Löwengrube, der furchtlos hinabgestiegen war in blindem Gottvertrauen. Aber: »Ich bin nicht der Prophet Daniel und täte ich also, so würde ich glauben, Gott zu versuchen.« Mehr noch: Einen Vergleich Bismarcks vorwegnehmend, erklärte er dem Versucher mit entwaffnender Offenheit, es sei ihm sehr wohl bewußt, daß Friedrich der Große vermutlich anders gehandelt hätte, aber: »Ich bin kein großer Regent!«[215]

An den Duodezstaaten, an den zu Unrecht geschmähten Zaunkönigen lag es indessen nicht, wenn aus dem Kaisertraum nichts wurde: Nicht weniger als 28 »Miniaturen« gaben in einer Kollektivnote vom 14. April ihre Zustimmung zur Reichsverfassung kund. (Einer von ihnen, der Hohenzoller in Hechingen, hatte schon im Winter in einem Schreiben an Schmerling angeboten, auf seine Regierungsgewalt zugunsten der Zentralgewalt zu verzichten, ein anderer, der Herzog von Sachsen-Altenburg, die Vereinigung seines Ländchens mit der albertinischen Hauptlinie zumindest erwogen.) Doch unter den Souveränen wurden die Stimmen nicht gezählt, sondern gewogen: Sie repräsentierten genau ein Sechstel Deutschlands. Die Könige fehlten – erst nachträglich ließ der Württemberger unter dem Druck seines Landtages sein Einverständnis mitteilen. Auch in Preußen und Sachsen verlangten die Parlamente die Anerkennung der Reichsverfassung. Dort blieb ihr Drängen aber ohne Folgen. Das heißt, Folgen hatte es schon: In einer offenbar konzertierten Aktion wurden in der letzten Aprilwoche die Zweiten Kammern in Berlin und Dresden aufgelöst. Der Bruch ließ sich nicht mehr verkleistern, der große Wurf war gescheitert.

Wie zum Hohn, wenn auch in bester Absicht, erschien in derselben Woche eine Abordnung beim Reichsverweser, die ihm als Trophäe eines kuriosen Seesiegs die Flagge des dänischen Linienschiffs »Christian VIII.« überbrachte. Es war nach Ablauf des berühmten siebenmonatigen Waffenstillstands, der im September solche Stürme ausgelöst hatte, beim Beschuß durch deutsche Strandbatterien bei Eckernförde auf Grund gelaufen und geentert worden. Wie wäre der Sieg Davids über Goliath, der armseligen Batterie über das große Schiff, im Vorjahr gefeiert worden? Diesmal hatte die Zentralgewalt die Sache in Schleswig-Holstein im Unterschied zum Vorjahr sogar ganz gut im Griff, aber die rechte Begeisterung des Publikums fehlte. Über die Flotte, die inzwischen schon durchaus imstande war, die Nordseeküsten vor einer Blockade zu bewahren, hieß es: »Derselbe Monat, der die vielverheißenden Dampfkorvetten in die Weser einlaufen sah, derselbe Monat sah auch die unaufhaltsame Vorbereitung des Frankfurter politischen Schiffbruchs.«[216]

Das Projekt Paulskirche ging zu Ende. Die Österreicher in der Nationalversammlung hatte Schwarzenberg schon am 5. April heimbefohlen. Nicht alle folgten seiner Aufforderung, aber die meisten. Einige salvierten ihr Gewissen und sandten zusammen mit Schmerling dem Fürsten Schwarzenberg einen Brief, jetzt müsse endlich etwas Konstruktives geschehen. Wie viele solcher Briefe waren in den letzten Monaten schon abgeschickt worden? Im Laufe des Aprils erklärten 77 österreichische Abgeordnete ihren Austritt aus der Paulskirche; ein paar weitere blieben einfach unentschuldigt fern. Zurück blieb das kleine Häuflein der österreichischen Erbkaiserlichen und die entschiedene Linke, der sich jetzt auch Giskra und Melly zugesellten. Von der äußersten Linken wartete Giskras alter und zukünftiger Rivale Berger das Ende nicht ab. Gritzner fühlte sich auch in Frankfurt nicht mehr vor der Verfolgung durch seine Regierung sicher und trat jetzt schon den Weg ins Exil an.

Für Schwarzenberg hatten die Österreicher ihre Schuldigkeit getan, sie konnten gehen. »Österreich hat sehr arg mit uns gespielt«, klagte Droysen einem Freund; der antwortete: »Österreich spielt sehr, sehr klug, bis jetzt wenigstens.«[217] War es auch für die Österreicher ein Pyrrhussieg? Ihre Schachzüge waren unkonstruktiv und doch erfolgreich. Wüßte man nicht, was im Zuge der späteren Entwicklung aus diesem

Bombardements zu Lande, zu Wasser – und aus der Luft:
Prag 1848 – Venedig 1849

Nicht-Ansatz geworden ist, könnte man sogar verleitet werden, Schwarzenbergs Politik tatsächlich als letzten Versuch zu werten, »Österreich und Deutschland auch im neuen Zeitalter des Nationalismus zusammenzuhalten«.[218] Freilich: Den Akteuren muß es um die Reaktionen der Mitwelt zu tun sein, nicht um das Urteil der Nachwelt. Politik auf mehr als zwanzig Jahre hinaus zu treiben, sei unmöglich, so taxierte Bismarck einmal den optimalen Horizont des Staatsmannes. Fast so lange hielt auch Schwarzenbergs Kreation.

Das anachronistische Staatswesen, auf dessen Integrität vor einem Jahr wenige große Summen gewettet hätten, erwies sich in seinem Selbsterhaltungstrieb auf der Höhe der Zeit. Militärisch zumal: Der achtzigjährige Radetzky fiel Karl Albert, der zu einem neuerlichen Schlag ausholte, in den Arm und inszenierte Ende März gegen Sardinien-Piemont einen »Blitzkrieg«, den Hundert-Stunden-Feldzug, der alles in den Schatten stellte, was später noch unter dieser Bezeichnung lief. (Auch Friedrich Engels zeigte sich davon mehr als beeindruckt.) Zum wiederholten Male zeichnete sich dabei der Oberst v. Benedek aus, der zwanzig Jahre später die Sünden der Österreicher zu büßen haben würde. Im Laufe des kommenden Jahres sollten die Kaiserlichen ihr Repertoire noch um das erste Luftbombardement bereichern (auf Venedig, vom Ballon aus) und um den ersten großangelegten Eisenbahnaufmarsch der Weltgeschichte. Nur in Benedeks Heimatland Ungarn gingen die Dinge noch nicht nach Wunsch. Dafür wälzten sich mit der Schneeschmelze auch die vielbeschworenen Kosaken des Zaren über die Karpaten. Das Ergebnis konnte nur noch eine Frage der Zeit sein.

Die legale Revolution

O März, wo bist du mit deiner
Wonne!
O März, du neuer Reim auf
Schmerz,
O März mit deinen Iden,
Wie schnell bist du geschieden ...

Reimchronik des Pfaffen
Maurizius

»Die Majorität des Parlaments
will durch diese Demonstrationen den Fürsten einen werk-
tätigen Schrecken einjagen,
würde aber zuletzt weit entfernt
sein, die Sache zum Äußersten
zu treiben.«

Hans Kudlich, Mai 1849[219]

Was sollte aus der konstituierenden Nationalversammlung werden, nachdem sie ihre verfassunggebende Aufgabe erfüllt hatte und doch damit gescheitert war? Wie konnte sie vor der deutschen Geschichte einen würdigen Abgang
finden? Es blieb noch ein letzter Akt: Dieser letzte Akt war
konsequent, erfüllte alle Erwartungen, die Kenner in klassische Tragödien setzten, und machte seinen Autoren insofern
alle Ehre. Eine kluge Regie hätte ihn vielleicht dennoch gestrichen.

Die Nationalversammlung war über weite Strecken von den
herrschenden Gewalten anerkannt worden, zumindest nach
außen hin und solange diese herrschenden Gewalten berech-

tigte Zweifel an der Gewalt ihrer Herrschaft befallen hatten. Sie hatte mit ihrer konservativ-liberalen Mehrheit einen Entwurf geliefert, der sich von radikaldemokratischen Experimenten fernhielt, »ein schriftlich fixiertes Kondensat«[220] der Märzerrungenschaften. Es war nicht ihre Schuld, wenn Österreich sich kokett abseits hielt und der launenhafte Preuße die Krone zurückwies. Sie folgte nur ihrem Auftrag, wenn sie die Verfassung dennoch in Kraft zu setzen versuchte. An sich hätte der gewählte Kaiser an die Stelle der provisorischen Zentralgewalt treten, ein Ministerium ernennen und Wahlen für das reguläre deutsche Parlament bzw. dessen zweite Kammer ausschreiben sollen.

Wenn die Verfassung fertig war, es aber keinen Kaiser gab, war dann das Provisorium zu Ende? Oder mußte es durch ein anderes ersetzt werden? Die Linke argumentierte für eine Regentschaft. Daraus konnte ein erster Schritt in Richtung Republik werden. Gagern wollte lieber noch einmal den Reichsverweser einspannen. Doch der war für irgendwelche Aktivitäten zugunsten der ungeliebten kleindeutschen Lösung nicht zu haben. Am liebsten hätte er seinen undankbaren Posten geräumt, wurde aber von den Österreichern bestürmt, auszuhalten und kein Vakuum entstehen zu lassen, das von wer weiß wem gefüllt werden mochte. Seine Frau kommentierte die Wünsche aus der Heimat scharf: »Früher hat man auf sein Bitten und Schreiben, man möchte handeln, ihm keine Antwort gegeben. Nun, da sie durch Hohn und Hochmut alles verdorben haben, soll er es zurück zu erhalten suchen.« Johann verkündete daraufhin zwar seinen Rücktritt, doch erst »sobald es ohne Nachteil für die öffentliche Ruhe und Wohlfahrt Deutschlands irgend geschehen kann«.[221] Die provisorische Zentralgewalt hatte sich bloß auf eine noch provisorischere Basis gestellt. Aber sie wich vorderhand noch nicht von der Stelle.

Schwarzenberg konnte am 28. April frohgemut an den Reichsverweser schreiben: »Preußen kommt zur Erkenntnis und fängt an, in die richtige Bahn einzulenken, während die Nationalversammlung auf der von ihr betretenen blind vorangeht. Läßt man daher beide gewähren …, so ist es unmöglich, daß sie sich wieder begegnen, und das unnatürliche Bündnis ist aufgelöst.« Zumindest in dieser Schlußfolgerung traf er sich mit Johann, der nichts für, aber auch nichts gegen die Nationalversammlung in ihrer gegenwärtigen Stimmung unternehmen wollte. Auch er riet, die Verantwortung für allfällige Gewaltmaßnahmen auf die Schultern Preußens abzuladen.»Will man kräftig einschreiten und mehr tun als sich bloß auf die Erhaltung der Ordnung beschränken, dann lasse man dies durch Preußen ausführen, dazu haben sie die Leute. Es ist das klügste, was Österreich tun kann, es wirft das ganze Gehässige auf Preußen und bringt die Gemüter zu Österreich zurück. Zu so etwas aber lasse man mich aus dem Spiel.«[222]

Inzwischen war die Geduld selbst der gemäßigsten unter den Erbkaiserlichen, die wochenlang von Preußen an der Nase herumgeführt worden waren, erschöpft. Von rechts her war zudem ein kontinuierlicher Erosions- und Abbröckelungsprozeß im Gang. Die Fraktionen zerfielen, auch der Weidenbusch mit seinem Kern im alten Kasino, der so lange Motor der Versammlung gewesen war. Dafür griff in der desavouierten Versammlung die Solidarität um sich. Bis hin zu einem Teil des Donnersbergs erklärte sich die Linke mit der Verfassung solidarisch, die sie bisher bekämpft hatte. Eine neue Koalition, diesmal mit Tendenz nach links, kristallisierte sich heraus: Ein zwischen dem Rest der »Zentren« und der Vereinigten Linken paritätisch besetzter Dreißigerausschuß sollte Mittel und Wege zur Durchsetzung der Reichsverfassung finden.

Wie konnte man die widerstrebenden Regierungen dazu zwingen? Durch die Macht der öffentlichen Meinung? Selbst der kühle Rechner Fallati entwickelte zur Abwechslung einmal ein optimistisches Szenarium:»Die große Flut des Volkswillens, der sich überall für die Verfassung ausspricht, ruhig anschwellen lassen, bis das Wasser den verblendeten Fürsten, die noch übrig sind und am Ende auch dem vor Superklugheit wirr und irr gewordenen Berlin an den Hals geht und sie nötigt, nach dem Rettungstau der Verfassung zu greifen.«[223]

Das mochte in seinem heimatlichen Württemberg klappen (und tat es auch); überall sonst war es ein Spiel mit dem Feuer. Ein wohldosiertes März-Revolutiönchen war gefragt, mehr nicht. Dafür war es nicht bloß jahreszeitlich zu spät. Dieser Volksbewegung nach Maß standen allzu viele Imponderabilien im Weg.

Hans Kudlich, in Österreich bereits zur Verhaftung ausgeschrieben, war von der Stimmung in Frankfurt angetan. Ganz ohne Ironie schrieb er seinem Reichstagskollegen Zimmer: »Was für ein prächtiges Volk, daß in jeder Kneipe sogleich wo mehr als drei Personen zusammensitzen, einen Präsidenten wählt, das Wort nimmt und die Volkssouveränität proklamiert.« Die Idee, eine konservative Verfassung mit revolutionären Methoden umzusetzen, Preußen gegen seinen Willen zu seinem Glück zu zwingen, war nicht ohne hübsche Ironie. Hartmann schrieb nach England: »Die Sachen stehen schlecht in Deutschland, so sehr schlecht, daß sie über Nacht gut werden können. ... Entweder wir machen binnen Wochen eine ganz fürchterliche Revolution oder wir fallen in einen Zustand zurück, der unerträglicher sein wird als der vormärzliche.«[224]

So faßte die Paulskirche am 4. Mai den Beschluß: Wenn es keinen Kaiser gab und der Reichsverweser es nicht tun wollte, so schrieb eben sie die Wahlen zum regulären Reichstag aus. Regierungen, Parlamente, Gemeinden und das deutsche Volk wurden aufgefordert, die Reichsverfassung »zur Geltung zu bringen«. Über das *wie* ließ man sich nicht näher aus. Seine Brisanz erhielt der Beschluß von anderswo. Die Reichsverfassungskampagne, die hier anlaufen sollte, hatte schon begonnen: Am 2./3. Mai brachen in Dresden und in der Rheinpfalz Aufstände aus. Zwar kamen ihre Anführer aus dem Kreis der Ultras am linken Flügel des Donnersberg, der sich dem Konsens der Paulskirche entzogen hatte, doch ihr auslösendes Moment war die Auflösung der Kammer, das Einsetzen der Reaktion nun auch in den Mittelstaaten; in der Rheinpfalz kam ein starkes separatistisches Moment dazu.

Dennoch: Die Kammern waren nicht zuletzt wegen ihrer »verfassungstreuen« Haltung heimgeschickt worden. Die provisorischen Regierungen in Dresden und in Kaiserslautern, die sich bildeten, vermieden die Ausrufung der Republik und proklamierten ihre Unterstellung unter die Nationalversammlung. Die königlichen Kabinette in München und in Dresden hingegen hatten die Reichsverfassung abgelehnt, die Autorität der Paulskirche auf ihrem ureigensten Gebiet bestritten. Was waren daraus für Schlüsse zu ziehen? Die Versammlung, die ausgezogen war, »die Revolution zu schließen«, sah sich vor ihrem Ende noch einmal mit der Aussicht konfrontiert, daß sie – um zu einem ordentlichen Schluß zu gelangen – die Revolution wieder anfachen mußte. Im April hatte Mathy noch abgewiegelt: »Noch sind wir nicht gezwungen, die Verfassung zu verletzen, um sie durchzuführen.« Ganz so weit kam es auch nicht, aber eine gute Woche lang lag eine gewisse Spannung in der Luft, schien ein Ideal zum Greifen nahe, über das sich Linke schon lange lustig gemacht hatte, das ihr nun aber möglicherweise sehr gelegen kam: das der »autorisierten«, der »legalen Revolution«.[225]

Die öffentliche Meinung hatte die Reichsverfassungskampagne weit mehr für sich als jede andere Phase der deutschen Revolution. Die Kammern in allen Staaten hatten sich für die unveränderte Annahme der Verfassung ausgesprochen. (Auch in Bayern, dort jedoch nur mit knapper Mehrheit, gegen den fast geschlossenen Widerstand der altbayerischen Abgeordneten.) Die Universitäten, die im März 1848 ein recht uneinheitliches Bild geboten hatten, zeigten jetzt Flagge (bis auf Österreich, wo die Wiener Uni überhaupt geschlossen worden war). Aber letztendlich bedeutete die Reichsverfassungskampagne, dort wo sie zur Propaganda der Tat wurde, doch einen Fehler, der teuer zu bezahlen war – mit verschärfter Repression überall dort, wo es im Mai 1849 zu Aufständen kam (in Baden wanderten Zehntausende aus!) und mit einer Diskreditierung der »Achtundvierziger« weit darüber hinaus.

Gerade die Linke mußte sich doch im klaren darüber sein, daß über die Erfolgschancen einer Revolution nicht ihre Rechtmäßigkeit, ihre Autorisierung entscheiden würde. Gerade die Linke mußte doch ihrem eigenen Verständnis nach die späteren Worte ihres Gegenspielers Bismarck zu würdigen wissen, daß zumindest diese Fragen sehr wohl durch Eisen und Blut und nicht durch Reden und Parlamentsbeschlüsse entschieden würden. Vermutlich tat sie es auch. Doch sie konnte vor der Öffentlichkeit nicht mehr zurück. »Im Geheimen aber hatte sie die größte Angst vor dieser Überstürzung und bot Alles auf, um ihr eine Schranke zu ziehen.«

Im Unterschied zu der Märzbewegung 1848 waren die Regierungen im Mai 1849 gewappnet und vorbereitet. In Preußen kam es in Breslau zu Barrikadentagen, im Rheinland zu vereinzelten Meutereien bei der Landwehr. In Österreich zeigte nur die Bregenzer Nationalgarde den Mut und faßte den Beschluß, die Reichsverfassung anzunehmen und mit Gut und Blut gegen jedermann zu verteidigen.[226] In Prag verhängte man vorsorglich wieder einmal den Belagerungszustand und hob eine Studentenverbindung aus. Ein Übergreifen der Kämpfe aus dem Sächsischen haben beide Großmächte gefürchtet und deshalb rasch eingegriffen. Die Herrlichkeit der provisorischen Regierung in Dresden als selbsternannte Außenstelle des deutschen Kaiserreichs, mit Bakunin als Oberkommandanten und dem Hofkapellmeister Richard Wagner als unerschrockenem Barrikadenkämpfer, dauerte nicht länger als eine Woche. Die heimlichen Sympathisanten der »rechtmäßigen Revolution« in Böhmen, von Wien und Berlin ganz zu schweigen, erhielten keine Chance zum Losschlagen. Die Erbitterung der schon im Herbst Geschlagenen, die berichteten, die Preußen und die Österreicher lechzten nur so nach einem Fanal, mochte zu einer tragischen Verkennung der Lage beigetragen haben.

Wieder einmal goß es Georg Herwegh am mitreißendsten in Verse:

Die Völker kommen und läuten Sturm –
Erwache, mein Blum, erwache!
Vom Kölner Dome bis zum Stephansturm
Wird brausen die Rache, die Rache.

Die Henker falten, vor Schrecken bleich,
Die blutigen Hände zusammen;
Und aus dem stürzenden Österreich
Hoch lodern die Flammen.

Das alles, das alles soll geschehn
In kommenden Frühlingstagen ...

Dichter mochten daran glauben; Politiker hatten keinen
Grund dazu.

Hartmann, der beides war, setzte all seine Hoffnung in die
Ungarn, die Windisch-Graetz Anfang April bei Isaszeg
geschlagen und kurz darauf in Debreczen die Republik ausgerufen hatten. Am 20. Mai eroberten sie den Burgberg von
Ofen zurück.

Und dieses Volk im Osten,
Das führt jetzt einen heiligen Krieg,
Gott geb ihm einen vollen Sieg –
Franz Joseph zahl die Kosten!

Der Pfaffe Maurizius des Frühjahrs 1849 nahm all die Schlag-
worte einer späteren Epoche vorweg: Die habsburgische
Gesamtmonarchie als »Völkerbastille« mit einem »erblichen
Kerkermeister«, bis zu den Angriffen auf das unbeschriebene
Blatt Franz Joseph: »Kopflos war Ferdinand, und herzlos war
der Franz, / Der Erbe ihres Throns ist Beider würdig ganz.«
»Eljen Kossuth!« hieß Caput IV. seiner Reimchronik, und er
begeisterte sich für Honveds und Husaren, nicht zu vergessen
die braven Wiener Studenten, die angeblich am Strand der
Theiß und in Siebenbürgen weiterkämpften.[227]

Am Ende der deutschen Revolution stand, was Gagern von
Anfang an befürchtet hatte: Der Zusammenstoß der südwestdeutschen Demokraten mit der preußischen und österreichischen Großmacht. Am 13. Mai entzündete sich der
Volksaufstand auch in Baden, obwohl die Kammern dort wei-

ter tagten und der Großherzog die Reichsverfassung ohne Zögern unterschrieben hatte. Am Oberrhein, wo seit einem Jahr die Hochs auf Hecker nicht abrissen, wo die Radikalen seit jeher ihre Hochburg hatten, wagten sie im Vollgefühl ihrer lokalen Verankerung zum dritten Mal einen Aufstand oder ließen sich zumindest treiben. Ein Reformschritt kam den Aufständischen zugute: Die tatsächliche Durchführung der allgemeinen Wehrpflicht, ganz im Sinne der Reichsverfassung, ohne die bisherige Möglichkeit des Loskaufes für Begüterte, drohte die bisher an deren Stelle angeworbenen »Einstellmänner« um ihren gewohnten Verdienst zu bringen. Die mit der Wegrationalisierung bedrohten Soldaten auf Zeit gingen zu den Aufständischen über, samt Geschützen und Magazinen. Der Großherzog floh nach Koblenz. Revolutionäre aller Schattierungen eilten nach dem Südwesten, darunter auch Engels, der befand, die Führer des Aufstands seien doch mehr »gemütliche Schoppenstecher« (was nicht hinderte, daß sie ihn kurz festnahmen). Am Oberrhein dauerte es immerhin sechs Wochen, nicht sechs Tage wie an der Elbe, bis die Preußen aufmarschierten. Der Ausgang konnte dennoch nicht zweifelhaft sein.

Bisher hatte die Nationalversammlung in derlei Fällen meist den Obrigkeiten ihre wohlwollende Vermittlung angetragen und die Untertanen zu Gehorsam ermahnt. Diesmal waren die Vorzeichen andere. In die Pfalz – und diesmal eben nicht zuerst an den Münchner Hof – entsandte man einen Reichskommissär, und nicht etwa einen Bassermann oder Welcker, sondern einen, der aus den Reihen der Linken kam: Eisenstuck, einen Industriellen aus dem Erzgebirge und Klubkollegen Robert Blums, der in Kaiserslautern prompt die Fürsten zu Rebellen erklärte. Die Paulskirche verabschiedete eine Resolution, »diejenigen Bestrebungen des Volks und seiner Vertreter, welche zur Durchführung der endgültig beschlossenen Reichsverfassung geschehen, gegen jeden Zwang und Unterdrückung in Schutz zu nehmen«. Auch das war selbstverständlich und unangreifbar, doch im Kontext suggestiv. Die klammheimlichen Sympathien der Mehrheit wa-

ren diesmal viel schwerer zu enträtseln. Sogar ein Teil der Erbkaiserlichen stimmte für eine Verurteilung der preußischen
Intervention in Sachsen. Die Linke forderte, die Truppen der
29 »verfassungstreuen« Länder auf die Reichsverfassung vereidigen zu lassen, um sich ihrer im Notfall bedienen zu können.

Von einer Identifikation mit dem Aufstand war aber auch
das immer noch weit entfernt. Nur der radikale Flügel des
Donnersberg, der sich der ratlosen Solidarität der Paulskirche
im Endstadium verweigert hatte, war an der Aufstandsbewe-
gung in ihren Wahlkreisen beteiligt. (Als einziger Österreicher zählte um diese Zeit Wiesner noch zu dieser Gruppe, die
am 8. Mai einen Aufruf verfaßte: »Zu den Waffen!«) Die
Nationalversammlung wollte die Rolle des ehrlichen Maklers
zwischen Volk und Regierungen gerne weiter übernehmen.
Nur: Damit sie überhaupt gebraucht wurde, mußte der Aufstand sich ausbreiten oder zumindest festfressen. Allein daraus resultierte eine gewisse Parallelität der Interessen. Außerdem: Wie die Dinge einmal lagen, war mit der Niederwerfung
des Aufstandes auch das Schicksal der Reichsverfassungskampagne besiegelt. Die Paulskirche befand sich in einem
ähnlichen Dilemma wie der Wiener Reichstag während der
Oktoberkämpfe.

Gagern war der abschüssige Pfad, auf dem er da zu wandeln
hatte, nicht geheuer; das Reichsministerium drohte sich zwischen alle Stühle zu setzen und war in sich uneins. Am 10. Mai
trat er zurück und berief den Kommissar aus der Pfalz ab, der
entgegen seinen Anordnungen Verstärkungen für die bayerische Grenzfestung Landau verhindert hatte. Das Kokettieren
der »einzig gouvernmentalen Partei« mit der Revolution
hatte nur wenige Tage gedauert. Vor die Wahl zwischen
»Revolution oder Resignation« gestellt, entschied sie sich
nicht ohne dumpfen Groll für letzteres.[228] Was vom ehemaligen Casino noch in Frankfurt verblieben war, dachte an Austritt. Die barsche Mitteilung der preußischen Regierung,
überbracht von einem Oberstleutnant in voller Montur, sie
betrachte die Mandate als erloschen, verzögerte ihren Ab-

schied vielleicht sogar um ein paar Tage: In dieser Weise herumkommandieren lassen wollte man sich nun auch wieder nicht. Erst am 20. Mai beschlossen insgesamt 65 Abgeordneten den gemeinsamen Austritt; Gagern wollte noch weiter ausharren, unterwarf sich aber dem Parteibeschluß.

Die Desintegration war nicht mehr zu übersehen: Dem Reichsverweser hatte derselbe preußische Oberstleutnant den Vorschlag überbracht, seine Agenden doch einfach vertrauensvoll in die Hände seines Königs zu legen, vorher aber die Nationalversammlung aufzulösen. Die Preußen unterschätzten aber die Zähigkeit des urlaubsreifen Erzherzogs. Er wollte auf die Selbstauflösung der Versammlung warten, »insofern durch einen zahlreichen Austritt der Deputierten die beschlußfähige Zahl aufhört, was das glücklichste wäre, das geschehen könnte«. Er war daher auch alles andere als glücklich, daß die Versammlung das Quorum für ihre Beschlußfähigkeit auf 100 reduzierte. Seine Regierungsmaxime erläuterte er: »Meine Politik gegenüber den großen Verlegenheiten in Erfüllung meines qualvollen Berufs bestand einfach darin, daß ich den von mir nicht zu überwältigenden Elementen die Gelegenheit gab, sich selbst zu verzehren.«[229]

Bis es soweit war, ernannte er ein neues Ministerium aus politisch farblosen Rechten, geführt vom Abg. Grävell, einem kauzigen Preußen, der sich bloß als »komische Figur« der Nationalversammlung einen Namen gemacht hatte, und dem Hannoveraner Detmold, der durch die bissige Satire über den rückgratlosen »Abg. Piepmeyer« auf sich aufmerksam gemacht hatte. Da Friedrich Wilhelm IV. allen preußischen Offizieren die Nachfolge Peuckers im Kriegsministerium verbat, mußte ein hessischer Standesherr, Sayn-Wittgenstein, einspringen. In der Nationalversammlung konnte das »satirische« Ministerium bloß auf ein Dutzend Stimmen rechnen.

Die Paulskirche – jetzt erstmals unter linker Führung – holte zum Gegenschlag aus, setzte ein Jahr und einen Tag nach ihrer feierlichen Eröffnung den Erzherzog als Reichsverweser ab und beschloß auf Antrag Biedermanns, immerhin eines Erbkaiserlichen und Begründers des Augsburger Hofes, seine

Ersetzung durch einen Reichsstatthalter, immer noch »womöglich aus dem Kreis der deutschen Fürsten«. Ein paar Abgeordnete der Linken pilgerten an den Starnberger See, um auf dem Weg über den Fürsten Öttingen-Wallerstein herauszufinden, wie es denn mit der Geneigtheit des bayerischen Königs stünde, sich als Verlegenheitskaiser krönen zu lassen. Der Bescheid war auch hier abschlägig.

Ende des Monats entschied sich die Versammlung mit knapper Mehrheit für die Verlegung ins »verfassungstreue«, vermeintlich befreundete Stuttgart und bestellte dort am 6. Juni doch noch einen Regentschaftsrat, mit Heinrich Simon aus Breslau als führendem Mitglied. Dieser formale Griff nach der Konventsherrschaft war dem geschickt taktierenden württembergischen Ministerium Römer zuviel. Druck von außen, von Preußen, und innere Rivalitäten ließen ihm ein Verbleiben des »Rumpfparlaments« nicht ratsam erscheinen, das zu guter Letzt auch noch Württemberg in Bürgerkrieg verwickeln konnte. Er verweigerte den Regenten den Gehorsam und verschloß ihnen das Landtagsgebäude. Die Nationalversammlung ließ unverdrossen eine Reitschule herrichten und tagte inzwischen in einem Gasthaussaal. Am 14. Juni erhielt sie die Aufforderung, das Land zu verlassen.

Zwar mit Militär, aber ohne unnötige Provokation ging am 18. Juni die Aussperrung der deutschen Nationalversammlung über die Bühne. Bloß der Protest des letzten Präsidenten, Löwe, ging im Trommelwirbel des Tambour unter: »Das Kalbsfell übertönte die Menschenstimme.«[230] Löwe wurde eingerahmt von Uhland, Württembergs berühmtesten Sohn, und dem Abg. Schott, pikanterweise dem Schwiegervater Römers. Die letzten verbliebenen Vertreter der souveränen Nation versammelten sich in einem Hotel gegenüber dem gesperrten Versammlungslokal, mußten aber feststellen, daß sie knapp unter die Grenze der Beschlußfähigkeit gerutscht waren: Sie zählten nur mehr 94; vier kamen noch dazu, aber 100 wurden es nicht mehr. Als letzte Zuflucht schien nur mehr das revolutionäre Baden offenzustehen: Karlsruhe, Pforzheim oder Baden-Baden wurden ventiliert. Man überließ die

Entscheidung dem Präsidenten und verabredete sich für den nächsten Tag in einem anderen Gasthof. Mit einer kurzen Erörterung über die Vor- und Nachteile der zur Verfügung stehenden gastronomischen Einrichtungen enden die stenographischen Berichte der ersten und einzigen deutschen Nationalversammlung.

Am nächsten Tag überschritten die Preußen den Rhein: Auch Baden bot keine Zuflucht mehr. Den Abgeordneten blieb bloß noch der Weg in die Schweiz offen, es sei denn, sie nahmen das Angebot der württembergischen Regierung an, die als Ausdruck ihres schlechten Gewissens ausrichten ließ: Wer als Privatperson bleiben wolle, würde auch die entsprechenden Papiere erhalten.

Nur die Festung Rastatt hielt noch einige Zeit aus. Ihr Fall am 23. Juli markiert das militärische Ende der deutschen Revolution; zwei Wochen später kapitulierten die Ungarn, weitere zwei Wochen später fiel Venedig.

Eine sogar etwas größere Anzahl von Abgeordneten als in Stuttgart, doch ohne Anspruch auf Rechtskontinuität, traf Ende des Monats in Gotha zusammen, im Schlepptau der preußischen Unionspolitik, die ein preußisch dominiertes Norddeutschland schaffen wollte. »Gothaer« galt bei manchen bald als Synonym für opportunistisches Renegatentum. Allzu deutlich hatte sich seit einem Jahr gezeigt, wer hier Vereinbarungen zu treffen hatte und wer bloß zustimmen durfte. Andererseits: Den Inhalt über die Form zu stellen war eine Tugend, die auch nicht zu verachten war, gerade für eine Versammlung, deren Mitglieder sich damals schon ihres Rufs bewußt waren, unpraktische Träumer zu sein, und sich deshalb viel auf ihren Sinn für Realpolitik zugute hielten.

In Gotha war von den Österreichern niemand anwesend, in Stuttgart war immerhin noch über ein Dutzend gewesen, fünf Böhmen, vier Mährer, drei Schlesier, zwei Niederösterreicher, ein Steirer. (Die fallende Reihe nicht ohne Signifikanz.) Die meisten waren Mitglieder der Linken gewesen, des Donnersberg oder des Deutschen Hofes; Melly, Giskra und Schneider vom linken Zentrum oder der Linken im Frack mitgerechnet. Schneiders Kameraden unter der Schar der vier Aufrechten, die für die erbkaiserliche Lösung gestimmt hatten, machten die translatio (non) imperii vom Main an den Neckar nicht mehr mit. Auch hier stimmte das Muster: Die, die die Verfassung gemacht hatten und die, die sie mit allen Mitteln durchsetzen wollten, waren nicht dieselben.

Auch der gebürtige Tiroler Orientalist und königliche Brieffreund Fallmerayer ging noch mit. Ihn hatte Laube im Auge, wenn er schrieb:»Mancher unter den 103 im Saale des Reithauses war absolut unbegreiflich.« Doch selbst Laube räumte ein, der Fehler habe seine Weihe erhalten, als die Regierungen wegen der Teilnahme am Rumpfparlament Kriminaluntersuchungen einleiteten und aus der Ortsverlegung des Parlaments den Tatbestand des Hochverrats ableiten wollten. Mit Blick auf ihre alles andere als konsequente Politik im Laufe des vergangenen Jahres urteilte er über diesen Schritt gegenrevolutionärer Vergangenheitsbewältigung:»Wahrlich, die Regierungen haben Ursache mehr als gut ist, Rekriminationen nie und nirgend zu erwecken.«[231]

Amen!

Nachdem Österreich Preußen den Vortritt gelassen hatte, den oberrheinischen Aufstand niederzuwerfen, und Rußland den Vortritt, die ungarische Republik niederzuwalzen (bzw. Frankreich die römische), schien im zweiten Halbjahr auch die monarchische Solidarität ernsthafte Sprünge zu bekommen. In Preußen fanden manche, Friedrich Wilhelm habe sich für seine Standhaftigkeit angesichts der Versuchung doch wenigstens einen Trostpreis verdient. Sein momentaner Haupt-Ratgeber, Radowitz, eine rätselhafte Figur, preußischer General, ausgebildet als napoleonischer Kadett, verspäteter Einheitsprediger und verdächtiger Katholik, von Laube als der »Cagliostro« [232] der Paulskirche ins Halbdunkel getaucht, wollte Preußens führende Rolle in Deutschland auf nicht-revolutionärem Wege doch noch zum Ausdruck bringen.

Doch Dankbarkeit ist eben keine politische Kategorie. Die deutschen Fürsten dachten nicht daran. Man warf sich gegenseitig vor, was man füreinander getan hatte, wollte diese oder jene Absichten bemerkt haben und war verstimmt. Die Sache spitzte sich im Folgejahr bis zu einem militärischen Aufmarsch zu. Schwarzenberg ließ sich später einmal sogar vernehmen: »Ich wollte, wir hätten gerauft.« In die Geschichte ist der Konflikt als der sogenannte »Schimmelkrieg« eingegangen, benannt nach seinem einzigen Opfer. Eine Eskalation war wohl von vornherein unwahrscheinlich, dazu war Preußen nicht versessen genug auf seine Union und Schwarzenberg noch weniger auf sein (oder vielleicht besser: Brucks) Mitteleuropa. In Preußen hat man die Zurückweisung, den Verzicht auf alle Unionspläne, die »Schmach von Olmütz«, später zu einer nationalen Katastrophe stilisiert. In der Rechtfertigung für den Krieg gegen den Bund, den Bismarck 1866 vom Zaun brach, spielte dieser Mythos eine gewisse Rolle. Da ist es gut, sich ins Gedächtnis zurückzurufen, wie der Rächer selbst die Sache damals sah, nämlich: Es gebe Bundesgenossen, die gefährlicher seien als die Feinde; Preußen müsse sich von der schmachvollen Verbindung mit der Demokratie fernhalten.

Bei allen diplomatischen Manövern, bei aller gelegentlichen Schadenfreude, war eines der bemerkenswerten Phänomene des Sturmjahres die fundamentale Solidarität der Großmächte in dieser Krisensituation. Krieg war immer wieder an die Wand gemalt worden, mit ihm war immer wieder spekuliert worden, und zwar fast ausschließlich unter dem Gesichtspunkt des Primats der Innenpolitik. Angezettelt oder entfesselt wurde er aber nie. Mehr noch: Gegen die deutsche Revolution mochten ideologische Vorbehalte bestehen und gegen die habsburgische Reaktion genauso. Gegen die deutsche Einigung als Stabilisierungsstrategie dagegen kaum. Und begrüßt wurde die deutsche Einigung 1870 schließlich genauso (mit der logischen Ausnahme von Paris).

Epilog: Forty-Eighters
und Siebenundsechziger

»Die Tyrannei des Metternich ist
denn doch ein Kinderspiel gegen
die Willkürherrschaft Franz Josephs und die Grausamkeit dieser Bach und Schwarzenberg.«

Hans Kudlich, 1849

»Der hervorragendste Kommu-
nist hat noch nicht zu begehren
gewagt, was Euer Majestät
Regierung praktisch durchführ-
te.«

*Alfred Fürst von Windisch-
Graetz, 22. Februar 1850*[233]

Das Schicksal der »Achtundvierziger« birgt Stoff für eine
Unzahl von Romanen. Zwei Muster sind es vor allem, an
die wir dabei denken. Das eine ist das des Emigranten, des
Forty-Eighters, der gezwungen ist, in der Fremde sein Glück
zu versuchen, zumal in der Neuen Welt: Hans Kudlich, der
»Bauernbefreier«, der sich 1849 dann auch noch in die Nationalversammlung wählen lassen wollte, wo schon sein Bruder
saß, ist der bekannteste – und der langlebigste von ihnen.
(Er starb erst 1917, nach der Kriegserklärung der USA an
Deutschland.) Kudlich sattelte auf Medizin um und ließ sich
in einem Vorort von New York nieder, nicht ohne von Zeit zu
Zeit seine Blitze über den Atlantik zu schleudern und Artikel
über »the Manifest Destiny« des deutschen Volkes zu verfas-
sen.

Von den Österreichern in der Paulskirche teilten mehrere sein Schicksal: Der Steirer Mareck siedelte sich in Texas an, die Spur Gritzners verliert sich in North Carolina. Wiesner blieb weiter publizistisch (von einer Turn-Zeitung in Baltimore bis zur Illinois Staatszeitung) und auch politisch tätig: Es gehört zu den hübschen Ironien unserer Geschichte, daß gerade aus der Fraktion Donnersberg, der einzigen, die sich einer gewissen Anerkennung auch von seiten der deutschen Arbeiter- und Bauernrepublik erfreuen durfte, gleich mehrere Abgeordnete zu den Gründervätern der Republikanischen Partei gehörten und mithalfen, die Deutschamerikaner auf die Partei Abraham Lincolns einzuschwören. (Der Prager Fabriksbesitzer Günther gehörte auch dazu.) Kollaczek publizierte zunächst noch Heine und schrieb ein paar Jahre für die »New York Times«, kehrte dann aber nach Europa zurück und begann schon in den fünfziger Jahren, »Stimmen zur Zeit« herauszugeben, die auffällig »gutgesinnt« waren. Hartmann – der seiner republikanischen Fahne bis ans Ende treu blieb – kolportierte, er habe das Geld seines Schwiegervaters an der Börse verspielt und sei deshalb der Exulantenexistenz überdrüssig geworden.[234]

Ins halbe Exil gingen auch die österreichischen »Erbkaiserlichen«, die sich vergeblich für den engeren Bund exponiert hatten: Makowitzka vertauschte die Universität Krakau mit Erlangen; Rößler brachte es in Erlangen nur mehr zum Bibliothekar und trat dann in die Dienste der Hohenzollern, der schwäbischen Linie. Er endete 1863 durch Selbstmord. Reitter blieb in Frankfurt, trat in eine Versicherung ein und kehrte nach Jahren als reicher Mann in die Habsburgermonarchie zurück. Nur Schneider blieb in der Heimat, promovierte 1850, behielt aber einen schwarzen Punkt im Polizeiregister.

Die zweite Möglichkeit lautete: Marsch durch die Institutionen. Sie war weiter verbreitet, als die Katerstimmung annehmen lassen würde. Der Neo-Absolutismus umgab sich ja noch einige Jahre mit einem konstitutionellen Mäntelchen und demonstrierte darüber hinaus Reformbereitschaft. Engels brachte es auf die einprägsame Formel, die Totengräber der Revolution würden notgedrungen auch zu ihren Testamentsvollstreckern. Österreich erlebte seinen zweiten Josephinismus (auch wenn den Josephinern mit dem Konkordat die Freude daran verdorben wurde). Die Reaktion mutierte zur Modernisierungsdiktatur. Alexander Bach, Prototyp des vielverleumdeten Wendehalses, blieb ein Jahrzehnt lang leitender Minister; als Nummer 2 und sein Rivale fungierte Bruck, der Triestiner Abgeordnete aus der Paulskirche.

Ein Teil der ständischen Reformer des Vormärz wurde vom bürokratischen System integriert; sie setzten 1849 dort wieder ein, wo sie nach den Barrikadentagen des Mai 1848 hatten aufhören müssen. Ein anderer Teil mußte hingegen überrascht feststellen, daß er zusammen mit Windisch-Graetz' Gesinnungsgenossen als sogenannte »Altkonservative« in die Wüste geschickt worden war.

»Achtundvierziger«, die in der Paulskirche gesessen hatten, fanden in diesem Milieu in der Regel eine *carrière ouverte aux talents* vor. Das galt gerade und sogar für die Universitäten, die der Regierung 1848 soviel Kummer bereitet hatten: Nicht bloß Einheimische wie Beidtel und Tomaschek, auch bayerische und preußische Großdeutsche wie Phillips und Kahlert fanden hier offene Türen. Anders als man es hätte erwarten können, übernahm man nach 1848 das Humboldtsche Modell und lockerte die Kontrolle über die hohen Schulen. Im Außenamt auf dem Ballhausplatz setzten Gagerns Bruder Max und Biegeleben, die beiden Frankfurter Unterstaatssekretäre, ihre Karriere fort. Bruck besetzte die höheren Ränge im Finanz- und Handelsministerium mit Vorliebe mit ehemaligen Parlamentskollegen, keineswegs alle von ihnen gebürtige Österreicher, wie z. B. der Düsseldorfer Höfken. Kalchberg, Czoernig und Maly wurden Sektionschefs, Oberst v. Mayern, der angebliche »Möchtegern-Reichskriegsminister« vom Herbst, übernahm die Bausektion. Laube schließlich übernahm noch 1850 die Leitung des Burgtheaters.

Zwischen den Emigranten und den Karrieristen gab es die Kategorie der Verfolgten oder doch zumindest Schikanierten:

Die Willkür, die darin lag, für ein- und dasselbe politische »Vergehen« je nach Laune des Schicksals ganz unterschiedlich bestraft zu werden, hat Nestroy in einem Stück, das 1849 entstand, aber zu seinen Lebzeiten nicht mehr aufgeführt wurde (»Der alte Mann mit der jungen Frau«) allgemeingültig umschrieben, wenn er seinen Helden sinnieren läßt: »Nach Revolutionen kann's kein richtiges Strafausmaß geben. Dem Gesetz zufolge verdienen so viele Hunderttausende den Tod – natürlich, das geht nicht; also wird halt einer auf lebenslänglich erschossen, der andere auf fünfzehn Jahr eing'sperrt, der auf sechs Wochen, noch ein anderer kriegt a Medaille – und im Grund haben s' alle das nämliche getan.« Denn: »Wer kann bei der jetzigen Krisis in Europa sagen: ›Ich war nicht dabei‹ –?«[235]

Auch die Mechanismen sind bekannt: Sie reichten von Kerkerhaft oder Verbannung bis zum Berufsverbot. (Nur das Eigentum behandelte man offensichtlich skrupellos.) »Berufsverbot« galt vor allem für Juristen, waren doch nicht nur Justizdienst und Notariatsstellen, sondern auch Anwaltskanzleien von behördlicher Bewilligung abhängig. Von den Teilnehmern am Stuttgarter Rumpfparlament, den »49ern«, die in besonderer Weise den Ehrentitel eines Achtundvierzigers in Anspruch nehmen konnten, wurde Pattai keine Lizenz erteilt, Demel schlüpfte bei seinem Vater unter, Giskra als Konzipient bei Mühlfeld; Berger hatte sich angeblich noch rechtzeitig eine Stelle von Bach erpreßt. Die liberale Ära nach 1860 machte sie alle wieder zu maßgeblichen Männern in Österreich. (Pattai erlebte das nicht mehr, dafür wurde sein Sohn nach der Jahrhundertwende Präsident des Abgeordnetenhauses, zum Entsetzen der Achtundvierziger allerdings als Christlichsozialer und Gefolgsmann Luegers.)

Von den anderen Rumpfparlamentariern wurde Hedrich zuerst interniert, dann ausgewiesen; Kudlichs Bruder Hermann länger als ein Jahr eingesperrt; Zimmer, der 1849 noch als Ersatzmann in das Rumpfparlament eingetreten war, verbrachte fast sieben Jahre in Haft. Er hatte von Sachsen aus wohl wirklich mit einem Aufstand in Böhmen geliebäugelt.

Die juristischen Beweise, die gegen ihn ins Treffen geführt wurden, waren dennoch kümmerlich. 1850 wurde er in Berlin arretiert und an Österreich ausgeliefert. Sein Kollege Gustav Groß schrieb daraufhin folgendes Gedicht, das an literarischer Qualität nicht an den »Pfaffen Maurizius« herankommt, aber ebenfalls ein Zeitdokument ist:

> Du warst entflohen den heimatlichen Fluren,
> Es trieb die Polizei Dich ins Exil.
> Doch Habsburgs Häscher folgten Deinen Spuren
> und nachbarlich führt Preußen sie ans Ziel
> ...
> Des Vaterlandes Freiheit ist gefallen –
> Das Opfer liegt – die Raben steigen nieder –
> Und Oestreichs Aar erhebt mit scharfen Krallen,
> im blut'gen Glanz und Leichenrauch sich wieder.[236]

Groß ging nach Nordböhmen zurück und wurde Sekretär der Reichenberger Handelskammer. Ab Mitte der fünfziger Jahre brachte er es zum Generaldirektor mehrerer wichtiger Bahnlinien. Als die Frage an Österreich im Jahre 1866 militärisch exekutiert wurde, beförderte seine Gesellschaft Truppen beider Seiten; Groß erhielt das Ritterkreuz des Franz Josephs-Ordens und wurde zum Kaiserlichen Rat ernannt. Im selben Jahr stieg er wieder in die Politik ein und wurde zu einer der Stützen des Ausgleichs mit Ungarn.

Karrieren wie die seine haben allzuoft schnöde Kommentare provoziert. An Beispielen dafür auch in späteren Epochen dürfte es nicht mangeln. Mit dem (f)einen Unterschied freilich: Wenn die »bürgerliche Revolution« wirklich an der Börse und nicht auf den Barrikaden stattfindet, wie Marx und Kuranda beide andeuteten – und vieles spricht dafür – dann war Groß allerdings ein sehr konsequenter Revolutionär.

Sein Sohn schrieb übrigens ein Buch über Marx, ging als Professor in die Politik, war 1914 Fraktionsvorsitzender der stärksten Partei des alten Österreich und starb in den dreißiger Jahren als Obmann des Deutschen Schulvereins.

Als Weichenstellung waren die Jahre 1848/49 bedeutsam. Bis dahin war deutsche Einigung gleichbedeutend mit dem gewesen, was ab 1849 als die großdeutsche Lösung galt. Diese großdeutsche Lösung hatte 1848/49 nicht bloß ein Dilemma heraufbeschworen, sondern eine ausweglose Situation geschaffen. Ob jetzt Preußen an ihrem Scheitern schuld war, weil es weniger wollte, oder Österreich, weil es mehr wollte (geographisch), die Kleindeutschen, weil sie mehr wollten, oder die Großdeutschen, weil sie weniger wollten (staatsrechtlich), spielte eine geringere Rolle als der ganz offensichtliche Eindruck, daß auch ein neuerlicher Anlauf in dieser Richtung sich bald festfahren müßte. Daraus konnten die erbkaiserlich-kleindeutschen »Zentren«, die späteren Nationalliberalen, über das Fiasko des Frühjahrs 1849 hinaus das Selbstbewußtsein ableiten, die einzig mögliche gouvernmentale Partei in Deutschland zu sein, den goldenen Mittelweg zu verkörpern zwischen Gottesgnadentum und Krawallsouveränität, zwischen Partikularismus und Zentralisation.

Die Verwirklichung der großdeutschen Lösung schien bloß noch über eine Revolution möglich zu sein und blieb ein ehrenwerter Traum. Wer ihm anhing, übersah, daß man 1848 die Einheit wollte, um die Revolution zu schließen, nicht die Revolution, um die Einheit zu vollenden. Moritz Mohl, der Bruder des Reichsjustizministers, hatte das 1849 salopp und treffend formuliert: »Wenn eine kapitale Revolution mit den 38 Regierungen aufräumen und tabula rasa machen würde, so wäre es freilich das beste. Nur ist es für die lebende Generation ein verdammt wenig einladender Prospekt, zumal wenn man die Elemente und Tendenzen kennt, welche dabei sich geltend machen würden.«[237]

Das nationale Zusammengehörigkeitsgefühl war eine nicht zu unterschätzende Triebfeder und latent wirksam. Aber es war ein steter Stachel im Fleisch nur dort, wo es um Beseitigung von Fremdherrschaft ging, nicht um bloße Integration: Vater Radetzky in Verona, die Bach-Husaren in Ungarn, das war Fremdherrschaft; allenfalls mochte auch der böhmische Nationalausschuß in Aussig und Teplitz so empfunden werden. Papa Wrangel in Berlin, der Fürst von Reuß-Schleiz-Greuz, unabhängig von ihren sonstigen Meriten, waren es nicht. Allenfalls den napoleonischen Kleinkönigen mochte ein gewisser Geruch von Usurpation anhängen, aber auch der verflüchtigte sich im Laufe der Zeit.

Schwarzenberg (und Radetzky und all die anderen) imponierte 1848/49 durch die Kaltblütigkeit, mit der er sich aus einer zeitweise aussichtslos erscheinenden Position befreite. Zu Recht, aber seine Meisterschaft hatte darin bestanden, die Republikaner gegen die Erbkaiserlichen zu hetzen. Er hatte die Großdeutschen in Deutschland und die Konservativen in Österreich ausgenützt und beiseite gelegt, mit einer Nonchalance, daß sie seinen Verrat zum Teil bis heute nicht recht wahrhaben wollen. Über eine eigene Alternative, die sich vom status quo nennenswert unterschied, die plausibel und populär war, zumindest in einem Sektor der öffentlichen Meinung vielleicht sogar Enthusiasmus freisetzte, verfügte Österreich nicht. Jetzt nicht und später auch nicht. Das war eine auskömmliche Variante für alle, die nach den Aufregungen des »Sturmjahres« erst wieder Atem schöpfen wollten. Aber es war eine Position auf Zeit, die früher oder später einem neuen Ansturm erliegen würde.

Österreich, wie es sich 1849 konstituierte, tatsächlich zum ersten und einzigen Mal in seiner Geschichte als Einheitsstaat, konnte nur über eine Niederlage nach Deutschland zurückfinden. Das aber erforderte eine gar wunderliche Dialektik, denn über eine Niederlage fand man erst recht nicht an die Spitze einer Großmacht. Wenn es sich in Deutschland dennoch ein Mitspracherecht sichern wollte, hätte es das Programm Gagerns vielleicht besser gleich jetzt angenommen.

So verloren die »Schwarz-Gelben« 1866, was sie 1848 noch mit Zähnen und Klauen und unzweifelhaftem Erfolg verteidigt hatten: ihren Einfluß in Deutschland und ihre Herrschaft in Ungarn. Es stimmt: »Die Revolution von 1848 ist erst mit dem österreichisch-ungarischen Ausgleich von 1867 zu einem Ruhepunkt gelangt.«[238] Die »Achtundvierziger«-Völker der Monarchie, die »historischen Nationen«, Deutsche, Ungarn,

Polen und Italiener, vollendeten 1867 mit kaiserlichem Einverständnis, auf dem Vereinbarungswege, was ihnen 1848 versagt geblieben war. Sie teilten das Reich unter sich auf, ohne es ganz zu teilen; die Tschechen, bei Gott kein geschichtsloses Volk, aber um Haaresbreite eben auch keine der »historischen Nationen«, paßten nicht ganz hinein. Die Deutschen in Österreich aber erhielten mit dem »Zweiten Reich« von 1867/71, dem engeren Bund von 1848, die »Schutzmacht«, die sie jetzt gar nicht mehr benötigten.

Denn in Österreich war 1867 ein tragfähiger Kompromiß gefunden worden, der Parlamentarismus ermöglichte und deutsche Vorherrschaft, wenn auch beides in alles andere als reiner und unverwässerter Form. Nicht zufällig wurden 1867 schließlich auch die Frankfurter Linken Giskra und Berger als Minister angelobt, und nicht immer nur Schmerling. Wenn die »Achtundvierziger« mit ihren Errungenschaften am Ende doch zufrieden waren (und nur mit den Flausen ihrer Söhne nicht!), wenn viele der Emigranten ihren Frieden mit dem Regime machten, war das nicht alles Selbstbetrug. Das Modell der 67er, die Realverfassung der Monarchie bis zu ihrem Ende, kam der Quadratur des Kreises ziemlich nahe. Es war erstaunlich liberal, bedenkt man, wieviele illiberale Elemente es enthielt, die einander in einer spontanen Ordnung von »checks and balances« gegenseitig aufhoben oder doch zumindest paralysierten. Das Resultat mochte hohen sittlichen Ansprüchen nicht genügen, aber es war praktikabel.

Mit dem Zerfall der Monarchie hätten sich die ominösen §§ 2 und 3 ohne große Schwierigkeit in die Tat umsetzen lassen. Daß es zunächst beim Konjunktiv blieb, galt den Österreichern nach dem 1. Weltkrieg als Tragödie; nach dem 2. Weltkrieg als Glücksfall. Fünfzig Jahre danach ruht die großdeutsche Lösung ganz im Hegelschen Sinne »aufgehoben« in Europa. Der »innigste Anschluß« ist staatsrechtlich irrelevant geworden, weil auf einer höheren Ebene längst Wirklichkeit; aufgehoben, bewahrt sind auch die Irritationen, die dieses Verhältnis weiterhin auslöst: Als der § 2 im Verfassungsausschuß auf der Tagesordnung stand, paraphrasierte Droysen seinen Vorredner Mühlfeld: Wenn er den Kollegen richtig verstanden hätte, meine er, daß die Österreicher »auf andere Weise deutsch seien als wir anderen Deutschen«.[239] Beides (»auf andere Weise« und »deutsch«) ist weiterhin richtig. Von den Irritationen aber sollten sich nur Leute von vormärzlichem Harmoniestreben irritieren lassen.

Wer Lust dazu hat, wird in den Entwicklungen und Debatten des Jahres 1848 hinreichend Parallelen zur Gegenwart entdecken. Den »engeren« und den »weiteren« Bund nennt man jetzt »das Europa der verschiedenen Geschwindigkeiten«; der »Gesamteintritt« des habsburgischen Hinterlandes bereitet weiterhin Schwierigkeiten; selbst die Frankfurter »Spitze« ist zum Zeitpunkt der Drucklegung dieses Buches weiterhin umstritten. Wie es mit der Lust der Regierungen zur Revolution von oben und mit der Budgethoheit des Straßburger Parlaments in der Praxis aussieht, wollen wir an dieser Stelle nicht weiter erörtern ...

Manchmal sind die Parallelen freilich auch gegenläufig: Ging es 1848 darum, imperiale Strukturen aufzulösen (oder doch zumindest aufzulockern), um einen Nationalstaat zu schaffen, geht es diesmal darum, Nationalstaaten aufzulösen (oder doch zumindest aufzulockern), um eine imperiale Struktur zu schaffen. Anhänger der Volkssouveränität müßte diese Aussicht schrecken; Anhänger der Reichsidee mag sie mit einer gewissen Befriedigung erfüllen.

Nachwort: Paris oder Philadelphia?

>»Die Ähnlichkeit und noch
>größere Unähnlichkeit unserer
>Revolution mit der damaligen
>[Französischen] ist bei dieser
>Lektüre sehr interessant; ich
>habe die festeste Überzeugung,
>daß es bei uns zu diesen Extre-
>men nicht kommen kann.«
>
>*Gustav Rümelin,*
>*2. September 1848*

>»Die deutsche Nation, die gereif-
>ter und vorbereiteter an den
>Toren der Freiheit steht, als alle
>die Nationen zur Zeit waren, wo
>sie durch dieselbe einzogen, die-
>ses Deutschland wird nicht nötig
>haben, duch blutige Wege zu
>waten, seine Bahnen sind geeb-
>neter und sicherer.«
>
>*Ignaz Kuranda, 1846*[240]

Im Jahr 1848 wurde kein König geköpft und keine Prinzessin ausgeweidet, nur wenige Grafen gelyncht und das,
was von der Bauernbefreiung noch zu tun war, in bürokra-
tischer Manier in die Wege geleitet. Das »pantomimische
Gefecht« war nur auf Grund einzelner Betriebsunfälle in
tatsächliches Blutvergießen übergegangen. Kommende
Generationen konnten aus dem »Sturmjahr« und dem »Völ-
kerfrühling«, dem Professorenparlament, das kein Gefühl
für Blut und Eisen entwickelte, nichts ableiten, was sie von der

unwiderstehlichen Gewalt der Straße und des Volkszorns abgehalten hätte. Das wird weithin offenbar als Makel empfunden. Folgt man dieser Lesart, dann war das Jahr 1848 die »rivoluzione mancata«, die versäumte Revolution der Deutschen.

Dann müßte man freilich auch dazusagen, was wir denn 1848 versäumt haben!

Verpaßt haben wir die Abzweigung zur großdeutschen Variante der deutschen Einigung. Was die großdeutsche Republik – oder auch das 70-Millionen-Reich – für das europäische Mächtesystem bedeutet hätte, ist eine unsichere Rechnung. Eine Belastung oder eine Beruhigung? Was wäre wenn? Die Frage ist notwendig und notwendigerweise illegitim. Da die Reichweite unserer kontrafaktischen Argumente gering ist, stellt sie eine Hochrechnung auf Grund ungenügender Daten dar. Die »Ur-Katastrophe« des zwanzigsten Jahrhunderts, den 1. Weltkrieg, präventiv vermieden zu haben (samt ihren Folgewirkungen, bis hin zum Dioskurenpaar Stalin und Hitler), wäre sicherlich eine attraktive Vision. Ihr nachzugehen, würde uns allerdings in das uferlose Dickicht der »Kriegsschulddebatte« führen; wir wollen es für diesmal lieber bleiben lassen.

Worin mag das Versäumnis dann liegen?

Vielleicht liegt das Mißverständnis darin, daß wir uns angewöhnt haben, Revolutionen nach ihren Idealen zu bewerten, nicht nach ihren Resultaten. Die Frage ist nicht nur, welchen Rang die jeweiligen Ideale in der Wertskala des Betrachters einnehmen. Bei den Idealen ist alles klar. Sich auf die Ideale von 1848 zu berufen, ist für Nationalliberale nahezu Pflicht; für Radikaldemokraten genauso logisch; auch für Katholiken, die sich gegen staatliche Bevormundung wehren oder den Ursprung ihrer Laienorganisationen feiern, und für Konservative, die sich gegen den aufgeklärten Absolutismus wenden, stellt es eine mögliche Option dar.

Als Revolution ist »1848« aber daraufhin zu untersuchen, ob es diesen Idealen zum Durchbruch verholfen hat. Revolutionen sind nicht durch ihre Ziele definiert, sondern durch die Wahl der Waffen. Unser kritischer Blick ist gefordert, ob den beschworenen Idealen mit dem eingeschlagenen Weg auch wirklich gedient war und ist.

Wenn heuer in verschiedenen Ländern die »Wegbereiter der Demokratie« gefeiert werden, ist das gut gemeint, doch als historische Bestandsaufnahme zumeist fragwürdig. Die Betreffenden waren Propheten, Verkünder der Demokratie, die für ihre Ideale kämpften und starben; dafür verdienen sie unseren Respekt. Ihre objektive Funktion war jedoch zumeist die von *agents provocateurs* des Ancien Régime. (Das gilt für die Gegenseite natürlich genauso: Dem General von Radowitz sagten wohlmeinende Freunde im Frühjahr 1848, er solle lieber den Mund halten, denn durch seine Wortmeldungen kompromittiere er bloß die vertretenen Ansichten.)

Diese Sicht der Dinge kann keinerlei Originalität für sich beanspruchen: Massimo d'Azeglio hat sie schon zwei Jahre vor dem März 1848 vorweggenommen, als er in seinen Betrachtungen über die Erhebung in der Romagna zu demselben Schluß kam, die Beteiligten verdienten als Märtyrer zu gelten, ihre Aktionen jedoch als Fehler. Die bürgerliche Revolution könne und müsse man abwarten, »mit den Händen in der Tasche«.[241] Kuranda schrieb im selben Jahr in den »Grenzboten« ähnliches. Man mag einwenden, das seien 1846 in beiden Fällen »saure Trauben« gewesen. Mag sein; recht hatten die beiden mit ihren Betrachtungen dennoch.

Es gibt nur zwei Typen von Revolutionen, gescheiterte und »verratene«. Hinter letzterer verbirgt sich genau jene Diskrepanz von Intentionen und Resultaten. Irgendwo unterwegs, so stellt es sich für die Anhänger der reinen Lehre dar, sei ihre gutgemeinte Revolution auf Abwege geraten, gekapert, verkauft, verraten worden; worauf das Unheil seinen Lauf nahm. Unsere gescheiterte Revolution von 1848, die von ihren Auftraggebern desavouiert wurde, stellt da schon eine sehr auskömmliche Variante dar.

Revolutionen, so hat Marx gemeint, seien die Lokomotiven der Weltgeschichte. Lokomotiven – mehr noch als die Tanker, mit denen man unsere heutigen politischen Systeme verglichen hat – bewegen sich auf vorgezeichneten Geleisen. Die französische und die russische Revolution haben beide schon vorhandene Tendenzen noch schärfer ausgeprägt: Frankreich erreichte mit Napoleon das Stadium des aufgeklärten Absolutismus, das anderswo schon ein wenig früher eingesetzt hatte. Einen dauerhaften Vorsprung in punkto republikanische Freiheiten erreichte es erst 1870 dank preußischer Bajonette und Bismarckscher Bosheit.

Die Russische Revolution verwandelte ein autokratisches System mit traditionell schwach ausgeprägten Eigentumsvorstellungen in eines, das diese Züge ins Gigantomanische steigerte. »Modernisierung« brachte die Revolution zweifelsohne, kurzfristig zumindest; langfristig orten die Ökonomen (in beiden Fällen übrigens) eher Wachstumsverluste. Diesen zweifelhaften Gewinnen steht ein deutliches Verlustkonto gegenüber: von der Vendee bis zum Gulag. Unser Bedauern über das Ausbleiben der Großen Deutschen Revolution (in Großbuchstaben) vermag sich daher in Grenzen zu halten.

Nun war die eine große Revolution in Deutschland (und in Italien) auf Grund der föderalistischen Struktur ohnedies schwer vorstellbar. Wem das als Hinderungsgrund nicht ausreicht, der muß das Kompliment an die Eliten, die jeweils alten Eliten Deutschlands weitergeben, sie hätten eben so gut regiert – und wenn schon nicht so gut regiert, so doch so gut verwaltet – daß es in Deutschland nie zu einem solchen Ausbruch des Vulkans gekommen ist. Der vielbeschworene Untertanengeist ist da nur die andere Seite der Adaptionsfähigkeit, der Überlebensfähigkeit, der Kompetenz der Obrigkeit im langjährigen Schnitt.

»Modernisierung« hatte auch die deutsche Revolution von 1848 im Gefolge; nirgends deutlicher vielleicht als gerade in Österreich, von der Grundablöse bis zur Gewerbefreiheit. Was sie nicht brachte, war eine Abkehr vom Obrigkeitsstaat. Eine Abkehr vom Obrigkeitsstaat, das heißt: nicht eine Herrenschicht durch eine andere ersetzen oder eine Effizienzsteigerung der Bürokratie bewirken, sondern die Devise Jeffersons zu der seinen machen: »The best government is least government.« Diese Perspektive ging verloren. Der

Impuls gegen staatliche Bevormundung und bürokratische »Vielregiererei« verpuffte am Weg in den Interventions- und Wohlfahrtsstaat, und sei es auch der demokratisch legitimierte.

Das halbe Jahrhundert vor 1914 war dabei immer noch ein nach unseren heutigen Maßstäben idyllisch liberales (oder auch, um der Allerweltsbezeichnung zu entkommen: »liberalistisches«). Auch die Konservativen des späten neunzehnten Jahrhunderts waren Liberale, allerdings zum Teil *contre coeur*. Aber sie hatten kein Sensorium dafür, daß dieser Obrigkeitsstaat mit seiner dynastischen Fassade bei passender Gelegenheit auch einmal gegen sie instrumentalisiert werden konnte.

Das amerikanische Vorbild eines »Freistaates« war formell ein Ideal der Linken. Aber es war bezeichnend, daß konkrete Versatzstücke aus den USA in den Diskussionen sehr oft von Konservativen in die Debatte geworfen wurden. Das hatte seine innere Logik: Die Idee der Volkssouveränität war unitarisch, die Gewaltenteilung, der Föderalismus, die das amerikanische Modell ausmachen, im Vergleich dazu konservativ. Die Paulskirche hatte schon von ihrer Aufgabenstellung her mit der Konvention von Philadelphia mehr gemein als mit der Nationalversammlung in Paris. Und von ihrer Entstehung: Die Paulskirche und Philadelphia waren Versammlungen, die erst nach dem Bruch mit dem Ancien Régime entstanden, ihn nicht erst herbeiführen mußten. Das Tabu der Paulskirche freilich war das Vereinbarungsprinzip, das in Philadelphia galt und in Paris nicht – das Vereinbarungsprinzip, das man sich nicht eingestehen wollte. Damit war die Enttäuschung vorprogrammiert.

Karl Theodor Welcker, die Autorität der deutschen Staatsrechtslehrer, hat das 1848 frühzeitig erkannt, als er den Begriff der Volkssouveränität aufs Korn nahm, der vielen seiner Kollegen als Kontrapunkt zum monarchischen Gottesgnadentum so teuer war: »Einseitige, ausschließliche Souveränität hat unser Unglück verschuldet. Es war der Absolutismus in der Gestalt der Regierungs-Souveränität, und zwar der einseitigen, ausschließlichen. Ausschließliche Volkssouveränität aber hat auch den Völkern keine Rosen gebracht, sie hat zwar Könige in Frankreich und England bluten machen, aber sie hat das siegreiche Volk in heillose Soldatenherrschaft und neue Knechtschaft gestürzt.« Nur auf vertraglicher Basis könnten Einheit und Freiheit dauerhaft aufgerichtet werden.[242]

Dafür, so steht zu befürchten, sind Revolutionen allerdings nicht das geeignete Instrumentarium. Auch im angelsächsischen Bereich sind 1688 in England und 1776 in Amerika nicht über Nacht parlamentarische Strukturen entstanden und Traditionen der Lokalverwaltung und Gemeindeautonomie gewachsen. Im Gegenteil: Sie waren vorher schon da und setzten sich gegen Neuerungen zur Wehr. Es waren »konservative Revolutionen«, denen liberale Gemeinwesen ihre Entstehung verdanken.

Das amerikanische Vorbild, selbst wenn man es bejahte, bot freilich keine Betriebsanleitung, wie man dorthin gelangen sollte, wenn einem diese Grundausstattung nicht in die Wiege gelegt war. Wollte man dem Muster folgen, das im angelsächsischen Bereich mit Erfolg praktiziert worden war, dann mußten die Stände zuerst den Absolutismus überwinden, um von dieser sicheren Basis aus die Vereinheitlichung voranzutreiben und schließlich allmählich und unmerklich den Übergang zu einer immer breiteren Partizipation einzuleiten. Die Kombination aller drei Schritte war eine Überforderung des Paulskirchenprojekts. Zwar bestand anfangs die Hoffnung auf Synergieeffekte, aber letztendlich führte diese Überforderung dazu, daß ein Rückschlag auf einem Sektor alles andere mit sich riß.

Die Verbindung zwischen nationalen und liberalen Perspektiven in der Achtundvierziger Bewegung und darüber hinaus war keine zufällige: Es stimmte durchaus, daß der »civil society«, dem staatsfreien und staatsfernen Sektor, ein wenig mehr am gemeinsamen deutschen Vaterland gelegen war als der Bürokratie, Diplomaten und Militärs, deren Perspektiven mit der einzelstaatlichen Souveränität verknüpft waren. Der

Konflikt zwischen liberalen und nationalen Perspektiven war 1848 keiner der Ziele, sondern einer der Mittel. Die Einheit mußte in Frankfurt vereinbart werden, das war die Aufgabe der konstituierenden Nationalversammlung. Als Parlament mußte die Konstituante aber versagen, solange sie nicht über die Finanzhoheit verfügte. Die liberalen Garantien mußten den Regierungen der Einzelstaaten abgerungen werden. Der Grundrechtskatalog mußte ansonsten Theorie bleiben.

Die bürgerliche Revolution, die ab 1860 in Österreich folgte, war eine Revolution durch die Hintertür. Österreich stand nach seinen Niederlagen in Italien 1859 dort, wo es am 12. März 1848 schon einmal gestanden war. Diesmal ging es den Weg der langsamen und zähen Reform in der Auseinandersetzung mit den ständisch-liberalen Kräften. Die Ergebnisse waren bescheidener, als es den hochfliegenden Idealen von 1848 entsprach, aber dauerhafter. Das Budgetrecht der Parlamente trat in Kraft, nicht weil die Untertanen es so vehement forderten, sondern weil die Gläubiger sonst nicht zufriedenzustellen waren. Dieses Muster wird uns heutzutage bekannt vorkommen.

Bescheidener waren ihre Ergebnisse nicht zuletzt deshalb, weil die bürokratische Exekutive in einem Vielvölkerstaat ihr »Teile und Herrsche!« mit wachsendem Erfolg praktizieren konnte; bescheidener auch, weil die Existenz, die Fortdauer dieser imperialen Strukturen zu sehr mit dem Bestand des Staatsgefüges identifiziert wurde, um selbst Kritikern eine radikale Kur ans Herz zu legen. Eine einmalige und faszinierende Epoche blieb das Zeitalter Franz Josephs dabei allemal.

»Gegen Demokraten helfen nur Soldaten!« war ein 1848 geläufiger Spruch, wie ihn auch Friedrich Wilhelm IV. im Munde führte. Kam es einmal zu dieser Konfrontation, dann waren die Chancen groß, daß die ursprüngliche Frage vergessen wurde, die lautete: Was hilft gegen die Bürokratie? Gegen den Staat nicht als metaphysisches Wesen, als Ausdruck des Gottesgnadentums oder der Volkssouveränität, sondern gegen den Apparat, der sich selbst fortschreibt und wächst, beständig aus sich heraus zusätzliche Aufgaben schafft, die neue Kompetenzen erfordern, die wiederum neue Mittel erfordern, wodurch neue Probleme entstehen usw. usw. – ein selbstreferentielles System, das im Kreis geht und sich immer weiter von seinen angeblichen Auftraggebern entfernt.

Viele der Fragen, die 1848 gestellt wurden, haben seither ihre Lösung gefunden, in der einen oder anderen Form. Dieses Problem ist aktueller denn je. Wenn unsere Diagnose richtig ist, dann scheidet eine Revolution als Therapie allerdings aus. Nicht populärer Unmut, sondern finanzieller Kollaps bewirkt die dauerhaften Veränderungen. Daran sollte kein Mangel sein.

Wenn der Griff zum Messer zu riskant ist, bietet sich als Chemotherapie für krebsartig wuchernde Bürokratien dafür vielleicht das an, was der »Spiegel« die »Globalisierungsfalle« nennt.

Qui vivra, verra.

Anmerkungen

1 Zit. Schlitter, Vormärz III 100, Anm. 63; II 31.
2 Andrian-Werburg.
3 Rank 277.
4 Elias 155; Müller, Windischgrätz 41.
5 Dazu Ehrle und Huber.
6 Zit. Höbelt, Militärpolitik 125.
7 Zit. Sutter 184, 191.
8 Ministerratsprotokolle 2. 9. 1848.
9 Berger, Aufzeichnungen 565; dazu Marx, Zensur.
10 Siemann, Juristendominanz 52 f.; zit. Doblhoff, Neue Freie Presse 20. 3. 1898; Rank 286.
11 Grenzboten I/1846, 31.
12 Schapira 12.
13 Zit. Schlitter, Vormärz IV 25; Helfert, Revolution 134; Scheininger 50.
14 Rank 295; Wurzbach LVI 78 (Artikel Wiesner).
15 Sutter 168; Johann u. Prokesch-Osten 220 (10. 8. 1848).
16 Schlitter, Vormärz II 38, Anm. 158.
17 Ebd. I 79, Anm. 61.
18 Zit. Helfert, Revolution 45; Coons 230 (Hartig).
19 (Montecuccoli) 3; Corti, Franz Joseph 339.
20 Zit. Sutter 185.
21 Metternich-Hartig 22; Bibl, Zerfall 347.
22 Sutter 194.
23 Zit. Brandt, Landständische Repräsentation 75.
24 Kuranda, Belgien 7
25 Glanner 70.
26 Helfert, Revolution 115.
27 Grenzboten I/1846 130; zit. Hanisch 36; dazu Gille.
28 AM 7.3.1848; Helfert, Thun ; zit. Wertheimer 1.3.1848.
29 Helfert, Revolution 239; Sutter 185.
30 Corti, Rothschild 359; Srbik, Metternich II 249.
31 Helfert, Revolution 223; H.-H. Brandt, Staatsfinanzen 131, 145; Kurse bei: Baltzarek 52.
32 Freyer 18.

33 Doblhoff, Neue Freie Presse 20. 3. 1898.
34 Reschauer I 119, 131, 106; dazu Brauneder, Leseverein 162 ff.
35 Leeder 164.
36 Ficquelmont 50.
37 Rauh 100; AM Wessenberg 27. 2. 1848.
38 Zit. H.-H. Brandt, Staatsfinanzen 148; Johann u. Prokesch-Osten 220 (10. 8. 1848).
39 L. A. Frankl, Neue Freie Presse 13. 3. 1869.
40 Charmatz, Fischhof 19 ff.
41 Zit. Häusler, Massenarmut 156.
42 Hartig, Genesis 163; Reschauer I 216.
43 Ebd. 234.
44 Ebd. 231.
45 Kriebel 44.
46 L.A. Frankl, Neue Freie Presse 13. 3. 1883; 16. 3. 1875.
47 Reschauer I 322, 413; Ficquelmont, Lettres 152 ff.
48 Schmerling, Denkwürdigkeiten, fol. 16 f.; Doblhoff 20. 3. 1898; zit. Wertheimer.
49 Hartmann, Reimchronik 132.
50 Corti, Franz Joseph 339; dazu Coons.
51 Reschauer I 385, 420 f.; Pratobevera, Neue Freie Presse 15. 3. 1883.
52 Reschauer I 356.
53 Grenzboten I/1846 2; Kuranda, Belgien 7.
54 Thielbeer 17.
55 Häusler, Geburtsjahr 17; Müller, Windischgrätz 89; Arneth, Schmerling 64 f.
56 Helfert, Neue Freie Presse 3. 4. 1898.
57 SW/26: Briefe 27. 5., 27. 6., 7. 7. u. 12. 7. 1848; dazu Bruckmüller.
58 SW/237: Brief 4. 9. 1848; dazu Ullrich.
59 StB I 420 (20. 6. 48).
60 Pfeisinger 227; Nl. Lasser 9/2, Alois Fischer 7. 2. u. 15. 2. 1849.
61 Pfeisinger 119; Seifert 88.
62 Hofdamenbriefe 145; SW/26: Brief 6. 5. 1848.
63 Ministerratsprotokolle 15. 5. 1848 ff.; Sophie-Tagebuch; Segur-Cabanac
64 Grab 94; Bergsträsser, Briefe 378.
65 Ministerratsprotokolle 27. 8. 1848; Presse 5. 7. 1848 (zit. Goldmark).
66 SW/26: Brief 29. 5. 1848; SW/237: Brief 4. 6. 1848.
67 AM, Wessenberg 7. 4., 30. 4., 27. 5. 1848.
68 Ministerratsprotokolle 9. 5. 1848.
69 Arneth, Leben 306; Elbinger 19.
70 Nl. Pratobevera 12, Tagebuch Mai 1848.

71 Grenzboten, IV/1848 125.
72 Reschauer I 143, 204.
73 Grünthal 40, 43.
74 Fallati 12.
75 AM, Wessenberg 24. 3. 1848.
76 Bergsträsser, Parteipolitische Lage 620.
77 Hartmann, Reimchronik 74.
78 HHStA, Schmerling, Denkwürdigkeiten, fol. 329; dazu Wentzcke.
79 Politische Dichtung V 193.
80 KA, Nl. Tegetthoff, Briefe an seinen Vater, 28.3., 18. 4. 1848; Reschauer I 436.
81 HHStA, Nl. Lasser 9/3, Brief Ruthners 4. 4. 1848; AM, Johann 26 .10. 1848; auch: Der Radicale 16. 6. 1848; Egger-Tagebuch 11. 5. 1848.
82 Dazu Deak und Niederhauser.
83 Helfert, Revolution 28, 462; AM, Wessenberg 30. 3. 1848; Hugelmann, Ständischer Zentralausschuß 194, 231 f.; dazu Scheininger.
84 Zit. Reschauer/Smets II 94 f.; Auersperg, Reden 13 f. (6. 5. 1848).
85 AM, Wessenberg 30. 4. 1848; dazu Freyer.
86 Valentin, Revolution I 479.
87 Zit. Molisch, Legion 4; Helfert, Erinnerungen 178.
88 Brauneder, Leseverein 188; Ministerratsprotokolle 3. 4. 1848.
89 Ebd. 5. 4. 1848; Glanner 121; Reschauer/Smets II 51f.
90 StB I 79 (2. 6. 1848); Johann (Hoor) 140 (6. 4. 1849).
91 Ministerratsprotokolle 7. 4. 1848; Droysen, Aktenstücke 797 f.
92 Ebd. 20. 4., 30. 4. 1848; zit. Helfert, Revolution II 314; Doblhoff, Neue Freie Presse 3.4.1898; dazu Brauneder, Leseverein 214 f.
93 Lutz, Habsburg und Preußen 266.
94 Valentin, Revolution II 12.
95 Biedermann 191; Droysen, Aktenstücke 505 (14. 2. 1849).
96 Der Radicale 24. 6. 1848.
97 OÖLA, Manuskript; Bruckmüller, Sozialgeschichte 353; Kudlich III 191.
98 Arneth, Leben 299; dazu Wadl und Drobesch.
99 Best, Handbuch und ders., Interessenpolitik.
100 Hartmann, Reimchronik 33, 83.
101 Laube III 55; Rümelin, Paulskirche 122; Nipperdey, Geschichte 610.
102 Apih 197.
103 StB I 118 (27. 5. 1848); ähnlich Sommaruga (Droysen, Aktenstücke 78, 21. 4. 1848).

104 Constitutionelle Prager Zeitung, 10. 5. 1848 ff. (S. 353, 355, 368); dazu Prinz, Prag und Wien.
105 Helfert, Revolution II 53.
106 Urban I 76.
107 StB I 213 (5. 6. 1848), 418 (20. 6. 1848), 665 ff. (1. 7. 1848).
108 Berger, Erinnerungen 437; StB IV 2830 (23. 10. 1848); dagegen: Rümelin, Paulskirche 105.
109 Laube III 296; dazu Manfroni und Corsini.
110 Bergsträsser, Briefe 380; Presse 6. 7. 1848.
111 Valentin, Frankfurt 191.
112 Weber 342; Stüve-Detmold 65, 83; Droysen, Aktenstücke 804.
113 StB I 27 (19. 5. 1848).
114 StB I 137, 158 (28./29. 5. 1848)
115 Ebd.
116 Ministerratsprotokolle 19. 5. 1848; Nl. Schmerling, Berichte vom 10. u. 15. 6. 1848.
117 Rapp, Vischer 127; dazu Pichl (Hrsg.); Winkler.
118 Stüve-Detmold 55 (2. 7. 1848); Ministerratsprotokolle 3. 7. 1848.
119 StB I 628 ff. (29. 6. 1848); Nl. Schmerling, Berichte vom 26. u. 29. 6. 1848.
120 Rümelin, Paulskirche 4; dazu Langewiesche, Republik und Hildebrandt, Linkskurs.
121 Nl. Schmerling, Bericht vom 10. 6. 1848; dazu Hildebrandt, Gagern-Liberalen.
122 Arneth, Leben 291; Stremayr, Erinnerungen 81 (4. 7. 1848).
123 Weber 350; Flir 162 (23. 6. 1848); Reschauer/Smets II 353 f.; Der Radikale 13. 6. 1848.
124 StB I 350 (9. 6. 1848); Der Radikale 17. 6. 1848; Presse 9. 7. 1848; Valentin, Leiningen 86.
125 Nl. Pratobevera 12, Tagebuch 4. 7. 1848; Der Radikale 7. 7. 1848; Glanner 132.
126 Presse 3., 6. 7. 1848.
127 Bergsträsser, Briefe 382; Plochl 61; Droysen, Aktenstücke 819 f. (Tagebuch 12./13. 7. 1848).
128 Der Radikale 11. 7. 1848.
129 AM, Johann 18. 7 1848.
130 Flir 161; StB I 162, 198.
131 Valentin, Frankfurt 237; Fallmerayer 328 (24. 8. 1848); Politische Dichtung V 193; AM, Johann 6. 11. 1848.
132 Mohl 97.
133 Radikale 20. 10. 1848; Biedermann 218.
134 AM, Wessenberg 7. 7.; Johann (Hoor) 141 f.; Fallati 17.
135 Stremayr, Erinnerungen 92; Rümelin, Paulskirche 91.
136 Flir 164 (23. 6. 1848); Stüve-Detmold 43 (4. 6. 1848).

137 Rümelin, Paulskirche 73 f.; Laube I 211 f.
138 StB VIII 6709 (22. 5. 1849).
139 Flir 180, 184.
140 Weber 370; Droysen, Briefe 488; dazu Schnabel und G. Mayer.
141 Hartmann, Reimchronik 92; Der Radikale 27. 9. 1848.
142 Rümelin, Paulskirche 77–81 (23., 30. 8. 1848).
143 StB III 1990 ff. (11. 9. 1848).
144 Rümelin, Paulskirche 85 (3. 9. 1848).
145 Kurse laut Wiener Zeitungsberichten (Presse, Radikale).
146 Stüve-Detmold 95, 98; StB III 1912 ff. (5. 9. 1848), 2145 ff. (17. 9. 1848).
147 Schmerling, Denkwürdigkeiten, fol. 127-136; Laube II 230.
148 Droysen, Briefe 474 (2. 11. 1848).
149 Stüve-Detmold 105.
150 StB IV 2676 (17. 10. 1848); Elbinger 151.
151 StB IV 2892 (26. 10. 1848); Görlitz 60.
152 Görlitz 96, 110.
153 Ministerratsprotokolle 27. 8. 1848 ff.; Helfert, Erinnerungen 227.
154 Sieber 107.
155 Molisch, Legion 145; dazu Deak.
156 AM, Johann 6. 11. 1848.
157 Der Radikale 30. 9. 1848.
158 Ostdeutsche Post 7. 10. 1848.
159 AM, Johann 9. 10. 1848.
160 AM, Wessenberg 7. 10. 1848.
161 Zit. Häusler, Massenarmut 382.
162 Ostdeutsche Post 14. 10. 1848; Pfeisinger 234.
163 AM, Wessenberg 7. 10. 1848 (II), Johann 14. 10. 1848.
164 Violand 157; AM, Wessenberg 24. 10. 1848; Wessenberg, Briefe 97; Müller, Windischgraetz 145 f.
165 AM, Wessenberg 29. 10. 1848; Johann 6. 11. 1848; Violand 189.
166 Prinz, Kudlich 121, 127; Bergsträsser, Briefe 405; dazu Traub.
167 Ostdeutsche Post 25. 10. 1848.
168 Stüve-Detmold 147.
169 Ostdeutsche Post 14. 10. 1848.
170 Der Radikale 27. 9. 1848; AM, Johann 14. 10. 1848.
171 StB IV 2813 (Berger), 2817 (Reitter) 23. 10. 1848.
172 StB IV 2892-94; zum folgenden insbesondere Telle.
173 StB IV 2849, 2851 (Wagner), 2880 (Stremayr).
174 Verfassungsausschuß 324.
175 StB IV 2885, 2919 ff.
176 Görner 100; Ilwof; Hugelmann, Projekt; Meister, Projekt; Pfeisinger 225 ff.; Presse 12. 11. 1848.

177 StB V 3683 (29. 11. 1848); AM, Johann (undat., zweite Okto-
    berhälfte).
178 StB IV 2898 (Gagern), 2881 (Stremayr).
179 StB IV 2882 (Deym); Fallati 24 (15 .10. 1848).
180 StB IV 2854; Zwiedinek.
181 AM, Johann 26. 10. 1848.
182 Verfassungsausschuß 320, 322, 326, 330 f. (26./27. 9. 1848); StB
    VI 4776 (18. 1. 1849); dazu Rapp und Schneider.
183 StB V 3660 ff. (29. 11. 1848); Presse 24. 10. 1848.
184 Häusler, Schwechat 30.
185 AM, Johann 18. 10. 1848; Weber 424; Arneth, Schmerling 232;
    Wittner 306; dazu Blum und Schmidt.
186 StB V 3719 ff. (30. 11. 1848).
187 Droysen, Briefe 472 (1. 11. 1848); Engelberg 317.
188 Droysen, Briefe 475 (3. 11. 1848).
189 AM, Johann 6., 11. 11. 1848.
190 Droysen, Briefe 506 (3. 1. 1849).
191 Zit. Hildebrandt, Gagern-Liberale 144; Pfitzner, Zur nationalen
    Politik 241.
192 Hartmann, Briefe 34; Reimchronik 5.
193 Zit. Stremayr 118; Ostdeutsche Post 19. 12. 1848.
194 AM, Johann 15. 12. 1848; Stüve-Detmold 142 (10. 12. 1848).
195 Ungedruckte Briefe Johanns 87 (19. 1. 1849); AM, Johann
    11. 11. 1848.
196 AM, Johann 27. 11., 8. 12., 11. 11., 15. 12. 1848.
197 Ungedruckte Briefe Johanns 87; AM, Johann 27. 12. 1848; dazu
    Kramer 134 ff.
198 Droysen, Aktenstücke 495.
199 Arneth, Schmerling 267; Rümelin, Paulskirche 199; Bieder-
    mann 220; StB VI 4234 (Reitter 18. 12. 1848), 4663 (13. 1. 1849).
200 Nl. Lasser 9/4, Wallner 25. 1. 1849; Sophie-Tagebuch 4. 1. 1849;
    Srbik, Deutsche Einheit I 401.
201 Plochl 69 (15. 3. 1849).
202 StB VI 4652-63 (13. 1. 1849).
203 Hartmann, Reimchronik 40.
204 StB VII 4794ff., 4851 ff. (19./23. 1. 1849); Rümelin, Paulskirche
    180.
205 Droysen, Briefe 520, 524, 527; Hartmann, Reimchronik 95.
206 Ebd. 57.
207 Zit. Obermann, Camphausen 429.
208 Großdeutsche Stimmen 81 (7. 1. 1849).
209 Protokolle Verfassungsausschuß (Springer) 269; Urban I
    123.
210 StB IV 2891 (Vogt 26. 10. 1848).

211 StB V 4776 (18. 1. 1849); Srbik, Deutsche Einheit I 392; Helfert, October-Aufstand IV/1, Anhang 10; Wessenberg, Briefe 108.

212 Biedermann 86; Arneth, Leben 412; Rümelin, Paulskirche 187 f. (13. 3. 1849); Molisch, Perthaler 312; Biegeleben 207.

213 Politische Dichtung V 221; Ostdeutsche Post 1. 4. 1849.

214 Fallati 32 (30. 3. 1849); Srbik, Deutsche Einheit I 394; Bergstr ässer, Briefe 113.

215 Obermann, Camphausen 433; Stüve-Detmold 195 (1. 4. 1849); Freytag, Mathy 306.

216 Zit. Salewski 112.

217 Droysen, Briefe 527 f.

218 Rumpler, Chance 319.

219 Hartmann, Reimchronik; zit. Pfitzner, Zur nationalen Politik 241 f.

220 Klemann 330.

221 Johann (Hoor) 141; Plochl 70 (4. 5. 1849).

222 Johann (Hoor) 151, 156 (3. 5. 1849).

223 Fallati 33 (18. 4. 1849); Hartmann, Reimchronik 86.

224 Zit. Pfitzner, Zur nationalen Politik 241 (19. 4. 1849); Hartmann, Briefe 35 (1. 5. 1849).

225 Freytag, Mathy 304.

226 Biedermann 405; Bilgeri IV 355.

227 Politische Dichtung V 208; Hartmann, Reimchronik 104, 131, 111.

228 Laube III 326; Droysen, Briefe 532; Biedermann 120.

229 Johann (Hoor) 168 (20. 5. 1849); 175 (31. 5. 1849).

230 Kolb 158.

231 Laube III 334.

232 Ebd. I 216.

233 Zit. Seifert 73; Schlitter, Gelegenheiten 70.

234 Hartmann, Briefe 53.

235 Zit. Berghaus 211 f.

236 Nl. Groß 6.

237 Großdeutsche Stimmen 60 (Moritz Mohl 21. 4. 1849).

238 Niederhauser 190.

239 Verfassungsausschuß 321.

240 Bergsträsser, Briefe 102; Grenzboten I/1846, 11.

241 Meinecke, Radowitz 111; Hearder 200.

242 StB I 141 (27. 5. 1848).

Quellen- und Literaturverzeichnis

1. Unveröffentlichte Quellen

Haus-, Hof- und Staatsarchiv (Wien):
Nl. Gustav Groß 6
Nl. Lasser 9
–/2 Briefwechsel mit Alois Fischer
–/4 Briefe an Lasser in Kremsier 1849
–/7 Briefe an Stadion bzw. von Oettl 1848
Nl. Pratobevera 12: Tagebuch 1848
Nl. Schmerling 1, 4: Denkwürdigkeiten

Kriegsarchiv Wien:
Nl. B/213/1: Briefe Wilhelm v. Tegetthoffs an seine Eltern

Oberösterreichisches Landesarchiv:
Nl. Carl Wiser (= Museal-Archiv 226, 228)
MS: Oberösterreichische Abgeordnete in der Frankfurter National-
versammlung

Steiermärkisches Landesarchiv
Archiv Meran (AM):
Schuber 60: Korrespondenz Erzherzog Johann – Wessenberg
(Heft 2: 1848/49)

Schloßarchiv Weitra (SW):
PN 26: Briefe Landgraf Johann Fürstenberg an seine Frau
1847 ff.
PN 237: Briefe Landgraf Johann Fürstenberg an seinen Vater

2. Gedruckte Quellen

Stenographischer Bericht über die Verhandlungen der deutschen
constituirenden Nationalversammlung zu Frankfurt am Main,
hrsg. v. Franz Wigard, 9 Bde. (Frankfurt/M. 1848/49).

Die Protokolle des österreichischen Ministerrates 1848–1867, Abt. I: Die Ministerien des Revolutionsjahres 1848, hrsg. v. Thomas Kletecka (Wien 1996).

Das Frankfurter Parlament in Briefen und Tagebüchern (Ambrosch, Rümelin, Hallbauer, Blum), hrsg. v. Ludwig Bergsträsser (Frankfurt/M. 1929).

Anton Auerspergs (Anastasius Grüns) Politische Reden und Schriften, hrsg. v. Stefan Hock (Wien 1906).

Briefwechsel zwischen Anastasius Grün und Ludwig August Frankl (1845-1876), hrsg. v. Bruno v. Frankl-Hochwart (Berlin 1897).

Der Donner der Revolution über Wien. Ein Student aus Czernowitz / Carl von Borkowski / erlebt 1848, hrsg. v. Peter Frank-Döfering (Wien 1988).

Aus Dr. J. N. Bergers literarischem Nachlaß, hrsg. v. Alfred Frh. v. Berger. In: Österreichische Rundschau 5 (1905/06) 379–391, 429–444, 482–489, 526–532, 562–567; 6 (1906/07) 16–21, 61–69.

Johann Gustav Droysen. Briefwechsel, Bd.1: 1829–1851, hrsg. v. Rudolf Hübner (Stuttgart 1929).

Aktenstücke und Aufzeichnungen zur Geschichte der Frankfurter Nationalversammlung aus dem Nachlaß von Johann Gustav Droysen, hrsg. v. Rudolf Hübner (Stuttgart 1924).

Gedanken über Staat und Revolution. Das Tagebuch des Grafen Ferdinand Egger aus dem Jahre 1848, hrsg. v. Ferdinand Hauptmann (Graz 1976).

Aus Johannes Fallati's Tagebüchern und Briefen, hrsg. v. K. Klüpfel. In: Württembergische Vierteljahrshefte für Landesgeschichte 8 (1885) 1–36.

Jakob Philipp Fallmerayer. Schriften und Tagebücher, Bd. 2, hrsg. v. Hans Feigl und Ernst Molden (München 1913).

Lettres du Comte et de la Comtesse de Ficquelmont à la Comtesse Tiesenhausen, hrsg. v. Comte F. de Sonis (Paris 1911).

Alois Flir, Briefe aus Innsbruck, Frankfurt und Wien. Geschrieben in den Jahren 1825 bis 1853 (Innsbruck 1865).

Heinrich Friedjung, Geschichte in Gesprächen. Aufzeichnungen 1898–1919, 2 Bde., hrsg. v. Franz Adlgasser und Margret Friedrich (Wien 1997).

Großdeutsch – Kleindeutsch. Stimmen aus der Zeit von 1815 bis 1914, hrsg. v. Adolf Rapp (München 1922).

Großdeutsche Stimmen 1848/49. Briefe, Tagebuchblätter, Eingaben aus dem Volk, hrsg. v. Karl Demeter (Frankfurt/M. 1939).

Briefe von Moritz Hartmann, hrsg. v. Rudolf Wolhan (Wien 1921).

Hofdamen-Briefe um Habsburg und Wittelsbach (1835–1865), hrsg. v. Richard Kühn (Berlin 1942).

Aus den Tagebuchaufzeichnungen Erzherzog Johanns im Jahre 1848, hrsg. v. Anton Schlossar. In: Österreichische Rundschau 17 (1908) 456–462.

Erzherzog Johann von Österreich als Reichsverweser. Der unveröffentlichte Briefwechsel mit Felix Fürst zu Schwarzenberg aus den Jahren 1848 und 1849, hrsg. v. Ernst Hoor (Wien 1981).

Briefwechsel zwischen Erzherzog Johann Baptist von Österreich und Anton Graf von Prokesch-Osten, hrsg. v. Anton Schlossar (Stuttgart 1898).

Ungedruckte Briefe Erzherzog Johanns aus Frankfurt a. M. von 1848 und 1849, hrsg. v. Anton Schlossar. In: Deutsche Revue 35 (1910) Heft 1, S. 354–358, Heft 2, S. 87–95.

Tagebuch des Carl Friedrich Freiherrn Kübeck, hrsg. v. Max v. Kübeck (Wien 1909).

Metternich-Hartig. Ein Briefwechsel des Staatskanzlers aus dem Exil 1848-1851, hrsg. v. Franz Hartig (Wien 1923).

Opposition in der Paulskirche. Reden, Briefe und Berichte kleinbürgerlich-demokratischer Parlamentarier 1848/49, hrsg. v Gunther Hildebrandt (Berlin 1981).

Briefe des Abgeordneten Dr. Johann von Perthaler aus der Paulskirche, hrsg. v. Paul Molisch. In: MIÖG 47 (1933) 309–317.

Hans von Perthalers auserlesene Schriften, 2 Bde., hrsg. v. Ambros Mayr (Wien 1883).

Briefe von Anna Plochl, Freifrau von Brandhofen aus Frankfurt/-Main 1848/1849 im Steiermärkischen Landesarchiv, hrsg. v. Franz Otto Roth. In: Mitteilungen des Steiermärkischen Landesarchivs 30 (1980) 59–76.

Deutsche Literatur: Reihe Politische Dichtung, Bd.4: Der österreichische Vormärz 1816–1847, hg. v. Otto Rommel (Leipzig 1931); Bd.5: Die Dichtung der ersten deutschen Revolution 1848–1849, hg. v. Elfriede Underberg (Leipzig 1930).

Aus dem Nachlaß des Freiherrn von Pratobevera. In: Neue Freie Presse 6. 2. 1898, S. 23–27; 13. 2. 1898, S. 23.

Emil Franz Rößler, 14 Briefe an Wilhelm Wattenbach. In: Großdeutsche Stimmen 1848/49, hrsg. v. Karl Demeter (Frankfurt/M. 1939) 77–86.

Gustav Rümelin, Aus der Paulskirche. Berichte an den Schwäbischen Merkur aus den Jahren 1848 und 1849, hrsg. v. H. R. Schäfer (Stuttgart 1892).

Aus dem Tagebuch der Erzherzogin Sophie, hrsg. v. Fritz Reinöhl. In: Historische Blätter 4 (1931) 109–136.

Briefwechsel zwischen Stüve und Detmold in den Jahren 1848 bis 1850, hrsg. v. Gustav Stüve (= Quellen und Darstellungen zur Geschichte Niedersachsens 13, Hannover 1903).

310

Die Verfassung des Deutschen Reiches von 1849. Mit Vorentwürfen, Gegenvorschlägen und Modifikationen bis zum Erfurter Parlament, hrsg. v. Ludwig Bergsträsser (Bonn 1913).

Die Verhandlungen des Verfassungsausschusses der deutschen Nationalversammlung, 1. Teil, hrsg. v. Johann G. Droysen (Leipzig 1849).

Protokolle des Verfassungs-Ausschusses im Oesterreichischen Reichstage 1848–1849, hrsg. v. Anton Springer (Leipzig 1885).

Achtzehn Briefe Friedrich Theodor Vischers aus der Paulskirche, hrsg. v. Egelhaaf. In: Deutsche Revue 35 (1910) Heft 1, S. 368–371.

Briefe von Johann Philipp Freiherrn von Wessenberg aus den Jahren 1848-1858 an Isfordink-Kostnitz, Bd. 1 (Leipzig 1877).

3. Zeitungen

Allgemeine Österreichische Zeitung
Geradaus
Die Grenzboten
Hans-Jörgel von Gumpoldskirchen
Neue Freie Presse
Constitutionelle Prager Zeitung
Ostdeutsche Post
Die Presse
Der Radikale (bis 15. August 1848: Österreichisch Deutsche Zeitung)

4. Erinnerungen und zeitgenössische Streitschriften

Anonym, Croquis aus dem mährischen Landtag. In: Der Radikale 21. Sept. – 6. Okt. 1848.

Arneth, Alfred von, Aus meinem Leben. Die ersten dreißig Jahre (1819–1849) (Wien 1891).

Bauernfeld, Eduard, Erinnerungen aus Alt-Wien, hrsg. v. Josef Bindtner (Wien 1923).

Beseler, Georg, Erlebtes und Erstrebtes 1809-1859 (Berlin 1884).

Biedermann, Karl, Erinnerungen aus der Paulskirche (Leipzig 1849).

Ficquelmont, Ludwig, Aufklärungen über die Zeit vom 20. März bis zum 4. Mai 1848 (Leipzig 1850).

Frankl, Ludwig A., Aus den Märztagen 1848. In: Neue Freie Presse 13. 3. 1869, S. 1–3.

ders., Erinnerungen aus den Märztagen 1848. In: Neue Freie Presse 16 .3. 1875, S. 1–3.

Hartig, Franz Graf, Genesis der Revolution im Jahre 1848 (Leipzig 1850).

Hartmann, Moritz, Reimchronik des Pfaffen Maurizius. In: Gesammelte Werke, Bd. 2 (Stuttgart 1874) 1–156.

Haym, R., Die deutsche Nationalversammlung, 2 Bde. (Berlin 1850).

Helfert, Josef Alexander Frh. v., Aufzeichnungen und Erinnerungen aus jungen Jahren. Im Wiener konstituierenden Reichstag Juli bis Oktober 1848 (Wien 1904).

Jürgens, Karl, Zur Geschichte des Deutschen Verfassungswerkes 1848-49, 3 Bde. (Braunschweig/Hannover 1850-57).

1848. Ein Wiener Volksdichter erlebt die Revolution. Die Memoiren Friedrich Kaisers, hrsg. v. Franz Hadamovsky (Wien 1948).

Kolb, Georg Friedrich, Lebenserinnerungen eines liberalen Demokraten 1808–1884, hrsg. v. Ludwig Merckle (Freiburg i. B. 1976).

Kudlich, Hans, Rückblicke und Erinnerungen, 3 Bde. (Wien 1873).

Laube, Heinrich, Das erste deutsche Parlament, 3 Bde., hrsg. v. Heinrich H. Houben (Leipzig 1909).

Mohl, Robert v., Lebenserinnerungen, Bd.2 (Stuttgart 1902).

(Montecuccoli, Albert Graf?), Die niederösterreichischen Landstände und die Genesis der Revolution in Oesterreich im Jahre 1848 (St. Pölten 1850).

ders., Denkschrift des Grafen Albert Montecuccoli an die hohe Reichsversammlung (St. Pölten 1848).

Eduard Neussers Studienerinnerungen aus dem Jahre 1848, hrsg. v. Paul Molisch. In: Mitteilungen des Vereins für Geschichte der Stadt Wien 13/14 (1933) 65–83.

Pichler, Adolf, Aus den März- und Oktobertagen zu Wien 1848 (Innsbruck 1850).

Rank, Josef, Erinnerungen aus meinem Leben (Prag 1896).

Schindler, Alexander (Julius von der Traun), Beiträge zum Verständnisse der ständischen Bewegung in den deutsch-österreichischen Provinzen (Leipzig 1848).

Stremayr, Carl v., Erinnerungen aus dem Leben (Wien 1899).

Violand, Ernst v., Enthüllungen aus Oesterreichs jüngster Vergangenheit (Hamburg 1849).

Weber, Beda, Umrisse aus der Paulskirche. In: Charakterbilder (Frankfurt/M. 1853) 323–489.

Wiesner, Adolph, Denkwürdigkeiten der österreichischen Zensur (Stuttgart 1847).

5. Literatur

Ableitinger, Alfred, Erzherzog Johann und Wessenberg 1848. In: Zeitschrift des Historischen Vereins für Steiermark 65 (1974) 161–189.

ders., Erzherzog Johann und die Revolutionen von 1848/49. In: Erzherzog Johann, hrsg. v. Grete Klingenstein (Graz 1982) 73–98.

Ahrens, Helmut, Bis zum Lorbeer versteig' ich mich nicht. Johann Nestroy – sein Leben (Frankfurt/M. 1982).

Allmayer-Beck, Johann Christoph, Der stumme Reiter. Erzherzog Albrecht, der Feldherr »Gesamtösterreichs« (Graz 1997).

Andics, Erzsebeth, Metternich und die Frage Ungarns (Budapest 1973).

Andics, Hellmuth, Das österreichische Jahrhundert. Die Donaumonarchie 1804–1918 (Wien 1986).

Angelow, Jürgen, Von Wien nach Königgrätz. Die Sicherheitspolitik des Deutschen Bundes im europäischen Gleichgewicht 1815–1866 (München 1996).

Apih, Joseph, Die slovenische Bewegung im Frühjahr und Vorsommer 1848; Die Slovenen 1848/49; Die Slovenen und das österreichische Verfassungswerk. In: Österreichisches Jahrbuch 16 (1892) 175–208; 18 (1894) 15–35; 20 (1896) 119–154.

Arneth, Alfred von, Anton Ritter von Schmerling. Episoden aus seinem Leben 1835. 1848–1849 (Prag 1895).

ders., Johann Freiherr von Wessenberg (Wien 1898).

Asmera, Gabriela, Der Reichstag 1848 in Wien und seine politischen Gruppierungen (phil. Diss. Wien 1985).

Asmus, Helmut, Deutscher Vormärzliberalismus 1830–1847/48. In: Aufklärung – Vormärz – Revolution 7 (1988) 47–68.

Austensen, Roy A., Friedrich Schwarzenberg: »Realpolitiker« or Metternichian? The Evidence of the Dresden Conference. In: MÖStA 30 (1977) 97–118.

ders., Metternich, Austria and the German Question, 1848–1851. In: The International History Review 13 (1991) 21–37.

Baltzarek, Franz, Die Geschichte der Wiener Börse (Wien 1973).

Bauer, Ernest, Joseph Graf Jellachich de Buzim. Banus von Kroatien (Wien 1975).

Berghaus, Günter, J.N. Nestroys Revolutionspossen im Rahmen des Gesamtwerks (Berlin 1977).

Bergsträsser, Ludwig, Die parteipolitische Lage beim Zusammentritt des Vorparlaments. In: Zeitschrift für Politik 6 (1913) 594–620.

Best, Heinrich, Männer von Bildung und Besitz. Struktur und Handeln parlamentarischer Führungsgruppen in Deutschland und Frankreich 1848/49 (Düsseldorf 1990).

ders., Interessenpolitik und nationale Integration 1848/49. Handels-politische Konflikte im frühindustriellen Deutschland (Göttingen 1980).

ders., Der ›Ausschluß‹ – Elitenstruktur und kleindeutsche Lösung 1848/49. In: 16. Österreichischer Historikertag Krems/Donau 1984. Tagungsbericht (Wien 1985) 609–619.

ders. & Wilhelm Weese, Biographisches Handbuch der Mitglieder der deutschen Nationalversammlung 1848/49 (Düsseldorf 1996).

Bibl, Viktor, Die niederösterreichischen Stände im Vormärz (Wien 1911).

ders., Der Zerfall Österreichs, Bd.1: Kaiser Franz und sein Erbe (Wien 1922).

ders., Die Wiener Polizei. Eine kulturhistorische Studie (Leipzig 1927).

ders., Erzherzog Karl (Wien 1941).

Biegeleben, Rüdiger Frhr. v., Ludwig Frhr. v. Biegeleben. Ein Vorkämpfer des großdeutschen Gedankens (Zürich 1930).

Bilgeri, Benedikt, Geschichte Vorarlbergs, Bd. 4: Zwischen Absolutismus und halber Autonomie (Wien 1982).

Birnbacher, Walburga, Die Pazifikationsmission des Grafen Hartig in Oberitalien (April – Juni 1848) (phil. Diss. Wien 1969).

Blackbourn, David & Geoff Eley, Mythen deutscher Geschichtsschreibung. Die gescheiterte bürgerliche Revolution von 1848 (Frankfurt/M. 1980); auf englisch als: The Peculiarities of German History. Bourgeois Society and Politics in Nineteenth-Century Germany (Oxford 1984).

Blum, Hans, Robert Blum's Tod. In: Neue Freie Presse, 13. 3. 1898, S. 19–24.

Botzenhart, Manfred, Deutscher Parlamentarismus 1848–1850 (Düsseldorf 1977).

ders., Das preußische Parlament und die deutsche Nationalversammlung im Jahre 1848. In: Regierung, Bürokratie und Parlament in Preußen und Deutschland von 1848 bis zur Gegenwart, hrsg. v. Gerhard Ritter (Düsseldorf 1983).

Bowman, William D., Religious Associations and the Formation of Political Catholicism in Vienna, 1848 to the 1870s. In: Austrian History Yearbook 27 (1996) 65–76.

Boyer, John, Political Radicalism in late Imperial Vienna. Origins of the Christian Social Movement 1848–1897 (Chicago 1981).

Brandt, Harm-Hinrich, Der österreichische Neoabsolutismus: Staatsfinanzen und Politik 1848–1860, 2 Bde. (Göttingen 1978).

Brandt, Hartwig, Landständische Repräsentation im deutschen Vormärz. Politisches Denken im Einflußfeld des monarchischen Prinzips (Neuwied 1968).

Brauneder, Wilhelm, Österreichische Verfassungsgeschichte (6. Aufl., Wien 1992).

ders., Leseverein und Rechtskultur. Der juridisch-politische Leseverein zu Wien 1840 bis 1990 (Wien 1992).

Bruckmüller, Ernst, Sozialgeschichte Österreichs (München 1985).

ders., Die Lage der oberösterreichischen Bauern um das Jahr 1848. In: Das Jahr 1848 in Oberösterreich und Hans Kudlich (Linz 1978) 41–52.

ders., Die Grundherren, die Bauern und die Revolution. In: Hans Kudlich und die Bauernbefreiung in Niederösterreich (Wien 1983) 57–76.

Charmatz, Richard, Adolf Fischhof. Das Lebensbild eines österreichischen Politikers (Stuttgart 1910).

Conze, Werner (Hrsg.), Staat und Gesellschaft im deutschen Vormärz 1815–1848 (Stuttgart 1962).

Coons, Ronald E., Reflections of a Josephinist. In: MÖStA 36 (1983) 204–236.

Corti, Egon Caesar Conte, Der Aufstieg des Hauses Rothschild (Wien 1953).

ders., Vom Kind zum Kaiser. Kindheit und erste Jugend Kaiser Franz Josephs I. und seiner Geschwister (Graz 1950).

Corsini, Umberto, Deputati delle Terre Italiane a Parlamenti Viennesi. In: Archivio Veneto, 5a Seria 97 (1972) 151–226.

Deak, Istvan, The Lawful Revolution. Louis Kossuth and the Hungarians, 1848–1849 (New York 1979).

Derndarsky, Michael, Österreich und der Deutsche Bund 1815–1866. Anmerkungen zur deutschen Frage zwischen dem Wiener Kongreß und Königgrätz. In: Österreich und die deutsche Frage im 19. und 20. Jahrhundert, hrsg. v. Heinrich Lutz & Helmut Rumpler (Wien 1982) 92–116.

Doblhoff, J(osef) v., Mittheilungen aus dem Jahre 1848. In: Neue Freie Presse, 20. 3. 1898, S. 19–25; 3. 4., 17. 4., 24. 4., 1. 5. 1898, jeweils S. 23–27.

Doblinger, Max, Der burschenschaftliche Gedanke auf Österreichs Hochschulen vor 1859. In: Quellen und Darstellungen zur Geschichte der Burschenschaft und der deutschen Einheitsbewegung 8 (1925) 31–150.

Doeberl, M., Bayern und die Deutsche Frage in der Epoche des Frankfurter Parlaments (München 1922).

Eberbach, Götz, Die Deutsche Revolution 1848/1849 (Wien 1990).

Eder, Heinrich, Die Gestalt des Reiches in der politischen Lyrik der Jahre 1840-70 (phil. Diss. Wien 1936).

Ehrle, Peter Michael, Volksvertretung im Vormärz. Studien zur Zusammensetzung, Wahl und Funktion der deutschen Landtage im Spannungsfeld zwischen monarchischem Prinzip und ständischer Repräsentation, 2 Bde. (Frankfurt/M. 1979).

Elbinger, Carl, Witz und Satire Anno 1848 (Wien 1948).

Elias, Otto Heinrich, Vom Schwäbischen Kreis zum Südweststaat. In: Blätter für deutsche Landesgeschichte 132 (1996) 151–172.

Eltz, Erwein, Die Modernisierung einer Standesherrschaft. Karl Egon III. und das Haus Fürstenberg in den Jahren nach 1848/49 (Sigmaringen 1980).

Engelberg, Ernst, Bismarck. Urpreuße und Reichsgründer (Berlin 1985).

Englova, Jana, Die Burschenschaft Markomannia in Prag und der Maiaufstand 1849. In: Studentische Burschenschaften und bürgerliche Umwälzung, hrsg. v. Helmut Asmus (Berlin 1992).

Facius, Friedrich, Politische Geschichte von 1828 bis 1945. (= Geschichte Thüringens, hrsg. v. Hans Patze und Walter Schlesinger, Bd. 5, Teil 2, Köln 1978)

Fellner, Fritz, Franz Schuselka. Ein Lebensbild (phil. Diss. Wien 1948).

ders., Die Tagebücher des Viktor Franz von Andrian-Werburg. In: MÖStA 26 (1973) 328–341.

Fink, Karl, Anton Freiherr von Doblhoff-Dier (phil. Diss. Wien 1948).

Fleck, Die Revolution von 1848 in Deutschland. Literaturüberblick zu einem neuen Forschungsparadigma. In: Aufklärung – Vormärz – Revolution 8/9 (1988/89) 175–189.

Frankl, Ludwig August, Erinnerungen aus den Märztagen 1848. In: Neue Freie Presse, 16. März 1875, S. 1–3.

ders., Aus dem Märzsturme 1848. In: Neue Freie Presse, 13., 15., 16. 3. 1883, jeweils S. 1–3.

Franz, Eckhart G., Das Amerikabild der deutschen Revolution von 1848/49 (Heidelberg 1958).

Franz, Günther, Die agrarische Bewegung im Jahre 1848. In: Zeitschrift für Agrargeschichte und Agrarsoziologie 7 (1959) 176–193.

Freyer, Ulrich, Das Vorparlament zu Frankfurt/M. im Jahre 1848 (Greifswald 1913).

Freytag, Gustav, Karl Mathy (= Gesammelte Werke II, Bd. 8, Leipzig 1870).

Friedjung, Heinrich, Österreich von 1848 bis 1860, Bd. 1: Die Jahre der Revolution und der Reform 1848 bis 1851 (Stuttgart 1907).

Gall, Lothar, Der Liberalismus als regierende Partei (Wiesbaden 1968).

ders., Bürgertum in Deutschland (Berlin o. J.)

Gille, Bertrand, Histoire de la maison Rothschild, 2 Bde. (Genf 1965-67).

Glanner, Friederike, Viktor Franz von Andrian-Werburg (phil. Diss. Wien 1961).

Gollwitzer, Heinz, Bemerkungen zum politischen Katholizismus im bayerischen Vormärz und Nachmärz. In: Festschrift für Rudolf Morsey zum 65. Geburtstag (Berlin 1992) 283–304.

Görlitz, Walter, Jellačić. Symbol für Kroatien (Wien 1992).

Görner, Karl v., Das Jahr 1848 in Linz und Oberösterreich (Linz o. J.)

Gottsmann, Andreas, Der Reichstag von Kremsier und die Regierung Schwarzenberg. Die Verfassungsdiskussion 1848 im Spannungsfeld zwischen Reaktion und nationaler Frage (Wien 1995).

Grab, Walter, Heinrich Heine als politischer Dichter (Heidelberg 1982).

Griewank, Karl, Ursachen und Folgen des Scheiterns der Deutschen Revolution 1848. In: Historische Zeitschrift 170 (1950) 495–523.

Größing, Helmuth, Der Kampf um Wien im Oktober 1848 (Wien 1973).

ders., Ein Brief Erzherzog Johanns aus Frankfurt im Jahre 1848. In: Blätter für Heimatkunde 46 (1972) 74–80.

Grünthal, Günther, Bemerkungen zur Kamarilla Friedrich Wilhelms IV. im nachmärzlichen Preußen. In: Jahrbuch für die Geschichte Mittel- und Ostdeutschlands 36 (1987) 39–47.

Gschliesser, Oswald v., Die nationale Einheitsbewegung in Deutschtirol im Jahre 1848 (Innsbruck 1938).

Haintz, Dieter, Carl Giskra – ein Lebensbild (phil. Diss. Wien 1962).

Harl, Elfriede, Dr. Johann Anton Fleckh. Ein Vorkämpfer für Großdeutschland. In: Zeitschrift des historischen Vereins für Steiermark 35 (1942) 85–103.

Hauptmann, Ferdinand, Erzherzog Johann als Vermittler zwischen Kroaten und Ungarn im Jahre 1848 (Graz 1972).

ders., Jellačić Kriegszug nach Ungarn 1848 (Graz 1975).

Häusler, Wolfgang, Von der Massenarmut zur Arbeiterbewegung. Demokratie und soziale Frage in der Wiener Revolution von 1848 (Wien 1979).

ders., Das Gefecht bei Schwechat am 30. Oktober 1848 (Wien 1977).

ders., 1848. Das Geburtsjahr der Demokratie in Österreich (Wien 1991)

ders., Die österreichische Revolution von 1848 und die polnische

Frage bis zur Einberufung des Reichstages. In: Studia Austro-Polonica 1 (1978) 107–127.

ders., Ein unbekannter Aufruf Robert Blums aus der Wiener Oktoberrevolution 1848. In: Wiener Geschichtsblätter 33 (1978) 173–187.

ders., Die österreichische Publizistik und ihre Probleme im Vormärz und im Revolutionsjahr 1848. In: Die öffentliche Meinung in der Geschichte Österreichs (Wien 1979) 64–88.

Hearder, Harry, Italy in the Age of the Risorgimento 1790–1870 (London 1983).

Heigl, Irmgard, Die politische Entwicklung Gmundens von 1848 bis 1880 (phil. Diss. Wien, vor dem Abschluß).

Heilingsetzer, Georg, 1848 und die Folgen. Am Beispiel Oberösterreichs. In: Das Jahr 1848 in Oberösterreich und Hans Kudlich (Linz 1978) 9–25.

Helfert, Josef Alexander Frh. v., Geschichte Oesterreichs vom Ausgange des Wiener October-Aufstandes 1848 (Prag 1876 bis 1886)

ders., Geschichte der österreichischen Revolution im Zusammenhange mit der mitteleuropäischen Bewegung der Jahre 1848–1849, 2 Bde. (Freiburg i.B. 1907/09).

ders., Graf Leo Thun, 4 Bde. (Wien 1891-97)

ders., Die Wiener Journalistik im Jahre 1848 (Wien 1877).

Heller, Eduard, Mitteleuropas Vorkämpfer. Felix Fürst zu Schwarzenberg (Wien 1933).

Herzog, Elisabeth, Graf Franz Anton Kolowrat-Liebsteinsky. Seine politische Tätigkeit in Wien (1826–1848) (phil. Diss. Wien 1968).

Heydemann, Günther, Konstitution gegen Revolution. Die britische Deutschland- und Italienpolitik 1815–1848 (Göttingen 1995).

Hildebrandt, Gunther, Parlamentsopposition auf Linkskurs. Die kleinbürgerlich-demokratische Fraktion Donnersberg in der Frankfurter Nationalversammlung 1848/49 (Berlin 1975).

ders., Politik und Taktik der Gagern-Liberalen in der Frankfurter Nationalversammlung 1848/1849 (Berlin 1989).

Hock, Carl Frh. v., Der österreichische Staatsrath (1760–1848) (Wien 1879).

Höbelt, Lothar, Bürokratie und Aristokratie im Österreich der vor-konstitutionellen Ära. In: Etudes Danubiennes 11 (1995) 149–162.

ders., Von Bismarck zu Metternich. In: Die Einheit der Neuzeit. Zum historischen Werk von Heinrich Lutz (= Wiener Beiträge 15, 1988) 169–181.

ders., Zur Militärpolitik des Deutschen Bundes. In: Deutscher Bund und deutsche Frage 1815–1866, hrsg. v. Helmut Rumpler (Wien 1990) 114–135.

Huber, Ernst Rudolf, Deutsche Verfassungsgeschichte seit 1789, Bd.2 (Stuttgart 1960).

Hugelmann, Karl, Die österreichischen Landtage im Jahre 1848 (= Archiv für österreichische Geschichte 111 (1930), 114 (1938), 115 (1943)).

ders., Die Landtagsbewegung des Jahres 1848 in Österreich unter der Enns. In: Jahrbuch für Landeskunde von Niederösterreich 13/14 (1914/15) 495–530.

ders., Der ständische Zentralausschuß in Österreich im April 1848. In: Jahrbuch für Landeskunde von Niederösterreich 12 (1913) 170–260.

ders., Das kaiserliche Kabinettsschreiben vom 8. April 1848 und das Ministerium Pillersdorff. In: Jahrbuch für Landeskunde von Niederösterreich 15/16 (1916/17) 492–512.

ders., Das Projekt eines Kongresses der österreichischen Alpenländer im Herbste 1848. Ein Nachtrag. In: Zeitschrift des historischen Vereins für Steiermark 19 (1924) 140–148.

Hummel, Karl-Joseph, München in der Revolution von 1848/49 (Göttingen 1987).

Ibler, Hermann, Die Wahlen zur Frankfurter Nationalversammlung in Österreich (mit besonderer Berücksichtigung der Steiermark). In: MIÖG 48 (1934) 103–112.

Ilwof, Franz, Der provisorische Landtag des Herzogthums Steiermark im Jahre 1848 (Graz 1901).

ders., Zur Geschichte der Steiermark im Jahre 1848. In: Mittheilungen des historischen Vereines für Steiermark 45 (1897) 1–20.

Jaworski, Rudolf & Robert Luft (Hrsg.), 1848/49. Revolutionen in Ostmitteleuropa (München 1996).

John, Jürgen, Die Thüringer Kleinstaaten – Entwicklungs- oder Beharrungsfaktoren? In: Blätter für deutsche Landesgeschichte 132 (1996) 91–150.

Judson, Peter, Exclusive Revolutionaries. Liberal Politics, Social Experience and National Identity in the Austrian Empire, 1848–1914 (Ann Arbor 1996).

Katzenbeisser, Ernst, Freiherr von Pillersdorff als Minister (phil. Diss. Wien 1936).

Kerekeshazy, Josef, Die geheimen Tagebücher Kaiser Ferdinand I. aus dem Revolutionsjahr 1848 (masch. Wien 1975).

Kleimann, Christoph, Zur Sozialgeschichte der Reichsverfassungskampagne von 1849. In: Historische Zeitschrift 218 (1974) 283–337.

Klingenstein, Grete (Hrsg.), Erzherzog Johann von Österreich. Beiträge zur Geschichte seiner Zeit (Graz 1982).

Kozik, Jan, Galizische Ukrainer im konstituierenden Reichstag von Wien und Kremsier. In: Studia Austro-Polonica 1 (1978) 129–155.

Kramer, Helmut, Fraktionsbindungen in den deutschen Volksvertretungen 1819–1849 (Berlin 1968).

Kraus, Hans-Christof, Ernst Ludwig von Gerlach. Politisches Denken und Handeln eines preußischen Altkonservativen, 2 Bde. (Göttingen 1994).

ders. (Hrsg.), Konservative Politiker in Deutschland. Eine Auswahl biographischer Portraits aus zwei Jahrhunderten (München 1993).

ders., Das preußische Königtum Friedrich Wilhelms IV. aus der Sicht Ernst Ludwig von Gerlachs. In: Jahrbuch für die Geschichte Mittel- und Ostdeutschlands 36 (1987) 48–93.

ders., Politisches Denken der deutschen Spätromantik. In: Literaturwissenschaftliches Jahrbuch 38 (1997) 111–146.

Kreibel, Hermann, Ueber die Bezwingung innerer Unruhen, nach den Erfahrungen der Geschichte in der ersten Hälfte des XIX. Jahrhunderts (Innsbruck 1929).

Krones, Ferdinand v., Moritz von Kaiserfeld (Leipzig 1888).

Hans Kudlich und die Bauernbefreiung in Niederösterreich (Wien 1983).

Das Jahr 1848 in Oberösterreich und Hans Kudlich. Reflexionen und Berichte zum 130-Jahr-Gedenken an Revolution und Bauernbefreiung (Linz 1978).

Kuranda, Peter, Großdeutschland und Großösterreich bei den Hauptvertretern der österreichischen Literatur 1830–1848 (Wien 1928).

Langewiesche, Dieter, Liberalismus und Demokratie in Württemberg zwischen Revolution und Reichsgründung (Düsseldorf 1974).

ders., Republik, konstitutionelle Monarchie und »soziale Frage«. Grundprobleme der deutschen Revolution von 1848/49. In: Historische Zeitschrift 230 (1980) 529–548.

ders., Die deutsche Revolution von 1848/49 und die vorrevolutionäre Gesellschaft: Forschungsstand und Forschungsperspektiven. In: Archiv für Sozialgeschichte 21 (1981) 458–498, 31 (1991) 331–443.

Leeder, Carl, Johann Ernest Graf von Hoyos-Sprinzenstein (Wien 1902).

Lütge, F., Die Grundentlastung (Bauernbefreiung) in der Steiermark. In: Zeitschrift für Agrargeschichte und Agrarsoziologie 16 (1968) 190–209.

320

Lutz, Heinrich, Zwischen Habsburg und Preußen. Deutschland 1815–1866 (Berlin 1985).

ders. & Helmut Rumpler (Hrsg.), Österreich und die deutsche Frage im 19. und 20. Jahrhundert (Wien 1982).

Maier, Hans, Katholisch-protestantische Ungleichgewichte in Deutschland – ein Vorspiel zum Kulturkampf. In: Festschrift für Rudolf Morsey zum 65. Geburtstag (Berlin 1992) 275–282.

Mailer, Franz, Johann Strauss (Sohn). Leben und Werk in Briefen und Dokumenten, Bd.1: 1825-63 (Tutzing 1983).

Manfroni, Mario, Giovanni a Prato e il Trentino dei suoi Tempi (Trient 1920).

Mann, Bernhard, Das Ende der deutschen Nationalversammlung im Jahre 1849. In: Historische Zeitschrift 214 (1972) 265–309.

Marx, Julius, Die österreichische Zensur im Vormärz (Wien 1959).

ders., Die Wirtschaftslage im deutschen Österreich vor 1848. In: Vierteljahrsschriften für Sozial- und Wirtschaftsgeschichte 31 (1938) 242–282.

ders., Die Teuerung der Jahre 1846 und 1847. In: Jahrbuch des Vereins für Geschichte der Stadt Wien 1 (1939) 103–128.

ders., Die öffentliche Sicherheit in den österr. Ländern von 1840 bis 1848. In: MIÖG 65 (1957) 70–92.

ders., Polizei und Studenten. Ein Beitrag zur Vorgeschichte des 13. März 1848 in Wien. In: Jahrbuch des Vereines für Geschichte der Stadt Wien 19/20 (1963/64) 218–250.

Matl, Josef, Leistung und Bedeutung Erzherzog Johanns für den national-kulturellen Fortschritt der Slowenen und Kroaten. In: Südostforschungen 22 (1963) 356–376.

Mayer, Gottfried, Österreich als katholische Großmacht. Ein Traum zwischen Revolution und liberaler Ära (Wien 1989).

Mazohl, Brigitte, Autonomiebestrebungen in Trentino (phil. Diss. Salzburg 1971).

dies., Sonderfall Liechtenstein. Die Souveränität des Fürstentums zwischen Heiligem Römischem Reich und Deutschem Bund (Vortrag vor der Kommission f. neuere Geschichte Österreichs 1997).

McClelland, Charles E., History in the Service of Politics: A reassessment of G.G. Gervinus. In: Central European History 4 (1971) 371–389.

Meinecke, Friedrich, Radowitz und die deutsche Revolution (Berlin 1913).

Meister, Oskar, Vinzenz Edler von Emperger, ein Grazer Volksführer von 1848. In: Zeitschrift des historischen Vereins für Steiermark 31 (1937) 124–155.

ders., Das Projekt eines Kongresses der österreichischen Alpenländer im Herbst 1848. Eine Ergänzung. In: Zeitschrift des historischen Vereins für Steiermark 30 (1936).

Mezler, Helmut-Andelberg, Österreichs »Schwarze Legende«. Zur Kritik an der Habsburgermonarchie durch österreichische Zeitgenossen Erzherzog Johanns. In: MÖStA 16 (1963) 216–249.

Moeller, Heidrun v., Großdeutsch und Kleindeutsch. Die Entstehung der Worte in den Jahren 1848-49 (Berlin 1937).

Molisch, Paul, Die Wiener Akademische Legion und ihr Anteil an den Verfassungskämpfen des Jahres 1848. In: Archiv für österreichische Geschichte 110 (1924) 3–207.

ders., Briefe des Grafen Heinrich Clam Martinic aus den Jahren 1848 und 1849. In: MIÖG 52 (1938) 477–482.

ders., Anton von Schmerling und der Liberalismus in Österreich. In: Archiv für österreichische Geschichte 116 (1944).

Mueller, Christine, The Styrian Estates, 1740–1848: A Century of Transition (New York 1987).

Müller, Harald, Im Widerstreit von Interventionsstrategie und Anpassungszwang. Die Außenpolitik Österreichs und Preußens zwischen dem Wiener Kongreß 1814/15 und der Februarrevolution 1848, Teil 2 (Berlin 1990).

Müller, Paul, Feldmarschall Fürst Windischgrätz. Revolution und Gegenrevolution in Österreich (Wien 1934).

Niebour, Hermann, Die Abgeordneten Niederösterreichs bei der deutschen Nationalversammlung in Frankfurt am Main. In: Jahrbuch für Landeskunde von Niederösterreich 12 (1913) 122–146.

ders., Die Abgeordneten Steiermarks auf der Frankfurter Nationalversammlung. In: Zeitschrift des Historischen Vereins für Steiermark 10 (1912) 247–266.

Niederhauser, Emil, 1848. Sturm im Habsburgerreich (Wien 1990).

Nipperdey, Thomas, Deutsche Geschichte 1800–1866. Bürgerwelt und starker Staat (München 1983).

ders., Nachdenken über die deutsche Geschichte. Essays (München 1986).

Oberhummer, Hermann, Die Wiener Polizei im Revolutionsjahr 1848 (Wien 1928).

Obermann, Karl, Die österreichischen Reichstagswahlen 1848. Eine Studie zu Fragen der sozialen Struktur und der Wahlbeteiligung auf der Grundlage der Wahlakten. In: MÖStA 26 (1973) 342–374.

ders., Zur Tätigkeit von Ludolf Camphausen als preußischer Bevollmächtigter in Frankfurt a. M. Juli 1848 bis April 1849. Mit unveröffentlichten Briefen. In: Jahrbuch für Geschichte 8 (1973) 407–457.

Olscher, Lucia, Das habsburgische Herrscherhaus im Lichte der

Wiener Publizistik des Sturmjahres 1848. In: Österreich in Geschichte und Literatur 26 (1982) 129–142.

Otruba, Gustav, Der deutsche Zollverein und Österreich. In: Österreich in Geschichte und Literatur 15 (1971) 121–134.

Paulin, Karl, Vom Schusterschemel in den Frankfurter Kaiserdom. In: Tiroler Köpfe (Innsbruck 1953) 93–98.

Pech, Stanley, The Czech Revolution of 1848 (Chapel Hill 1969).

Pfeisinger, Gerhard, Die Revolution von 1848 in Graz (Wien 1986).

Pfitzner, Josef, Zur nationalen Politik der Sudetendeutschen in den Jahren 1848-49. In: Jahrbuch des Vereins für Geschichte der Deutschen in Böhmen 3 (1930-33) 210–244.

ders., Die Wahlen in die Frankfurter Nationalversammlung und der Sudetenraum. In: Zeitschrift für sudetendeutsche Geschichte 5 (1941/42) 199–240.

Pickl, Othmar (Hrsg.), Erzherzog Johann von Österreich. Sein Wirken in seiner Zeit (Graz 1982).

Pleterski, Janko, Slowenisch oder deutsch? Nationale Differenzierungsprozesse in Kärnten (1848–1914) (Klagenfurt 1996).

Prawy, Marcel, Johann Strauss. Weltgeschichte im Walzertakt (Wien 1975).

Prinz, Friedrich, Hans Kudlich (1823–1917) (München 1962).

ders., Prag und Wien 1848. Probleme der nationalen und sozialen Revolution im Spiegel der Wiener Ministerratsprotokolle (München 1968).

ders., Geschichte Böhmens 1848-1948 (München 1988).

ders., Führende Sudetendeutsche im Jahre 1848. In: Bohemia 1 (1960) 153-206.

ders., Die Sudetendeutschen im Frankfurter Parlament. In: Zwischen Frankfurt und Prag, hrsg. v. Collegium Carolinum (München 1963) 103–132.

Rainer, Johann, Erzherzog Johann und der Heilige Stuhl 1848/49. In: Festschrift für Helmut J. Mezler-Andelberg zum 65. Geburtstag (Graz 1988) 403–408.

Rapp, Adolf, Das österreichische Problem in den Plänen der Kaiserpartei von 1848 (Tübingen 1919).

Rauh, Reinhold, Lola Montez. Die königliche Mätresse (München 1996).

Regele, Oskar, Feldmarschall Radetzky (Wien 1957).

Reinöhl, Walther, Uhland als Politiker (Tübingen 1911).

Reinwald, Otto, Die Wiener Presse und das Frankfurter Parlament (phil. Diss. Wien 1948).

Reschauer, Heinrich & Moritz Smets, Das Jahr 1848. Geschichte der Wiener Revolution, 2 Bde. (Wien 1872).

Richter, Günther, Friedrich Wilhelm IV. und die Revolution von

1848. In: Jahrbuch für die Geschichte Mittel- und Ostdeutschlands 36 (1987) 107–131.

Riedl, Franz Hieronymus, Nationalpolitische Erwägungen um eine Besetzung der Frankfurter Stadtpfarre 1858. Warum Alois Flir nicht Nachfolger Beda Webers in Frankfurt wurde. In: Festschrift für Karl Gottfried Hugelmann zum 80. Geburtstag (Aalen 1959) 481–500.

Roman, Viorel, Rumänien im Spannungsfeld der Großmächte 1774–1878 (Darmstadt 1987).

Rumpler, Helmut (Hrsg.), Deutscher Bund und deutsche Frage 1815–1866 (Wien 1990).

ders., Eine Chance für Mitteleuropa. Bürgerliche Emanzipation und Staatsverfall in der Habsburgermonarchie (Wien 1997).

Salewski, Michael, Die »Reichsflotte« von 1848: Ihr Ort in der Geschichte. In: Blätter für deutsche Landesgeschichte 126 (1990) 103–122.

Sashegyi, Oskar, Ungarns politische Verwaltung in der Ära Bach 1849–1860 (Graz 1979).

Schaefer, Albert E., Grillparzers Verhältnis zur preussisch-deutschen Politik (Berlin 1929).

Schapira, Pinkas, Die revolutionären Bewegungen der Polen in Galizien 1848 (phil. Diss. Wien 1925).

Scheininger, Dorian, Österreich und die Polen im Revolutionsjahr 1848 (phil. Diss. Wien 1926).

Schenk, Hans, Die Abgeordneten aus Böhmen, Mähren und Schlesien in der Paulskirche. In: Sudetendeutschtum gestern und heute, hg. v. Heinrich Kuhn (München 1986) 9–30.

Schlitter, Hanns, Aus Österreichs Vormärz (Wien 1920).

ders., Versäumte Gelegenheiten. Die oktroyierte Verfassung vom 4. März 1849. Ein Beitrag zu ihrer Geschichte (Zürich 1920).

Schmidt, Siegfried, Robert Blum. Vom Leipziger Liberalen zum Märtyrer der deutschen Demokratie (Weimar 1971).

Schnabel, Franz, Der Zusammenschluß des politischen Katholizismus in Deutschland im Jahre 1848 (Heidelberg 1910).

ders., Die Revolution von 1848 und die deutsche Geschichte. In: Abhandlungen und Vorträge, hrsg. v. Heinrich Lutz (Freiburg 1970) 189–195.

Schneider, Eugen F., Großdeutsch oder Kleindeutsch? Eine quellenkritische Untersuchung zu Karl Biedermanns »Erinnerungen aus der Paulskirche« (Berlin 1939).

Schüßler, Wilhelm, Die nationale Politik der österreichischen Abgeordneten im Frankfurter Parlament (Berlin 1913).

Segur-Cabanac, Viktor Graf, Kaiser Ferdinand I. (V.) der Gütige in Prag (Brünn 1913).

Sieber, Ernst Karl, Ludwig von Löhner. Ein Vorkämpfer des Deutschtums in Böhmen, Mähren und Schlesien im Jahre 1848/49 (München 1965).

Siemann, Wolfram, Die Frankfurter Nationalversammlung 1848/49 zwischen demokratischem Liberalismus und konservativer Reform. Die Bedeutung der Juristendominanz in den Verfassungsverhandlungen des Paulskirchenparlaments (Frankfurt/M. 1976).

ders., »Deutschlands Ruhe, Sicherheit und Ordnung«. Die Anfänge der politischen Polizei 1806–1866 (Tübingen 1985).

Sked, Alan, The Decline and Fall of the Habsburg Empire (London 1989).

ders., The Survival of the Habsburg Empire. Radetzky, the Imperial Army and the Class War, 1848 (London 1979).

Sondhaus, Lawrence, Preparing for Weltpolitik. German Sea Power before the Tirpitz Era (Annapolis 1997).

ders., Schwarzenberg, Austria and the German Question, 1848–1851. In: The International History Review 13 (1991) 1–20.

Spira, György, Aus den Werken eines großen Fabulisten. Jellačić über die Schlacht von Pakozd. In: Ungarn-Jahrbuch 22 (1995/96) 69–96.

Springer, Anton, Friedrich Christoph Dahlmann, Bd. 2 (Leipzig 1872).

Srbik, Heinrich v., Metternich. Der Staatsmann und der Mensch, 2 Bde. (München 1925).

ders., Deutsche Einheit. Idee und Wirklichkeit vom Heiligen Reich bis Königgrätz, Bd. 1 (München 1935).

ders., Die deutsche Einheitsfrage in der Frankfurter Nationalversammlung. In: Historische Blätter 1 (1921) 353–372.

Staif, Jiri, Palackys Partei der tschechischen Liberalen und die konservative Variante der böhmischen Politik. In: 1848/49. Revolutionen in Mitteleuropa, hrsg. v. Rudolf Jaworski und Robert Luft (München 1996) 57–74.

Steiner, Herbert, Karl Marx in Wien (Wien 1978).

Stickler, Matthias, Erzherzog Albrecht von Österreich. Selbstverständnis und Politik eines konservativen Habsburgers im Zeitalter Kaiser Franz Josephs (Husum 1997).

Streiter, Josef, Studien eines Tirolers (Leipzig 1862).

Sturmberger, Hans, Der Weg zum Verfassungsstaat. Die politische Entwicklung in Oberösterreich von 1792-1861 (Wien 1962).

ders., Jodok Stülz und die katholische Bewegung des Jahres 1848. In: Mitteilungen des Oberösterreichischen Landesarchivs 3 (1954) 233–255.

Sutter, Berthold, Erzherzog Johanns Kritik an Österreich. In: MÖStA 16 (1963) 165–215.

Taylor, A. J. P., The Italian Problem in European Diplomacy, 1847–1849 (Manchester 1934; New York 1970).

Telle, Hans Günter, Das österreichische Problem im Frankfurter Parlament im Sommer und Herbst 1848 (Marburg 1933).

Theiss, Viktor, Erzherzog Johann. Der steirische Prinz, 2. Aufl. hrsg. v. Grete Klingenstein (Wien 1981).

ders., Wiedersehen mit Frankfurt. In: Zeitschrift des Historischen Vereins für Steiermark 50 (1959) 92–99.

Thielbeer, Heide, Universität und Politik in der Deutschen Revolution von 1848 (Bonn 1983).

Thienen, Adlerflycht – Christoph, Graf Leo Thun im Vormärz (Graz 1967).

Traub, Hugo, Die Reichstagspermanenz im Oktober 1848. In: MIÖG 36 (1915) 96–155.

Ullrich, Josef, Das Sturmjahr 1848 in Wigstadtl. In: Zeitschrift des deutschen Vereins für die Geschichte Mährens und Schlesiens 36 (1934) 45–54.

Urban, Otto, Die tschechische Gesellschaft 1848–1918, 2 Bde. (Wien 1994).

Valentin, Veit, Frankfurt am Main und die Revolution von 1848/49 (Stuttgart 1908).

ders., Fürst Karl Leiningen und das deutsche Einheitsproblem (Stuttgart 1910).

ders., Geschichte der deutschen Revolution von 1848/49, 2 Bde. (1930; ND 1977).

Valjavec, Fritz, Ungarn und die Frage des österreichischen Gesamtstaates zu Beginn des Jahres 1849. In: HZ 165 (1942) 81–98.

Wadl, Wilhelm, Die Wahlen zum österreichischen Reichstag des Jahres 1848 in Kärnten. In: Carinthia I 173 (1983) 367–403.

Wagner, Jonathan F., Georg Gottfied Gervinus: The Tribulations of a Liberal Federalist. In: Central European History 4 (1971) 354–370.

Walter, Friedrich, Die österreichische Zentralverwaltung, III. Abt., Bd.1: Die Geschichte der Ministerien Kolowrat, Ficquelmont, Pillersdorf, Wessenberg-Doblhoff und Schwarzenberg (Wien 1964).

ders., Der Rücktritt Graf Carl Choteks vom Oberstburggrafenamte und die Ernennung Erzherzog Stephans zum Landeschef von Böhmen. In: Mitteilungen des Vereins für Geschichte der Deutschen in Böhmen 60 (1922) 169–220.

ders., Die Ursachen des Scheiterns der madjarischen Waffenhilfe für die Wiener Oktober-Revolutionäre 1848. In: Südostforschungen 22 (1963) 377–400.

Wandruszka von Wanstetten, Adam, Karl Moering. Ein deutscher Soldat und Politiker aus dem alten Österreich. In: MIÖG 53 (1939) 79–185.

ders., Liberalismus und Nationalismus in der deutschen und italienischen Einigungsbewegung. In: Die deutsch-italienischen Beziehungen im Zeitalter des Risorgimento (Braunschweig 1968) 58–64, 105–113.

ders., Grillparzer und die Politik. In: Sitzungsberichte der phil.-hist. Klasse der österreichischen Akademie der Wissenschaften 280 (1972) 19–34.

ders., Die Habsburgermonarchie von der Revolution zur Gründerzeit. In: Das Zeitalter Kaiser Franz Josephs, 1. Teil: Von der Revolution zur Gründerzeit. Beiträge (Wien 1984) 1–23.

Weber, Ottocar, Das kaiserliche Handschreiben vom 8. April 1848. In: Mitteilungen des Vereins für Geschichte der Deutschen in Böhmen 56 (1918) 204–225.

Weidmann, F.C., Moritz Graf von Dietrichstein (Wien 1867).

Wentzcke, Paul, 1848. Die unvollendete deutsche Revolution (München 1938).

ders., Ideale und Irrtümer des ersten deutschen Parlaments (1848–1849) (Heidelberg 1959).

ders., Zur Geschichte Heinrich von Gagerns. Seine Burschenschafterzeit und seine deutsche Politik. In: Quellen und Darstellungen zur Geschichte der Burschenschaft und der deutschen Einheitsbewegung 1 (1910) 162–239.

ders., Thüringische Einheitsfragen in der deutschen Revolution von 1848. In: Historische Zeitschrift 118 (1917) 418–448.

ders., Gagern, Freiherren von. In: Neue Deutsche Biographie 6 (1964) 29–37.

Wertheimer, Eduard v., Märztage 1848. Aus dem ungedruckten Tagebuche eines österreichischen Staatsmannes. In: Neue Freie Presse, 13. März 1903, S. 1–4.

Widmann, Carl, Franz Smolka (Wien 1887).

Wild, Karl, Karl Theodor Welcker – ein Vorkämpfer des älteren Liberalismus (Heidelberg 1913).

Winkler, Arnold, Die Korrespondenz des Erzherzogs Johann mit der Staatskanzlei über die Schweizer Sonderbundsfrage. In: Historische Blätter 1 (1921) 66–96.

Wittmaack, Claus, Die österreichischen Abgeordneten in der Frankfurter Paulskirche und das Problem der nationalen Einigung (Diplomarbeit Kiel 1987).

Wittner, Otto, Moritz Hartmanns Leben und Werke, Bd. 1: Der Vormärz und die Revolution (Prag 1906).

Wolf, Sylvia, Politische Karikaturen in Deutschland 1848/49 (München 1982).

Wollstein, Günther, Das »Großdeutschland« der Paulskirche. Nationale Ziele in der bürgerlichen Revolution 1848/49 (Düsseldorf 1977).

ders., 1848 – Streit um das Erbe. In: Neue Politische Literatur 20 (1975) 491–507, 21 (1976) 89–106.

Wutte, Martin, Der gesamtdeutsche Gedanke in Kärnten. In: Carinthia I 130 (1940) 3–70.

Zewell, Rudolf, Die österreichische Revolution von 1848/49 im Urteil der Rheinländer (Wien 1983).

Zingeler, K. Th., Die Abtretung der Regierung über das Fürstentum Hohenzollern-Sigmaringen an die Krone Preußen von Fürst Karl Anton von Hohenzollern. In: Deutsche Revue 10 (1912) Heft 3, S. 272–304.

Zwiedinek, Hans v., Österreich und der deutsche Bundesstaat. Ein Beitrag zur deutschen Verfassungsgeschicht (1848–1849). In: MIÖG 24 (1903) 283–301.

Personenregister

Österreich
und das Reich

WILHELM BRAUNEDER / LOTHAR HÖBELT (HRSG.)

SACRUM IMPERIUM

DAS REICH UND
ÖSTERREICH
996–1806

AMALTHEA

Acht internationale Wissen-
schaftler haben sich aus Anlaß
des "Millenniums" mit den
Wechselwirkungen von Österreich und dem Heiligen Römischen Reich Deutscher Nation
beschäftigt. In zahlreichen
Essays geben sie einen Über-
blick über 1000 Jahre österreichischer Geschichte.

AMALTHEA

*Aufbruch
der Jugend
gegen
Fürstenwillkür*

HEINZ-JOACHIM SIMON

Kotzebue

Eine deutsche Geschichte

UNIVERSITAS

UNIVERSITAS

Mit viel Einfühlungsver-
mögen erzählt Heinz Joa-
chim Simon die tragische Le-
bensgeschichte des jungen
Karl Ludwig Sand, dessen ra-
dikales Denken und Han-
deln in der Ermordung des
Dramatikers August von Kot-
zebue gipfelt. Ein dramati-
sches Stück Geschichte aus
dem frühen 19. Jahrhundert.

22/50   11,50

0 ———————————— 300 Meilen
0 ———————————— 500 km

KGR. N
UND S

Bergen

A T L A N T I K

Edinburgh   N O R D -

Newcastle

VEREINIGTES KÖNIGREICH   S E E   DÄNEMARK

Dublin   Liverpool   Leeds   KGR

Manchester

OLDENBURG

Birmingham   HANNOVER   Ham

Cheltenham   THÜRIN
Oxford   KGR. DER   KGR   STAATEN
London   VEREINIGTEN
Brighton   NIEDER-   HESSEN
LANDE   Rhein
Lille   BAYERN

LUXEMBURG   BADEN
Paris   WÜRTTEM-
BERG   Münch

KGR.   SCHWEIZ   TIR
FRANKREICH   SAVOYEN   LOMBARDEI
Lyon   Turin   Mailand   VENE
PIEMONT   PARMA MODENA   KIRC
Genua   TOSKANA
Nizza   LUCCA
Marseille   Elba
KGR.   KORSIKA   Rom
Madrid   Barcelona   (zu Frankreich)
PORTUGAL   SPANIEN

Lissabon

KGR. SARDINIEN

M   I   T
Algier   T

Tunis

—— Grenze des Deutschen Bundes